U0746964

郘亭散見著述彙編卷五　批校

《説文解字》批校

莫友芝勤研《説文》。一本清嘉慶九年孫淵如平津館所刊仿宋本《説文解字》伴隨他二十餘年，行走南北數萬里，隨時閲批，批校滿書。其時，莫友芝尚未見唐寫《説文》木部殘卷，然其所批木部諸字，解説多與唐寫本暗合。此書原藏在莫氏《郘亭行篋書目》十一號書箱之中，并有記説：「《説文解字》，宋徐鉉，十五卷，一册。孫淵如復宋本，校、批面。」世事滄桑。莫友芝去世後，家道中落，其幾萬卷藏書流出。此書流入劉承幹嘉業堂藏書樓，今藏於復旦大學圖書館。封面由莫友芝寫滿總批語（見下）。今據復旦大學圖書館所藏莫友芝手批本《説文解字》，粗擇其要，依次點校整理。

郘亭讀本《説文》在芷升弟許。丁巳客順元，即此本伴行。數歲以來，相隨南北萬餘里，庚申十一月，至懷寧之廣邨，雪中重裝。

封底倒數第二頁，莫氏續批曰：

用黟程伯旉學博鴻詔所録其師汪南士文學文臺校本（此處莫友芝以紅紙浮簽手書注曰：「汪諱文臺，字南士，徽州府學廩生，黟縣人。」），使寫官迻録于上、下端，時有一二溢鋏橋《校議》外資補正者。友芝昔剌取唐人及宋初人引許書異文若干卷，思彙校一本。此與《校議》并益讎勘不少。

同治二年冬十月乙亥安慶軍次核過識後。

目録：「皕，博陌切。」批曰：「彼力切。」

《一部》：「一，惟初太始。」「始」，批曰：「極。徐鍇《繫傳》本。」

《一部》：「丅，底也。」批曰：「從反丄爲丅。鍇本。」

《示部》：「禋，潔祀也。」莫氏刪「潔」爲「絜」，批曰：「絜，依《釋詁疏》、《玉篇》引，依鍇本刪。」

《示部》：「祡，燒祡。」批曰：「祡，作柴。鍇本、《釋文》。」

《示部》：「⿱彭示，門内祭先祖，所以徬徨。」批曰：「《説文》無『徨』。」

《示部》：「⿰礻比，以豚祠司命。」批曰：「祠，《藝文類聚》作『祭』。」

《示部》：「禜，……从示，榮省聲。《禮記》曰：雩禜祭水旱。」批曰：「榮，鍇本：『營』。」

『《禮記》』下八字《繫傳》語，誤入正文。」

《示部》：「禂，……《詩》曰：既禡既禂。」批曰：「六字鍇本入《繫傳》。」

《玉部》：「玉……其聲舒揚，專以遠聞。」批曰：「段云『專』謂專壹。鮑本：叀。」

《玉部》：「璵，璵璠也。」批曰：「璵，補。《説文》無『璵』，大徐新修補入。」

《玉部》：「瑾，瑾瑜，美玉也。」批曰：「瑾，玉名。《文選注》。」

《玉部》：「⿱夾玉，⿱夾玉瓄，玉也。」批曰：「《説文》無『瓄』。」

《玉部》：「琁，瓊或从旋省。」批曰：「琁亦瓊字。《文選注》五十七。」

《玉部》：「珣，……醫無閭珣玗琪。」批曰：「琪，鍇本。《説文》無『琪』。」

《玉部》：「[illegible]，籀文璿。」批曰：「抄本《繫傳》、《玉篇》、《廣韻》、《集韻》、《類篇》俱作『⿱𣦻⿰目玉』。」

《玉部》：「瑁，……珇，古文省。」批曰：「珇，《玉篇》云古文。《汗簡》引作『[illegible]』。」

《玉部》：「璊，……禾之赤苗謂之虋，言璊玉色如之。」批曰：「璊，⿰禾㒼。《詩》、《釋文》。案：《説文》有虋，無⿰禾㒼。」

《玉部》：「瑕，玉小赤也。」「也」字下標「△」，批曰：「色。《史記·司馬相如傳》索隱。」

《玉部》：「琚，瓊琚。」批曰：「瓊琚，佩玉名。《釋文》。」

《玉部》：「瑀，石之似玉者。」「似」字右旁標示「△」，批曰：「次。《詩》疏。」

《玉部》：「玭，……宋弘云：淮水中出玭珠。玭珠之有聲。」此處有一浮簽貼批曰：「玭，醰苑醍醐云：聲謂有名價。唐人文有珠聲玉價之語，本此。○近段氏謂當作『玭玤之有聲』，大非。」

《艸部》：「菰，在水曰果，在地曰菰。」「地」字右旁標示「△」，批曰：「艸。段依《齊民要術》一校，又《御覽》。」

《艸部》：「苦，大苦苓也。」批曰：「此下當有『一曰急也』。嚴可均依《集韻》、《類篇》校補。案：《廣絶交論注》引：『苦猶急也。』」

《艸部》：「蒐，茅蒐茹藘人血。」批曰：「藘，嚴依《御覽》校云：《説文》無『藘』。」

《艸部》：「薺，蒺黎也。」批曰：「《説文》無『蒺』。『薺艸可食也。』《類聚》、《御覽》。」

《艸部》：「芒，艸耑也。」批曰：「芒，落北大阜也。《文選》：應休璉與從弟君苗胄書。李注。」

《艸部》：「蓻，艸木不生也。」「不」字右旁標示「△」，批校曰：「王引之據《玉篇》、《廣韻》删『不』字。」

《艸部》：「苛，小艸也。」校改「小」字爲「細」字，批曰：「依《後漢書注》、鍇《通釋》校。又，苛，尤劇也。《一切經音義》一、十二。案：此蓋引『劾』字注。」

《艸部》：「蘨，乾梅之屬。……後漢長沙王始煮艸爲蘨。」批曰：「嚴云：『後漢』下十字是校語。」

《艸部》：「蒸，折麻中幹也。」校改「折」字爲「析」字，批曰：「依《廣韻》、《類篇》改。」

《艸部》：「蒙，王女也。」在大徐本此訓釋下據《華嚴音義》上引補「童蒙也」，批曰：「案：『童』上當有『一曰』字。」

《艸部》：「菰，艸多皃。」批曰：「嚴云：菰與菥，説解全同，因形近重出。」

《艸部》：「茠，薅或从休。《詩》曰：『既茠荼蓼。』」批曰：「小徐本《詩》釋文無。」

《牛部》：「[牛余]，从牛，余聲。讀若塗。」批曰：「《説文》無『塗』，當作『涂』。」

《牛部》：「犂，耕也。」批曰：「人曰耕，牛曰犁。」

《口部》：「昏，塞口也。……昬，古文从甘。」批曰：「戴震曰：古文氏不省，誤爲从甘。」

《口部》：「[口專]，嘌皃。从口，專聲。」批曰：「[口專]、嘌、嘌，聲皃。《一切經音義》十九、《音義》十六引『皃』作『聲也』。」

《口部》：「唉，譍也。」批曰：「譍，據鍇本校爲『應』。」

《牙部》：「牙，牡齒也。」「牡」字右旁標示「△」，批曰：「《九經字樣》石本作『壯』。」

《足部》：「蹴，躡也。」「躡」字右旁標示「△」，批曰：「蹴，蹋也。《一切經音義》十一，又十二。」

《辵部》：「趬，行輕皃。」「輕」字右旁標示「△」，批曰：「《史記·衛將軍列傳》索隱作『疾』。」

案：單行本作『遮』，云：一作『疾』。《後漢·馬融傳注》、《一切經音義》十六引同今本。」

《辵部》：「途，低頭疾行也。」批曰：「《説文》無『低』，當作『氐』。」

《辵部》：「逶，逶迤衺去之皃。」批曰：「逶佗行去也。《一切經音義》十九、《文選注》。」

《齒部》：「齞，口張齒見。」批曰：「張口見齒。《登徒子好色賦注》。」

《齒部》：「齇，齬齒也。」批曰：「《一切經音義》六引云：『齇，齒不正也。』嚴據此校，當作『齵也』。」

《言部》：「讖，驗也。」批曰：「讖，有徵驗之書，河洛所出書曰讖。《鵩鳥賦注》、《魏都》。」

《言部》：「詁，訓故言也。」「『故』字右旁標示『△』」，批曰：「古。《一切經音義》廿二、《後漢書·桓譚傳》及《鄭興傳》注。」

《言部》：「誣，加也。」批曰：「《一切經音義》十一、又十五、又廿一引：『加言也』。」

《言部》：「訾，不思稱意也。」批曰：「《一切經音義》廿引無『不』字。是也。」

《言部》：「譟，擾也。」批曰：「《一切經音義》廿一、《韻會》廿二引：『擾耳也』，又『擾耳孔也。』」

《言部》：「謚，行之迹也。从言、兮、皿。闕。」批曰：「从言，益聲。《北堂書鈔》九十四。段據釋元應書、《五經文字》、《廣韻》、《六書故》校。」

《臼部》：「要，身中也。象人要自臼之形。从臼，交省聲。」批曰：「从臼自臼。《繫傳·祛妄篇》。段氏删『交省聲』。」

《革部》：「鞀，鞀遼也。」據《釋樂》、《釋文》所引删「鞀」字，批曰：「鞀，遼也。」

《革部》：「鞅，頸靼也。」「靼」字右旁標示「△」，批曰：「《左傳疏》釋文引：『鞅，頸皮也』。」

《鬲部》：「䰛，鬲屬。从鬲，虍聲。」批曰：「虍聲，當爲『虔省聲』。《六書故》引《唐本》。」

《又部》：「叡，又卑也。」批曰：「又卑，當爲『又取』。徐鍇《繫傳》、《類篇》。」

《又部》：「友，同志爲友。」據《一切經音義》廿五引，在「同志爲友」之上加批：「同門曰朋」。

《攴部》：「啟，教也。」「教也」之上批曰：「開也。從《華嚴音義》上補。案：此蓋引『啟』字注。庚子十一月。」

《攴部》：「攸，行水也。」批曰：「水行攸攸也。《六書故》引。」

《攴部》：「敲，橫擿也。」批曰：「擿，當爲『撾』。《一切經音義》九、十一、十二、十五、十六。案：《左傳》釋文引作『撾』。《華嚴音義》引《説文》：『撾，箠也。』檛，古作築。」

《用部》：「用，可施行也。从卜从中。」批曰：「从中，當作『中聲』。《六書故》。」

《目部》：「瞯，戴目也。」批曰：「戴目，當作『戴眼』。《一切經音義》十三引。」

《目部》：「眺，目不正也。」批曰：「《一切經音義》七引：『眺，視也。』」

《目部》：「眇，一目小也。」批曰：「眇，小目也。《易》釋文。案：《一切經音義》一、又六引與今本同。」

《目部》：「瞋，開闔目數搖也。」批曰：「依《華嚴音義》上、《一切經音義》二、十八、廿五、廿二、《音義》『闔，作閉。』《華音》同。案：第二卷引作『闔』。」

《鼻部》：「鼾，卧息也。」批曰：「《一切經音義》十九、十一、十四、十五、十七引『卧息聲也』。」

《羽部》：「翰，天雞赤羽也。《逸周書》曰：大翰若翬。」批曰：「《文選·長楊賦》李注引：『毛長者曰翰』。」

《羊部》：「羒，牂羊也。」批曰：「牂，當作『牡』。」此頁莫氏有一浮簽云：「牡字元未出，當檢《初學記》、《御覽》。」後又在頁脚批校曰：「牡，《初學記》廿九、《御覽》九百二。」

《鳥部》：「鳳，神鳥也。天老曰：鳳之象也，鴻前麐後，蛇頸魚尾……」批曰：「麟前鹿後。」

《鳥部》：「鸘，五方神鳥也。東方發明，南方焦明，西方鸘鷞，北方幽昌，中央鳳皇。」批曰：「注『東方』、『西方』、『南方』、『北方』、『中央』下皆有『曰』字。又，嚴依《續漢·五行志》引注删。」

莫氏用墨筆圈删大徐本此訓釋「五方神鳥也」之「也」字。

《鳥部》：「鵠，鴻鵠也。」批曰：「鵠即鵲也，小而難中。鵠者，覺也，直也。射者直己志。」

《鳥部》：「鶩，舒鳥也。」批曰：「舒，當作『野』字。《類聚》、《御覽》。」

《鳥部》：「鸕，鸕鷀也。」「鸕鷀」之下校補「水鳥」二字，批曰：「依《詩》釋文補。案：此上有『一曰』字。《一切經音義》廿。乙未六月廿五日。」

《歺部》：「殨，爛也。」批曰：「爛，《一切經音義》十七引作『漏』。」

《歺部》：「𣩵，畜产役疫病也。从歺从羸。」批曰：「鍇本歺下無『从』字。」

《骨部》：「骿，并脅也。从骨并聲。晉文公骿脅。」批曰：「骿脅并幹也。《左傳音義》。」

《肉部》：「脽，𡰱也。」批曰：「𡰱，尻。鍇本、《御覽》三百七十六。」

《肉部》：「胄，胤也。」批曰：「《禮》謂適子爲胄子。《詩·崧高》疏。」

《肉部》：「膢，楚俗以二月祭飲食也。」批曰：「《御覽》引作『十二月』。」

《肉部》：「肴，啖也。」批曰：「肴，雜肉也。《初學記》廿六。」

《刀部》：「剥，裂也。剥刻，割也。」批曰：「一曰剥，割也。《泰誓》疏。」

《耒部》：「耕，犂也。」批曰：「犂，《齊民要術》一引作『種』。」

《耒部》：「耤，帝耤千畝也。」在此訓釋「帝耤千畝也」之上校補：「『天子躬耕』，《初學記》十四。」

《木部》：「槍，歫也。……一曰槍欀也。」批曰：「欀，當作『攘』字。段、嚴校同。」

《木部》：「柵，編樹木也。」批曰：「樹，當作『豎』字。」

《木部》：「楗，限門也。」批曰：「限，當作『距』。」

《木部》：「杼，機之持緯者。」删此訓釋中的「之」字，批曰：「依《詩·大東》疏、《一切經音义》十五、十七引删。」

《木部》：「㮞，積火燎之也。」批曰：「火，當作『木』。嚴《校議》改。」

《木部》：「桎，足械也。」批曰：「當補『所以質地』。」

《木部》：「梏，手械也。」批曰：「當補『所以告天』。」

《木部》：「欜，夜行所擊者。」批曰：「行夜所擊木。《御覽》。」

《木部》：「楬，……《春秋傳》曰：楬而書之。」批曰：「《春秋傳》、《一切經音義》十四引作『又《周禮》云』。」

《木部》：「檄，二尺書。」批曰：「檄，以木簡爲書，長二尺二寸，謂之檄，以徵召也。《後漢書・光武紀》注、《一切經音義》十引云：『二尺書也』。」

《木部》：「臬，射準的也。」批曰：「準，埻。《東京賦》注。」

《日部》：「曀，陰而風也。」批曰：「曀，天地陰沈也。《開元占經》、《御覽》十五。案：所引乃『㙪』字注。」

《㫃部》：「旐，亀蛇四游，以象營室游游。」批曰：「游游，鍇本作『悠悠』。」

《禾部》：「穄，䵚也。」批曰：「似黍而不黏者。關西謂之䵚。依《一切經音義》十六引補。又十七、十五。」

《禾部》：「穫，刈穀也。」批曰：「穀，禾。依《一切經音義》十二引校。又三、五九。」

《豕部》：「豕，彘也。」浮簽批曰：「以豕爲彘，以彘爲豕，何以明之？爲啄琢从豕。蠡从彖，皆取其聲。嚴可均曰：匋下、幕下皆用桉字，或此非後人加也。隸書豕旁皆作豕，故此辨正之。彘者，謂訓彘之豕。」

《豕部》：「貒，獸也。」在「獸也」訓釋之下校補曰：「似豕而肥。《爾雅音義》。」

《心部》：「戄，懼也。从心，雙省聲。」「懼，恐也。从心，瞿聲。」批曰：「據《莊子・天運篇》音義。案：《說文》：『懼』是正字，『戄』是古文。」

《說文解字》全書封底批語：

《五音韻譜》編次，例以五百四十部首。□〔一〕《唐韻》始東終甲，二百六韻。部次分平、上、去、入四聲編之。每部之字從東韻「龍」字起，以次列平聲各韻中字畢，又從董韻「□」〔二〕字起，以次列上聲各韻中字畢。因「動、宋、絳」無字，即從置韻「蕮」字起，次列去聲各韻中字畢，又從屋韻「蓮」字起，次列入声各韻中字。無平始上，無上始去；無前韻字，始後韻。諸部皆然。

【校勘記】

〔一〕〔二〕此字不能辨識，以「□」標示。

《續古篆韻》批校

莫友芝同治二年在安徽收購一册道光六年三山陳宗彝重刊本《續古篆韻》,《郘亭行篋書目》第十二號書箱有記云:「《續古篆韻》,魯郡吾衍,六卷,一册。獨抱廬初印。批面。」莫氏這本「批面」的藏書,後來流入劉承幹嘉業堂藏書樓,今藏於復旦大學圖書館,兹據以點校。

吾子行此書,《四庫》未收。儀徵相國撫浙,曾以舊鈔録進。至道光間,金陵陳氏乃有此刻。子行著《周秦石刻釋音》一卷,録入《四庫》。此書所載諸篆,亦以《石鼓》、《壇山》、《詛楚》及《秦始泰山》、《繹山》二刻,以韻編之。又不及《郎邪》、《會稽》等,而增入比干《銅盤》。其于《石鼓》音釋與舊異者,或前人音釋岐惑者,别爲第六卷,曰「疑字」。蓋二書相輔而行也。

同治癸亥客皖所收,手裝記之。郘亭眲叟。

點校者按:《續古篆韻》作者吾衍,字子行。

《樂通》批校

莫友芝《郘亭行篋書目》第二十二號書箱記曰：「《樂通》三卷，一册。明人撰，失名。舊鈔。查初白、朱竹垞舊藏。」此書曾流入吴興劉承幹嘉業堂藏書樓，今藏於上海圖書館。卷首鈐「敬業堂」朱文方印、「甌舫」朱文方印、「稽古閣書籍記」白文竪長方印、「莫友芝圖書印」朱文長方印、「莫繩孫」白文方印、「莫俊農字德保」朱文三竪行方印、「莫彝孫印」朱文方印、「吴興劉氏嘉業堂藏書記」朱文長方印。

封面最左側大字書「樂通三卷」，書名右側，手批曰：《樂通》三卷，明人撰，失其姓名。其上卷首「敬業堂」、「甌舫」(二)、「稽古閣書籍記」三印，知查初白、朱竹垞皆經藏，而《經義考》不載。《明史志》、《千頃堂書目》皆未收。同治丁卯中秋得之杭肆。其書在明代言律吕家頗爲明白，惜爛去《自序》及《目録》前半頁，遂失考耳。

卷之上

律吕一　黄鍾

「夫黄律生十一律。」塗去上一「律」字，於右旁批改爲「鍾」字。

律吕二　律生五聲

「近宫收一聲少高於高，謂之變宫也。」塗去第二個「高」字，於右旁批改爲「宫」字。

「角上生蕤賓變宫，變宫下生蕤賓。」批曰：「下『蕤賓』，當爲『大吕』。」

「以變吕六三數乘之，得九千五百五十五萬一千四百八十八，三分損一，所約之數……」以浮頁批曰：「『以變吕』以下廿四字要删。」

「計得，三寸八分四厘有奇。」「得」字之下補「半」字。

「其正者以並律全聲應也。」圈改「並」字爲「正」字。

律吕三

「陰律爲宫，而商角皆陰，徵羽爲陰，故調成而陰陽備也。」批曰：「徵羽爲陽。」

「下云上九商八羽七角六宫五。九者，即是上文聲律數。」塗去「上九」之「九」字，批改「文」字。

律吕五　權衡

以浮頁手批曰：「此處要補入後面『粟則太少』一張。」

卷之下

律吕六　歷代樂論

「作十九章之粟則太少，勺以六萬粟則太多」以浮頁手批曰：「『粟則太少』一張，要補在『權衡』一張之上。」

律呂七

「即使後夔、周公、師曠同時制律。」塗去「後」字，批改爲「后」字。

【校勘記】

〔一〕鷗舫，應爲「甌舫」之誤。按，朱彝尊，號甌舫。

《史記索隱》批校

莫友芝《郘亭行篋書目》第一百四十四號書箱記曰：「《史記索隱》一册，汲古閣仿宋初印。手校。」同治壬戌(一八六二)六月，莫友芝以元代中统本校其所藏明代汲古閣仿宋刊本《史記索隱》。此書三十卷，共一册，今藏於上海圖書館。

《夏本紀》

「上黨沾縣。」朱批：「沽，『沾』誤。」

「今鉅鹿北廣河。」朱批：「河，『阿』誤。」

「蓋縣汶山南。」朱批：「汶，『艾』誤。」

「三江謂松江、錢塘、陽江。」朱批：「陽江上奪『浦』字。」

「漆、沮二水：漆水出右扶風漆縣西。沮水，《地理志》無文，而《水經》以盧水出北地直路縣東，過馮翊，收牧州。」朱批：「盧，『沮』誤。《漢書・地理志》直路縣下云：『沮水出東，西入洛。』《水經注》引《地理志》曰：『沮出畿縣東，西入洛。』畿，當是『直路』之訛。此云『無文』，偶失耳。『牧州』，『殺祤』誤。」

「大别山在大國安豐縣。」朱批：「大國，當作『六安國』。安豐縣，西漢屬六安國。」

「合黎。鄭玄引他説亦以爲然。」朱批：「他，『地』誤。」

「《地理志》謂降水字從「糸」，出信都國，與雩池。」朱批：「雩池，當作『虖沱』。中統本又誤『滇池』。」

「治濟。《水經》云：自河東垣縣王屋山東流爲沇水，至濕縣西北爲洛水。」朱批：「濕，『温』誤。」

「《地理志》云：安國六縣。」朱批：「『安國』上奪『六』字。」

「《地理志》曰：扶風縣鄠是扈國。」朱批：「『縣鄠』當是『鄠縣』。」

「《國語》有種氏女。」朱批：「種，『蒓』誤。」

《周本紀》

「凡百一十六年是合也。」朱批：「『百』上奪『五』。」

「故謂周君請梁城周而誤詭計也。」朱批：「誤，當作『設』。」

「按：《戰國策》其作痛犯請後可而復諸。」朱批：「其，當作『甚』。」

《秦始皇本紀》

「陳軫，夏人，亦仕秦。」朱批：「夏人，疑當作『楚人』。中統本亦作『夏』。」

《高祖本紀》

「如淳云：秦并天下爲三十六都。」朱批：「都，當作『郡』。」

「廣，韋昭云在山陽。」朱批：「『廣』下當脱『野』字。」

《呂太后本紀》

「《功臣表》：襄平侯紀通文。」朱批：「文，『父』之訛。」

《孝景本紀》

「其掌四夷，賓客若皮臚之在外，附於身也。」朱批：「皮臚，中統本同。或云『臚』當作『膚』。按：《説文》：『臚，皮也。』膚，籀文臚，本一字，不必改。」

《三代系表》

「篇唯名三代系家者。」朱批：「家，乃『表』誤。」

「劉氏猶久古也。」朱批：「『氏』下當脱『云尚』二字。」

《十二諸侯年表》

「微仲六代子惠覸，音閑。」朱批：「六代，中統本作『七代』；『子』上脱『厲公之』三字；『惠公覸』三字當大書。『音』上增『覸』字。」

《律書第三》

「又參於未得二千六百八十七。」朱批：「六百，當作『一百』。」

「太初曆法：一月之日二十九日。四十分之四百四十九。」朱批：「『九日』下脱『九百』二字。各本皆然。」

「太初已來計歲次與《天官書》不同者，有後曆衍改故也。」朱批：「『有』下脱『四』；『衍』乃『術』訛。」

《天官書第五》

「世道出入無常。」朱批：「『世』，『無』之誤。」

《封禪書第六》

「服虔云：鳴澤，名在涿郡，道縣也。」朱批：「『道』，『遒』誤。」

「《漢書舊儀》云：祭參辰皇於地，陽谷口夾道，在右爲壇也。」朱批：「『皇』，當作『星』；『地』，『池』誤；『在』，『左』誤。中統本同。」

《平準書第八》

「比昔所以入之田也。」朱批：「中統本作：謂比者所没入之田也。此脱一字，誤二字。」

「《食貨志》有十朋五貝，皆用爲貨，其各有多少元龟直十貝，故直二千一百六十。」朱批：「其，『貝』誤；『貝』，『朋』誤；『多少』下，官本有『兩貝爲朋，故直二百一十六』十一字，此脱去。『直十貝』三字，官本作『十朋』二字。」

「《吴太伯系家》，二十年越復吴。」朱批：「『復』下脱『伐』。」

《齊太公系家》

「哀公荒淫田游，國史作《還詩》以刺之也。」莫氏朱批：「國史，當作『國人』。中統本亦作『史』，無『國』字。」

「丙戌。《左傳》曰：邴作邴歜也。」朱批：「『曰邴』二字當誤衍，下條亦衍『曰』字。中統本不誤。」

「隴畝東行則齊車馬東向行馬也。」朱批：「『行馬』，『馬』當作『易』。中統本作『行易』。」

「陳桓子無字。」朱批：「字，『宇』誤。」

「田會及廩丘。」朱批：「及，乃『反』誤。」

魯周公世家

「國人哀之，謂之哀姜，故生稱哀，與上桓夫人別也。」朱批：「『故生稱』以下十一字，中統本無。各本同。『桓』，當作『莊』。」

「《春秋》：齊伐魯，柯而盟。杜預注云：柯，齊邑。今濟北東柯也。」朱批：「柯，當作『阿』也。」

《燕召公系家》

「《詩》有周、召二南，言皆在岐山之陽，故言南，後王封之。」朱批：「『後』下奪『武』字。中統及各本同。」

「以敵人爲吏。而吏無非天子人者。」朱批：「『天』，當作『太』。」

《衛康叔系家》

「賈逵曰：濮，陳地。按：濮水首受河，又受汴。汴亦受河，東北至離派，分爲二。」朱批：「派，乃『狐』誤。離狐，漢縣，屬東郡。」

「取鄭二姬，謂鄭大夫芊氏、鄭氏之女，既是鄭氏，故云二姬。」朱批：「鄭大夫，據《左傳》當作『鄭夫人』。『鄭氏』，當作『鄭女』。」

《晉系家》

「今平陽曲南七十里河水有采桑津是晉境。」朱批：「曲南，中統本同，殿本作『縣南』。按：『曲』，疑『西』誤。唐有平陽郡，無平陽縣。」

「鄒誕云，示眯爲祁彌也。」朱批：「『云』，中統本作『生音』二字，而『彌』下無『也』字，是此誤。」

「其人鬥而死，即今合二人爲一人，非也。」朱批：「『其人』作『眯明』，殿本悉同。」

《楚系家》

「少子熊延立。此云：摯紅卒，其弟煞而自立，曰：熊延」。欲會此代系，則翔亦毋庸之弟，元嗣熊渠者。毋庸既早亡，摯紅立而被延煞，故史夸言『摯有疾』，而此言『弑』也。」朱批：「兩『煞』字，中統本同。殿本獨作『弑』。兩『庸』字，二本并作『康』字，又并遺『元嗣』二字。作『康』是，遺者非也。」

「熊元。《左傳》作『完』。」朱批：「《左傳》，當作『《系本》』。」

《趙系家》

「胄女孟姚，即姓嬴。」朱批：「姓嬴，當作『姓嬴』。」

《魏系家》

「徐廣云在宛陵也。」朱批：「『宛陵』下脱『非』字。」

《韓系家》

「高誘曰：韓傀俠侯累也。」朱批：「『俠』下衍『侯』字。中統本無此字。」

《田敬仲完系家》

「以陳字爲田氏。」朱批：「『陳字』，諸本皆然。或謂『字』當作『氏』者非。」

《蕭相國系家》

「注：瓚曰：今南鄉酇。顧氏云：南鄉，郡名也。太康《地理志》云：魏武帝建安中分南陽，立南鄉酇。晉武帝又曰：順陽郡也。」朱批：「兩『南鄉』二字，殿本並作『陽』，非也。中統本唯下『鄉』字誤『陽』，上字猶不誤。『立南鄉酇』，酇，二本皆作『郡』，亦誤。考《晉志》，順陽郡治酇，必承南鄉之舊。『南鄉』下，疑脱『治』字，不當改『酇』爲『郡』也。」

《曹相國系家》

「覯若畫一。按：覯，音講，亦作覯。小顏云：講，和也；畫一，言其法整齊也。」朱批：

「兩『覵』字，諸本作『覿』，此並誤。」

「子襄代侯，子宗代侯。謚恭。」朱批：「謚恭，疑是襄宗以誅死，安得有謚，恐誤記，當迻正。」

《陳丞相系家》

「武，户牖鄉人。」朱批：「『武』上脱『陽』字。」

《絳侯周勃系家》

「御史大夫姓屠，名渾都。」朱批：「『姓』下宜脱『施』字。」

《梁孝王系家》

「謂自文帝二年初封代，後徒淮陽，又徒……」朱批：「二『徒』字，並『徙』誤。」

《范睢蔡澤列傳》

「分功者謂觀其勢弱則投地，而分功以遠救也。事具《爾雅》也。」朱批：「『具』下官本多『小』字。」

《樂毅列傳》

「言子胥懷恨，故雖投江，而神不化，猶爲波濤之臣也。」朱批：「『臣』，乃『神』誤。」

《樊酈滕灌列傳》

「蕭曹樊勝之功悉具。」朱批：「勝，乃『滕』誤。」

張釋之馮唐列傳

「按：尺籍者謂書，其斬首之功於於尺之版。」朱批：「於尺，當作『一尺』。」

《衛將軍驃騎列傳》第五十一。

天頭朱批：「《匈奴列傳第五十》，應在《衛將軍》前。此誤編在後卷。」

《匈奴列傳》第五十二

天頭朱批：「此傳本書第五十，在《衛將軍》前。此誤編。題衍『二』字。」

「漢置武都郡，非其種人。」朱批：「非，『排』誤。」

「今河間之西南羌是也。」朱批：「間，『關』誤。」

「重駱，音湩酪二音。」朱批：「湩酪，重駱二音。按：此條首數字有互誤，今正。如此六字中衍『音』字。」

《南越列傳》

「南野縣大庾嶺三十里至横浦，在秦時關，其下謂爲塞上。」朱批：「在，乃『有』誤。」

《東越列傳》

「閩中郡。徐廣云：本建安侯官，是。」朱批：「本，乃『今』誤。」

《司馬相如列傳》

「小顔云：删。非謂削除其詞，而説者謂此《賦》已經史學刊剟，失之耳。」朱批：「學，乃

『家』誤。」

「李奇云：侯，何也，言居何不行封禪之事也。」朱批：「居，乃『君』誤。」

《游俠列傳》

「扞當代之文罔。扞，即捍也。違扞當代之法網，謂紀於法禁也。」朱批：「紀，乃『犯』誤。」

《十二本紀述贊・五帝本紀》

「東作昧谷，西曛明剔。」朱批：「剔，『剔』之誤。中統本正作『剔』。」

《十二本紀・趙系家》

「夙初有土岸，霸矯誅韓。」朱批：「霸，乃『賈』誤。」

《十二本紀述贊・范睢蔡澤列傳》

「應侯始困，託戴而西説。」朱批：「戴，乃『載』誤。」

《十二本紀述贊・張耳陳餘列傳》

「勢利傾奪，隟末成舋。」朱批：「舋，乃當作『釁』。」

《十二本紀述贊・吴王濞列傳》

「因採山舋。」朱批：「舋，乃當作『釁』。」

《十二本紀述贊・許男郲子系家》

「大國不宜，令没其事。」朱批：「令，疑作『全』。」

《史記索隱》卷三十之末，朱筆總批曰：

同治壬戌六月，皖口行營姚聲澂士贈此本。約略檢勘，足補正現行官私諸本條以千計，而毛氏刊誤亦自不少。七月五日重裝，散標所見於卷端，時摘取中統本爲左證。三日麤粗一過，未得細讎，期以他暇日也。獨山莫友芝記。

點校按：莫友芝之子莫繩孫於其父總批之後題曰：「光緒二年中秋，男繩孫恭逡録於江寧旅舍。」另，此書末總批，莫友芝又單獨抄寫，收入國家圖書館所藏《郘亭詩文稿書跋》第五册，文字全同。

#《靖節先生集》批校

卷一

《例言》批：「湯本既有吴騫刊者，不應云不可得。當是文毅未見吴刻時初稿，未及删正而付刻，遂未校出。擬删『其……不可得』云云十二字。前行『又湯注者』，『又』亦改『云』；且『云湯注者』十一字，宜移『云李注』上。」

《贈長沙公》「國朝閻若璩反據此注」批：「若璩，當作『詠』。」

《命子》批：「二、三、四章并當提行，方與後半一律。」又，「康伯樂回」，「當是康樂伯」。

卷二

《連雨獨飲》「世間有松喬，于今定何聞」批：「作『聞』是，言今不聞有松喬，則古世有松喬者妄語耳，以釋首二句意。」

卷三

《癸卯十二月中作與從弟敬遠》批：「閉、閇筆迹小異，非兩字分者，不知皆從才也。」

《述酒》「卜生善斯牧，安樂不爲君」批：「以牧爲安樂。至君也，當云『以牧爲善，而不願安樂爲君也。』」

卷　四

《咏貧士》批：「『昔在』當提行，乃另一首。」

卷　六

《尚長禽慶贊》批：「此篇補録似應入五言詩末。」

卷　七

《祭從弟敬遠文》「并罹偏咎」批校：「以『偏咎』爲喪父，又云『并罹』，則仲遠之父與靖節父同時没耶？」又，卷七總批校：「觀此文，知敬遠能偕靖節遺榮固窮者。」

卷　八

《五孝傳》批：「此卷傳文贊語俱不似靖節筆墨，殆休之誤收他人作耳，此別出之，甚善甚善！」

卷　九

《集聖賢群輔録》「河北二十八將」批：「『陰』下脱『侯』。」又，「觀末四語，是靖節懷抱，此《四八目》二卷决非僞托也。」

卷末批校：「同治丁卯春，收此本于揚城。庚午仲冬，于淮南書局重裝，讀一過。郘亭
眲叟。」

（録自《續修四庫全書》所收陶澍集注《靖節先生集》莫友芝批校）

《元次山集》批校

卷首本傳

眉批曰：「《舊唐書》無《次山傳》。此蓋據《新書》鈔，乃錯落四十餘字，豈以意增減耶？今一一校正。同治初元閏月。郘亭眲叟記。」下鈐「莫友芝圖書印」朱文雙行長方印。

「……乃上時議三篇，一曰議者問陛下，往年逆賊狼扈在四方者幾百萬。一曰……」墨筆圈「陛下」二字，在「賊」字之下旁側批補：「東窮海南淮漢，西抵秦，北徹幽都，醜徒」；又在「一曰」之上批補「其」字。

「……天子獨以匹馬至靈武，合弱旅鉏彊寇。」「寇」字之下旁側批補：「師及渭南」。

「……乃今河北奸逆數犯州縣。」「奸逆」之下旁側批補：「不盡山林江湖亡命，尚多盜賊……」。

「……今吾名位重，財貨足，爵賞厚。……」「賞厚」之下旁側批補：「勤勞已極」。

「……天下兵興，逃亂入猗玗洞，始稱猗玗子。……」眉批曰：「《藝文志·小説家類》有元結《猗犽子》一卷。吴縝《糾謬》按：《結傳》云：『入猗玗洞，稱猗玗子。』『琦玗』，字皆從『玉』，此乃從『犬』，未知孰是。錢大昕云：『今本《唐書》犽亦從犬。』朱校本云：『按《本傳》作猗玗子，止玗字從玉耳。』」

目　録

第十二卷《唐亭銘有序》，批改「亭」字爲「廎」字。今按：參見以下卷十二第一條莫批。

卷　一

《補樂歌十首有序》：「自伏羲氏至於殷室凡十代。……」眉批曰：「伏羲，一作羲軒。」

卷　二

《網罟》：「吾人苦兮水深深，網罟設兮水不深。吾人苦兮山幽幽，網罟設兮山不幽。右《網罟》二章章四句。」眉批曰：「一本各篇序前後有《網罟》、《豐年》等題目，各序之末益以『凡幾章，章幾句』六字；而無每篇後『右《網罟》幾章』一行，不若此本爲善。」

「玄雲溶溶兮，溥被無方。」眉批曰：「溶溶，一作『溟溟』。溥，一作『麻』。」

《九淵》：「聖德至深兮，蘊蘊一作齋齋如淵。生類娭娭許其反兮，孰知其然。」眉批曰：「一本注：齋，紆倫切；娭，同嬉。」

「五德涵柔兮，渢渢舊音容，別本房戎切而生。」眉批曰：「一本『渢』下注云：音『風』，又音『泛』。」

《六英》二章：「我有金石兮，繫考崇崇。一作『繫拊潨潨』。由六合兮，根底嬴嬴。」眉批曰：「校注『潨潨』，一作『淙淙』。底，一本注云：一作『柢』。」

《大夏》三章：「國有安人兮，野有封疆。」眉批曰：「國有安人，一作『有國安人』。」

右《至仁》四韻十二句。眉批曰：「一本篇序前各有《至仁》等篇題，而無篇後計韻句一行，每篇幾韻幾句系序末。」

卷三

《貧婦詞》：「請君聽其詞，能不爲酸嘶。所憐抱中兒，不如山下麑。……出門望山澤，回顧心復迷。」眉批曰：「嘶，一作『悽』。麑，一作『麛』。顧，一作『頭』。」

《壽翁興》：「勞苦化金玉，不見充所求。空聞恣耽欲，清和存王母。」眉批曰：「化，一作『分』。恣，一作『肆』。」

《謝大龜》：「客來自江漢，云得雙大龜。」眉批曰：「大，一作『天』。」

《下客謠》：「珠玉成彩翠，綺羅如嬋娟。」眉批曰：「成，一作『誠』。」

《訓孟武昌苦雪》：「諷諭以全意，知公惜春物。」眉批曰：「諭，一作『論』。」又改「訓」爲「酬」。

《招孟武昌》序文：「干進之客不得游之，作《杯湖銘》。……勿泛杯湖。……可泛杯湖……」詩：「窮冬涸江海，杯湖澄清漪。退谷正可游，杯湖任來泛。」詩題《招孟武昌》之下批加「有序」二字；又眉批曰：「《序》及《詩》中五『杯』字，并當改『抔』。」

《訓賈沔州有序》：「豈欲皁櫪中，争食麩與蕡。麩，糠中可食者，下没反。牛馬食餘草節曰蕡，下諫反。」眉批曰：「注『没』，一作『汲』；『諫』，一作『辨』。」莫氏又批改「訓」爲「酬」，改「有序」爲「并序」。

《船將何處去二首》：「……有時逢惡客，非酒徒即爲惡客。還家亦少酣。」眉批曰：「一無此注。」

卷四

《賊退示官吏》末聯：「將家就魚麥，歸老江海邊。」眉批曰：「海，一作『湖』。」

《游右溪勸學者》。莫友芝在此詩題旁批改此詩名爲：「《游石溪示學者》」。

《游漶泉示泉上學者》：「此中若可安，不佩銅虎符。」眉批曰：「佩，一作『服』。」

《登白雲亭》：「出門上南山，喜逐松徑行。」眉批曰：「上，一作『見』。」

《夜讌石魚湖作》：「風霜雖慘然，出游熙天正。平聲。」眉批曰：「正，一作『晴』。」

《劉侍御月夜讌會》，眉批曰：「此詩有序，誤析編於第七卷，當移併此題下。」

《别孟校書》，眉批曰：「此詩亦有序，誤析編卷七，當與前序同移併。」

《窊樽詩》：「巉巉小山石，數峰對窊亭。」眉批曰：「對，一作『戴』。」

《欸乃曲五首有序》：「大曆丁未中，漫叟以軍事詣都使還州。逢春水舟行不進，作《欸乃》五曲，舟子唱之。蓋欲取適於道路耳。」「漫叟」之旁側批加：「結爲道州刺史」，又眉批曰：「曲，一作『首』，一作『章』。耳，一作『云』。」

《橘井》：「靈橘無根井有泉，世間如夢又千年。鄉園不見重歸鶴，姓字今爲第幾仙。風泠露壇人悄悄，地閑荒徑草緜緜。如何躡得蘇君迹，白日霓旌擁上天。」眉批曰：「此詩見《全唐詩》，全與次山風格不似，當係誤收，漫寫附此，俟考。」

卷五

《訟木魅》：「槢以八反橈橈女教反兮未堅。榓美五反林樽上耐，下茲損兮不香。又愁㺄以主反之奔馳。」眉批曰：「本題下注云：第一、十句缺一字。槢，一注云：音習。榓，一本注云：音密，香木。㺄，一注云：狖同。」

《閔嶺中》：「群山以延想，吾獨閔乎嶺中。」眉批曰：「一本題下注云：首句缺一字。」首句「群」字之上用墨筆劃一「□」，又眉批曰：「『群』上當有一字，失，於留空。」

《七不如七篇有序》：「不如則不如也，不如如者止於此乎？」眉批曰：「『如者』之『如』，疑衍。」

卷六

《廣德二年賀赦表》：「……臣某言：伏奉某日月赦，宣示百姓訖，伏惟陛下……」批改題名爲「《賀廣德二年大赦表》」，又分別於其句旁側批曰：「伏奉」之上加批「臣」字，爲「臣伏奉」；

「宣」之上加批「某月日」，爲「某月日宣」；「陛下」之上加批「皇帝」，爲「皇帝陛下」。

《永泰元年賀赦表》：「臣某言：某月日恩赦至州，明主之德，……臣方守州縣……。」批改題名爲「《賀永泰改元大赦表》」，又分别於句旁側批曰：「至」改爲「到」；改「明主之德」爲「明主之至德」；改「守」爲「鎮守」。

《丹崖翁宅銘并序》：「有唐節督者曾爲瀧水令。……瀧山未盡，瀧水猶峻。忽見淵洄，丹崖千仞。……」在「瀧山」之「山」字旁側，改「山」爲「水」；在「瀧水」之「水」字旁側，改「水」爲「山」；又於此詩天頭眉批曰：「『督』字，疑誤衍。」

末頁，眉批曰：「同治初元閏月戊申，皖城學使行館畢此卷。郘亭記。」

卷七

《與韋洪州書》：「某以爲賞中丞之功，未嘗論中丞之冤。」眉批曰：「未當中丞之冤。」「於是鄰家之友相惡將相害，鄰家之翁怒將相絶。」又眉批曰：「『翁』下當脱『相』字。」

《劉侍御月夜讌會序》，於「序」字前加批「并」字；眉批曰：「此詩序也，當併入詩中。詩見第四卷七頁。」

《送孟校書往南海序》，詩題下批：「《送孟校書往南海并序》，一作《别孟校書》」；又眉批曰：「此亦詩序，當併入詩卷中。」

卷　八

末頁尾批曰：「閏月杪日己酉鐙下畢此卷，郘亭。」

卷　九

《刺史廳記》：「天下太平，方千里之内生植齒類，刺史乃存亡休慼之係，天下興兵。」批改題名爲：「《道州刺史廳壁記》」，又在「乃」字旁側批改爲「能」字；又眉批曰：「乃，作『能』；無『係』字，非。」

卷　十

《舉吕著作狀》：「姪男季童」（凡三見）。「事無大小，處之無情。」眉批曰：「姪男季重。凡三見，均同此改。」「無情」改爲「無猜」。

《辭監察御史表上元元年進》：「臣恐陛下愛無制度，遂曾表請用兵。」批改「愛」字爲「憂」字；又圈删此《表》文末「臣云云謹言」五字。

卷十一

《五規》（按：此《五規》總題之下有「《出規》、《處規》、《戲規》、《心規》、《時規》」五個分規子題。）《五規》總題上眉批曰：「《唐文》無『總題』，非。」《唐文》，指《全唐文》。

《惡曲》：「今元次山苟曲言矣，强全一懽，以爲不喪其直愿哉！若言行名譽德義皆顯，豈有鍾鼎不入門，權位不在己乎？」旁批「矣」字爲「貌」字；旁批「喪」字爲「褻」字；旁批「皆」字爲「楷」字。

《水樂説》，眉批曰：「此卷有《樂銘序》同此，當删併爲一，題云：《水樂銘并序》。此題云『説』者，因後篇誤破句致爾。」今按：參見以下卷十二第二條莫批。

《有化無》：「……人我兩忘，終世相無。此有化無之説。」旁批曰：「人我兩忘，終世相無。此有無有無相化之説。」

《無化有》：「人我兩求，終世相有。此無化有之説。」旁批曰：「人我兩求，終世相有。此無有無有相化之説。」

卷十二

《唐亭銘有序》，批曰：「此銘祁陽有石刻，題作『㢊』。《全唐文》有《㢊銘》，無《亭銘》，蓋用石本。今依校。又改『有序』爲『并序』，全篇『亭』字凡六見，均改爲『㢊』字。」

《樂銘有序》，旁批題名爲「《水樂説》」，又眉批曰：「前卷有説同此《序》，故《唐文》亦題作『《水樂説》』，當依此作『銘』，增『水』字爲是。《唐文》亦掇以銘也，前卷之説當删併。」按：莫氏此言「《唐文》」，係指《全唐文》。莫氏用《全唐詩》、《全唐文》對校《元次山集》。

《讓容州表》：「……奉詔之日，不獲憂懼。……」眉批曰：「奉詔之日，不辭憂懼，臣結中謝。」

《讓容州表》之末，批曰：「同治壬戌九月庚戌朔，獨山莫友芝手校畢。於十二卷外蒐得《冰泉銘》及《再讓容州表》，與載《本傳》之《自釋》，凡三首（篇），使繩兒別紙寫附卷尾，更留餘紙以待續得云。」

（録自上海圖書館藏莫友芝舊藏清乾隆兩間書屋刻本《元次山集》）

《韓昌黎編年箋注詩集》批校

卷一

目録下批曰：

《謝自然詩》，自然絶調，不必争一句一字之奇，兩集中諸詩皆在其下，文情與詩聲皆真切故也。

《謝自然詩》「秦皇」、「漢武」二句上墨筆批：神仙之事古來亦有，朱子以爲是另一種人，是得天地特鍾之氣。此非人所能學，此語甚□，昌黎則直□掃却，亦足絶人□慕疑惑。又，木石狐狸能爲怪妖，當□木石狐狸何以致其妖。則妖者木石狐狸之仙也。遺形蟬蜕，人之仙也。何獨信木石狐狸，而不信人之能仙乎？此不可以詰韓公矣，然詩則絶佳。

《汴州亂亡》一首，昌黎極嚴緊之作；後一首尤見嚴緊，中有奔騰之致。利劍集中遇此種體，大抵非昌黎經意之作者，於句本所長，如「忽忽河之水」等是也。

「道邊」二句，大篇中小段能用簡筆點染，故特以此二語以告作大篇者。

《鳴雁》：「……毛羽摧落身不肥，徘徊反顧群侶違。……」眉批曰：「《文選》：《射矩賦》曰：毛體摧落。毛羽句蓋用之。」

卷二

《目録》下批曰：

《送僧澄觀》，不换韻長句，此首最佳，然换韻非其長，故此體甚少。昌黎、東坡以長韻爲能，青蓮、少陵則容鬼神駁龍於换韻節奏之間，又能停頓，要皆不欲長事奔放也。

通首欠對仗，便少停頓，若無《清淮》一段，更索然矣。此詩含蓄從容全在此段。韓公氣盛千古，故無適不可也。

《送惠師》，韓詩奇肆處多，緜遠處少。此詩自然嚴且神。「懸瀑垂天紳」二句最佳。紫泉。

《劉生》詩尾，昌黎見悟淡貴勢。

《縣齋有懷》，不必作驚怪狀而自然句奇語重，可極鋪張約束。子靈以後惟昌黎能爲之。學昌黎者當知此是昌黎真面目也。

《射訓狐》，玩末二句，説到龍蛇驚走，似未可結一篇之局，不必以好之而强作解事，反以爲不結之結爲文字之妙也。

《落齒》，眉批曰：涪翁《次韻元實病目》云：「閱人矇矓似有味，看字昏澀尤宜懶」，即「語譌」二句之臨本也。

《東方半明》，眉批曰：「《東方半明》，宋刻五百家本作『未明』，下同；據五百家本題注，元畫像。」

卷　三

目録下批曰：

《讀皇甫湜》，「閑」字兩押，詩至唐而韻嚴矣。「閑」字無二義。閑散之閑，即不踰閑之閑，今人以踰閑。閑，清閑。

《岳陽樓》，此種詩片段宏博，如其鍾、大鏞發聲，則震天地。

《吾僚》，此至咸邱蒙，以文害辭，以辭害志之論也，固哉！

《讀皇甫湜公安園池詩》：「湜也困公安，不自閑窮年。」五百家本亦作「不自閑」。

「傾天維」，東坡「人生識字憂患始，粗記姓名可以休」，即藍本於此。

《短鐙檠歌》，不换韻七言詩正少，此首便去李、杜遠矣。其詩少對仗，所以欠仿佛耳。然無一字軟弱。大何二長句，以長韻爲工。

卷　五

《劍心》注語：「按，塜、蛹二字，《唐韻》所收，此詩未嘗出韻。洪亦失考。」眉批曰：「江祇據當時《禮部韻》而言。」

《城南聯句》，此上極言城南景物之盛。此段追言前主之事，末上起下段，又言西京乃天地奥區，九州之上腴，人物繁華之盛，簪纓世第之家緜緜不絶，直至下「兹疆稱都城」句收足。此段追想謫居，那有此樂，今日幸還京師，乃得相與從容聯句也。

《鬭鷄聯句》：「俄膺忽爾低，植立瞀而改。」眉批曰：「俄，《説文》曰：『頃也。』《詩》曰：『仄弁之俄。』案：頃者，頭不正之謂。《詩箋》亦謂『俄者，頃皃』。此『俄』字正如是解。」

卷　六

《青青水蒲三首》，乾隆刻本分昌黎詩爲三首。於天頭批曰：「此詩當作一首爲是。」

（録自上海圖書館藏清乾隆二十三年盧見曾雅雨堂刊《韓昌黎編年箋注詩集》莫友芝批點本）

《唐五代詞》批校

莫友芝曾在家藏的清康熙年間揚州刻本《全唐詩》所附兩卷唐五代詞作了詳細批校。天頭地脚及其行間，寫有密密細細的蠅頭手批語。卷首輯録歐陽炯的《花間集序》，卷末又補録馮正中《陽春集》所收唐五代詞。李白、張志和、白居易、温庭筠等唐五代詞人之著名詞作均網羅其中，故莫友芝説「溯詞之源，觀此已足」。對該《全唐詩》所録之詞被選入朱竹垞《詞綜》者，莫友芝則逐一在該詞之上鈐蓋「綜」字朱文方印；對被選入黄昇《花庵詞選》之詞，莫氏亦逐一在該詞正文之末鈐蓋「花」字白文方印。他在批校《唐五代詞》時即云：「大概他集互見，當取參校過，即可行也。」莫友芝有可能是準備單刻一本《唐五代詞》的。但是莫氏此願未能實現。其子莫繩孫只是將父親所作之序收入《宋元舊本書經眼録》附録卷一《書衣筆識》之末。

此本先流入浙江湖州劉承幹嘉業堂，後來又流入上海黄裳之手。黄裳題曰：「此莫友芝手批本《唐五代詞》，用《全唐詩》爲底本，用力甚劬，後更附鈔《陽春集》詞，余見之來青閣。孫伯繩近得結一盧舊藏宋版《花間集》，估人乃以此本相示，却不之留，乃以歸余。郘亭未見宋本，所據亦無佳槧，惟前人手澤，自可珍重。余前藏郘亭校宋本《山谷集》已易之，得此遂彌其憾，遂亦不更還價而留之。念此本當日歸嘉業堂時，必甚爲主人珍重，孰料未數十年，而莫氏後裔式微，惟其所撰書目當爲可閱之本，而亦難免謭陋之嘆矣。版本之學，近來乃更精進，同光諸老皆不是重，記此不禁爲之慨然。壬辰二月初三日，黄裳記。壬辰驚蟄前二日，用所藏舒氏翻宋本《花庵詞選》校。」

全唐詩

書前總批：此册以《花間集》爲底本而附益之，其在《花間》外者，太白及南唐中主、後主，皆引，令之極軌，其卷十又備録馮正中《陽春集》，溯詞之源，觀此已足。郘亭。

詞一

批曰：黄昇云：「凡看唐人詞曲，當看其命意造語工處，蓋語諧而意深，所以爲奇作也。」

南唐嗣主李璟三首

浣溪紗一作浣紗溪、小庭花

風壓輕云貼水飛，乍晴池館燕争泥，沈郎多病不勝衣。　沙上未聞鴻雁信，竹間時聽鵜鴂啼，此情惟有落花知。

批曰：皋文《詞選》録此，且有第二首云：「一曲新詞酒一杯，去年天氣舊亭臺。夕陽西下幾時回？　無可奈何花落去，似曾相識燕歸來。小園香徑獨徘徊。」此詞并以爲晏元獻作，不知皋文何據。二詞《草堂》七謂中主作。

攤破浣溪沙 一名山花子

菡萏香銷翠葉殘，西風愁起緑波間。還與韶光共憔悴，不堪看。　細雨夢回鷄塞遠，小樓吹徹玉笙寒。多少淚珠何（一作無。）限恨，倚欄干。

批曰：《尊前集》名《山花子》。《草堂》又以二詞爲後主作。

批曰：《花庵》……，馮延巳作《謁金門》云：「風乍起，吹皺一池春水。」中主云：「干卿何事？」對云：「未若陛下『小樓吹徹玉笙寒』也。」

手卷真珠上玉鈎，依前春恨鎖重樓。風裏落花誰是主？思悠悠。　青鳥不傳云外信，丁香空結雨中愁。回首緑波三楚暮，接天流。

批曰：《花庵》并題作《山花子》，以爲後主煜作，又以此卷後主《望遠行》一首爲中主璟作。《漫叟詩話》云：「李璟有曲云：『手卷真珠上玉鈎』，或改爲『珠簾』，非所謂知音。」

後主煜三十四首

批曰：尚有殘句在十一卷末，李煜字重光，所著詞合中主詞爲《南唐二主集》。稚圭録十三首。

此頁天頭處批曰：施燕辰《夢玉編·南唐二主詞》元宗李璟詞七首：一曰《應天長》（此見「後主下」），二曰《望遠行》（此亦見「後主下」），三四曰《浣溪沙》（即此《攤破》二首），五六曰《減字浣溪沙》（即此「風壓」及「一曲」二首），其七則又補録《帝臺春》一首云：「芳草碧色，萋萋遍南陌。飛絮亂紅，也似知人、春愁無力。憶得盈盈拾翠侶，共携賞、鳳城寒食。到今來，海角逢春，天涯行客。　愁旋釋，還似織。淚暗拭，又偷滴。謾遍倚危闌，盡黄昏，也正是、暮雲凝碧。拚則而今已拚了，忘則怎生便忘得。又還問鱗鴻，試重尋消息。」燕辰按：《詞譜》、《詞律》俱以爲李甲作，今從《十國春秋·元宗本紀》補列。其《應天長》下四首則云：見梁溪侯文燦所輯《十家詞》。

漁父一名漁歌子

浪花有意千里雪，桃花無言一隊春。一壺酒，一竿身，快活如儂有幾人。

批曰：《集》三十題云：《漁歌子》，其三十爲轉韻《臨江仙》，□□□□《欽定詞譜》。

憶江南一名《望江南》

多少恨，昨夜夢魂中。還似舊時游上苑，車如流水馬如龍。花月正春風。

批曰：《集》七以此一二兩首爲一首。

多少淚，沾袖復横頤。心事莫將和淚滴，鳳笙休向月明吹。腸斷更無疑。

批曰：「霑袖」作「斷臉」。「滴」作「□」，「月明」作「淚□」。

閑夢遠，南國正芳春。船上管弦江面緑，滿城飛絮混輕塵。愁殺看花人。

批曰：《集》十二合此下二首爲一題云：《望江梅》。

閑夢遠，南國正清秋。千里江山寒色暮，蘆花深處泊孤舟。笛在月明樓。

擣練子一名《深院月》

深院静，小庭空，斷續寒砧斷續風。無奈夜長人不寐，數聲和月到簾櫳。

批曰：當詞首行下有圈者，乃周稚圭《十六家詞》所録。《集》十四云：出《蘭畹曲會》。

擣練子

雲鬟亂，晚妝殘，帶恨眉兒遠岫攢。斜托香腮春笋嫩，爲誰和淚倚闌干？

批曰：《集》三十七末云：以上見《詞林萬選》。

相見歡一名《烏夜啼》

林花謝了春紅，太匆匆，無奈朝來寒雨晚來風。　胭脂淚，相留醉，幾時重。自是人生長恨水長東。

批曰：《集》十二「無奈」作「常恨」，「相留」作「留人」。

此頁天頭處莫友芝批曰：後主諸詞，以施燕辰《南唐二主詞》校過，各記其次于當詞之足，其校多于此者，其第五首《更漏子》乃温飛卿作，此見飛卿卷中。次則第二十五之《子夜歌》，第二十六至三十一之《謝新恩》數殘篇，爲此所無，并録諸卷端以備考。其卷末爲换韻《臨江仙》，此載入十一卷殘句中以爲兩半闋，而此《漁父》第二首彼亦失收，知其未檢及此集也。

阮郎歸　一名醉桃源，一名碧桃春

東風吹水日銜山，春來長是閑。落花狼籍酒闌珊，笙歌醉夢間。　春睡覺，晚妝殘，無人整翠鬟。留連光景惜朱顔，黄昏獨倚闌。

批曰：「春睡覺」，《集》作「佩聲悄」，「無人」作「憑誰」。《集》本注云：「後有隸書『東宫府中』印。」

錦堂春　一名《烏夜啼》

昨夜風兼雨，簾幃颯颯秋聲。燭殘漏滴頻欹枕，起坐不能平。　世事漫隨流水，算來一夢浮生。醉鄉路穩宜頻到，此外不堪行。

批曰：《花庵詞選》又有《山花子》二首：「菡萏香銷翠葉殘，西風愁起緑波間。還與韶光共憔悴，不堪看。　細雨夢回鷄塞遠，小樓吹徹玉笙寒。多少淚珠何限恨，倚欄干。」「手卷珠簾上玉鈎，依前春恨鎖重樓。風裏落花誰是主？思悠悠。青鳥不傳雲外信，丁香空結雨中愁。回首淥波三峽暮，接天流。」已見「中主下」。

應天長

一鈎初月臨妝鏡，蟬鬢鳳釵慵不整。重簾静，層樓迥，惆悵落花風不定。柳堤芳草徑，夢斷轆轤金井。昨夜更闌酒醒，春愁過却病。

批曰：施燕辰引後主書云：「先皇墨迹在晁公留家」，編入《中主集》首。

此首天頭處批曰：《欽定詞譜》以爲馮延巳作，「勾」，《詞譜》作「彎」，「妝」作「鸞」，「蟬」作「雲」，「重」作「珠」，「層」作「重」，「柳堤」句作「緑烟低柳徑」，「夢斷」作「何處」，「過」作「勝」。

望遠行

玉砌花光錦綉明，朱扉長日鎮長扃。餘寒欲去夢難成，爐香烟冷自亭亭。遼陽月，秣陵砧，不傳消息但傳情。黄金臺下忽然驚，征人歸日二毛生。

批曰：《花庵》：别題爲李中主璟作。

此首天頭處批曰：「照眼」，《二主詞》作「錦綉」，「欲去」作「不去」，「臺下」作「窗下」。

浪淘沙 一名《賣花聲》

簾外雨潺潺，春意闌珊。羅衾不耐五更寒。夢裏不知身是客，一晌貪歡。獨自莫憑欄，無限江山，別時容易見時難。流水落花春去也，天上人間。

批曰：《集》三十三，「耐」，《集》作「暖」，「江」作「闗」，「春」作「歸」，「春去」一作「何處」。

批曰：《花庵》、《草堂》題作「懷舊」。蔡絛云：「含思悽惋」。

往事只堪哀，對景難排。秋風庭院蘚侵階。一任珠簾閑不卷，終日誰來。　金劍已沉埋，壯氣蒿萊。晚凉天净月華開。想得玉樓瑶殿影，空照秦淮。

批曰：《集》二十一末注云：傳自池州夏氏。

木蘭花一名《玉樓春》

曉妝初了明肌雪，春殿嬪娥魚貫列。笙簫吹斷水雲間，重按霓裳歌遍徹。　臨風誰更飄香屑，醉拍闌干情味切。歸時休放燭花紅，待踏馬蹄清夜月。

詞牌下批曰：《集》題作《玉樓春》，《草堂》注云：《宫詞》。

批曰：《集》二十四，「鳳」，《集》作「笙」，「未」作「味」，「放」作「照」，「竭」作「放」。

莫友芝于此首天頭處批曰：《集》此首後，其二十四載《子夜歌》云：「尋春須是先春早，看花莫待花枝老。　縹色玉柔擎，醅浮盞面清。　何妨頻笑粲，禁苑春歸晚。同醉與閑評，詩隨羯鼓成。」附注云：「以上二詞傳自曹公顯節度家，云墨迹舊在京師梁門外李王寺一老居士處，故弊難讀。　此首二句見□□殘句中。」

虞美人

風回小院庭蕪綠，柳眼春相續。憑闌半日獨無言，依舊竹聲新月似當年。笙歌未散尊罍在，池面冰初解。燭明香暗畫樓深，滿鬢青霜殘雪思難禁。

批曰：「罍」，集作「前」；「禁」，作「任」。

此首天頭處批曰：《集》以此首次《采桑子》之「轆轤金井」一首後，末云：「以上二詞墨迹在王季官判院家」。

虞美人

春花秋月何時了？往事知多少。小樓昨夜又東風，故國不堪回首月明中。雕欄玉砌應猶在，只是朱顏改。問君能有幾多愁？恰似一江春水向東流。

批曰：《集》一，《草堂》題作「感舊」。「月」，《花庵》作「葉」，「能」作「還」。「應猶」，《集》作「依然」，「能」作「都」。

臨江仙

櫻桃落盡春歸去，蝶翻金粉雙飛。子規啼月小樓西，玉鈎羅幕，惆悵暮烟垂。別巷寂寥人散後，望殘烟草低迷。爐香閑裊鳳凰兒，空持羅帶，回首恨依依。

詞牌下批曰：《詞綜》按：「是詞相傳後主在圍城中賦，未就而城破。闕後三句，劉延仲補之云：『何時重聽玉驄嘶，撲簾柳絮，依約夢回時。』而《耆舊續聞》所載故是全作，當從之。」

批曰：蘇子由云：「凄涼怨慕，真亡國之聲也。」

批曰：《集》五六前半末二句作「畫簾珠□，惆悵卷金泥。」燕辰按：前半，《詞綜》據《耆舊續聞》所載作「玉勾」云，不惟「金」字不復，神韻亦勝。又，下半□□三句元缺，并補入。

此首天頭處批曰：《西清詩話》：「後主圍城中作此詞，未就而城破。嘗見殘稿，點染晦昧，心方危窘，不在書耳。」按《實録》：「開寶七年十月伐江南，明年十一月破昇州。此詞乃咏春，决非城破時作。然王師圍昇州既一年，後主于圍城中春作此詞不可知。方是時，其心豈不危急？」燕辰按：「城破未蹔言，皆好事者故爲其説，後主既咏春，心即危急，未必中輟也，當以《耆舊續聞》所載爲信。」

蝶戀花

遥夜亭皋閑信步，才過清明，漸覺傷春暮。數點雨聲風約住，朦朧淡月雲來去。　桃李依依香暗度。誰在秋千，笑裏輕輕語？一片芳心千萬緒，人間没個安排處。

此首天頭處批曰：「信」，《集》作「例」，「才」作「乍」，「漸」作「早」，「香」作「春」。《尊前》「李」作「杏」，「香」作「風」，「笑」作「影」。本首曲以爲山東李冠作。

破陣子

四十年來家國，三千里地山河。鳳闕龍樓連霄漢，玉樹瓊枝作烟蘿，幾曾識干戈？　一旦歸爲臣虜，沈腰潘鬢消磨。最是倉皇辭廟日，教坊獨奏别離歌，垂淚對宫娥。

批曰：東坡云：「後主既爲樊若水所賣，舉國與人，故當痛苦于九廟之外，謝其民而後行，顧乃揮涕宫娥，聽教坊雜曲□。」

批曰：「《集》『黄』作『惶』，『獨』作『猶』。」

蜀主王衍二首

醉妝詞

這邊走，那邊走，只是尋花柳。　那邊走，這邊走，莫厭金杯酒。

批曰：《北夢瑣言》云：「蜀主衍常懷小巾，其尖如錐，宫女多衣道服，簪蓮花冠，施胭脂夾臉，號醉妝，作此詞。」

後蜀主孟昶

木蘭花

冰肌玉骨清無汗，水殿風來暗香滿。繡簾一點月窺人，欹枕釵横雲鬢亂。　起來瓊户啓無聲，時見疏星渡河漢。屈指西風幾時來，只恐流年暗中換。《木蘭花》詞牌下批曰：《詞綜》題作《玉樓春・夜起避暑摩訶池上作》。《詞綜》按：「蘇子瞻《洞仙歌》本檃栝此詞，然未免反有點金之憾。」

此頁天頭處批曰：《謝新恩》，《集》二十云：燕辰按：「《詞律》無是名，惟《欽定詞譜》「臨江仙」標目注云：『李煜詞名《謝新恩》』，并收「庭空客散」全詞一首，是必別有善本，惜今無見矣。今將全詞補録于後，并隨處註明，以候再考。「金窗力困起還慵」，餘缺。』燕辰按：『《詞譜》所收後主《臨江仙》全詞，後半第二句即此句，惟以「刀」字易「窗」字，而今仍仿侯刻載列，余説見後。』」

又，《集》二十七：「秦樓不見吹簫女，空餘上苑風光。粉英金蕊自低昂。東風惱我，才發一衿香。瓊窗夢醒留殘日，當年得恨何長！碧闌干外映垂楊。暫時相見，如夢娥思量。」燕辰按：「是詞多譌字，惜無他本可校。」

又，《集》二十九：「櫻花落盡階前月，象床愁倚薰籠。遠是去年今日，恨還同。雙鬟不整雲憔悴，淚沾紅抹胸。何處相思苦？紗窗醉夢中。」燕辰按：「是詞亦舛甚，不知侯氏當時何以不加考證如此。」

又，《集》二十九：「庭空客散人歸後，畫堂半掩珠簾。林風淅淅夜厭厭。小樓新月，回首自纖纖。春光鎮在人空老，新愁往恨何窮！（下缺），一聲羌笛，驚起醉怡容。」燕辰按：「《詞譜》所載後主换韻《臨江仙》全詞，即此闋。第「何窮」下，以前「金刀」七字錯之，而即以「一聲」二句作收，可知當時别有所據，侯氏未之見耳。近今海内詞學失信，詢之三吴藏書家，俱無知者，顧安得校讎渠禄，仰窺四庫之珍祕耶？」

又，《集》三十：「櫻桃落盡春將困，秋千架下歸時。漏暗斜月遲遲，花在枝（缺十二字）。徹曉紗窗下，待來君不知。」

又，《集》三十一：「冉冉秋光留不住，滿階紅葉暮。又是過重陽，臺榭登臨處，茱萸香墜。紫菊氣，飄庭户，晚烟籠細雨。雍雍新雁咽寒聲，愁恨年年長相似。」

以上六詞墨迹在孟郡王家。《集》此後次《破陣子》、《浪淘沙令》一首，後識云：「以上見《十家詞》。」

李　白十四首

批曰：字太白，蜀人；一云山東人。供奉翰林。

桂殿秋

仙女下，董雙成，漢殿夜凉吹玉笙。曲終却從仙宫去，萬户千門惟月明。　河漢女，玉練顔。雲軿往往在人間。九霄有路去無迹，嫋嫋香風生佩環。

批曰：吴虎臣云：此太白詞也，有得于石刻而無其腔。劉無言倚其聲歌之，音極清雅。

菩薩蠻

平林漠漠烟如織，寒山一帶傷心碧。暝色入高樓，有人樓上愁。　玉階空伫立，宿鳥歸飛急。何處是歸程，長亭連短亭。

批曰：《湘山野録》云：此詞不知何人寫在鼎州滄水驛樓，復不知何人所撰。魏道輔泰見而愛之。後至長沙得《古風集》于曾子宣内翰家，乃知李白所撰。

黄昇云：二詞爲百代詞曲之祖。

清平樂一名《一蘿月》

烟深水闊，音信無由達。唯有碧天雲外月，偏照懸懸離別。　盡日感事傷懷，愁眉似鎖難開。夜夜長留半被，待君魂夢歸來。

鸞衾鳳褥，夜夜常孤宿。更被銀臺紅蠟燭，學妾淚珠相續。　花貌些子時光，抛人遠泛瀟湘。欹枕悔聽寒漏，聲聲滴斷愁腸。

畫堂晨起，來報雪花墜。高卷簾櫳看佳瑞，皓色遠迷庭砌。　盛氣光引爐烟，素草寒生玉佩。應是天仙狂醉，亂把白雲揉碎。

批曰：黄昇云：翰林應制。按：唐李鵬《遏雲集》載《應制詞》四首，後二首無清逸氣韻，疑非太白所作。

張志和五首

批曰：字子同，金華人。擢明經，肅宗命待詔翰林。坐貶不復仕，自稱「烟波釣徒」。

漁　父

西塞山前白鷺飛，桃花流水鱖魚肥。青箬笠，綠蓑衣，斜風細雨不須歸。

批曰：黄昇云：極能道漁家之事。其題作「漁歌子五首」，其次以此五四三二爲二三四五。黄山谷云：有遠韻。

白居易九首

批曰：字樂天。其先太原人，徙下邽，貞元十四年進士，歷官中書舍人，出知杭州，以刑部尚書致仕，卒贈僕射，謚文。

長相思

汴水流，泗水流，流到瓜州古渡頭。吴山點點愁。　思悠悠，恨悠悠，恨到歸時方始休。月明人倚樓。

批曰：黄昇云：《閨怨》二詞，非後世作者所及。《花庵》以「深畫眉」，次「汴水流」之前。此詞上四句皆談錢塘景。

温庭筠五十九首

批曰：黄昇云：詞極清麗，宜爲《花間》詞集之冠。庭筠本名歧，字飛卿，太原人，官方山尉，有《握蘭》、《金荃》等集。稚圭録三十首。累舉不第。

菩薩蠻

小山重叠金明滅，鬢雲欲度香腮雪。懶起畫蛾眉，弄妝梳洗遲。　照花前後鏡，花面交相映。新帖綉羅襦，雙雙金鷓鴣。

批曰：張皋文曰：「此感士不遇也。篇法仿佛《長門賦》，而節節逆叙。此章從夢曉後領起，『懶起』二字，含後文情事；『照花』四句，《離騷》初服之意。」

水精簾裏頗黎枕，暖香惹夢鴛鴦錦。江上柳如烟，雁飛殘月天。　藕絲秋色淺，人勝參差剪。雙鬢隔香紅，玉釵頭上風。

批曰：皋文曰：「『夢』字提，江上以下略叙夢境，人勝參差，玉釵香隔，言夢亦不得到也。『江上柳如烟』是關絡。」

蕊黄無限當山額，宿妝隱笑紗窗隔。相見牡丹時，暫來還別離。翠釵金作股，釵上蝶雙舞。心事竟誰知？月明花滿枝。

批曰：皋文曰：「提起。以下三章本入夢之情。」

杏花含露團香雪，緑楊陌上多離別。燈在月朧明，覺來聞曉鶯。玉鈎褰翠幕，妝淺舊眉薄。春夢正關情，鏡中蟬鬢輕。

批曰：皋文曰：「結。」

玉樓明月長相憶，柳絲裊娜春無力。門外草萋萋，送君聞馬嘶。畫羅金翡翠，香燭銷成淚。花落子規啼，緑窗殘夢迷。

批曰：皋文曰：「『玉樓明月長相憶』，又提。『柳絲裊娜』，送君之時，故江上柳如烟，夢中情景亦爾。七章欄外垂絲柳，八章緑楊滿院，九章楊柳色依依，十章楊柳又如絲，皆本此。『柳絲裊娜』言之，明相憶之久也。」

牡丹花謝鶯聲歇，緑楊滿院中庭月。相憶夢難成，背窗燈半明。翠鈿金壓臉，寂寞香閨掩。人遠淚闌干，燕飛春又殘。

批曰：皋文曰：「『相憶夢難成』，正是殘夢迷情事。」

馮延巳七十八首

批曰：字正中，其先彭城人，唐末徙家新安，事南唐爲左僕射同平章事，有《陽春録》一卷，陳世修序云：「馮公全外舍祖，樂府思深詞麗，韻遠調新。」

天頭處批曰：《詞綜》、《詞辨》録延巳詞尚有《浣溪沙》一首，此編在張泌中。

如夢令

塵拂玉臺鸞鏡，鳳髻不堪重整。綃帳泣流蘇，愁掩玉屏人静。多病，多病，自是行雲無定。

批曰：《集》百十一後增《憶秦娥》一首。

三臺令

春色，春色，依舊青門紫陌。日斜柳暗花嫣，醉卧春色少年。年少，年少，行樂直須及早。

批曰：《集》百四「色」，《綜》作「風」。

明月，明月，照得離人愁絶。更深影入空床，不道帷屏夜長。長夜，長夜，夢到庭花陰下。

南浦，南浦，翠鬟離人何處。當時携手高樓，依舊樓前水流。流水，流水，中有傷心雙淚。

批曰：百六，「鬟」作「鬢」。

批曰：《詞綜》此題下有《浣溪沙》一首詞，即前張泌「馬上凝情」一首，見卷首。

莫友芝于此頁天頭處批曰：北平施燕辰叔原，咸豐辛亥所編《南朝庚歌集・陽春詞》一卷，因梁溪侯氏《十家詞》所收始《鵲踏枝》至《思越人》百十五篇爲底，而益以見《草堂》之《長相思》，見《尊前》之《玉樓春》、《擣練子》，見《詞譜》之《壽山曲》、《金錯刀》六首，合百二十一首，蓄此卷未載者四十六首。然大概他集互見，當取參校過即可行也。

歸國謡

批曰：《集》作《歸自遥》。

眉批曰：《集》别有《歸國遥》。

何處笛？深夜夢回情脈脈，竹風檐雨寒窗隔。離人幾歲無消息，今頭白，不眠特地重相憶。

春艷艷，江上晚山三四點，柳絲如剪花如染。香閨寂寂門半掩，愁眉斂，淚珠滴破胭脂臉。

江水碧，江上何人吹玉笛，扁舟遠送瀟湘客。蘆花千里霜月白，傷行色，來朝便是關山隔。

芳草渡

梧桐落，蓼花秋。烟初冷，雨才收，蕭條風物正堪愁。人去後，多少恨，在心頭。　燕鴻遠，羌笛怨，渺渺澄波一片。山如黛，月如鈎。笙歌散，夢魂斷，倚高樓。

批曰：《集》六十九，「烟」作「秋」，「波」作「江」，「夢魂」作「魂夢」。

南鄉子

細雨濕流光，芳草年年與恨長。烟鎖鳳樓無限事，茫茫，鸞鏡鴛衾兩斷腸。　魂夢任悠揚，睡起楊花滿綉床。薄幸不來門半掩，斜陽，負你殘春淚幾行。

批曰：《集》六十五，「烟鎖」，《譜》作「回首」。「殘」，《集》作「小」。

細雨泣（濕）秋風，金鳳花箋（殘）滿地紅。閑促黛眉慵不語，情緒，寂寞相思知幾許。玉枕擁孤衾，挹（抱）恨還聞（同）歲月深。簾卷曲房誰共醉，憔悴，惆悵秦樓彈粉淚。

批曰：六十六，旁改四字，依《集》本，是。

此兩首《南鄉子》天頭處批曰：燕辰按：此首《欽定詞譜》只載前半闋，并注云：「《陽春集》馮詞二首悉同，而『細雨濕流光』一首則全載雙調，是以此詞分而爲二。『玉枕』以下又作一首矣，未知所據何本，而萬氏《詞律》未收雙調換韻一體，今姑從原本收載，以候考證。」

舞春風一名「瑞鷓鴣」

批曰：《欽定詞譜》名《瑞鷓鴣》

嚴妝才罷怨春風，粉墻畫壁宋家東。蕙蘭有恨枝尤緑，桃李無言花自紅。燕燕巢兒(時)羅幕卷，鶯鶯啼處鳳樓空。少年薄倖知何處，每夜歸來春夢中。

批曰：《集》六十，首句《詞譜》作「□□嚴妝怨春風」，「尤」作「猶」。

蝶戀花

幾日行雲何處去，忘却歸來，不道春將莫。百草千花寒食路，香車繫在誰家樹。涙眼倚樓頻獨語。雙燕飛來，陌上相逢否？撩亂春愁如柳絮。悠悠夢裏無尋處。

批曰：《集》十一，「飛來」，《綜》作「來時」，「悠悠」作「依依」。

六曲闌干偎碧樹，楊柳風輕，展盡黄金縷。誰把鈿箏移玉柱，穿簾海燕雙飛去。滿眼游絲兼落絮，紅杏開時，一霎清明雨。濃醉覺來鶯亂語，驚殘好夢無尋處。

批曰：《集》十四，「雙飛」作「驚飛」，「鶯亂」作「慵不」。各本「海燕」作「燕子」。

誰道閒情抛擲久，每到春來，惆悵還依舊。日日花前常病酒，不辭鏡裏朱顔瘦。河畔青蕪堤上柳，爲問新愁，何事年年有。獨立小樓(橋)風滿袖，平林新月人歸後。

批曰：《集》二，「日日」作「舊日」。注云：「《蘭畹集》誤作歐陽永叔。」

此三首《蝶戀花》天頭處批曰：「皋文選三首，以「六曲」一、「莫道」二、「幾日」三爲次，云：「三詞忠愛纏緜，宛然騷辨之義。延巳爲人專蔽嫉妒，又敢爲大言。此詞蓋以排間異已者，其君之所以信而弗疑也。」

壽山曲

批曰：調見趙德麟《侯鯖録》。

銅壺滴漏初盡，高閣鷄鳴半空。吹(催)啓五門金鎖，猶垂三殿簾櫳。階前御柳摇緑，仗下宫花散紅。鴛瓦數行曉日，鸞旗百尺春風。侍臣舞蹈重拜，聖壽南山永同。

批曰：《集》百十九，「吹」作「催」。

此詞末尾批曰：「此詞《陽春集》不載，『鶯』作『鸞』，今從《花草粹編》本採入。」

思越人與本調不同

酒醒情懷惡，金縷褪、玉肌如削。寒食過却，海棠零落。　乍倚遍闌干烟淡薄，翠幕簾籠畫閣。春睡着，覺來失秋千期約。

批曰：《集》百一十五末云：「以上見《十家詞》，『櫳』下多『籠』。」

上行杯與本調不同

批曰：《詞譜》名《偷聲木蘭花》。

落梅暑雨消殘粉，雲重烟深寒食近。羅幕遮香，柳外秋千出畫墻。　春山顛倒釵横鳳，飛絮入簾春睡重。夢裏佳期，只許庭花與月知。

批曰：《集》百八，「暑」作「著」。

薄命女

批曰：《集》題《長命女》。

春日宴，緑酒一杯歌一遍。再拜陳三願。　一願郎君千歲，二願妾身長健，三願如同梁上燕，歲歲長相見。

耿玉真

菩薩蠻

批曰：入金陵，累官柱國，唐亡歸宋，以龔慎儀事坐誅。臨刑，有白衣婦人同斬，姿貌宛如所夢，問其姓名，曰：「耿玉真。」問受刑之地，即固子坡也。

玉京人去秋蕭索，畫檐鵲起梧桐落。欹枕悄無言，月和殘夢圓。　背燈唯暗泣，甚處砧聲急。眉黛遠山攢，芭蕉生暮寒。

句

庭空客散人歸後，畫堂半掩珠簾。林風淅淅夜厭厭。小樓新月，回首自纖纖。

批曰：施燕辰《南唐二主集》注：「此兩半闋爲一首，編後主卷末。」

春光鎮在人空老，新愁往恨何窮。金窗力困起還慵。一聲羌笛，驚起醉怡容。

此兩首天頭處批曰：施燕辰云：「按，此詞當與前《謝新恩》各殘詞參看，不知侯刻昔據何本，乃零星舛錯如彼。又，查萬氏《詞律》，收《陽春集》中之換韻《臨江仙》，于此詞亦似未見，惟此詞不惟復『人』字、『起』字，而語意亦不貫串，又不敢遽定爲確無疑義也。世乏完璧，只可就所見者先後匯列，間□附參臆説，仍候博雅者指正焉。」

莫友芝補録《唐五代詞》

二主詞

南唐中主李璟

《應天長》（一鈎新月），後主書云：「先皇墨迹在晁公留家」。《欽定詞譜》以爲馮延巳作。

《望遠行》（碧砌花光）

《浣溪沙》（手卷真珠），《漫叟詩話》云：「李璟有曲云：『手卷真珠上玉鈎』，或改爲『珠簾』，非所謂知音。」《花庵》入後主。

又（菡萏香銷），馮延巳作《謁金門》云：「風乍起，吹皺一池春水。」中主云：「干卿何事？」

對云：「未若陛下『小樓吹徹玉笙寒』也。」《尊前》名《山花子》，《花庵》亦入後主。

以上見梁溪侯文燦所輯《十家詞》。

《減字浣溪沙·春恨》（風壓輕雲）

又（一曲新詞）

以上見《草堂》。

《帝臺春》（芳草碧色），燕辰按：《詞譜》、《詞律》俱以爲李甲作，今從《十國春秋》補列。

以上見《元宗本紀》。

後主李煜

《虞美人》（春花秋月），《草堂》題作《感舊》。

《烏夜啼》（昨夜春兼雨）

《一斛珠》（曉妝初遇）

《子夜歌》（人生讎恨和能免）

《更漏子》（金雀釵紅粉面），邵按：又見《金荃》。

《臨江仙》（櫻桃落盡春歸去）

《西清詩話》：「後主圍城中作此詞，未就而城破。嘗見殘稿，點染晦味，心方危窘，不在書耳。」按《實録》：「開寶七年十月伐江南，明年十一月破昇州。此詞乃咏春，决非城破時作。然王師圍昇州既一年，後主于圍城中春作此詞不可知。方是時，其心豈不危急？」蘇子由云：「凄涼怨慕，真亡國之聲也。」

燕辰按：前半《詞綜》據《耆舊續聞》所載，作「玉勾羅幕，惆悵舊烟垂」，不惟「金」字不復，神韻亦勝。又，下半「爐香」三句原缺，今并補入。

《詞綜》云：「是詞相傳後主在圍城中賦，未就而城破。闕後三句，劉延仲補之云：『何時重聽玉驄嘶，撲簾柳絮，依約夢回時。』而《耆舊續聞》所載故是全作，當從之。」燕辰按：「城破未甦之言，皆好事者故爲其說，後主既咏春，心即危急，未必中輟也，當以《耆舊續聞》所載爲信。」

《**望江南**》《多少恨》

《**清平樂**》（別來春半）

《**采桑子**》（庭前春逐），□前注云：羽調。

《**喜遷鶯**》（曉月墜）

《**蝶戀花**》（遥夜亭臯閑倒步），見《尊前集》，《本事曲》以爲山東李冠作，《歐文忠集》亦有此詞，「倒」，《尊前》作「信」，「李」作「杏」，「春」作「風」，「笑」作「影」。

《**烏夜啼**》（林花謝了春紅）

《**長相思**》（雲一渦），曾瑞伯《雅詞》以爲孫肖之作，非也。

《**擣練子令**》（深院静），出《蘭畹曲會》。

《浣溪沙》（紅日已高），見《西清詩話》。

《菩薩蠻》（花明月暗飛輕「一作籠□」霧），《尊前》名《子夜啼》。

《望江梅》（閑夢遠）

《菩薩蠻》（蓬萊院閉天台女）

又（銅簧韻脆）

《阮郎歸・呈鄭王十二弟》（東風吹水日銜山）

《浪淘沙》（往事只堪哀），傳自池州夏氏。

《采桑子》（轆轤金井梧桐晚），《草堂》題作「秋思」。

《虞美人》（風回小院庭蕪緑），以上二詞墨迹在王季官判院家。

《玉樓春》（晚妝初了明肌雪），《草堂》題作「宫詞」。

《子夜歌》（尋春須是先春早，看花莫待花枝老。縹色玉柔擎，醅浮盞面□。□□（二字漫訛不可識，疑是「何妨」字）頻笑粲，禁苑春歸晚。同醉與閑評，詩隨羯鼓成。）

以上二詞傳自□公顯節度家，云墨迹舊在京師梁門外李王寺一老居士處，故弊難讀。

《謝新恩》，燕辰按：「《詞律》無是名，惟查《欽定詞譜》《臨江仙》標目注云：『李煜詞名《謝新恩》，并收「庭空客散」全詞一首，是必别有善本，惜今無見矣。今將全詞補列于後，并隨處註明，以候再考。「金窗力困起還慵」，餘缺。』燕辰按：『《詞譜》所收後主《臨江仙》全詞，後半第三句即是此句，惟以「刀」字易「窗」字耳，今仍仿侯刻載列，餘説見後。』」

又（秦樓不見吹簫女，空餘上苑風光。粉英金蕊自低昂。東風惱我，才發一衿香。瓊窗夢個殘日，當年得恨何長！碧闌干外映垂楊。暫時相見，如夢娥思量。）燕辰按：是詞多訛字，惜無他本可校。

又（庭空客散人歸後，畫堂半掩珠簾。林風淅淅夜厭厭。小樓新月，回首自纖纖。〔下缺〕　春光鎮在人空□『空』字下脱一『老』字」，新愁往恨何窮！「下缺」，一聲羌笛，驚起醉怡容。）燕辰按：「《詞譜》所載後主换韻《臨江仙》全詞，即此闋。第『何窮』下，以前『金刀』七字錯之，而即以一聲二句作收，可知當時别有所據，侯氏未之見耳。近今海内詞學失傳，詢之三吴藏書家，俱無知者，顧安得校讎渠禄，仰窺四庫之珍祕耶？」

又（櫻桃落盡春將困，秋千架下歸時。漏〔二字又疑曰「滿階」〕斜月遲遲花在枝〔缺十二字〕。徹曉紗窗下，待來君不知。）

又（冉冉秋光留不住，滿階紅葉暮。又是過重陽，臺榭登臨處，茱萸香墜。紫菊氣，飄庭户，晚烟籠細雨。雍雍新雁咽寒聲，愁恨年年長相似。）以上六詞墨迹在孟郡王家。

《**破陣子**》（四十年來家國），東坡云：「後主既爲樊若水所賣，舉國與人，故當痛苦于九廟之外，謝其民而後行，顧乃揮涕宫娥，聽教坊雜曲□。」

《**浪淘沙令**》（簾外雨潺潺），「闌珊」作「將闌」，「不耐」作「不暖」，「江山」作「關山」，「春去」作

「歸去」，云一作「何處」，蔡絛云：「含思凄婉」。《草堂》題作「懷舊」。

以上見《十家詞》。

《長相思·秋怨》（一重山）。以上見《草堂》。

《烏夜啼》（無言獨上西樓），此詞最凄婉，所詔亡國之哀思。以上見《花庵詞選》。

《更漏子》（大石調，柳絲長），《金荃集》作温飛卿。以上見《尊前集》。

《搗練子》（雲鬢亂）。以上見《詞林萬選》。

《漁歌子》（閬苑有情千里雪）。

《臨江仙》（庭空客散人歸後，畫堂半掩珠簾。林風淅淅夜厭厭。小樓新月，回首自纖纖。春光鎮在人空老，新愁往恨何窮，金刀力困起還慵，一聲羌笛，驚起醉怡容。）施燕辰按：「此詞當與前《謝新恩》各殘詞參看，不知侯刻昔據何本，乃零星舛錯如彼。又，查萬氏《詞律》，收《陽春集》中之換韻《臨江仙》，于此詞亦似未見，惟此詞不惟復『人』字、『起』字，而語意亦不貫串，又不敢遽定爲確無疑義也。世乏完璧，只可就所見者先後匯列，間□附參臆説，仍候博雅者指正焉。」

以上見《欽定詞譜》。

中主《帝臺春》（芳草碧色，萋萋遍南陌。飛（《詞譜》作「暖」）絮亂紅，也似知人、春愁無力。憶得盈盈拾翠侶，共携賞、鳳城寒食。到今來，海角逢春，天涯行（《詞譜》作「倦」）客。愁旋釋，還似織。淚暗拭，又偷滴。謾遍倚〔《詞譜》作「倚遍」〕危闌，盡黃昏，也正〔《譜》《律》俱作「只」〕是、暮雲凝碧。拚則而今已拚了，忘則怎生便忘得。又還問鱗鴻，試重尋消息。）

《陽春集》

《鵲踏枝》，一、「梅落」。三、「秋入」。五、「叵耐」。七、「煩惱」。八、「霜落」。九、「芳草」。十二、「庭院深深」。十三、「粉映」。二十九、《酒泉子》（雲散）。三十、「庭樹」。三十四、「楚女」，乃溫詞，有跋。三十五、《臨江仙》（秣陵江上）。三十七、「南園」。四十一、《清平樂·春愁》，□□端已。四十四、《醉花間·晴雪》。四十五、「林雀」。四十六、《應天長》（一鈎新月），已見中主，未録。四十八、「朱顏」。四十九、「石城」。五十、「當時」。五十一、「闌珊」。五十二、「緑槐」。五十三、《謁金門》（聖明世）。五十四、「秋已暮」。五十六、《虞美人》（畫堂新霽）。五十七、「碧波簾幕」。五十八、「金絲籠」。五十九、《春光好》（霧蒙蒙）。六十四、《歸國遙》（雕重玉），溫詞。七十、《更漏子》（金剪刀）。七十一、「秋水平」。七十三、「雁孤飛」。七十九、《抛球樂》（步少王孫）。八十一、「莫厭登高」。八十四、《鶴衝天》（曉風墜），即《喜遷鶯》，和凝作。八十七、《醉桃源》，即《阮郎歸》（東風吹水）。八十九、《菩薩蠻》（人人盡説），即韋莊詞。九十七、《浣溪沙》（桃杏），又，孫光憲。九十八、「春到」。九十九、「醉憶」。百、□□。百一、「春色」。《花間》謂顧敻。百三、《相見歡》（羅帷綉袂），乃薛昭蘊作。百十、《江城子》（曲欄杆外）蓋誤收張，附張泌三。百十二、《憶秦娥》（風漸漸）。百十七、《玉樓春》

〈雪雲乍變〉，上見《尊前集》。百十八、《搗練子》，見《尊前集》，此未抄録入後主。又抄「霧濛濛」一首，已見，乃重出。

下鈐有「莫繩孫印仲武」篆書印章。

十日前曾見結一廬舊藏宋八行十七字本《花間集》，宋板宋印，刻工類《友林乙稿》而更凝重，真尤物也！無從得之，徒令嘆悵耳。

壬辰五月十一日夜窗揮汗書，小燕。

壬辰春日海上所收。

（梁光華　李朝陽整理點校）

《施注蘇詩》批校

北宋文豪蘇軾(一〇三六—一一〇一)所著詩詞在宋代就已廣爲流傳,其詩集傳至南宋,就有了王十朋《東坡詩集注》二十二卷、施元之《蘇詩注》四十二卷兩家注本。施元之《蘇詩注》尤爲後世所稱道。但是施氏《蘇詩注》傳世稀少,一般人難以讀到。清初詩人宋犖(一六三四—一七一三)巡撫江蘇時購得宋版《施注蘇詩》殘本三十卷,招其門下士邵長蘅,屬以搜全訂補,兼有顧嗣立、宋至相協助,得以補全《施注蘇詩》四十二卷,并參酌王十朋《東坡詩集注》及群書之注,於康熙己卯(一六九九年)刊刻傳於世。

莫友芝生於嘉慶十六年,從壬午(十二歲)至癸巳(二十三歲)批點之《施注蘇詩》,今藏遵義李連昌先生處,是目前爲止筆者發現的莫友芝第一本治學稿本,堪稱莫友芝一生治學起點,因而具有特別重大的文獻價值和學術價值。

莫友芝用朱、雌黄、墨三色筆點斷、批點十册《施注蘇詩》。細讀莫批,大致可以這樣區分:

一、從十二歲「壬午元旦」起批點第一册,至二十三歲「癸巳九月十日讀畢」第十册,莫友芝用朱筆逐句點讀、批點《施注蘇詩》全書;

二、從二十一歲中舉之後以雌黄筆復批。「辛卯八月一日」復批第二册，至二十二歲「壬辰重陽」復批至第八册，第九册仍有少量復批；第一册和第十册未見復批；

三、第一册首册右下側和第十册末頁左下側，均有墨書「莫友芝藏」四字；從第三册至第十册，零星見到莫友芝用墨筆的批點；第十册之末，墨筆批記曰：「共十册，凡千一百二十頁，紫泉莫友芝珍藏初印本，辛卯五月記。」細讀十册莫氏批點，可以推知其墨批爲從壬午至癸巳十一年間隨時所批之記録。

筆者逐條整理、摘記，點校莫友芝朱、雌黄、墨三色筆之批點，共計一百二十三條，無一遺漏；蘇詩旁僅有三色筆圈點而無文字者，則略而不録。

第一册

《注蘇例言十二則》之七：「引詩注詩，始於宋人。」朱批曰：「選詩注，何嘗不引詩。」

《王注正訛》：「卷之二十一：王本既訛『開先』爲『開元』，又訛『南唐之元宗』爲『唐開元天寶之玄宗』；云唐玄宗即位始號開元。其杜撰踳駮乃爾。」莫友芝朱批曰：「展轉可憎乃爾！」

點校者按：《王注正訛》：指宋人王十朋所作《東坡詩集注》。下同。

《王注正訛》：「卷之二十七：云漢唐不辨。」朱批曰：「何至此？」

《王注正訛》之末，朱批曰：「壬午元旦。」

點校者按：「壬午」：爲清道光二年（一八二二年）。此年莫友芝十二歲，在獨山兔場老家影山草堂家塾讀書，從此年元旦日起批點《施注蘇詩》。

《東坡先生笠屐圖》之天頭，墨批曰：「《東坡笠屐圖讚》：長公天仙謫墮人界，人界不容公氣逾邁，斥之杭州，吾因以遊。投之赤壁，吾因以適瓊厓儋耳。鯨波汗漫，乘桴之遊，平生奇觀。金蓮玉帶，曰維東坡。戴笠著屐，亦維東坡。出入諸黎，負瓢行歌。十惇自卞，其如予何！其如予何！右王文恪鏊作。」

第二册

《宋孝宗贈蘇文忠公太師敕》下，朱筆記曰：「正月初二日雨窻。」

《東坡先生墓誌銘》之下，朱筆記曰：「十一日雨窻。」

《東坡先生年譜》之下，朱筆記曰：「十二日午餘。」

《施注蘇詩總目下》終處，朱批曰：「共二千一百八十八首。第四十卷闕一首。」

《蘇詩續補遺總目》終處，朱批曰：「共四百三十七首。施註《原集》并《續補遺》，共計詩弍千六百弍十五首奇。辛卯八月一日記。」

點校者按：辛卯爲清道光十一年（一八三一）。此年莫友芝二十一歲。此年八月莫友芝到省城貴陽應鄉試，中舉，此記「辛卯八月一日」，當爲莫友芝鄉試中舉之後所批點。

第三册

首葉《施注蘇詩》卷之一第一行之下，朱筆記曰：「壬午二月家塾。」在此葉版框之外右側，雌黄筆記曰：「辛卯十月廿二日，景山學房。」

點校者按：此葉用兩種顔色之筆，批點時間不同。硃筆所批「壬午二月家塾」，是指道光二年（一八二二）十二歲時，莫友芝在獨山兔場影山草堂家塾批《施注蘇詩》。十年之後，莫友芝於辛卯即道光十一年（一八三一）八月貴陽鄉試中舉；十月莫氏又在遵義「景山學房」（影山草堂學堂）中復加批點。

《壬寅二月，有詔，令郡吏分往屬縣減決囚禁。自十三日受命出府……寄子由》：「遠人罹水旱，王命釋俘囚。……」辛卯十月廿二日雌黄筆批曰：「真是一篇游記，同化俳偶之迹矣。晴雲舒卷，似其變化。」

《太白山下早行至横渠鎮書崇壽院壁》：「馬上續殘夢，不知朝日昇。……」朱批曰：「馬上續殘夢，乃唐劉駕《早行》起句，公用之。」

《守歲》：「欲知乘盡歲，有似赴壑蛇。……」詩末墨批曰：「《晉書·周處傳》：『入吳，尋二陸見雲，具以情告曰：欲自脩而年已蹉跎。』《説文》：『蹉跎，失時也。』」

《秦穆公墓》：「橐泉在城東，墓在城中無百步。……」雌黄筆於此詩天頭批曰：「古拙之至矣，却復異常排宕。秦漢人亦不過爾。」

卷之一之末朱筆記曰：「十八日雨窻。」

卷之二第一行空白處，莫友芝朱筆記曰：「十九日下午新晴。」

卷之二《送安惇秀才失解西歸》：「……狂謀謬算百不遂，惟有霜鬢來如期。……」雌黄筆批曰：「三復此二語，真不禁霑膺。」

卷之二之末，莫友芝朱筆記曰：「是日晄（晚）窻。」

卷之三第一行空白處記曰：「二十日辰刻。」

卷之三《胡完夫母周夫人挽詞》：「……豈似凡人但慈母，能令孝子作忠臣。當年織屨隨方進，晚節稱觴見伯仁。」雌黄筆批曰：「運用流轉，能縮無窮意議於四句之中。」

卷之四第一行空白處，記曰：「二月一日午餘微雪。」

卷之四《再和》：「東望海，西望湖，山平水遠細欲無。……」雌黄筆在天頭上批曰：「如此四詩，世俗所共賞，而鄙趣雅有未合，亦心自知之。無煩訟説耳。」

卷之五第一行空白處朱筆記曰：「初四日早晨。」

卷之五《朱壽昌郎中少不知母所在，刺血寫經，求之五十年，去歲得之蜀中，以詩賀之》，雌黄筆於天頭批曰：「同首音節，亦有喜極而欲泣之致。結處旁引數人，戛然而止，三復迴環，其妙愈出。」

卷之五《送張軒民寺丞赴省試》：「……洗眼上林看躍馬，賀詩先到古宣城。公自注：……

《史記·蔡澤傳》：躍馬食肉，富貴四十三年足矣。」雌黄筆批曰：「《史記》何得有『躍馬』字？」又於其下墨批曰：「《蔡澤傳》：躍馬疾驅注：特割裂耳，何得無『躍馬』字？『躍馬食肉，蓋承《文選·吴都賦注》之誤而誤也。」

卷之五《畫魚歌》，墨筆於天頭批曰：「竊意此詩或喻新法之害民也。後見《詩醇》評語，亦曰此意。」

卷之五之末，朱筆記曰：「是月十三日，家大人有秦中之行。數日以來，庶庶多事，遂爾中輟十五日。送家大人抵錫山，又以他事留一日，十六日至家，十八日卯刻始畢此卷。」

卷之六第一行空白處記曰：「十八日卯刻。」

卷之六《風水洞二首和節推》：「風轉鳴空穴，泉幽寫石門。……」「山前乳水隔塵凡，山上仙風舞檜杉。……」雌黄筆批曰：「逐句板板分開，而絶不見肥重之迹。于此可以參矣。」

卷之六《李鈐轄坐上分題戴花》：「二八佳人細馬馱，十千美酒渭城歌。……」雌黄筆批曰：「甚工細而不覺其刻畫，所以爲大家。」

卷之六之末，雌黄筆記曰：「十一月朔日畢。是日大風始寒。」

第四册

首葉卷之七第一行空白處，朱筆記曰：「二月廿日薄暮。」在此葉版框之外右側，雌黄筆記曰：「辛卯十一月一日。」

卷之七《柏堂》：「……此柏未枯君記取，灰心聊伴小乘禪。」詩後原有註釋。雌黄筆批曰：「如此，則『乘』字本宜作去聲讀，不得謂去聲，用者爲非。」

卷之七《有美堂暴雨》：「……天外黑風吹海立，浙東飛雨過江來。……」雌黄筆批曰：「『浙東飛雨過江來』，丹陽進士殷璠詩也。公同用其語，是何等氣魄！反覺殷詩通體寒儉，與此句殊不相稱。讀殷同詩，方知公詩之妙！」

卷之八首葉第一行空白處，朱筆記曰：「三月十六日雨窻。」

卷之八之末，朱筆記曰：「塵俗奔忙，幽憂奄忽，不開詩卷，遂及旬餘。風日鮮妍，冶游雜沓，既辜佳節，復廢静功，未審何時聊酬素志。時壬午清明後七日。」後一頁爲空白頁，雌黄筆記曰：「客曰：子讀蘇詩，僅能句讀而已，亦少有益耶？應之曰：我從蘇詩讀蘇詩，則得蘇之所以爲蘇者，復從我讀蘇詩，則得我之所以爲我者。其益與否，不知也。客退，因記其語。」

卷之九首葉第一行空白處，朱筆記曰：「即日申刻。」

卷之九之末，莫友芝朱筆記曰：「次日飯後濃蔭。」

卷之十首葉第一行空白處，朱筆記曰：「十八日申刻，著屐自西門歸，倦憊特甚。」

卷之十之末，朱筆記曰：「次日晨興，續畢此卷數葉。」

卷之十一首葉第一行空白處，朱筆記曰：「十九日上午，是日尤蔭霾。」

卷之十二首葉第一行空白處，朱筆記曰：「廿二日曉晴。」

卷之十二之末，朱筆記曰：「廿三日晨起，復蔭雨。」

第五册

卷之十三首葉第一行空白處，朱筆記曰：「三月二十有七日，曉窻蔭雨。」第五行下，雌黄筆記曰：「辛卯長至日。」

卷之十四首葉第一行空白處，記曰：「晦日復大風雨。」

卷之十四之末，朱筆記曰：「四月初一日，午後小晴。」

卷之十五第一行空白處，朱筆記曰：「佛日午窻疏雨。時霔雨浹旬，花事闌珊。」

卷之十五《答王定民》：「開緘奕奕滿銀鉤，書尾題詩語更遒。……」雌黄筆於天頭上批曰：「公詩中臺寺之類甚多，如節『飯顆山』作『飯山』；改『秋娘』爲『秋女』，雖出自公手，終不可據依，若尤而效之，未有不成笑柄者矣。」詩末空白處又批曰：「臺寺者，臺頭寺也。」

卷之十五之末，朱筆記曰：「望日晚始畢此卷。兩日天氣最佳。前卷畢於朔日，自朔迄望，僅閲一卷，可憎孰甚。」

卷之十六首葉第一行空白處，朱筆記曰：「望日晚窻明浄，并畢此卷。」

卷之十六《雲龍山觀燒得雲字》：「……悲同秋照蟹，快若夏燎蚊。火牛入燕壘，燧象奔吴軍。崩騰井陘口，萬馬皆朱幩。摇曳驪山陰，諸姨爛紅裙。方隨長風卷，忽值絶澗分。……」雌黄筆於天頭批曰：「此二句不惟善言燒，亦善言文。以上纍纍數十語，得此一束，亦如風迴澗斷也。」

卷之十六之末，雌黄筆記曰：「嚴冬閲此卷未竟，逼除輟簡，因循至今，始得續閲。時壬辰七月二十又八日也。」

卷之十七首葉第一行空白處，朱筆記曰：「十六日黄昏。」

卷之十七《與客遊道場何山得鳥字》：「清谿到山盡，飛路盤空小」兩句天頭上墨批曰：「《冷齋夜話》云：子瞻歸自道場山，遇大風雨，因憩耘老溪亭，命官奴秉燭棒，現寫風雨竹一枝，因題詩云。更得二聯。『正似』作『恰似』，《補遺》又作『憐此』。」

卷之十八首葉第一行空白處，朱筆記曰：「十七日申刻。」

卷之十八之末，雌黄筆批曰：「初一日辰刻。」下鈐「莫友芝圖書印」朱文長方印、「紫泉莫氏五郎圖書印」白文正方印。

第六册

卷之十九首葉第一行空白處，朱筆記曰：「四月十有三日，晴窻。」在此頁版框外右側，又用雌黄筆批曰：「辛卯十月十八日，燭下分閲。」

卷之十九之末，朱筆記曰：「二十七日下午。」

卷之二十首葉第一行空白處，記曰：「廿八日。」

卷之二十《六年正月二十日復出東門仍用前韻》：「五畝漸成終老計，九重新掃舊巢痕。」兩句天頭上用雌黄筆批曰：「釋道源云：義山詩：『鳳巢西隔九重門。』東坡『九重新掃鳳巢痕』本此。」

卷之二十《徐君猷挽辭》：「……山成散盡樽前客，舊恨新愁只自知。」用雌黄筆在「成」字左側添「土」旁，改成「城」字。又，此詩下原注曰：「《禮記》：孔子之衛，遇舊館人之喪而哭之。」莫友芝在此側縫中用雌黄筆批曰：「剛節不成文。」

卷之二十一首葉第一行空白處，朱筆記曰：「午日大雨。」

卷之二十一《岐亭五首并引》其一(昨日雲陰重，東風融雪汁)天頭上用雌黄筆批曰：「觀五詩用韻處，緣其才大之至，故叩取俯拾，縱之横之，無所不可。一落小家手，便餖飣牽率，無醜不備矣。」

卷之二十一《次韻杭人裴維甫》：「餘杭門外葉飛秋，尚記居人挽去舟。一别臨平山上塔，五年雲夢澤南州。凄凉楚些緣吾發，邂逅秦淮爲子留。寄謝西湖舊風月，故應時許夢中游。」雌黄筆於天頭上批曰：「一氣如話，又纍纍如貫珠，照應迴環，略無痕迹。七言律必至此方入化。然杜老之後，僅見文忠耳。蘇律如此類至多，此尤其極明易者，可以舉隅也。」

卷之二十二首葉空白處記曰：「是日薄暮，餘酒未醒。」

卷之二十二《秦少游夢發殯而葬之者云是劉發之柩是歲發首薦秦以詩賀之劉涇亦作因次其韻》，先用硃筆圈點此詩「看花走馬到東野，餘子紛紛何足數。……塗車芻靈皆假設，著眼細看君勿誤」等多句詩，後又用雌黄筆點贊此詩，於此詩天頭上批曰：「東野尚被顛倒，方見科目有權。今日更不足一錢直矣。而未有能著眼細看者，何也？」

卷之二十三首葉第一行空白處，朱筆記曰：「十三日雨窗。」

卷之二十三之末，朱筆記曰：「十五日晚刻，扶病起坐。」

卷之二十四首葉第一行空白處，朱筆記曰：「廿有一日大雨。」

卷之二十四之末，朱筆記曰：「廿四日始晴。是月望日前後即遭連雨；十九日偶晴一日，二墻倒屋，不可勝計。登城遠眺，彌望皆白。稻始成苗，悉沉水底。對此不無憂生之嗟，輒援筆記其歲月。」

第七册

卷之二十五首葉第一行，朱筆記曰：「五月二十有七日，小晴。」在此葉版框之外右側，雌黄筆記曰：「辛卯十一月初一日，燭下分閱。」

卷之二十五《次韻子由送家退翁知懷安軍》：「吾州同年友，粲若琴上星。當時功名意，豈止拾紫青。事既喜「喜」字疑誤，當作「與」違願，天或不假齡。」雌黄筆批曰：「若『喜』應作『與』，則『違願』二字疑倒。」

卷之二十六首葉第一行空白處，朱筆記曰：「重陽日大風。」

卷之二十六《九月十五日邇英講論語終篇賜執政講讀史官燕於東宫又遣中使就賜御書詩各一首臣軾得紫薇花絶句其詞云絲綸閣下文書静鐘鼓樓中刻漏長獨坐黄昏誰是伴紫薇花對紫微郎翌日各以表謝又進詩一篇臣軾詩云》，雌黄筆圈點「莫言弄筆數行書，須信時平由主聖」二句詩，然後在此詩天頭上批曰：「《十三經音義》至宋儒而後大定，注疏中尚有不可據依者。非賤古而貴今也。唐宋人所使字，儘有未的處，吾輩幸生經術大明之後，而必襲其小小誤謬，何也？夫古人之可學者多矣，舍其萬長，襲其一短，雖欲歸過古人，正恐古人不受耳。」在此詩東坡「公自注」之後，用雌黄筆批曰：「文思：『思』字作平用，終不可。古人如此類甚多，必不可引爲口實而承其誤謬也。」

卷之二十六之末，朱筆記曰：「初十日暴寒。」

卷之二十七首葉第一行空白處，記曰：「十一日午後陰寒。」

卷之二十七《送千乘千能兩姪還鄉》：「治生不求富，讀書不求官。……」此詩天頭墨筆批曰：「德公事載《襄陽耆舊記》。注：《耆舊》當引此。」

卷之二十七《書王定國所藏〈煙江疊嶂圖〉公自注：王晉卿畫》，雌黄筆圈點「但見兩崖蒼蒼暗絶谷，中有百道飛來泉。縈林絡石隱復見，下赴谷口爲奔川。川平山開林麓斷，小橋野店依山前。行人稍度喬木外，漁舟一葉江吞天。」八句天頭上雌黄筆批曰：「説盡畫家布置，而詩亦妙絶矣。豈惟詩畫同出一源，緣公於此事亦已到家也。蘇子作詩如見畫，公固已自言之。」

卷之二十七之末，朱筆記曰：「十九日午前睡起。」

卷之二十八首葉第一行空白處記曰：「是日晚窻明净，時連日秋光佳甚。」

卷之二十八之末，朱筆批曰：「二十三日下午歸自南門外。」雌黄筆批曰：「寒夜燒燈，僅畢十卷，忽忽置之，幾匝歲矣。作輟如斯，有何長進？壬辰九月一日上午。」

卷之二十九首葉第一行空白處批曰：「二十有四日早起。」

卷之三十首葉第一行空白處批曰：「是日黄昏燭下。」

卷之三十之末，朱批曰：「廿八日飯前。」

第八册

卷之三十一首葉第一行空白處，朱筆記曰：「九月二十有八日午窻。」在此葉版框外右側，雌黄筆記曰：「壬辰重陽日薄莫。」

卷之三十一之末，朱筆記曰：「晦日陰雨。」

卷之三十二首葉空白處，朱筆記曰：「十月朔日，午前大雨。」

卷之三十二之末，朱筆記曰：「次夜燈前。」

卷之三十三首葉第一行空白處，朱筆記曰：「初三日上午。」

卷之三十四首葉第一行空白處，朱筆記曰：「癸未新正五日。」

卷之三十五首葉第一行空白處，朱筆記曰：「人日陰寒。」

卷之三十五《天竺寺并引》：「香山居士留遺迹，天竺禪師有故家。空詠連珠吟疊壁，已亡飛鳥失驚蚍。林深野桂寒無子，雨浥山薑病有花。四十七年真一夢，天涯流落淚横斜。」雌黄筆圈點此詩頷聯和頸聯，并於詩之天頭上用雌黄筆批曰：「句法奇創，不可使拙手爲之。」

卷之三十五《十月二日初到惠州》：「彷彿曾遊豈夢中，欣然雞犬識新豐。吏民驚怪坐何事，父老相携迎此翁。……」雌黄筆圈點此詩首聯和頷聯，并在天頭上批點曰：「隨遇而安之意衝口信筆，無一豪勉强，其胸中故自浩然也。」

卷之三十五《新釀桂酒》：「……收拾小山藏社甕，招呼明月到芳樽。酒材已遣門生致，菜把仍叨地主恩。……」雌黄筆和墨筆圈點詩之頷聯和頸聯，天頭用雌黄筆批曰：「頷聯刻畫矣，然不落小家習氣。」

卷之三十六首葉第一行空白處記曰：「初八日連陰。」

卷之三十六《二月十九日携白酒鱸魚過詹使君食槐葉冷淘》：「枇杷已熟粲金珠，桑落初嘗灎玉蛆。暫借乘蓮十分盞，一澆空腹五車書。青浮卵椀槐芽餅，紅點冰盤藿葉魚。醉飽高眠真事業，此生有味在三餘。」天頭批曰：「以藿葉妃槐芽，是何等根柢，作如此駈使，信矣！大家無小詩也。」

第九册

卷之三十七首葉第一行空白處，朱筆記曰：「癸未正月初八日晚晴。」

卷之三十八《五色雀并引》：「……迴翔天壤間，何必懷此都。」雌黄筆圈贊此詩尾聯兩句，并在詩尾批曰：「怨極矣，而渾涵無迹。」

卷之三十八《汲江煎茶》：「活水還須活火煎，公自注：唐人云：茶須緩火炙，活火煎。自臨釣石取深清。……茶雨已飜煎處脚，松風忽作瀉時聲。……」雌黄筆圈贊此詩，又於天頭批曰：「首句『煎』字同作去聲，今吴音謂湯，湯屢沸曰煎，正與此字去聲合。故第五句重出『煎』字也。不然，此字平聲不用韻，雖在東坡固無不可，然畢竟非體。」後又在首句末「煎」字旁，用墨筆旁註一個「烹」字，并在天頭雌黄眉批後墨批曰：「『煎』字，别本作『烹』，此寫譌也。」

卷之三十九《用前韻再和許朝奉》：「……邂逅陪車馬，尋芳謝朓洲。凄凉望鄉國，得句仲宣樓。……」朱批曰：「『邂逅』四句，扇對。」

卷之四十《戲足柳公權聯句并引》：「人皆苦炎熱，我愛夏日長。薰風自南來，殿閣生微凉。一爲居所移，苦樂永相忘。願言均此施，清陰分四方。」以朱筆圈贊最後兩聯，并於天頭批曰：

「神韻大似陶靖節。」

卷之四十一《胡西曹示顧賊曹》：「長春如稚女，飄颻倚輕颸。……寧當娣一作『配』黄菊，未肯姒一作『似』戎葵。……」於天頭朱批曰：「『長春』，一名月季，即俗所謂『月月紅』，是。」又，莫友芝在「未肯姒一作『似』戎葵」句之上天頭批曰：「《爾雅篇》『戎葵』注，今『蜀葵』也。」

卷之四十二之末，朱筆記曰：「癸巳九月十有三日午畢此卷。是時久雨初晴。」

第十册

《蘇詩續補遺》卷之上首葉第二行朱筆記曰：「癸巳九月十三日，微雨。」

《蘇詩續補遺》卷之上《送淡公二首》：「燕本冰雪骨，越淡蓮花風。五言雙寶刀，聯響高飛鴻。……識本不識淡，仰詠嗟無窮。……」用墨筆圈點以上幾句詩，并在詩之天頭批曰：「譚友夏云：此《東野集》中所載十首之一，何以入公集中？然翰苑錢舍人句，則爲東野無疑。」

《送淡公二首》之二：「坐重青草公，意合滄海濱。渺渺獨見水，悠悠不聞人。鏡浪洗手淥，剡花入心春。雖然防外觸，眼前遶衣新。行當譯文字，慰此吟殷懃。」墨筆批曰：「此東野《送淡公》第二首。」

《蘇詩續補遺》卷之上《游洞之日，有亭吏乞詩。既爲留三絶句於洞之石壁，明日至峽州，吏又至，意若未足。乃復以此授之》：「一徑遶山翠，縈紆去似蛇。忽驚溪水急，争看洞門呀。……」詩尾朱批曰：「此詩宜入下卷，當是編者之誤。」

《蘇詩續補遺》卷之上《妒佳月》：「狂雲妒佳月，怒飛千里黑。佳月了不嗔，曾何汙潔白。爰有謫仙人，舉酒爲三客。今夕偶不見，汎瀾念風伯。毋煩風伯來，彼也易滅没。……」詩名下空白處朱批曰：「此詩蓋喻小人之蔽君子，而君子清白之質終不爲所掩也。玩詩意可見。」

《蘇詩續補遺》卷之上《戲和正甫一字韻一字韻未詳》：「故居劍閣隔錦官，柑果薑蕨交荊菅。奇孤甘挂汲古綆，僥覬敢揭鉤金竿。已歸耕稼供藁秸，公貴幹蠱高巾冠。改更句格各蹇當作『謇』吃，姑因狡獪加閒關。」詩名下空白處朱批曰：「官、菅、竿、冠、關，雖異字而皆同一音，故曰『一字韻』。」

《蘇詩續補遺》卷之上《初發嘉州》：「朝發鼓闐闐，西風獵畫旆。……」於東坡公自注之下空白處朱批曰：「此亦五排，當編入後卷近體中。」

《蘇詩續補遺》卷之上《屈原塔》：「楚人悲屈原，千歲意未歇。……南賓舊屬楚，山上有遺塔。……」詩末空白處朱批曰：「賓，藏宗切。」

《蘇詩續補遺》卷之上《老人行》：「有一老翁老無齒，處處無人問年紀。……」在施元之注語「《家語》：所得皆黄口小雀」之旁朱批曰：「古樂府《東門行》，故下爲『黄口小兒』。」

《蘇詩續補遺》卷之下《宋復古畫瀟湘晚景圖三首》：「西征憶南國，堂上畫瀟湘。……」天頭朱批曰：「細味三詩，深得畫意，亦深明畫理。復古見此詩云，子亦善畫也耶。諒哉！」

又，此詩第三首頷聯：「徑蟠趨後崦，水會赴前溪。」「蟠」字旁朱筆批曰：「蟠，一作『遥』。」

《蘇詩續補遺》卷之下《元祐五年十二月十二日，同景文義伯聖途次元伯固仲蒙游七寶寺，題竹上》，朱筆圈點後二句：「孤高不可恃，歲晚霜風侵。」此詩施元之注：「《禮記》：如松柏之有筠也。……」於此注右側朱批曰：「引《禮記》誤。」

《蘇詩續補遺》卷之下《憩寂圖》：「東坡雖是湖州派，竹石風流各一時。前世畫師今姓李，不妨還作輞川詩。」天頭墨批曰：「《百斛明珠》載此，乃山谷《次東坡題憩圖詩》。」

《蘇詩續補遺》卷之下《寒具》「公自注：乃念頭，出劉禹錫《佳話》。」先用墨筆在「念」字之左添寫一小「禾」字旁，後又用紅紙寫上：「一本『念頭』作『稔頭』。」此紅紙粘貼在蘇注之下空白處。

《蘇詩續補遺》卷之下《秋思寄子由》：「黄葉山川知晚秋，小蟲催女獻功裘。老松閲世卧雲壑，挽著蒼江無萬牛。」天頭墨批曰：「此詩見《山谷正集》，不知牧仲何以收入。」

《蘇詩續補遺》卷之下《余歸自道場何山，遇大風，因憩耘老溪亭，命官奴秉燭捧硯，寫風竹一枝，題詩云》：「更將掀舞勢，把燭畫風篠。美人爲破顔，憐此腰肢裊。」天頭墨批曰：「此詩已見十七卷《與客遊道場何山得鳥字》，詩乃七十八二韻，非另一詩也。他書載此，説正可作本詩確注。宋氏收入《補遺》，未深察也。『憐此』，本詩作『正似』。」

點校者按：莫友芝在第五册卷之十七《與客游道場何山得鳥字》一詩天頭亦有墨筆批

點，可參前。《與客游道場何山得鳥字》全詩一共四十句，此《補遺》所收四句詩，屬其中之三十三至三十六四句，故莫友芝此云「宋氏收入《補遺》，未深察也」。

《蘇詩續補遺》卷之下《惠崇蘆雁六言》：「惠崇煙雨蘆雁，坐我瀟湘洞庭。欲買扁舟歸去，故人云是丹青。」天頭墨批曰：「此詩載《山谷内集》，乃題《鄭防畫人五首》之一，不知何據，以爲東坡詩也。」

《蘇詩續補遺》卷之下終結處，朱筆記曰：「癸巳九月十六日讀畢。」又，此葉倒數第二行，墨筆記曰：「共十册，凡千一百二十頁。紫泉莫友芝珍藏初印本，辛卯五月記。」

《蘇詩續補遺》卷之下《和魯人孔周翰題詩二首附孔周翰題詩云：「屈指從來十七年，交親零落一潸然。嬋娟再見中秋月，依舊清輝照客眠。」》：「壞壁題詩已五年，故人風物兩依然。定知來歲中秋月，又照先生枕麴眠。」詩下墨批曰：「孔周翰嘗爲仙源令，中秋夜以事留於東武官舍。時陳君棨右、王君建中皆在郡。其後十七年中秋，周翰持節過郡，而二君已亡。感時懷舊，留詩於壁。又其後五年中秋，軾與客飲於超然臺，聞周翰乞此郡，客有……下闕。按：别本此二詩題目如此。」

《蘇詩續補遺》卷之下《獲鬼章二十韻》，詩題下空白處朱批曰：「『二十』，當作『二十二』。」

《藏密齋集》批校

《藏密齋集》二十四卷，明嘉善魏大中孔時撰，刊刻於崇禎年間。莫氏所藏明刻本之前，尚有兩個篇幅不長的稿鈔本：一爲魏大中《遺囑一》、《遺囑二》、《遺囑三》；一爲魏大中《被逮日記》。此本曾藏吴興（今浙江省湖州市）劉承幹嘉業堂藏書樓，今藏上海圖書館。

莫友芝對明人魏大中《藏密齋集》的批校，主要集中在刻本卷一《自譜》及前附兩個稿鈔本之中，其他卷次，未見批校。莫氏在《藏密齋集》卷一《自譜》書眉上批曰：「《自譜》一卷及《疏草序》、《詩草序》、《雜著序》、《書草序》四篇，并以劉履芬泖生録真蹟稿本校過。泖生假真蹟來覆校。」莫友芝與劉履芬相識并成爲知己，是在同治年間曾國藩幕府期間，可知莫氏批校《藏密齋集》亦當在此時。兹據上海圖書館藏莫友芝批校本《藏密齋集》整理點校。

魏大中《藏密齋集》首頁「遺囑一」，批曰：「遺訓一」。

次頁「母子兄弟，姑息妯娌阨窮相守無貽齒」之上，批曰：「遺訓二」。

第三頁「倘有不測當日具本」之上，批曰：「遺訓三」。

《被逮日記》

「五月十五日，清流關關祀中接吴子往書，止大柳。」批曰：「大柳驛，在滁陽、池河兩驛間。」

「五月十七日，齒稍平，左鼻孔作痛。十八日歷王莊，宿總鋪。」批曰：「『平』下有『宿鳳巢』三字，不甚明瞭。細核，非『鳳巢』，乃『濠梁』。郘按：道濠梁驛，在王莊、紅心兩驛間。」在「平」字下補「宿濠梁」三字。

「六月初二日，歷東阿，宿桐城。」批曰：「『桐』乃『銅』，稿本筆誤。」

《藏密齋集》卷之一

《自譜》，眉批曰：「此《自譜》一卷及《疏草序》、《詩草序》、《雜著序》、《書草序》四篇，并以劉履芬泖生録真蹟稿本校過。泖生假真蹟來覆校。」

「以洪武間諱『伴』者爲初祖。」批曰：「『伴』上，稿有『阿』字，塗去。」

「萬曆四年丙子二歲。紡日溺汁漬腰幘以爲常。」批曰：「劉泖生録真蹟稿無『幘』字。」

「先都諫授諸子弟，所授《孝經》、《大學》諸書，誦亦日漸成誦。」批曰：「録稿本無上『誦』字，稿有。」

「九年辛巳七歲。每有做官何所事事之想。」批曰：「録稿少一『事』字，稿不少。」

「十年壬午八歲。先都諫課讀，五帙并授，每授十餘行，過目輒誦。」批曰：「『每授』五字，録稿無。」

「諸弟子有持畫扇者，好爲小咏題其上。」批曰：「録稿無『好』字，稿有。」

「十二年癸未九歲。八九歲時家常并日而食。或野菜和米作粥。」批曰：「『或』下，稿有『以』字。邵。」

「十五年丁亥十三歲。是歲先都諫徙館於趙巷。」批曰：「『都諫』，稿作『贈公』，蓋刻時易歸一例也。」

「杖予至流血，沈師乃許卒業。入秋，遷館於孫，每見竹亭與君輿叔及沈師，述少年從王龍谿遊，誦説陽明止齋。」批曰：「録本無『乃』，稿有。『與君輿』七字，録稿在『龍谿遊』下。『止』，稿作『心』。邵校。」

「十七年己丑十五歲。至是，先都諫蕩析者垂二十年。姍笑藉藉，予又嬉，弗鋭於舉業。」批曰：「録稿無『垂』，稿有。『藉藉』，録稿作『籍籍』。」

「十九年辛卯十七歲。曹師課藝，篇有大結，結中時有感寓。」批曰：「一清本無『曹師課藝』四字。『藝』，稿本作『徒』。」

「二十年壬辰十八歲。然予心日不寧，間傍徨。昏時達邑，至外家則錢媪業遣女往哭，乘其未盖棺，一識阿翁面孔云。急買舟歸，尚二更，得躬合殮也。」批曰：「『日』，録稿作『目』。『至外家』下廿三字，清本删。」

「二十二年甲午二十歲。逾月而覆試。未闕時覆試有未到者。從元弟中有庠生，皆廷字排行者。」批曰：「『時』上，稿有『也』字，塗去，下有『以』字。録稿無『皆』字。『皆』，稿作『以』。」

「二十三年乙未二十一歲。病愈後，閲時藝大明快。是歲有王雨圃者善……而酉、戌以來近三十年矣。」批曰：「『時藝』，録稿作『文』。『是歲』下至『年矣』七十餘字，清本删。『三十』，稿作『卅』。」

「二十七年己亥二十五歲。是歲與鄒縣周自淑希孔定交。」批曰：「『是歲』十二字，録稿在『長女生』上。驗稿本，『長女生』下廿三字乃旁添於『是歲』間，略有略畫。一則當如刻本。」

「三十年壬寅二十八歲。是歲錢公病。予偕孺人往視病。病既不可起，又無以爲殮，予語孺人曰：『吾將罄吾力任之。』孺人謝曰：『吾不能啟吾齒，吾謝汝矣。』」批曰：「『是歲』下，清本作『錢公卒，爲具棺歛殯葬焉』，無『病予』以下四十餘字。『語孺人』三字，録稿作『躍』。」

「三十二年甲辰三十歲。以此得買田十數畝。」批曰：「『買』，稿作『置』。」

「三十三年乙巳三十一歲。先是，外大父守耕……」批曰：「『先是』以下百七十七字，稿在後，末注云：此一段録稿在『外大母年』下。」

「時予窘甚。」批曰：「『時』，録稿作『至是』，驗稿本，此間損爛約二字耳。」

「背横直徑俱以尺許，許食參蓍無算。……泖兒有至性。……」批曰：「『背横』下八字，清本無。『俱』，録稿作『欲』，誤。『洴兒』下七十三字，清本無。」

「三十五年丁未三十三歲。洴兒隨舟中。……此時『堯、舜』兩字安在？」批曰：「『洴兒』下三十七字，清本無。『在』，録稿作『存』。」

「三十七年己酉三十五歲。機軸枯澁，時復置之，思蹤其筆之所如。……」批曰：「『澁』，録稿作『率』。『思蹤』下四十六字，清本無。」

「因而稱門生，入都仍更本名大中。」批曰：「『入都』上，稿本有『策蹇』二字；下有『以卷資者』，皆謂亡不受，初原非有意却之云云，并抹去。」

「四十三年乙卯四十一歲。先是玄趾戴師補官文安。」批曰：「『先是』二字，清本無。」

「四十五年丁巳四十三歲。二姊棄世，爲具棺斂。」批曰：「『二姊』八字，稿在卷尾云。查年分補入。邵。」

「是歲大姊棄世。孺人爲具棺斂。……予以爲更葬先都諫、孺人，而後即爲兩姊氏圖之，而尚未及也。」批曰：「『是歲』下五十一字，稿本在卷尾云。查年分補入。邵。」

「四十七年己未四十五歲。十一月還，朝補考滿會禮部堂。」批曰：「録稿無『滿』字。」

「天啟二年壬戌四十八歲。予按丈計費，以報費多者率自告減焉。」批曰：「『焉』下，稿本有『諸計吏餽遺屏弗受』八字，抹去。」

「虛靡六十萬。」批曰：「『萬』下，録稿有『金』字，稿無。」

「又家夙有穢，聞諸君子，共起擊之。」批曰：「『又家』下六字，清本無。」

「福藩册封王妃。」批曰：「『封』下，稿原空二字。」

「是歲外母卒，孺人身其丧，……」批曰：「『是歲』下百二十八字，稿在卷尾，注其前條下云。以下俱查年歲補入。邵。」

「飢子愈益驕。」批曰：「『飢』，稿作『餓』；校之，乃作『饑』。邵。」

「甲子大水，賈不甚涌貴云。」批曰：「『水』下，稿有『米』字，塗去又填明，似尚存。録稿存之，是。邵。」

「舊商、衙胥、中貴以報商爲利。先事者以爲形其短殊慊。」批曰：「『以報』，録稿作『以招』。録稿作『殊嗛』，稿實作『慊』。」

「天啟四年甲子五十歲。先是，某去御史，爲大理丞。」批曰：「『某』字，稿原作『左浮丘』三字，抹去，又改作『某』。」

「官固未嘗缺。」批曰：「『嘗』下，稿注云：『字乃脱。』」

「急貽書於阮大鋮，令亟來。」批曰：「『阮』下，稿有『年兄』二字，塗去。」

「以屬宿望程公。……而阮於某格格也，則又僉而惟陞周士樸。」批曰：「録稿無『公』字。『惟』，稿作『推』，是。録稿正作『推』。邵。」

「阮因合章允孺并合。」批曰：「『孺』，録稿作『儒』，稿實作『儒』。」

「旨下，乃有魏大中新擢。」批曰：「録稿無『魏大中』三字；稿有。邵。」

「天啟五年乙丑五十一歲。」批曰：「真蹟稿此下有『報高師及利公是庵削籍，塗間晤黄石齋，云兩旨俱閣擬，一擬閑住，一擬削籍。内批同是削籍者』云四十一字抹去。邵記。」

「書《年譜稿》前，皆在轎中偶憶筆畫添注，恐難認。此稿第當藏之耳，且莫以示人。」批曰：「稿本首題《自譜》二字，次行十七字，云甲子十月見放，方欲省所爲四十九年之非。塗去，乃於此行前後書此數條。」

「予俱以爲知己矣。」批曰：「『俱』下，稿有數字。邵。」

「《疏草自序》。」題下批曰：「真蹟稿本題下自批云：『此等文字正未可以示人。』」

「乃彼其之子，搆其毦於不可强之口，……」批曰：「『乃彼』三十字，稿本在篇尾。批其後云：『四句在「有昊也」下。』邵。」

《雪鴻堂詩蒐逸》批校

道光二十四年，莫友芝搜得明代貴州詩人謝君采之詩三卷，命名爲「雪鴻堂詩蒐逸」，於咸豐元年刊刻于遵義。同治二年冬，借得李芋僊藏陳允衡伯璣《詩慰》，以校咸豐本《雪鴻堂詩蒐逸》。此批校本今藏於臺北「國家圖書館」。

卷首書名《雪鴻堂詩集》第一頁批曰：「同治癸亥冬寓皖，借李芋僊所藏陳伯璣《詩慰》以校此刻，總可增四十餘首，亟命彝兒録出，并李本寧一序，裝入卷中，以待重編。小寒節，郘亭眲叟。」此上又有眉批：「伯璣何名？是允衡否？是□江西□城人。」

《雪鴻堂詩集原序》之上眉批曰：「維楨，字本寧，蓋竟陵人，查。」又，「踳駁無倫」之旁批：「雲杜二十年前已説到此。」又，「余讀謝君采詩，而幸詩道陵遲之日，得此遺世音也」之旁批：「數語評君甚確，先輩不「急急轉入，是公老成處，然便成一套子。」又，「整而不滯其氣」之旁批：「數語評君甚確，先輩不妄譽人。」又，「里巷歌謠誤後生者，讀之當咋舌自愧矣」之旁批：「公與鍾退谷里，中不甚相合，其言略無隱諱如此。」又，「極山水之觀而擷其華」之旁批：「不及古人處。」又，「第不能擠阿諂俗曳王門裾」句旁加圈點，旁批曰：「説到人品，亦不可少。」又，「要以君采論君采」句旁加圈點，旁批曰：「特佳！」

卷二《城南江亭學憲璧哉韓公邀同參知太函謝公都護元圃童公小集五首》，其眉批第一首曰：「頗自矜貴。」其第二、三首眉批曰：「二首微著意，反失之。」對此詩五首總眉批曰：「五詩未免依傍前人，然亦難得如此潔净。」

卷二《甜桃花源賦留亭子上》，圈點「眼前鷄犬尚成村」、「月到空山夜有痕」兩句，批曰：「陳伯璣曰：『君采語，每欲渾成，即偶入纖詞，不失大雅。』」

卷二《答贈崔公超》，眉批曰：「陳伯璣曰：三、四沈雄。」

卷二《古鄗道中》，尾批曰：「陳伯璣曰：『淺夫便用結句在起句。』」

卷三《晚汎蕭湖尋宋人虞仲房石壁》一詩圈點「川光鬱初霽」、「水落寒山積」、「登眺極入目，了了晰阡陌」四句，眉批曰：「轉折自是老手。」

卷三《蠻娃曲》，詩題下批曰：「郊行見采葛者，因作是曲。」又於詩中圈點末句「曲罷羅裳棄如土」，眉批曰：「全得此結。」

卷三《湯陰道上見楊花如緜戲作》，圈點末句「九月何人不授衣」，又眉批全詩：「風刺得體。」

卷三《西巷徑中萬竹翛然喜而賦此》，圈點「不雨夜尤緑，無風夏亦寒」兩句，眉批曰：「『不雨』、『無風』兩語，恰爲此君寫照。」

卷三《别郭開府》詩題之下，莫氏批曰：「《詩慰》已收。」

卷三之末，莫友芝手補以下文字内容：

交水二首《霑益州志》：交河在州北十五里，源出花山澗，即南盤江之源也。經州城繞至光林、沙河諸溪水，每月夜金波蕩漾，天在水中，遊者□焉。元于州置交水縣，至梅閘倉□溪水，入南寧界，會白石、瀟湘二水，過陸凉，入大池江。

去去五華路，冥冥四月天。寒聲通澗雨，晚翠隔籬煙。乳燕嘈山色，饑烏啄野田。從來會心處，林木獨翛然。

亂山相對立，一望欲摩天。霢霂移秧雨，絪緼煮繭煙。酒壚多映竹，平屋半依田。未暇論幽事，煩襟已灑然。

上二首據《霑益州志》録。

《雪鴻堂詩蒐逸》稿本首頁，眉批曰：「其與《遠條堂稿》同者十四首，記於稿中不録。録得六十首，刻本第三卷據《明詩綜》補録之十一首，悉在其中。知《詩綜》即據《詩慰》入選也。」

《雪鴻堂詩蒐逸》稿本首頁首詩《雁山遊夜宿湖霧人家》尾批：「陳伯璣曰：『五言一句，近人多用虚字襯貼，盈紙無謂。此君頗能簡鍊。』」圈點是詩「寒月隨潮來，潮平月如砥」兩句，批曰：「『砥』韻寫得出語有力量。」

《雁山書院》，詩題下批曰：「王梅溪諸公讀書處。」圈點「秋晏緑芳歇，空祠生夕陰」兩句，又引批曰：「伯璣曰：『喜其能簡起，不容易。』」

《冬夜來魚薛千仞范漫翁唐大來共集小齋分得「趨」字》，圈點末二句：「勿爲行路心，悠悠與之俱」，又於詩尾引批：「伯璣曰：『聊存此君意向。』」

《蠻娃曲，郊行見采葛者因作是曲》，批曰：「《明詩綜》選録。」

《湯陰道上見楊花如緜戲作》，批曰：「《明詩綜》選録。」

《黄鶴樓望漢陽懷王章甫社兄》，批曰：「時刺華州。」又圈點「葵園一别年復年，尺書何處達秦川。今日江樓徒悵望，可知同病解相憐」二聯，尾引批曰：「伯璣曰：最是合拍。」

《村行即事二首》，批曰：「《明詩綜》録第一首。」

《送吴使君攝八番郡事》，批曰：「《明詩綜》選録。」圈點全詩，尾引批云：「陳伯璣曰：似古人。」

《夜集薛葵軒明府西巖》，批曰：「《明詩綜》録。」又圈點「江城無堠火，薄暮見漁燈」二句。

《焦溪雨渡》，批曰：「《明詩綜》選録。」又圈點「雨深人唤渡，春老客思家」二句。

《辰陽晚泊》，批曰：「《明詩綜》選録。」又圈點「溪菜盤食滑，江魚匕箸腥。月來沙漸白，煙斂樹猶青。……聞歌愧獨醒」諸句。

《台郡登岎幘峰尋黄華仙人丹井諸勝處二首》，圈點「塔影射江寒」、「遺事此登壇」二句，尾引批云：「伯璣曰：結老。」又第二首圈點首聯「細路緣雲上，路迴雲亦重」和頸聯「冷翠低深竹，空濤急亂松」，尾引批云：「伯璣曰：五、六甚佳，結入庸。」

《秋日同無過諸君挐舟至惠衆寺看竹作》，圈點「斷烟生絶壑，殘月下空村。蕩近多逢雁，峰高獨聽猨。杖藜因看竹，夜打老僧門」諸句，尾引批云：「伯璣曰：意象俱活。」

《晚宿積翠閣》圈點首聯「佛火照空潭，山深襆被寒」，尾引批云：「伯璣曰：可稱名作。」

《中秋與越卓凡僉憲汎月由朗溪至河洑二首》，圈點第一首之「月來江不夜，客老鬢先秋」和「緑滿洞庭舟」三句，尾引批云：「伯璣曰：『舟』字佳！若『洲』，便無謂。」又，第二首詩尾引批云：「伯璣曰：結每有態。」

《贈王姬玉華》圈點尾聯「粧成恐人妬，樓上獨盈盈」，詩尾引批云：「伯璣曰：顛倒古語却不舊。」

《洞庭夜泊石門對月三首》，批曰：「《明詩綜》選録第一首。」又圈點第一首「樹極長天盡，雲歸別島微」二句，尾又批云：「時燕子來舟中。」又圈點第三首詩尾聯「今夜寒篷月，漁歌處處聞」，結尾處引批云：「伯璣曰：三作平平，然穩處有學力。」

《西巷徑中萬竹翛然喜而賦此》，批曰：「《明詩綜》選録。」又圈點「不雨夜尤緑，無風夏亦寒」兩句，尾引批云：「伯璣曰：『不雨』、『無風』二語，恰爲此君寫照。」

《留別開府青螺郭公》，圈點「匹馬寒嘶萬里霜。前路總令知己在，憐才誰似郭汾陽」三句詩，尾引批曰：「伯璣曰：雅有氣概。」又作眉批云：「青螺有按。」

《送青螺郭公俞告還豫章》，詩尾引批云：「伯璣曰：如此一首，亦是近人，便要四首，安得有詩情哉！」

《澧蘭道中》，圈點「家家换火榆烟濕，處處收茶穀雨晴。湘國采芳三月路，春江如練繞春城」諸句，詩尾引批云：「伯璣曰：宛然古人，略無痕迹。」

《輓楊弼泰進士兼送旅櫬還秦中二首》，圈點第一首尾聯「元亭寂寞空秋草，載酒還誰夜問奇」，詩尾引批云：「伯璣曰：不肯出入一字。」

《藺州亂後有述》，詩尾引批云：「伯璣曰：非此難結。又曰：尋常説去，頗似大家。」

《雨中郡大夫徐公綰見枉衡門時予方卧病奉簡一首》，于「荒城歲事初登穀」右側引批曰：「陳伯璣云：氣味寬舒。」又于末句詩「安得携壺歷翠微」之下引批云：「伯璣曰：氣味寬舒。又曰：『歷』字好。」

《劉廓如司理招集寺樓是夜雪又將分袂》圈點「細雨乍沈山殿磬，寒濤初捲寺門松」頷聯詩，尾引批云：「伯璣曰：『沈』字、『捲』字宜看。」

《晚登滕王閣》，圈點「山川已屬詞人手」一句，尾引批云：「伯璣曰：不欲高奇是把穩處，聞有落套耳。」

《湯祠部義仍先生招集玉茗堂賦謝》，詩尾引批曰：「伯璣曰：似此全是七子，不見出脱。」

又天頭眉批云：附臨川湯顯祖《養龍歌送謝玄瑞吴越遊兼呈郭開府》，又《送謝玄瑞遊吴》。

按：《玉茗堂集》又有《春夜有懷謝芝房》二絶句，云「木閣」、「綀來」，所謂「芝房」，不知是君采別字，抑別一人？附以俟考。

《聽雨》，圈點「一夜凉聲孤枕雨」一句。「浮名我自逃中聖，盛事誰能薦子靈。」此下引批云：「伯璣曰：『中聖』、『子靈』頗佳。」

《遊韶光菴小憇餐霞閣》，圈點三四句詩「山中雨散仍飛瀑，林下春歸尚落花」，尾引批云：「伯璣曰：三四真景，余病其淺。」

《百穀先生席上送湘蘭過武陵》詩尾引批云：「伯璣曰：不作艷歌，自是老手。」

《送陳孝先東歸》圈點「壯圖容易與心違，握手旗亭淚自揮」，詩尾引批云：「伯璣曰：『淚揮』是情慘，不是襯貼語。」

《黄巖舟中風濤横作艤棹江湄詰朝喜霽》，圈點「港口春潮竹箭流」一句，詩尾引批云：「伯璣曰：氣厚。又曰：近日布衣中七言律，皖上□釣者頗能用意，在字句之外求深求厚，似此者是。」

《贈周允慶山人》，詩題下批曰：「君年七十，工繪事。」

《畇町送大來還昆明讀書西山》，詩末引批曰：「伯璣曰：古調句，是閱歷語率也。」

《奉常李本寧先生攝大司成事簡呈二首》，詩末引批曰：「伯璣曰：二首俱雅，更喜不泛。」

《寄懷永嘉何無咎》，圈點後二聯詩「歌殘桃葉空存渡，水冷梅花久不流。垂老移家停孫楚，生涯多在酒人樓」，詩尾引批云：「伯璣曰：後半得意。」

《江上二首》，圈點「江深烟復深，茅茨隱何處。樹裏一聲雞，始知有人住」，後引批云：「伯璣曰：唐人已有。」

《睡起》，圈點末句「又聽啼鶯過別枝」，後引批云：「伯璣曰：似無人道。」

《秋閨曲》，圈點「寒衣未制腸先斷，淚濕金刀裁不成」，後引批云：「伯璣曰：深一層，好。」

《采石》詩後引批云：「伯璣曰：『難於高遠，只得如此。』」

《雨夜趙士良茂才過山齋彈琴作》，圈點「龍泮桾畔蕭蕭雨，併作山堂一夜秋」，後引批云：「伯璣曰：得致。」

《題趙文度畫西溪梅花》，批曰：「《明詩綜》録。」

《彭澤懷古》，圈點「督郵未必能驕我，自是先生少宦情」，後引批云：「伯璣曰：是。」

（録自臺北「國家圖書館」藏莫友芝批校本《雪鴻堂詩蒐逸》。）

《巢經巢詩鈔》批校

上海圖書館藏有鄭珍《巢經巢詩鈔》莫友芝序批本，曾爲長沙龍伯堅媚夜樓收藏，首頁有莫友芝弟子胡長新題記。

鄭珍墨筆手書《巢經巢詩鈔》正文卷一至卷九。莫友芝墨筆書寫之序置於書首，其下用朱筆斷句、圈贊和批注，其朱筆批語主要寫在書眉空白處，也間有寫在鄭詩行間或詩尾空白處者；其中墨筆批語僅在卷六出現一次。鄭、莫整部手稿共計一六九頁，係咸豐二年《巢經巢詩鈔》刊刻前，鄭珍請莫友芝幫助審定并作序之稿本（莫友芝同年亦請鄭珍幫助自己審定《郘亭詩鈔》并作《序》）。今據上海圖書館所藏鄭珍《巢經巢詩鈔》莫友芝手書序批本整理點校。

序

聖門以詩教，而後儒者多不言，遂起嚴羽「别材、别趣，非關書、理」之論，由之而弊竟出於浮薄不根，而流僻邪散之音作，而詩道荒矣。夫儒者力有不暇，性有不近，則有矣，古今所稱聖於詩、大宗於詩，有不儒行絶特、破萬卷、理萬物而能者邪？

吾友鄭君子尹，自弱冠後即一意文字聲詁，守本朝大師家法以治經，於前輩述作，愛其補苴昔人罅漏者多，又病其不免雜博橫決，乃復遍綜洛閩遺言，精研身考，以求此心之安。涵以天地時物變化之妙，證諸世態古今升降之故，久之涣然於中，乃有確乎不可拔者。其於諸經疑義，搜摘卺通，及小學家書經發明者，已成若干編。而才力贍裕，溢而爲詩，對客揮毫，雋偉宏肆，見者詫爲講學家所未有。而要其横驅側出，卒於大道無所牴牾，則又非真講學人不能爲。彼持「别材别趣」，取一字一句較工拙者，安足以語此哉？

子尹長友芝五歲，兄事之。自廿年前，友芝侍先君遵義郡學，子尹居東八十里樂安溪上，數以秘册互假寫勘往還。丁酉後，春官奔走，郡乘牽絆，兩人共晨夕尤夥。至辛丑，先君見背，即卜兆樂安溪上青田山，復結廬其間，以近吾子尹也。計訂交至今且三十年，中間饑驅離索不常合併，靡不以學行文章相礱砥，而子尹事事精鋭，對之使人氣餒。即如爲詩，若非所甚留意，良晨酒朋，常不自揣，力操旗鼓而與之角，往往脈張筋急，不能自如；而子尹率然應之，其要害曲折，轉益洞快。人之學問才力，真不可彊乃如此！

友芝嘗漫謂曰：「論吾子生平著述，經訓第一，文筆第二，歌詩第三。而惟詩爲易見才，將恐他日流傳，轉壓兩端耳。」子尹固漫頷之，而不肯以詩人自居。當其興到，頃刻千言；無所感觸，輒經時不作一字。又脱稿不自收拾，子弟抄存十之三四而已。而其盤盤之氣，熊熊之光，瀏灕頓挫，不主故常，以視近世日程月課，楦釀篇牘，自張風雅者，其貴賤何如也？今歲春初，過其望山作上元，把酒慨然曰：「吾輩俱老大，所學既不見於用，計無復長進，而數十年心力所寄，不忍棄置，將次第厄梨棗，取當世通人是非焉。憶吾子昔者漫有右小詩語，姑以先之，唯吾子爲我序。」輒書其學術根柢所以能昌此詩者，以諗觀者，他不具論也。咸豐二年夏五月，莫友芝。

卷一

《芝女周歲》：「……吁嗟賴有此，不爾得今日。……」先用朱筆點「日」字，再於天頭朱批曰：『「日」韻句，措詞酌。』在此詩最後一聯：「爲紀晬盤詩，悲風助填結」，朱筆改「風助」爲「喜共」，又於天頭朱批：「結句直不合，止收忻幸意即得。」又於此詩之尾朱批曰：「此詩若在道上作，即須著明；若歸家作，即從前論。」鄭珍後來刻本改作「爲紀晬盤詩，悲忻共填結。」

《發武陵》，在「含悽內暗傷」之「傷」字旁點朱，又於天頭朱批曰：「『傷』韻句似無著，緣未解題事。」

《郴之蟲次程春海恩澤先生韻》，朱點「恩澤」二字，又於天頭朱批曰：「去名。」

《五蓋山硯石歌贈曾石友鈺刺史并序》，序句：「石友見而墨之，身鑿山取琢硯，謂勝端溪下巖。」先朱點「勝」字，又於天頭朱批曰：「『勝』字太誇。」

《正月陪黎雪樓恂舅游碧雲洞》，先用朱筆點「恂」、「舅」二字，又於天頭朱批曰：「去名增氏。若多補，則當云『陪舅氏黎雪樓先生』。」

《留別程春海先生》：「……絡之荆南驅使騑」，先朱點「荆南」二字，又於天頭朱批曰：「『荆南』字，止用康莊意即得。」

卷二

《涼夜》，於此詩天頭朱批曰：「此詩應删而失删。」

《山中雜詩四首》之三：「不似群鴉衹貪飽，直須日落始知還。」朱改「衹」字爲「只」字，又於天頭朱批曰：「衹，改『只』合平仄。」

《檢外祖黎静圃安理先生文稿感成》，先朱點「安理」二字，又於天頭朱批曰：「去名，補△△堂稿即得。」又在此詩「我興朝鍾陵」之天頭朱批：「興朝，既當提行處，不空爲善，此應如何收拾？」在「兒長業日荒」天頭朱批：「『兒』字改。」

卷三

《三月初十沙洋》：「……兒女齊送我，老路從此入。……」先朱點「入」字，又於天頭朱批曰：「『入』韻二字，意境不愜。」

《晨出樂蒙，冒雪至郡，次東坡〈江上值雪〉詩韻寄唐生成杰》，莫友芝先朱點「成杰」二字，又於天頭朱批曰：「補名。」

《送黎子元愷舅自平夷歸里》，莫友芝先朱點「愷」字，又於天頭朱批：「或改叔仲等字。」

《寄答莫五》：「……叔夜本無蝨，把搔不自已。」莫友芝先朱點「把」字，又於天頭朱批曰：「用今字。」

卷　四

《鄉舉與燕上中丞賀耦庚長齡先生》，莫友芝先朱點「長齡」二字，又於天頭朱批曰：「去名，補二字。」

卷　五

《郡教授獨山莫猶人與儔先生七十六壽詩》，莫友芝先朱點「與儔」二字，又於天頭朱批曰：「去名。」

《愁苦又一歲贈郘亭》：「欲死不得死，欲生無一佳。……」莫友芝先朱點「死」、「佳」二字，又於天頭朱批：「二句太無著，終思全璧。」「裙邊早刮手，何暇避嫌疑。」莫氏朱點「手」字，又於此句詩天頭朱批：「句太險。」「南行雜水陸，遂至鼎山涯。」朱點「涯」字，又於此句詩天頭朱批：「不記有此行否？」「安知鎮遠水，頃刻上陴隍。」朱點此句，又於此句天頭朱批曰：「陴隍，改『城陴』。『隍』字不經見連用者。『埤堄』似去讀，當改。」

《寄楊子春華本弟》：「……茆衙與菱角，與爾驚學競。」朱點此句，又於天頭朱批曰：「『菱角』句，似應注補詩尾。」於詩尾又朱批：「茅衙楊應龍妾田惜玉舊居。菱角堰，楊氏所築，并在郡北里。」

《次韻春感二首》之二末聯：「間把春情愚玉女，百花齊向樹頭簪。」朱點此句，又於天頭朱批曰：「記此韻『簪』字作『簭』，當一檢。」

《題黔西孝廉史薖州勝書六弟〈秋鐙畫荻圖〉》：「平生我亦可憐兒，……長成無力慰苦心。」朱筆改「可憐」爲「頑鈍」，又朱點「苦」字句，并於天頭朱批曰：「三字就詩礙理，須改，并後『苦』字。」

卷　六

《題新昌俞秋農汝本先生書聲刀尺圖》，先朱點「汝本」二字，又朱批：「去名。」又於此詩天頭墨筆批曰：「直是漢魏樂府。」注：這是卷一至卷九中莫氏所用的唯一一處墨筆批語。

《五嶽游侶歌送陳焕巖體元歸南海》：「童而習之長棄去，及今料理其時歟？」先朱點「去」字，又於天頭朱批曰：「『去』字記元稿是『生』，較佳，酌改還否？」

《飛雲巖》：「扶輿靈秀各有分，貴州得此一朵雲。」於此詩天頭朱批曰：「巖夸絶，經巢此詩未極其勝。」

卷　七

《往攝古州訓導别柏容、郘亭三首》之三：「黎大似同甫，莫五如伯恭。」朱點「大」、「五」二字，又於天頭朱批曰：「二字不如元『兄』、『弟』。」

《雲門墱》序文：「會眉水，流百餘里。」先朱點「流」字，又於天頭朱批曰：「『會眉』下，無『百餘里』，改『流』字使不混。」

《三月初十訪何忠誠公故宅》：「此是有明愍帝之巡撫。」先朱點「愍帝」二字，又於天頭朱批：「二字改『愍皇』，本朝加謚莊烈愍皇帝陵曰思陵。」

卷　八

《雨花巖觀明張忠簡公草書「仁智之性，動静之理，棲此盤谷，飲此泉水」摩崖》，先朱點「觀」、「明」二字，又於天頭朱批曰：「『觀明』，改『下觀』。」在「智仁無擇地，南北本同天」詩句中，莫氏朱點「南北」二字，又於天頭朱批曰：「鶴樓，廣西柳州人，『南北』字酌。」注：鄭詩此言明代張忠簡，號鶴樓，被貶謫到貴州省都匀府，都匀人爲之建著名的鶴樓書院，張氏作此草書摩崖，今仍在都匀東山半坡石壁之上供人觀瞻。

《贈老友趙芝園商齡芷庭錫齡兄弟并示壻廷璜二首》：「芝園終歲樂在漁，亦要芷庭能教書。東竿放學携手去，笑斫芥薑同煮魚。」先用朱筆圈點全詩，并於天頭朱批曰：「經巢絶句，當以此等爲上乘。」

卷　九

《十六日送子何歸覲》：「住亦不復念，去亦不復悲。……」先朱筆圈點此詩，又於天頭朱批曰：「此等詩，經巢集中亦不多見。」注：此「子何」，即手稿封面題記者胡長新。莫友芝爲此愛徒取字曰「子何」。

《安貴榮鐵鐘行并序》序文：「《宋史·蠻夷傳》有都老，當即者老。」於「者老」下加朱點，又於天頭朱批曰：「前未言『者老』。」

《十一月廿三携兒子游鐵溪至石庵》注文：「明弘治中郡守周梁石瑛常游燕賦詩於此。」於天頭硃批曰：「興隆周草亭亦名瑛，不知是一人否？守鎮遠者莆田進士，非草亭也。」

《游南洞》：「閉門苦守三日雪，雪乾游心上嶄絶。」先用硃筆圈點此詩，又於天頭朱批曰：「題上似應益二字。」

《夢硯齋歌爲唐子方樹義方伯賦并序》序文：「唐子方方伯之侍其尊公直圃先生令粤西也。……順德陳忠愍公……」在「西」、「愍」二字旁，用朱筆點「△」符號，又於天頭朱批曰：「改『東』，改『烈』。」注：《郘亭詩鈔》卷六亦爲唐子方此事賦詩一首，稱「陳忠烈公」，可參。

《檢藏碑本見莫五昔爲漢宜禾都尉李君碑考釋并詩，次其韻》：「遥聞新獲漢安字，天台廟刻來封龍。」在此句詩之天頭朱批曰：「此處終須改實。」注：莫友芝撰有《漢李事改斜大臺刻記跋》一文，收入《郘亭遺文》卷三，可參。

《息影山房詩鈔》批校

黎兆祺，字叔吉，別號介亭，嘉慶二十五年十二月二十四日生於遵義，光緒十年十二月十八日卒於貴陽。黎兆祺所著《息影山房詩鈔》二卷於光緒十四年刊於日本。其稿本三卷今藏遵義文化老人李連昌先生家中。此稿本係用紅行緜紙鈔寫，共一七三頁，每頁十行，行二十一字。首頁首行書：「息影山房詩鈔卷第一」，次行書：「遵義黎兆祺叔吉」。從第三行起爲詩稿正文。黎兆祺是黎兆勛伯容之弟，黎氏兄弟與莫友芝相交甚篤，所以莫友芝批語十分質樸率直，毫無掩飾與顧忌。今據李連昌先生所藏手稿本整理點校。

卷一

《春日村遊》：「卧聞百鳥呼，披衣出庭軒。……」批曰：「詩自平穩，而毫無長處。」

《晚歸》：「疎杖高風橫，曲徑窨回步。……」批曰：「貌合神離。」

《睡起》：「睡起出門去，舉首望青天。落日下西嶺，墟里橫疎煙。……」批曰：「筆意甚佳。」

《老鷹崖》：「蒼鷹趁勢起，盤盤摩青天。排空擺兩翼，巑岏劃雲煙。……」批曰：「太顯即少味。」

《題伯樂觀馬圖》：「騰黄騕褭稱名駒，冀北之驥夫豈無。躑躅鹽車世不識，古人爲爾長嗟吁。……窮形盡相入深奥，得精久已忘其粗。……」批曰：「此作無一字不老到，必傳之作。」

《悲感成篇短歌當哭初不計工拙也》：「呼兄已不膺，奠兄瀝酒汁。……」批曰：「却沉着。」

《寓中除夕》：「離家一百廿八日，日日都沉憂患中。今夕何夕歲云盡，寒齋冷落孤燈紅。……」批曰：「起健拔。」

《賦比》：「昨聞捷音至，真僞苦不知。……始即拔趙幟，繼則搴軍旗。追呼日益急，賊氣漸不知。……」「追呼」二字之右旁劃一短綫，眉批曰：「誤用。」

《鄭子瑜珏表兄招歸書此答之》：「招隱遥傳谷口書，多君勸駕返園廬。謀生屢作驚弓鳥，涉世幾同涸轍魚。道遠昨曾尋避地，囊空今復阻迴車。有山未便雲高卧，深愧華陽舊隱居。」批曰：「蘇詩中最圓轉流利者。我何有哉！」

《放歌》：「既不欲燕歌艷曲以娱耳，亦不欲錦帶宫袍以被體。……」批曰：「嫌廓。」

《吴生畫竹索題》：「吴生好畫不畫蘭，愛畫叢竹三五竿。潑墨淋漓汁猶濕，挂我高堂之素壁。……」批曰：「曲折如意，不形孱弱。」

《眉州晚泊》：「江水澄玻璃，艤舟偎岸旁。……」批曰：「數詩皆清而力薄。」

《下廟磯灘》：「長灘陡落雷霆鳴，十里遠震江流聲。……」批曰：「微嫌薄。」

《題龔星槎紹潢茂才〈莫愁春泛圖〉》：「莫愁湖畔春風起，煙柳條條映芳芷。……」批曰：「此詩柔脆清麗，必存之作，毋容刪。」

《君山泊舟》：「菰蒲蕭蕭雙槳停，鳧鷖散亂飛沙汀。……」批曰：「詩最生倩者。」

《過横石却憶三峽》：「……江流一折一迴瀾，急浪喧豗勢奔放。瞿塘峽門不易舟，夔巫天低水亂流。……」批曰：「節奏最好。」

《秋夕》：「……蕭條干戈際，俯仰天地窄。……」批曰：「深厚之句。」

《賊退後掃墓》：「……一痛自憐皮骨敗，再來猶幸子孫存。……」批曰：「沉着處，我所不到。」

《春日感賦》：「昔時詩老幽棲地，一度經過一黯然。却對鶯花思雅集，便看松菊記高眠。……」批曰：「清而有味。」

《紀亂》：「……加賦議降休再道，即今城郭盡蒿萊。」批曰：「船山不過如此而已。」

又，「漠漠秋蕪望欲迷，烽煙繚亂陣雲低。江湖滿地秋笳亂，風雨空山鬼母啼。……」批曰：「氣盛則抑揚皆美。」

又，「已無廉吏撫凋殘，況復征苗啟禍端。苛察淵魚應見血，忍輸田産盡歸官。守箴漫説勤兼慎，執法何曾猛濟寬。始信治安非細事，莅民容易治民難。」批曰：「一氣呵成，伯容兄與我無此佳境。」

又，「……餘生自分填溝壑，垂老愁聞食秕糠。……」批曰：「沉着到十分。」

又，「……春歸庭院花成雪，日落溪山晝掩門。……」批曰：「渾脱是陳妙境。」

《賊稍退歸理荒園將謀一室以息機》：「我室既已毀，我園猶幸存。……」批曰：「數首結實。」

《春日雜詩》：「……此理既茫昧，此事難忘情。慘矣邵大夫，空留身後名。」批曰：「雖欠渾厚，而議論自可。」

《題蹇觀察子和簪桃溪漁隱圖》：「舉世紛紛談，胸中却污元規塵。……」批曰：「此作意亦猶是，而筆力太軟，終當另作。」

卷二

《憫亂》：「干戈剜鄉井，如患癰痞疾。……」批曰：「頗有餘味。」

《傷遇》：「赤峽吞長江，瞿塘乃其口。灩澦没孤根，兀鵕若樞紐。……」批曰：「此作造句特佳。」

《夔州》：「……積水西來趨白帝，大江東轉奪夔門。……」批曰：「撐得住。」

《偕椒園弟遊妙香庵觀梅弟成七字詩索和因用其韻報之》：「春光淡宕來何處，有客天涯感流寓。……」批曰：「此詩細看，字句尚待煉。」

《與友話舊因即送別》：「萋萋芳草遍東關，訪古同遊野寺間。好記日斜江畔路，與君同看秣稜山。」批曰：「似漁洋。」

《夜雨》：「拍拍疎檽動，饕風戰雨聲。孤燈光欲滅，破屋勢將傾。……」批曰：「極煉。」

《思家》：「已成千古恨，何不守松楸。北去真爲妄，東來只益愁。……」批曰：「沉痛。」

《春懷》：「……雖蒙君子愛，已損微賤質。」批曰：「却是風人之旨。」

《往事》、《思歸》：「以此塵中客，思歸江上廬。……」批曰：「似孟。數詩俱可存。」

《春日書懷》：「……春來夢醒江湖外，花落愁看煙雨中。……」批曰：「深造二陳意境。」

《偕友人出游》：「……乾坤蕩蕩身將老，江漢悠悠水自流。漫説跨驢尋禹穴，何如騎鶴上揚州。……」批曰：「胎息二陳，即是李杜好詩。」

《清明感賦》：「十年兵火蹈危機，自歎餘生萬事非。身上久無慈母綫，篋中空剩老萊衣。……」批曰：「此爲棉裹針，我不如也。」

《齋中遣懷示椒園弟》：「淮甸春深千里夢，江湖夜雨百年心。……」批曰：「亦在陳、黄之間。」

《不眠》：「不眠人聽漏沉沉，拋却閑愁静養心。……」批曰：「境太小而尚静。」

《即事》：「無論南北與西東，莽莽乾坤覆載中。……」批曰：「不存爲是。」

《從弟椒園少有文譽，爲翁祖根同書中丞所推許……因爲長句贈之》：「文章技藝耳，載道乃餘事。……功高毀謗來，名滿造物忌。悠悠我之思，郁郁心如醉。」批曰：「此詩頗具力量而小有句疵。自審，當有損益處。」

《柬汪梅岑》：「……我識先生羈旅日，論交終欲繼湘靈。」在「終欲繼湘靈」右側劃墨綫，批曰：「欠妥。」

《與友人話黔事因作長句以紀顛末》：「……當其揭竿勢蠢動，一軍已足除披猖。誰與籌邊少治術，養癰有患貽蕭墻。……嚴整闊大，俱造韓公壁壘。」

《雨後遊湖上》：「青山偃蹇白雲静，落日微茫芳草深。……」批曰：「是公論。……」批曰：「好！」

《偕莫玉山朱柳臣椒園弟遊靈谷寺》：「……墓圮悲骨朽，碑殘耐人讀。新紅明小桃，濃碧靄修竹。……」批曰：「學黄終是不惡。」

《與椒園弟夜話即席有贈》：「……已嗟道晦風骨減，自是才高鬼神妒。百年易盡挽莫留，一日偷閑甘自恕。……」批曰：「蘇門正軌，佳在字字切實。」

《江亭獨眺》：「東流積水自今古，南望故山經歲時。……」批曰：「穩而有味。」

《明故宫》：「一從成祖徙神州，寥落湖山四百秋。……」批曰：「卑無高論，可以不作。」

《日暮》：「日暮碧雲合，青山思故廬。久留淮水岸，復得黔陽書。……」批曰：「孟家法則。」

《和純齋次曾爵相詩韻送吴南屏入越之作》：「秦淮花落風雨簁，昔日繁富今已摧。試從往事論禍本，陳濤敗没兵少來。……」批曰：「次韻非兄所長，可以不必。」

《與念皇世弟秦淮泛舟》：「竭來打槳秦淮上，共載吴艘泛夕暉。……莫聽江南斷腸曲，空令游子淚沾衣。」批曰：「嫩。」

《憶古》：「鍾阜雲寒接古燕，愁看烽火暗湖天。東樓夢冷桃花扇，南國春深燕子箋。……」批曰：「雜凑。」

《秋日偶作》：「窄窄庭除小小樓，不期風月夜長留。……」《書恨》：「老驥曾知奮足艱，爲貪棧豆滯塵寰。……」批曰：「二詩失家法矣。」

《雨中憶兩弟》：「……愧無蘇子干時策，空有梁鴻五噫歌。垂老兒孫滯鄉井，暮年兄弟阻干戈。……」批曰：「穩稱。」

卷　三

《雜詩》之二：「百年旦暮耳，是身風中竹。……」批曰：「起超。」

《飲酒六首》：「秋凉暑氣薄，向夕開南軒。……」「名場多風波，世途苦逼仄。……」批曰：「數首亦深穩。」

《秋懷四首》：「凉霄秋氣冷，對月思故鄉。……」「十年經喪亂，五年衣緇衣。親衰養已薄，馬問兒啼饑。……」批曰：「數詩氣清腴而詞格正，自蒼老佳境也。」

《寄示兒子》：「我生樗櫟材，莫就五鼎烹。十五讀書史，四十慚請纓。禄養已不足，焉能望榮名。……」批曰：「是好境界。」

《秋白》：「頗厭愁兼病，寧知死勝生。風塵何所樂，天地苦無情。……」批曰：「老到。」

《自慨》：「萬物皆有托，吾生何處歸？……」批曰：「起好。」

《秋夕對月》：「燈火静深院，風露上虚堂。垂簾坐清夜，缺月窺我墻。……」批曰：「用蘇子意不醒。」

《秋懷》：「……黄花已負三秋約，白髮先從兩鬢生。……」批曰：「深穩。」

《江上》：「西風捲殘雲，落葉下高樹。小雨天際晴，飛鴻度江去。……」批曰：「有皮相而少真境。」

《述懷四十韻》：「江海烽煙靖，幽燕戰伐忙。……殘栖嗟入座，破帽恥登堂。……野郎天外遠，雲樹靄蒼蒼。」批曰：「此詩平穩而已。誤用。此是同知佐官也。」

《秋日雜詠》：「衡岳鍾靈仰重臣，經綸雷雨鎮江濱。……」批曰：「《雜詠》中，頗少合作。『荆樹花開滿故林，西窻風雨夢沉沉。尺書端寄相思字，珍重天涯手自緘』，出韻。」

《與友人論詩》：「功深汲古奏霓裳，萬卷羅胸雲錦張。二百年來談雅詠，騷壇領袖是朱王。」批曰：「無味。」

《秋齋自柬》：「啖蔗知境甘，食蓼嫌味苦。甘苦我嘗試，勝衰迭賓主。……」批曰：「尚少實際。」

《憶鄭巢經先生》：「巢經老叟今長卿，矯首回顧時一鳴。駑駘貼耳百獸伏，百年麒麟地上行。……」批曰：「總不愜意。」

《秋日遣懷》：「揮戈可駐日，煉石能補天。惟兹離別意，一缺不復圓。江海萬里遥，相思隔雲煙。……」批曰：「好！」

《悼友》：「死者不復生，生者苦易死。舊交日淪替，新知更餘幾。死生有定數，賢愚同一軌。……」批曰：「層次井井。」

《偶題》：「大錯無人鑄九州，故宫禾黍幾經秋。銅駝陌上空荆棘，玉殿階前半馬牛。……」批曰：「空腔無實際。」

《秋日遣興》：「束髮授書好唱酬，雕肝嘔血肺腑愁。百年歲月已過半，朝吟暮吟仍未休。……」批曰：「氣勢自好，微有語意不到十分處。」

《壽叔嬸》：「喪母痛在心，念母日在口。昨偕惠連來，下榻倚鍾阜。……」批曰：「尚少精彩處。」

《聞述臣訪滇黔事》：「席上談兵頗自雄，紛紛得失歎雞蟲。蛉川月冷人煙絶，阿嚕雲横鳥道空。……」批曰：「較前《紀亂》諸作，何以如出兩手？可知胸無成竹，便竟言之無味。」

《病中柬莫伯邕》：「荒凉小院自爲家，旅食江湖已及瓜。寂歷愁人悲泛梗，伶俜瘦蝶隱疎花。……」批曰：「氣總不旺。」

《病中柬椒園》：「……招隱却高陶處士，作官何戀執金吾。早知富貴如春夢，可敵清涼睡味無。」批曰：「機極旺。」

《寓齋書懷柬椒園》：「竊觀莊生言，放懷何所拘。窮達本一致，得喪非兩途。……衣食苟不充，賢達難久居。……」批曰：「却是有真味。」

《客有談富貴非妄者作此解之》：「世人處富貴，有若農夫然。今歲穀不豐，私心待明年。……」批曰：「亦老到。」

《哭鄭先生柴翁》：「白髮蕭蕭老病餘，欲辭林壑就軺車。才高尚作千秋想，命厄真成一夢虛。……」批曰：「此首却穩當。」

《補咏蒓齋四弟下第後應詔陳書蒙恩以知縣發交曾營委用誌喜》：「丹詔煌煌出兩宫，大開言路屢宸衷。……」批曰：「俗氣。」

《余與椒弟十年聚首未嘗久别行當入都赴選以詩道兩人情景并索和章》：「長松生右澗，干霄勢豪縱。……平生磊落懷，胸吞幾雲夢。……」批曰：「押韻處極似韓，而間有弱語。」

《贈劉將軍》：「……抵掌論時事，胸中吐長虹。……他時授方略，必起將軍馮。願公養智勇，敬慎保初終。一似霍票姚，報國立奇功。」批曰：「言之有物。」

《將之都别椒蒓兩弟》：「綺筵羅八珍，送我之燕京。我行未寥落，惜别思弟兄。青天無情自終古，那管行人别離苦。……」批曰：「意欠沉摯，便是應酬派。」

郘亭校碑記

影印説明

清代中晚期學人、書家普遍喜好秦漢魏晉隋唐金石碑刻文字研究，摹拓、臨寫、題跋成風。莫友芝是著名金石學家，他研究秦漢魏晉隋唐金石碑刻實物、拓片的手迹稿本，留存於世的并不多見，一是其《金石影》（藏於臺北「國家圖書館」），一是其《郘亭校碑記》，藏於中國國家圖書館。國家圖書館藏莫友芝校碑手稿原本没有題寫書名，擬名爲「《郘亭校碑記》」，十分準確，故而我們仍用此名。

國家圖書館藏莫友芝《郘亭校碑記》手稿本連封帶底共計六十一頁。封面、封底均無字。莫氏在稿本第一頁用無格白紙書寫四十二種漢魏晉唐碑石目録，與稿本正文所校之碑不完全相同，有的碑目前後順序錯亂，有的碑目與稿本正文臨拓古碑原名不統一，有的碑石考記不見於稿本之中。例如最後一種《紅崖碑鄒叔績釋文》并不在稿本之中。《紅崖碑鄒叔績釋文》及莫友芝所作《紅崖古刻歌并叙》手稿今藏於浙江省圖書館，其末頁有莫友芝曾孫女莫珠姝記云：「右先曾祖徵君公咸豐庚申手書之稿。宣統庚戌曾孫女珠姝謹記。」也許莫友芝原打算把《紅崖碑鄒叔績釋文》和自己所作考記列入《郘亭校碑記》之中，但是後來在流傳中散失遺落了，故此目録中有，而稿本正文却不見。

此稿本第二頁白紙上貼有浮頁。浮頁上有三行隸書文字：「晉故使持節都督青徐諸軍征東將軍軍司關中侯劉韜墓誌。無年月日。季卿氏臧。」鈐「季卿」竪行朱文長方印。莫友芝在「無年月日」之下手校曰：「此石在偃師武氏。」該頁左右兩側依次鈐「莫友芝圖書印」、「影山草堂」、「郘亭寓公」、「紫泉莫友芝印」、「漱雪書畫」（此朱文方印所指何人未知）。

此稿正文前四十五頁爲藍格竪行紙，每半頁十行，板心爲雙魚尾，板框爲藍色粗邊綫；其後十二頁爲無格無色之白紙。莫友芝摹寫碑文之頁若無校記，則不鈐印；若有文字考釋校記，絶大多數鈐有印章，或鈐「子偲」朱文方印，或鈐「郘亭」白文方印，或鈐「獨山莫氏圖書」朱文長方印。

《郘亭校碑記》所校之碑，莫友芝主要依照古碑原樣式和文字摹録原文，然後在摹録原文之天頭、地脚、末尾或行間空白處手書批校：有的考校古碑樣式，有的考校古碑殘損，有的考校古碑主生辰年月，有的考校古碑正、異文字，有的考校推測補充碑文脱誤文字，將古碑文字内容與傳世文獻作對比研究，很見莫氏金石碑刻學之深厚功力。莫氏所摹録原文及其所作考校，保存了漢魏晉隋唐古碑文字、書法與樣式之古風舊貌，既可以證史補史，校正後世疏誤衍脱，又可以彌補厲代金石碑刻學家所記之缺失，訂正其訛誤，所以很有文獻價值和學術價值。例如稿本正文開篇摹録《寧贙碑》碑文，然後在首行「寧贙碑」三字題名之下用墨筆記録此碑高、廣尺寸、碑文行數、每行字數、額字多少以及書體等等；特别有價值的是，在天頭先用墨筆考定此碑爲「隨

（隋）碑，在廣東欽州」；指出「翁、阮兩《金石略》未著。」即指翁方綱《粵東金石略》、阮元《廣東通誌·金石略》都没有著録此碑。莫氏此下又用墨、朱兩色筆摘録《資治通鑑·隋紀》、《隋書·劉方傳》文字以證此碑内容，突出此《寧爨碑》的歷史價值、文獻價值。莫氏又於摹録碑文末加眉批，推斷碑文殘損處所脱之文字，十分嚴謹。

又例如《天柱山銘》，莫氏摹録碑文，然後在「天柱山銘」四字題名之下批「額一行，字徑五寸」；又於碑天頭援引述祖《雲居館記》文字考證出碑主鄭述祖所脱之銜。

又例如漢代《建初買山碑》碑文過簡，莫氏鈔録援引清代道光年間吴榮光《越中金石記序》和杜春生《越中金石記》所記文字内容，以彌補此碑碑文過簡之不足。

又例如《隨（隋）故騎都尉司馬君墓誌銘并序》，莫友芝摹録原文，考校碑石之高、廣尺寸，碑文行數及每行字數，還考其缺字、衍字，最後總批校云：「當是一石兩面刻也。蘭泉未録。淵如云在孟縣。」這就很有文獻價值和學術價值，因爲著名金石學家王蘭泉《金石萃編》没有著録此碑；著名金石學家孫星衍《寰宇訪碑録》則將此隋代司馬興碑誤爲唐代之碑，莫氏摹拓此碑，可補糾此缺誤。

值得特別指出的是：莫友芝此《郘亭校碑記》以前知道的人很少，亦未見正式出版，惟見其子莫繩孫轉録五則收入他所整理改編的《宋元舊本書經眼録》附録卷二金石筆識之中，但文字作了删削，非原貌。

因本稿所録碑文多爲臨摹，不便排印，故據中國國家圖書館藏本影印。

梁光華

二〇一五年十二月十六日於黔南民族師範學院

目録

北魏鄭羲碑
齊鄭述祖天柱山銘
漢 [illegible]郎 [illegible]山 永元請刻
漢衛方陰 本
楊叔恭并碑陰側
沙南侯
倉頡廟[illegible]題字
張桓侯破張郃銘
司[illegible]碑額
魯[illegible]闕
嵩山太室石闕後銘
永[illegible]題字
三公山神碑并陰額
四老神[illegible]九
中岳石人馬字
[illegible]華泉金字 [illegible]

漢若儒村石刻
漢孫二娘等題名
漢王[illegible]娘等題名
魏曹真殘碑并陰
晉鄭休碑并陰
[illegible]衛鄉[illegible]祠碑
隋[illegible]碑
齊鄭述祖[illegible]天柱山記
漢[illegible]石題字
漢嚴[illegible]男題字
齊故李功曹墓誌 [illegible]李琮 武平五年[illegible]
隋[illegible]墓誌 大業二年[illegible] 并夫人姬氏墓誌
隋元智墓誌 大業十一年 月

唐虞[illegible]墓誌
唐張夫人周氏誌 張[illegible]文
唐○夫人程氏墓誌銘 [illegible]
唐開[illegible]
唐任令則神道碑
周[illegible]志[illegible]
唐馬[illegible]誌 上元三年十月
唐馬[illegible]誌 上元三年十月
唐何[illegible]
魏崔頠墓誌 齊[illegible]
隋馬興墓誌 唐咸亨[illegible]年十月
唐[illegible]夫人墓碑文 大中[illegible]年

紅崖碑 鄒叔績釋文

晉故使持節都督青徐諸軍征東

將軍軍司關中侯劉韜墓志

無年月日

李卿氏臧

甯贙碑 高五尺三四寸許 廣三尺三四寸 三十行 行三十九字

額四行行三字並正書 額中有穿在右第三行

寧越郡欽江縣正議大夫之碑 篆字缺

甯稱以太皡之末分顓頊之邦唐叔之餘爲管魯之國邵

公思室賦棠棣之詩辛有晏本悲被髮之興故枝流葉

從自結貞筠之條宗子維城各理封壃之邑故甯相甯

渝傳鼠玉之名甯喜甯戚紆遺芳之哲公任衛在輔無

忘士蒸之工從而能政追蹤子范之用所以繁衍陵穆

盤根閩越者哉公諱贙字翔威冀州臨淄人也公惠好

自研齊梁鄉之德蔵試和誘同盈明之溫儒藻進賢常

吟雅頌肅嚴處善宮墉之美祖遠馳千載仁風擁六奇

高辯警加木鐸訓悦過遊梁武皇帝除定州刺史摠督
九州諸軍事陳宣武皇帝又除授安州刺史公猛力德
貫神星氣衝牛斗典礼政事隋會無間年兼轄睦先穀
懷讓文皇帝除使持節開府儀同三司安州諸軍事安
州刺史宋壽縣開國侯允長真包山岳之志擬雲霞之
襟行應管鍾義通泉涌褰帷本土刺舉家邦節盡中朝
風紀面海帝授上儀同三司欽州刺史立功於國効加
官賞尋進上開府儀同三司欽江縣開國公食邑一千
戶軒車薄伐分馬專征又為行軍惣管言旋荷戟猶虜
會之獨清勳入司門類武安之奉詔大仍轉上將軍其

隋書劉方傳仁壽末授驩州道行軍總管經略林邑方遣欽州刺史甯長真步騎出越裳 又見林邑卷 載

年改右光祿大夫寧越郡太守爵名縣塞成似班超之
官職撫雈閭還若淮陰之封以昔方今盛哉而已公履
端器量增万頃之淵含翰縱容踰四學之勤開皇十四
年帝以公衣冠子胤遠来入朝既秉誠心宜升戎秩授
大都督厚賵縑繒徧加享礼以公長榆之繇李氏弱乎
區分細柳之携絛侯反存無榮南定交趾之川北靖蒼
梧之野仁壽二年詔公兄弟逮弘宣揚國化嗣位牧民
撫寧蕃部宜加榮秩用優恒典增上儀同三司到大業
二年帝以公驟從戎踐克著嘉庸拜上儀同三司餘官
如故公況神惟悵競羊祜之謀循備繕完規㵎宣之度

披畐三略之精麾師九圍之勇雲梯再起奠驪興維兄
及弟陳兵林邑推鋒振旅以先啓行前茅慮無中權後
勁浮青雀以泛白波櫂赤馬以排綠浪漽軾相臨雲横
百陣靡旌摩壘有許伯之雄折馘掉鞅摸攝狀之勢故
得卧彼鼓旗授衡援旃困獸猶鬭鋪舶新墉之江出殺
陁緣之海賊艫千乘公舟二十旭旦懺穴浸霄未亡公
第運在標櫂以樓舡五鷁徧師擻隊得潰彼犲狼爭舟
指掬莫夷楪滅盡殪凶徒獻捷鐫地馬伏波慙色以顏
獲神納俘檀和之愧乎其道公巡歷三軍皆如挾纊聲
播百官咸佈斯茂大業二年十月馳謁承明躬親遊關

乃受開府儀同三司即其年改為正議大夫公刑儀珽
越子張非其人容貌簪裾陸機失其侶柳蒲早悴風燭
易遷難閱既多靈芝是乏種以大業四年歲々戊辰正
月十九日終于私宅春秋廿有五嗚呼哀哉樹絕大夫
之陰營息將軍之号市停三日悲盈〇。邦大息嗣恭于
終于始維明維孝大業五年歸葬舊所密松連蓋踈楊迴
吟言念君子其銘云尒
火紀承宗相土師農生民厥始祉禊根蹤鳳凰垂翼幽
都受封支傳帝業祠纂高龍棠陰理頌周〇〇。祀令美
㘡越德隆蕃邸仁鏡長明智花恒啓遊藝自依多能備

軆文著馬鞭行崇基堤義水㶊〻○○。洪〻建國興邦

純守邊壃威流五嶺勇振三湘臨濇粉溢昭穆丘長惟

開策運樓移勢章梯衝雲○○。銜月光旗影飛地劒抱

星芒烽連柳塞陣合魚陽舟移鷁轉櫂動蘭芳菫蒱蕖

盡秦糜麗張朝〻○○。野号賢良卿士雅相縣輿是匡

搖落褰變原隰孤平似盖樹委如樓皷橫悲悽龍谷哀

慘松塋[illegible]○○○。從終傳令傳名

大業五年四月

誤多當三[illegible]以 四字句計之當 百字 大業存在[illegible] 未行小[illegible] 當懷[illegible]字

天柱山銘　欵行字徑五分

使持節都督光州諸軍事車騎大將軍儀同三司光州刺史滎陽鄭述祖作

巖巖岱宗魯邦仍其致祀弈弈梁山韓國以之作鎮蓋由觸石吐雲扶寸布雨五岳三望六宗九獻祈禱斯應禮秩攸歸天柱山者即魏故通直散騎常侍中書侍郎國子祭酒祕書監青光相三州刺史先　君文恭公之所題目南臨巨海北眺滄濵西帶長河東瞻大壑斜嶺緊天層峯隱日尋十州於掌内揔六合於眼中文鰩自此經停精衛因其止息始皇遊而忘返武帝過以樂留

豈直蛾眉鳥翅二別兩崤對談小大共叙優劣者也
公稟氣辰象含靈川岳禮義以成類矩仁智用爲樞機
自緒衣逞譽草履傳聲緌組相輝貂冕交暎至於愛仙
樂道之風孝敬仁慈之德張良崔廓未足云擬文先夏
甫何以能加魏永平三年朝議以此州俗闢南楚境号
東秦田單奮武之鄉麗其騁辯之地民畝鄙薄風物陵
遲詎諮俾乂非 公勿許及駈雞御下享魚理務羣情
款密庶類允諧變此澆隽之俗伴彼禮樂之邦懋績布
在哥謠鴻範宣諸史策 公久闊枌榆永懷桑梓同昇
隴而灑泣類陟岵以興嗟於此東峯之陽仰述皇祖魏

出紐雲峯館記錄衍云司徒崔尚書侍中太子少師大常卿車騎大將軍儀同三司左光祿大夫北豫州大中正瀛趙滄冀懷兖光行平州刺史

故中書令祕書監兖州刺史文貞　公迹狀鐫碑一首峯之東堪石室之内復製其銘余忝資舊德力攢前基遂秉笏朝門榮名天府出入蕃邸陪從帷幄凡諸身歷瀛趙滄冀懷及兖光行正十州刺史北邊州大中正三登常伯再履納言光祿太常頻居其任揆究庸虛無階至此宜是遺薪妄委餘慶濫鍾何曾不想樹嗟風瞻天愧日猥當今授踵迹此蕃敢慕楹書仰宣庭誨其詞曰嵩高峻極太華峭成祈望諸素禋禱羣經崇我天柱迴出孤亭地險標德藉此爲名赫矣先　公道深義富如桂之馨如蘭之茂尊祖愛親存交賞舊飜屬愚淺實慙

穹揅

大齊天統元年歲次乙酉五月壬午朔十八日己亥刊

青字上半缺　卿字似乃不可識　[illegible]北

重登天柱山記

二十行行二十八字唯第三行末擠第字獨二十九字　高八尺許廣四尺六寸許在掖縣[illegible]崖

大齊河清三季五月廿四日使持節都督光州諸軍事
□□大將軍儀同三司光州刺史鄭述祖字恭文即魏
鎮北將軍秘書監青光相三州刺史文恭公熒陽道昭
之子魏大鴻臚卿北豫州刺史司空□公嚴祖之第三第
先君之臨此州也公與仲兄豫州敬祖尉弟光州遵祖
季弟北豫州順祖同至此鎮於時公季始十一雖好琴
文登山臨海未嘗不從常披廉皮裘于此州人士呼為
道士郎君及長官歷司徒左長史再履尚書三為侍中

眺

滄瀛與趙懷兗行正㝷此十州刺史公之所撫莫非太
蕃言及八部恒一丗羕欽只為前蹤誠所願也復以此夏
斯願方遂忻慰登途若歸桒梓入境歎曰吾自幼遊此
於今五十二季昔同至者今盡零落唯吾一人重得來
耳於是感殆不自慺勝因南眺諸嶺指雲峯山曰此山
是先君所名其中大有舊迹未毀遂率僚佐同往遊焉
對碣觀文發聲哽塞臨碑省字興言淚下次至兩處石
詩之所對之號仰殄深殄慟哀纏左右悲感傍人雖復
曾閔之誠詎能過也但石詩季久字皆癬落賓從尋省
莫能識之公乃曰此時吾雖幼小略嘗記其此當是與

道俗十餘人論經書者遂口撰百餘言諸文從世乃共
拂從首及末無一訛舛久之方昇於此此處名曰山[illegible]
門左闕仍仰觀斯名曰此上應有九仙之石即遣登尋
果如所說此山正南廿里有天柱山者亦是先君所号
以其孤上干雲傍無嶺岫因以名之與山上之陽先有
碑碣東堪石室亦有銘焉從此東北一十二里太基山
中復有雲居館者亦是先君所立與四□之上鐫記不
少悉有誌錄殊復可按今日於此略陳彼意冀洪聲巨
迹永無□昃者矣

治字書無
齋上釐
字不可辨
之即史
更文似瓷
史即使
治謨鑑筆

行故李功曹墓銘　上平

唐開元四年[illegible]

君諱琛字仲璵趙國平棘人也將軍牧御敵於全趙司
錄膺扶危於頹漢高門育亮世不乏才辟北別增鎮地
出峯東流積浮天出浪曾祖兖州史君祖幽州史君冠蓋
朝倫儼作摸楷父潁州史君風度閑遠鬱為領袖君
濯自朱藍學因弓治比桂樹於幽山辛香可味同明玉
於鍾領光澤皎然礼作身基仁為行本孝著閨門信在
游舊處厚遺薄樸實捐華賢賢易色恂恂鄉黨得真自
我不徇名利輕財重義後己達人往来行言稠直如髮
率由天骨不關虛矯郡　將酈伯偉名為功曹性不驕誕

入朝汎愛輸心委質惟順在恭與之言者如受之帛與之交者若飲醇醪外閨內朗明閑世事文薄堆案下筆如流務角生疑片言能折既方公孝時聞坐嘯之謹還類范滂更聽畫諾之語期之眉壽考而增智月旦人品准的州閭漏盡易催日斜不繫歸代宋而莫還共公明而治鬼武平二年五月丁未朔廿二日戊辰九於孝意裏舍時年五十有五武平五年正月壬戌朔十二日癸酉祔於先君之墓次暑往寒來天長地久勒高風於玄燧播芳塵而莫朽其銘曰

南通陽魏北接陰燕地爲全趙世挺英賢松貞筠直蘭

馥芝鮮本枝盡茂蕤蔓同然種自龍媒篤生奇士似珠
四照如驥千里心上得宜色無愠悽自本窮末善終令
始優遊卒歲載嘯載吟一丘一壑横古佚今財色是擯
文史能娃人之愛我如玉如金聞自古賢少遊有語直
道仕琵風流容与盛德涼温州閭見許好善能至除惡
必去時屬亢龍我為季弼意得魚水上下和密主耳忘
身周旋無失季將十紀心出如一寸陰不惜尺曰俄淪
人生詎幾飄若栖塵一窀寒壠非復陽春死可贖也人
百其身

上半四行〻廿六字下六行二行廿六字界苗三不等

妻鉅鹿魏氏　父道寧安東將軍瀛州驃騎府長史曲

陽男　子四人君達德藏趙客趙奴達劉氏生妻
鉅鹿魏氏　父仲超客妻博陵崔氏　父矣遐　女七
人德相適太原王茂弘丞相□□行參軍和上適博陵
崔君弘開府參軍事瓌兒適廣平殷伏□諮直盪都督
諮父平原主阿傳適鉅鹿魏義堅開府行參軍　五男
適滎陽鄭金剛六止適渤海高世才父南安主神相

額二行行三字次行學

滎陽鄭
文公之碑

碑廿行行三十九字或十餘字不等

魏故中書令祕書監使持節督兗州諸軍事安東將軍
兗州刺史南陽文公鄭君之碑章
公諱羲字幼驎司州滎陽開封人也肇洪源於有周胙
母弟以命氏桓以親賢司徒武以善職並歌緇衣之作
誦乎豜世降逯于漢鄭君當時播節讓以振高風大夫司
農創解詁以開经義遂刋畐史美灼二書德音雲飜頌
響長烈楊州以十榮匡時司空豫州以勳德著稱高祖
略恢亮儒素味道居真州府招辟莫之能致值有晉弗
竟君道陵夷聰曜寔劉避地奧方隱括求仝静居自逸
屬石氏勃興撥乱起正徵給事黃門侍郎遷侍中尚書

贈楊州刺史曾祖豁以明哲佐世後燕中山尹太常卿濟南貞公祖溫道協儲端燕太子瞻事父曄仁結義徒績著寧邊拜建威將軍汝陰太守綿榮千載聯光百世自非積德累仁慶屆無窮其孰能傳輝踵美致如此之遠哉可謂身没而名不朽者也公稟三靈之淑氣應五百之恒期秉和載誕文明冠世篤信樂道據德依仁孝弟端雅寡言慤行六藉孔精百氏備究八素九丘靡不昭達至乎人倫禮式陰陽律曆尤所留心然高貞沉默恥為傾側之行不与俗和絕於趣向之情常慕晏平仲東里子產之為人自以為博物不如也蘊斯文於衡泌

延德聲乎州閭和平中舉秀才荅策高第擢補中書博士弥以方正自居雖才望稱官而乃曆載不遷任清務蕑遂乘閑述作注諸經論撰詁林數弓莫不玄契聖理超異恒儒又作孔顏該靈頌及諸賦詠詺策辞清雅博皆行於世也以才望見陟遷中書侍郎又假員外散騎常侍陽武子南使宋國宋主客郎孔道均就邸設會酒行樂作均謂公曰樂其何如公荅曰哀楚有餘而雅正不足其細已甚矣而能久乎均嘿然而罷移年而蕭氏滅宋雖延陵之觀昔詩鄭公之聽宋樂其若神明矣朝廷以公使協皇華原隰斯光遷給事中中書令揔司文

史敷奏惟允國之律令是所議定公長子懿邕容和令器望蕙資早綜銓衡能聲徽著敦詩悅礼尤精易理季子道昭博學明儁才冠祕穎研圖注篆超侍紫幄公行於前吏部祕書隨其後凡廊廡寮莫不欽其人也于時有識比之三陳後年不盈紀懿給事黃門侍郎太常卿使持節督齊州諸軍事平東將軍齊州刺史道昭祕書丞中書侍郎司徒諮議通直散騎常侍國子祭酒祕書監司州大中正使持節督光州諸軍事平東將軍光州刺史父官子寵才德相承海內敬其榮也先　時假公太常卿滎陽侯詣長安拜燕宣王廟還解太常其給事

中書令侯如故縱容鳳闈動斯可則冠婚喪祭之禮書
蹤報問之式公之制矣民胥行矣雖位未槐𢍰而仁重
有餘太和初除使持節安東將軍督兗州諸軍事兗州
剌史南陽公德政寬明化先仁惠不嚴之治穆如清風
絣桊有敬讓之髙朝市無鞭戮之刑即道之美不専於
魯矣太和中徵祕書監春秋六十有七寢疾薨於位凡
百君子莫不悲國秀之永沉哀道宗之長沒皇上振悼
痛百常往遣使賵襚榮贈有加謚曰文祭以太窂以太
和十七年四月廿四日歸窆乎滎陽石門東南十三里
三皇山之陽於是故吏主簿東郡程天賜等六十人仰

道墳之緬邈悲鴻烋之未刊乃相与欽述景行銘之玄石以揚非世之美而作頌曰

爰鑿往紀瞽覽前徽有賢有聖靡弗應時繇實契姒旦亦協姬於穆鄭公誕敵應期伊昔桓武並美司徒恭惟我君世監祕書三墳剋闡五典允敷文爲辭首學實宗儒德秀時哲望高世族灼灼獨明亭亭孤邈式胄三雍岳河夠澤移草木慶靈長發繼葉傳光君既挺發徽烋含章文義襲軌朱紱相望刊石銘德与日永揚

永平四年歲在辛卯刊上碑在直南卅里天柱山之陽此下碑也以石好故於此刊之

此宋人題名四行 高郵秦峴西洛鴻維矩同遊神山讀魏鄭文公磨崖碑因刻其後 政和三年十月旦日

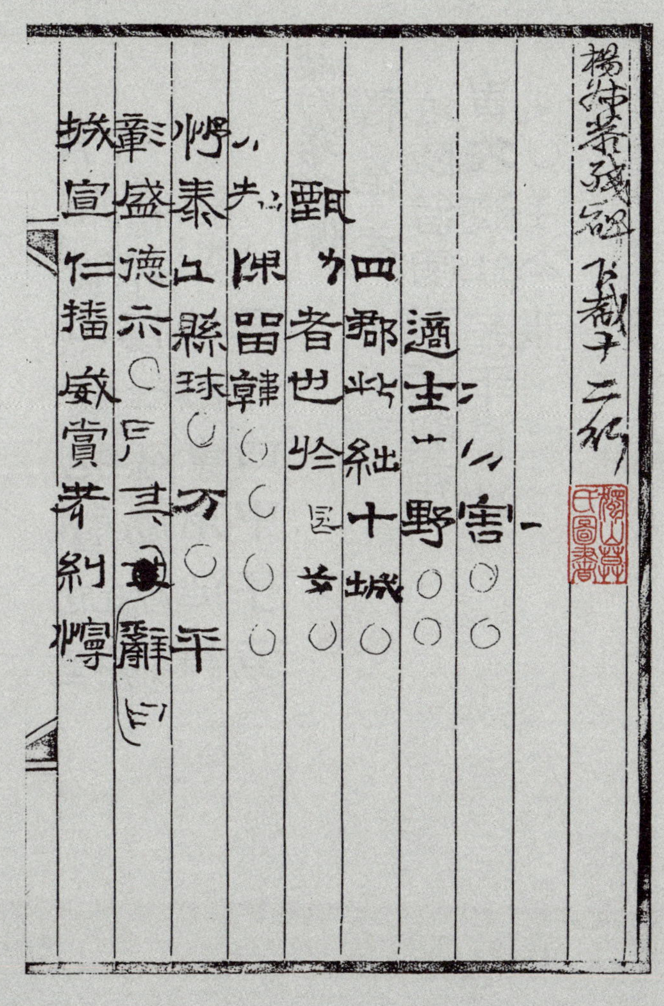

楊仲蒂殘碑 下截十二行

害一○○

適士〻野○○

四郡北紐十城○

甄⺈者也恰㐫苹○

大保留韓○○○○

悍泰亾縣球○万○平

彰盛德示○尸其○辭曰

城宣仁播威賞者糾惇

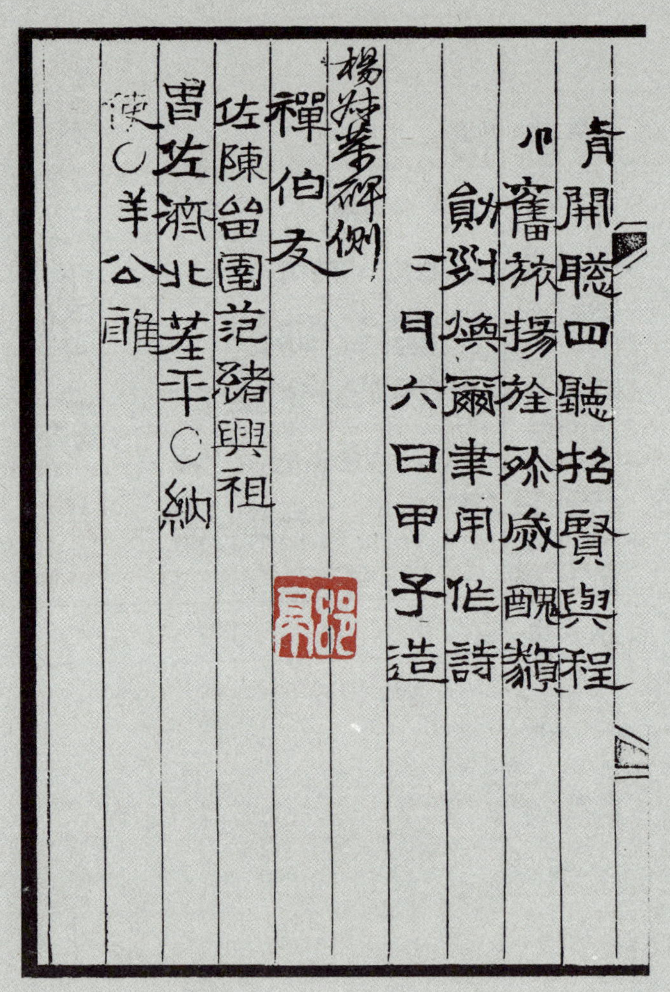
青開聽四聽招賢與程
ㄗ舊旅揚拴孫歲醜類
飭對煥爾聿用作詩
二月六日甲子造
楊叔華評例
禪伯友
佐陳留園范諸與祖
曹佐濟北茬平○納
使○羊公誰

禹陵窆石題字

有字跡處高三尺二寸廣一尺三行行十一字篆書徑二寸五分

口口日口口口口口■丕石

口口口豈刀犀口天文日口

口口口口口真口口黃口口

張希良窆石漢隸考禹陵窆石王順伯金石錄云是漢刻第以歲久模糊難以攷辨余庚午典浙試恭謁禹陵瞻窆石時九月微雨風寒見石上隱躍有字欲命工滌而摹之匆匆返櫂未暇也屬親知官此地者搜求皆以無字對心益惓惓不釋今夏校士越州屬部吏往搨之以意屬讀得二十九字蓋漢代展祭之文

尋其隅角當為五行行十六字其下截為元季兵毀依韻求之則其下當闕六字敬譯以俟博物者由是觀之安知無字碑不尚有點畫可尋而耳食相沿無好事者以發其祕可慨也

全祖望鮚埼亭集外編會稽禹穴之字趙德甫稱為窆石銘而順伯定為漢刻是也近人謂其詞非銘體因謂碑有銘而窆無銘不知古人原不定以韻語為銘孔子書季札墓寥寥十字亦何嘗非銘乎

阮元兩浙金石志按篆文極似天璽紀功碑後檢太平寰宇記會稽縣引輿地記云禹廟側有石船長一

文云禹所乘也孫皓刻其背以述功焉後人以皓無功可紀乃覆船刻它字其船中折據此為三國孫刻審矣嘉泰志稱直寶文王順伯復齋定為漢刻未之得也

杜春生越中金石記按明天順中韓陽重建窆石亭記已云石上遺字歲久模糊難於考辨迄今又四百年僅有數字隱躍可見其文亦尚無紀錄者金石萃編所辨日年玉亦并天文晦眞九字兩浙金石志所辨玉石乾冢并天文眞黃九字其不同者四字合之當得十三字餘就精拓本審視則王辨年字未確一字

即石字之上畫惟晦字僅存其左之日阮辨象字亦僅存其上之刀然二字皆當不誤共得日玉石乾象并天文晦真黃十一字較張氏之釋尚少十八字也朱竹垞跋稱歲在乙酉當指順治二年有力士跋之石中斷疑係傳聞之譌萬歷府志云元至正末兵變爲所傷折攷徐勉之保越錄至正十九年明胡大海攻紹興以軍寒疫作禱禹陵南鎮不應乃毀其像仆窆石然則石之斷蓋在此時矣

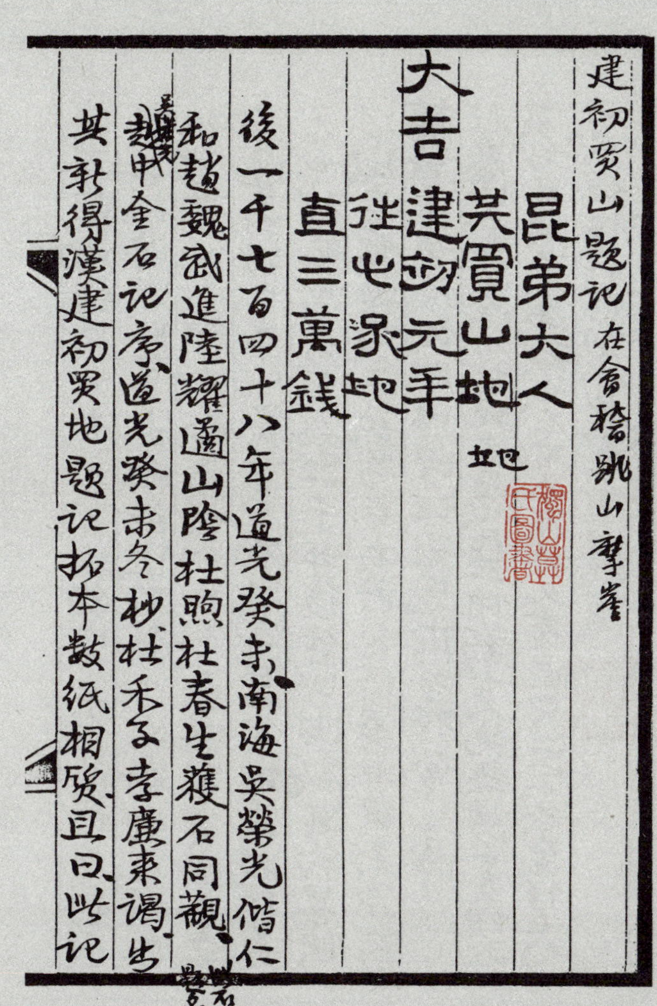
建初買山題記在會稽跳山摩崖

昆弟六人

共買山地

大吉　建初元年

造此冢地

直三萬錢

後一千七百四十八年道光癸未南海吳榮光偕仁

和趙魏武進陸耀遹山陰杜煦杜春生獲石同觀

□中金石記序道光癸未冬杪杜禾子孝廉來謁出

其新得漢建初買地題記拓本數紙相贈且曰此記

湮苔蘚中，僅見大吉二字，其錢字土人遂傳為錢武
肅王微時販鹽遇官兵，跳避石壁中所題，明人謾不
加考，據以入郡志。今乃搜剔出之，余諦審真漢人文
字，遂為越中第一最古之石，歷代著錄所未收，即嘉
泰會稽志亦未之及，二千年後發此幽秘，直稱畢快
事也。春其搜訪之勤，為題名於記後，異日後來手所
纂越中金石記，即以此記冠首，求序於余。
杜春生越中金石記云：記文五句，凡三用韻，古人先韻諸字多讀入
真，故年錢與人為韻也。石右五尺許，又有退思二字，正書，徑七八
寸，不詳何代所刻，當亦非唐以後者。

沙南侯碑 永和五年六月十五日

惟漢永和五年六月十五日使□雲中沙南侯獲□
□闕下□壺□憂闕下

吳子苾依拓本手鈎自跋云碑在新疆焕彩溝大
蒲類鎮西府宜禾縣北
道旁屬宜禾縣碑陰今刻焕彩溝三大字石兜摩泐彼處又無善拓者故可辨者止此數字

食堂畫像題字 建康元年八月十九日

建康元年八月乙以下日干證之是己字丑朔十九日丁未壽貴里文叔陽食堂叔陽故曹史行亭市掾鄉嗇夫廷掾功曹府文學掾有立子三人女寧男弟叔明女弟

思尌明蚕失春秋長子道士口立口口口亘錢萬口

故曹史市掾

前畫像二人對坐上有飛鳥道光十三年魚台馬

錢橋星垣得此石於魚台之鳧陽山移置其家牟

蒙星以拓本見寄來書云第十九日丁未為朔日

當是己丑推後漢書順帝紀建康元年八月庚午

帝崩袁宏後漢紀同如朔日己丑月內何得有庚

午為朔日仍當是乙丑矣庚午為月之六日而十九日當

是癸未作丁未者誤也

張桓侯破張郃銘建安二十年

漢將軍飛率精卒萬人大破賊首張郃於八濛立馬勒銘

許珊林以拓本借觀並附跋尾云：張桓侯紀功摩厓在今四川綏定府渠縣，即古宕渠地。梁置渠州，後魏改置流江縣，唐分置大竹縣，明為渠縣。八濛山在渠縣東北。按飛本傳：張郃進軍宕渠、蒙頭、盪石，與飛相距五十餘日。飛精卒從他道邀郃軍交戰，山道窄狹，前後不得相救，遂破。事在漢獻帝建安二十年。此銘文義簡勁，字跡蒼秀，可想見戰勝時氣概矣。道光辛卯六月，吳江翁徵君廣平所贈。

司農碑額

司䢵公砷

魯君闕

中牟魯君魏公闕

右二種葉潤臣藏俱未詳所出

嵩山太室闕後銘 延光四年

闕三闕三于周闕至孝闕延光四年三石闕孔子大

𠘧闕潁川大守易闕㳘陽闕北海相闕朝闕禹闕縣

闕懤闕聿闕辭曰闕中嶽闕先被闕命闕存薿乎闕

然匕庭京羅𠆧闕淵闕至闕曰闕存闕置闕雨亍闕

兮子闕亏闕斫亏可闕亏闕字闕

陳壽卿寄拓本并兩漢金石記所載小異故録其

文

永建食堂畫象題字永建五年二月廿三日

永建五年大歲在庚午二月廿三日闕立此食堂當

闕并闕學曲卩何意被天灾蚤離父母闕

許印林自濟甯寄拓本商城楊石卿鐸記云道光

十九年魚臺馬錢橋星垣訪得此石於兩城王鳳

林穀至魯橋藏于家廿一年四月徐樹人刺史移

至州孝堂孔子見老子畫象贈李令王君廣門殘

凡十九行

此張尚有一行闕字在第四行

碑朱君長許石並列文有印林釋文視今所釋皆多五字有半蓋各據所見耳此與續編所録建康元年食堂刻同然故加永建字以別之

三公山神碑年月說見下

闕年二月丁巳朔八日甲子大常臣□丞臣□頓首上尚書□□蝝闕仲□元氏三公山神主簿□仲自□當比闕問□三公山闕上黨界中熙祭塞言無輒告縣闕山□□在西八十里闕宋□邊有豎石如酈狀有闕三丈餘闕祠□□民□忠□兩關門開有闕餘闕上闕所闕大山四負□□東闕出闕呂北□山

口為甘闕三公二百餘里闕迎闕輒蒙郭口愽問自
手殷王子殷孫王逵等皆曰祀乎闕三月闕中部問
禼三公御語山時口米遣戶書史孫闕三公山邢拔
口口口北山闕通𧼈往來用闕四年闕閒知三公山
神久闕甲申闕詣山請雨計得雨闕之口於縣秋番
因闕奉口典曰口口口胄闕山闕山畱神口口通𧼈
闕俱通利故道疵闕求闕責塞亍相馮龔此
此與祀三公山碑三公山碑皆在元氏縣從來著
錄家所未收吴子苾始訪得之其字瀉漶已甚隱隱
有碑額三行略可辨認者如右改隸釋從極山碑常山

蓋高上黨范遷語缺三字為元氏三公神缺一字一字似誤案本初元年二月癸丑光和二年二月戊子詔書出王家錢給四時祠具蓋言高遷為三公山請太常求法食及太常為上尚書而尚書為之奏請事此碑陰有云二月口巳朔癸酉尚書令臣口奏雒陽宮則無極山碑所謂本初元年二月癸酉者西言尚書為之奏請是自與光和二年二月戊子皆有詔書出王家錢給祠具也詔書再下其蓋本初元年質帝遇弒至有詔書而未奉行至光和二年又申命之也碑首行云某年二月丁巳朔八日甲子太常臣口丞臣口頓首上尚書是太常為高

還上尚書〻時在尚書東清前九日然則年字〻

上尚是本初元三字而碑為太常為三公山求法

食碑也然未敢遽信為然以碑〻次行有三公山

神四字然以名〻以俟博雅文為詳覈且正釋文

〻未審然字未審然皆不文篇

三公山神碑陰

闕吏臣闕山下去縣廿五里闕吏闕郡縣轉相闕民

吏闕奉祠山能興闕曰山川闕潤百里者闕西迋辟居

口犧牲四時祠闕六千口王冢經錢給亶增設闕給珪

辟闕以為口山口臣許臣訪頁首上闕二月□巳朔

昌癸酉尚書令臣頁奏雒陽宮闕曰闕祠祀闕縣闕丁

巳朔闕尚書令頁下闕丁酉大尚闕佐進闕書闕掾琦

口囨書

三公山神碑陰額

嵩山三公

吴子苾云額三行十五字止四字可辨

四老神坐神祚机以下無年月

圂公神坐　圂公神祚机　角里先生神坐　角闕

綺里季神坐　綺里季神祚机　夏黃公神坐　夏黃

公卩三机

地節買山石刻　地節二年

地節二口正月巴州民揚量買山直錢千百作業口子孫永保其毋替

石出蜀中吳興錢安父得之攜歸藏於家

跳山造冢石刻　建初元年

大吉昆弟六人共買山地建初元年造此冢地直三萬錢

在會稽跳山摩崖　大吉二字直書居額下共五行二四字

永元石刻　永元八年二月十日

永元七年九月辛卯朔昌德口于口口以君口作立

昰堂八手二月十日戊戌工成口一十九丈闕下直錢十萬君本治闕下令建初九手闕下君闕下弟兄竝立

嘉慶二十一年魚台馬寄園邦玉得殘石於凫山前寨里井闌邊移置家塾次年厥弟臥廬邦舉又訪得石之後半於井北人家兩石合之成完璧拓本模糊已甚今諦視又參以寄園釋文得字如右

衡方碑陰

口南郡闕故闕故吏口北平口東闕故口官口京兆闕故吏郎中闕故民京兆口安口字闕故民東平中口川闕故民闕門生女陽闕門生北口字子闕門生

北平闕門生北口皮闕門生北闕門生北闕門生闕

門生闕門生闕門生闕門生闕門生闕門生闕門生

闕門生闕

漫滅已甚此其中横排一列可辨者二十三行其

字如右汶上路約齋榮光手拓

楊叔恭殘碑 建甯四年七月六日

闕害闕適主口野闕四郡炽絀十城闕甄口耆也㟏

昱逆闕先陳留韓天口厏闕㤱泰山縣球口万口平

闕彰盛德示口巨寺辭巨闕城宣仁播威賞者糾慱

闕育開聰四聽招賢與程闕予奮旅揚旌殄威醜類

闕

勣劉煥爾聿用作詩闕七月六日甲子造

石舊在鉅野昌邑聚土人置之屋隅嘉慶二十一年馬寄園移置家塾跋云昌邑聚即漢昌邑國沇州刺史治所水經濟水注菏水又东逕昌邑縣故城北地理志曰縣故梁也漢景帝中六年分梁為山陽國武帝天漢四年更為昌邑國以封昌邑王髆賀廢國除以為山陽郡王莽之鉅野郡也後更為高平郡大城東北有金城城内有沇州刺史河东薛季像碑次西有沇州刺史茂陵楊叔恭碑從事孫光等以建甯四年立西北有东太山成人班

孟堅碑玉篆蒜石末書七月六日甲子造范氏後漢書靈帝紀建甯四年三月辛酉朔日有食之司馬彪續漢書五行志六同劉昭注引潛潭巴曰有食辛酉之說由三月辛酉朔閏兩小建則七月己未朔六日當得甲子又武都太守李翕西狹頌末書建甯四年六月十三日壬寅造由壬寅後應一小建七月六日得甲子是碑即建甯四年從事孫光等為沇州刺史茂陵楊琳恭共也韓詩外傳曰牧者所以開四目通四聰司馬彪續漢志劉昭注刺史職引之蒜碑開聰四聽乃刺史職漢書黃霸傳

馬不適士顏師古注馬少士多不相補滿若碑有適士字碑言□绌十城據絡統續漢郡國志山陽郡十城昌邑鉅野湖陵方與志屬焉金石索云其中有於是從三字其下必有事字正合從事孫光之語定為楊碑信不誣也

楊叔恭殘碑陰

可識者惟書佐元盛叔舉十餘字亦細淺難辨

楊叔恭殘碑側

闕禪伯友闕佐陳留圉范緒興祖闕吉佐㴑北差平

□納□使闕羊公雎

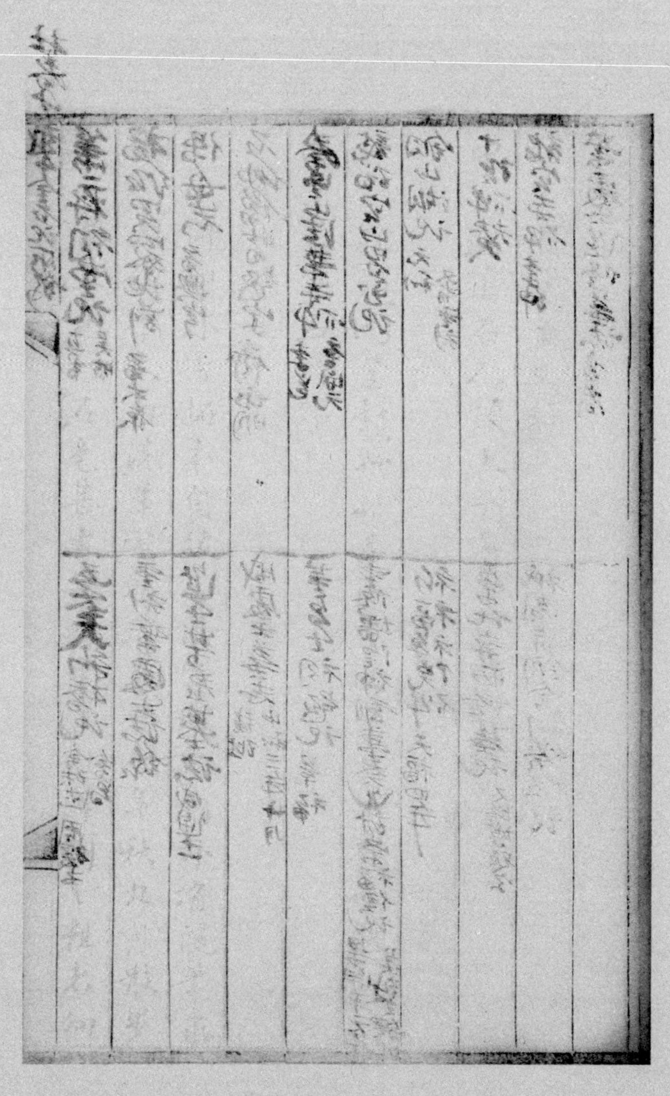

[illegible]金石記所録之二

第二將祠堂記 貞元 吳畤

楊結買冢地刻 大歷

保母志 晉興寧

石佛像背題字 齊永明

秦望山法華寺碑 李邕 會昌元

龍瑞宮山界記

鏡山湖記 元和 [illegible]刻

十指碑贊

龍宮寺碑 李紳

葉處士遂修墓誌 [illegible]

吳天新橋記 余珠述 金島 周[illegible]書

重刻葉處士誌銘

進士某君墓誌 咸通十一

盛處士墓志 趙玭 中和三年廿月

葉高士祠題記 景福

重修墻隍神廟事奏進封崇福侯記 梁開平元年 吳越王鏐記

祈福禪院碑 天福四年

崇化寺西塔基記 又塔磚題字

祇園寺銅舍利塔題記

吴江楊龍石澥所藏拓本錢梅溪摹刻視隸釋所載爲全文故並録之

中岳廟前石人頂上刻字

馬

在河南登封縣拓本得之曲阜拓工劉世欽

浣筆泉漢石殘字

金

許印林寄拓本自跋云濟甯城東门外有浣筆泉相傳李太白浣筆處也道光廿一年秋九月散步泉上見一石色甚古略有華紋似漢刻之粗志細

審華紋間有一金字結體謹嚴乃手拓以歸徐林人刺史見之謂予與中岳石人頂上字合之作金焉也

石牆邨石刻

闕倡其身闕足孝信闕及三卩闕者藩昌闕者得其闕見者闕故時代闕堂口言闕者后工卩中闕君子中郎口子闕中闕

出鄒縣石墻邨道光十八年移置孟子廟致嚴堂後有曲阜孔繼壎題字鄒邑董湘溪長林寄拓本

孫二娘等題名 黄初元年三月十九日

黃初元年三月十九日孫二娘李三娘李十三娘陳九娘衛十五娘衛十娘吳口娘爲口斗造王五娘等題名黃初元年三月廿六日

黃初元年三月廿六日王又娘張十三娘馮九娘馮六娘李十三娘朱五娘馬十二娘爲父造至正十八年十月二十四日劉一先劉和光劉天文到此同觀

右二種張不羣寄雙鉤本自跋云魏黃初造象題名二段不知刻于何處翁覃溪得前段刻于兩漢金石記余並得後段且前段比翁本多數字是翁所見本尚在余本後也案此本前段視翁本多李

十三三字及半母字故並録前段全文疑東晉然有造象曹魏時無聞疑此爲造塔記故不題曰造象也兩漢金石記載此前段共十三字殘碑說見前編目金石黃初殘碑相連前總題云黃初殘字二種以十三字殘碑與黃初殘碑爲一石兩面拓金石萃編云十三字殘碑自爲一石藏郃陽康氏黃初殘碑三石藏郃陽許氏其二石翁未之見也後總跋云以上相傳是黃初殘字者二種後一種多言其僞造故系于後今亦然存之耳

曹真殘碑魏志明帝太和五年三月大司馬曹真薨

闕才之後陳氏有齊國當愍王時伐宋并與闕焉基

長以清愼為限文以親仁為己仕以忠勤 闕 車騎夫
石間豫侍坐公子將餘同坐使少長有 闕 荒公使持
節鎮西將軍遂牧我州張掖張進仁 闕 人羌胡謂之
姦道公張羅設穽陷之坑网生 闕 公不能於是徵公
拜己軍大將軍擁生 闕 輕節鉞如故 闕 化蜀口諸
葛亮稱兵己郵公拜大將軍授〻 闕 丶援於賊公斬
典造意顯有忠義原典脅 闕 自約立化柔嘉百姓特
戴豔印陽春殊 闕 癸霜於陸議奮靁霆於朱然屠蜀
賊於 闕 丁績家有注記豈我末臣所能備載コ 闕 兵
如何勿旌一命而俯宋孔之敬 闕 丶從俗以社稷不

悊㞢以違憲寛闕嗟悼羣賓哀酸賻賵之贈禮闕奠

令趙護大尉掾嚴武雝州闕岳登舉僉鑽仌后示後

嗣上闕上爲周輔東平峨峨任漢闕毛衹鉞牧我陜

西感同霜闕子孫立碑任頌萬載不刊闕

道光二十三年劉燕庭得之長安西门外土中陳

壽卿寄貽拓本札云攷爲亨子丹碑嗣得徐星

伯松沈朗亭兆霖及燕庭跋尾皆討覈精詳不遺

餘力洵爲亨碑無疑也跋尾字槩燕庭奇自成有

書故不具録

郭休碑泰始二年六月

此碑斷為二截去十九字旁有△者是其旁口者則損半字者也

君諱休字公彥東萊曲成人也其先出自黃軒后稷之裔王季之穆有觻䖒者以德建國命氏為邢君其後也丕勳顯緒歷載緜邈建君之身含海岱之英靈纂乃祖之洪流偉姿表於岐嶷聰達兆于自然孝友著乎鄉里德行立於當時夫其抗節亮直度操弘毅岳峙淵渟威而不厲仁愛足以容衆軌格足以正世初志羣埶道心博鑒九思通朗令聞宣布然其天材器為事興方冉之多略超張趙之逸蹤弱冠入朝上計掾州辟部司治中別駕讚翼萬里克昭茂績察孝秀才並以不就再辟公府為相國掾實隆鼎棟光輔

和味。于時巳蜀未賔侵犯王略元戎啓行口藺精師朝推英能以君為使持節征蜀將軍司馬遂遷鄴晉軍糧治書侍御史魏之本部公主所在典司外臺統攝殷廣君明敵多藝達于治體損益務閭塞世教讜言嘉謨屢抗其謀清商邁於河朔仁風發於異野朝廷欽羡拜子男騎都尉遷新城戍大守爾乃宣惠康敦素樸崇四術正雅俗敷五教以訓民明賞罰以治國翔晨風於北林蟄白駒於空谷猶公孫之處鄭文翁之在蜀也於是政行化成上下交和邦畿雍穆農旅任歌吴越狂狡劇劉巳東邊人告急君乃震威龍

驤虎奮躬踐虜場斬将搴旗積尸如京封豕遠遁三
已用康天府蒯勳俾矦于臺加明威将軍賜子男爵
關中矦又遷江夏大守旌蓋未稆迴臨我邦迓姃文
之遺風匡二南以誕化崇為政之以德師大禮則興
讓故能期月緝熙宣曜仁恩馳於區域重光被於遐
荒遵禹稷之勳美蕭信臣之惠跌胥原隰以澍灌務
稼穡以豐國呉肆鯨鯢潛戹襄陽君芭神壽順風迅
發以貅貐七千摧犬羊三萬陸伉奔北於南施績輿
尸於東烈烈振旅元功是揚宰土稱慶江漢攸寧方
将客宇崈爵翼亮天明致皇代乎隆熙激漬流於九

野旻天不惠降年不永春秋六十有三泰始五年八月庚辰薨于位天子閔悼羣后諮嗟謁者弔祠於是故吏督羨謝放等追慕遺化永懷罔極僉以為先民即世庸器勒勳歿而不朽賴之斯文乃相與刊石立銘撰紀□行俾彼来昆有所瞻仰其辭曰皇皇大極芒芒渾元含靈吐寶篤生彝倫邈矣君侯鍾此清醇晧然秋素品藻如春内弘九德六行外宣應期作度命世立言龍蟠鴻漸爰發其芬□翼三事揚光台辰賦政于外□暢遐鄰頌聲丕顯至敎入神將登紫庭皇極是銓遭命□□九鼎退淪爰勒金石永昭後昆

泰始六年二月丙子造

道光十九年掖城東北上泊邨農人耕地得之篆額曰晉故明威將軍南鄉太守郛府君侯之碑之陽字多漫漶以數拓本參互証之然後可辨筆畫稍涉疑似者不入錄也郛姓登姓皆從前來姓氏書所不載得此可補其闕佚矣郛字左上模糊或曰当是郭字虢國名亦作郭其後因以為氏故隸釋郭究碑云其先出自郭叔不聞有氏郭者然篆額題作郛無庸存疑也

郛休碑陰

故吏南鄉弩羕字方口故吏南鄉謝放字長舒故吏陰張廷字令國故吏順陽郭扶字尌弘故吏筑陽梁習字代伯故吏陰張友字景仲故吏順陽郭瑜字世元故吏筑陽郯承字獻之故吏南鄉馮和字建龍故吏武當陳龔字偉祖故吏順陽宋柳字建之故吏順陽楊晞字子顏故吏武當李他字文子故吏陰張觀字伯之故吏鄧董寶字子玉故吏南鄉鄭岱字永先故吏順陽張造字長周故吏順陽黃成字季仕故吏順陽黃讓字欽第故吏順陽馮禮字之齊故吏武當楊輿字元尌故吏武當張建字仕烈故吏丹水李真

字長恭故吏順陽王華字道英故吏鄼張獲字長護
口主順陽王羣字宣𤙴義民順陽郭貞字仕良義民
順陽呂崇字𢘅文義民武當文定字長淵司馬順陽
黄根字巨原義武猛掾武當華吳郡領縣八戶萬七
千五百卅職散吏三百廿人兵三千人騎三百匹參
戰二人騎督一人部曲督八人部曲將卅四人
苻秦修魏太尉鄧公祠碑太和二年苻秦建元三年
大秦苻氏建元三年歲在丁卯馮翊護軍建威將軍
奉車都尉城安縣侯𡊮山鄭能口字弘道聖世鎮南
參軍水衡都尉石安令治書侍御史南軍督都水使

者祓除右護軍甘露四秊十二月廿五日到官以北
接玄翊給兵三百人軍府口屬一百五十人統和寧
戎鄜城洛川定陽五部領屠各上郡夫施黑羌白羌
高涼西羌盧水白虜支胡粟特口水雜戶七千夷類
十二種兼統夏陽治在職六載遐無異末履性忠孝
事上恪懃夙夜匪口以大尉鄧公祠張馮翊所造歲
久頹朽因舊脩餝故記之以其秊六月左降為尚書
庫部郎護軍司馬奉車都尉關内矦始平解虔字臣
文聖世水衡令蒲子北掘令安口將軍司馬都水參
事祓除為司馬軍參事北地富平楊洸少論軍參事

北地靈武孟口口廣軍叅事和式鉗耳口口龍軍門
下督和我鉗耳口世帘軍功曹和莪鉗耳叵當世與
軍主薄河西臨晉楊口世和軍主薄和戎雷夫口道
口軍主薄河西重口范高延思軍主薄和我雷通子
安軍主薄和莪雷川口光軍主薄和其雷口口文軍
主薄和我西羌騎世龍軍録事和戎雷顏道口軍録
事和我尚陸道卩軍録事和我儁蒙理子謙功曹書
佐和我雷陵道進功曹書佐和我儁蒙口彦軍門下
晉馮翊朱進超石軍功曹寧我盖周彦容軍主薄寧
我郝子星永文軍主薄寧我屈口童道詵軍主薄寧

我當共永襄軍主薄寧我雷樹進嚮軍録事焉翊呂騫慎蔵軍録事寧我當投鈙詳軍功曹書佐寧我利非口永達治下部大鉗耳丁比

此即鄭宏道碑也宏道之名下一字不可辨故以其字稱前甫得之未及審詳旋失去歲壬寅翁叔均借寄今本鉤摹入録檢金石存已録此碑依其命名而稍易之如右金石存釋文字有缺誤故并録文元和韓履卿崇云碑在陝西蒲城縣

若之芸高嵩約石山守錄

章元空移

唐故延□州膚施縣令上柱國于公墓誌銘并序

君諱士恭字履揖其先東海人也漢太守定國之胤洎五代祖謹仕魏遂居河南今即河南人也績著前史慶貽後裔曾祖宣道隨左衛率　皇涼甘肅瓜沙五州諸軍使涼州刺史成安子祖永寧　皇商州刺史增建平公父元祚皇益州九隴縣令襲建平爵尚德靜縣主公即主之次子也公言行周密風儀閑雅弱冠以諸親出身解褐授好畤縣尉初大周御宇分邦制邑劃尔畿甸隸為稷州選部甄才擢授斯職亦當時之榮選也自茲已降累遷郡邑尋贊臨穎復典膚施關右馳聲許邦思

惠非此能備也開元十四年春　天子若曰縣令在任清白者選日擢用公即隨調選方俟遷陟命何不融疾成不治以其年秋九月戊戌卒于私第春秋六十有六時来不偶其如之何夫人譙郡戴氏妍妙凝華貞順勉行自承饋盥克諧琴瑟降年不永雖恨偏沉同穴相期果然終合開元十五年七月乙酉擢祔於京兆神和原禮也拱樹蕭蕭坐看成古佳城杳杳空見微月嗣子彜嬰等泣血崩心絶漿茹蓼昊天莫報長夜不曉慮陵為谷刊石為表銘曰

死生有數晝夜不捨嗟彼　于公長歸地下高墳峩峩宅

此崇阿千秋万古孰知其他

竈

唐故東莞臧君夫人周氏墓志銘 并序

進士張師素撰

夫人姓周氏其族望本於汝南今為陽羡中江里人也祖庄父俊皆不尚名宦抗跡丘園孝悌謙恭仁行昭著夫人淑慎貞賢温柔令範自禮歸臧氏之室而琴瑟協和遵孟氏之風規有班家之令譽嗚呼玄穹降禍大釁忽臻未偕知命之年奄促泉臺之痛以元和十三年歲在戊戌三月四日終于義興平西里之私第享齡四十有四亦以其月甲申廿六日己酉安厝于中江孟瀆東北之平原周氏祖業之園地從竈筮也有子曰奉言始

童丱有女二人長未及笄俱𧦬許之無依恨慈容之永隔恐桑田變易陵谷傾頹故勒紀貞石迺為銘曰
雙劍光芒兮嗟一沉鳳歸杳冥兮鸞孤吟撫稚子兮淚盈襟悲隴樹兮愁雲深

刀

夫人程氏塔銘 并序

夕果東郡東阿人魏汝

百裔也若乃道風門慶

史牒詳之矣夫人貞規

加融少崇龍女之因長勵

託生應化雖順軌於六塵

竟騰身於百寶以顯慶四

四日終於京弟春秋五十有

朋元年十月五日遷葬於終

祔徵士靈塔安 遵先志也其

意将恐二天地一山川敬勒徽

昭不朽其詞曰

阿女訓西鄂婦德具棻同成蓮花

陟巖巖兮神搆杳杳兮靈閟将畢

而恒存與終峯而罔極

此殘誌手跡絶佳大似敬氏塼塔銘

任令則神道碑

天寶四載十二月立李邕撰並行書篆額碑在學宮

上柱國任府

君神道碑並序　　李邕文並書

啓其深　覆其前　故能　重於

位　於時夫高也不以

子之　矣公諱令則字大猷　之　躬

子之　矣公諱令則字大猷本樂安博昌

居字今為西

寡人若朝于薛不敢與諸
任齒漢御史大夫教後漢司空隗魏吏部尚書愷並
州司馬辯府君考皇朝資州司馬直太史
退身　仁形　雲
無　如
也公　炳靈丕承　訓風神散逸軌度閑
鏘金有聲雜以詩書
名之　文其　武其　仁其行
禮　智其議其斷司馬

興興將將　斷斯　可

公乃執顏拜首

襲汝具

府　於　傾落亦

結芽　營植栢祥烏

以

帝

公　觀書雖　學貫習

上

仍長

楊公執戟潘　於代也一從一橫

衡將吏部尚書朔方　使王公諱　泉　折

威邊難　戡難　之

公　以　伐交鬪其　武

伏其三　屬虜　待賓

朝廷以弓勁馬　之

王公諱　直嚴　正人

公晉昔者　封侯孫　用而命

莫登雖　馬

公　者乃奏公　相　李公元紘以
討之　旂領至　寧王府左　事典軍隨班例
大夫　九都
專知　川靈關雨道遊　使公剋候每　什
伍　罰明而賞信衆附而師和　石而
是以石　石歸　者
累八九　將　四夷歸萬　邊
城而天不遂　神武助逆　之
子。嗚呼以開元十六年十一月八日寢疾終
於官舍春秋六十有三悲夫夫人吳興郡郡君謝氏輔

德　以開元

十八年　月十八日合塋於武功　仙　禮也　王

府屬令　公之第也岷州刺史奉國公之之

國

之棟梁也副子神鼎府左果毅戎貞仲子左司禦司

戈　先次子兵　選黃季子

窮　電　松栢風

繄泣血將　號天莫追　紀述於先塋　光揚於往

行其詞曰　分

鼎臣輔周人　國寶學是家郎一其族有賢

英業尚韜晦藏用　謙　背有典有則可久

其二　芬　風

代　人師絕編廣業　陳詩永惟名父特許

清資其三　邸方開體酒　設既本文章

加武　其四　雄執戟

王　橫絕漠氣遏長雲三邊金鼓萬里勛勳

興言鵠領恥与　一

以水牙生茲羽翼[illegible]胡擢戎摧戎　屢北

兎功未靈塞其六悠悠　眇眇山行歸途劒閣返楚

壙塋　樹先其七禮

樂詩書伯仲叔季號天追攀泣血　心是日紀

德兹地刻　美於豐碑懸孝敬於荒隧惟天寶四載

十二月廿八日建

按此碑在學宫啟階之西剥蝕已久所存者僅十

之三四漫漶不可讀顯爲後人鑱削其陰又經宋

人刻大觀聖作之碑反置額於其上古今著録家

皆未之及也嘉慶二十年予承乏斯邑謁學宫諦

觀之筆意視雲麾碑差僵而鋩鍛磨泐畧存形似

以其年考之當爲李邕晚年書無疑夫邕爲一代

名家王世貞以爲殘楮斷墨猶足傾倒眉山吳興

況撰書皆出其手而顧委頓至今千餘年不見於世古物留貽顯晦有時理故然也始稱李邕少知名雖詘不進而文名天下長於碑頌人奉金帛為請前後所受鉅萬計而獨未及其書法豈邕固不以書立名欤抑豪放離俗而當時亦不重其書欤觀於米芾猶訾其局强生疎至趙孟頫始稱其書而憲章焉而北海書名乃振則此碑之在宋時宜其重羅於阨矣夫以一邑之近學宮之著而烜赫之書尚湮没若此則往古盛蹟散棄於山崖墟莽之間者可勝道耶呼公羊不得江都學不傳北海

不得吳興書不顯人固有晦於一時而終耀於無窮者豈獨翰墨也哉

周鞏賓墓誌銘跋

按此石出於嘉慶二十四年四月邑人掘土得之無撰書人名其文沿齊梁之習而字體高古有鍾羊法篆蓋亦得漢魏遺意後人不能及也又按鞏賓更事兩姓頗著戎功志云世襲茅土州閭畏憚可謂盛矣然史傳邑乘皆不載其人乞今千二百之久無能道其姓字竟使家大族翕赫一時者泯然与艸木同腐亦可慨也

此石張君炳收藏於州學季君其首行無題有篆蓋知為萬氏未發蓋

高廣約一尺二寸缺

十二行行字不等

君諱惲字海通扶風人也帝顓頊
之苗胄楚靈王之胤緒徽望扶風官
流晉部先祖晉朝太尉魏室司空
敷奏王言宣揚帝命 祖遲齊任代州
戶曹 父暉隨任遼州博士乃祖乃父
替纓門傳紹武嗣文壇酶助化 君前
任鄉正撫臨人俗黎庶仰以嘉猷道守禮宣
風郡宰挹其模指誰謂忠誠克著構
疾相侵藥餌不療沈痾遂因春 秋七
十有七上元二年八月廿九日終于私第上

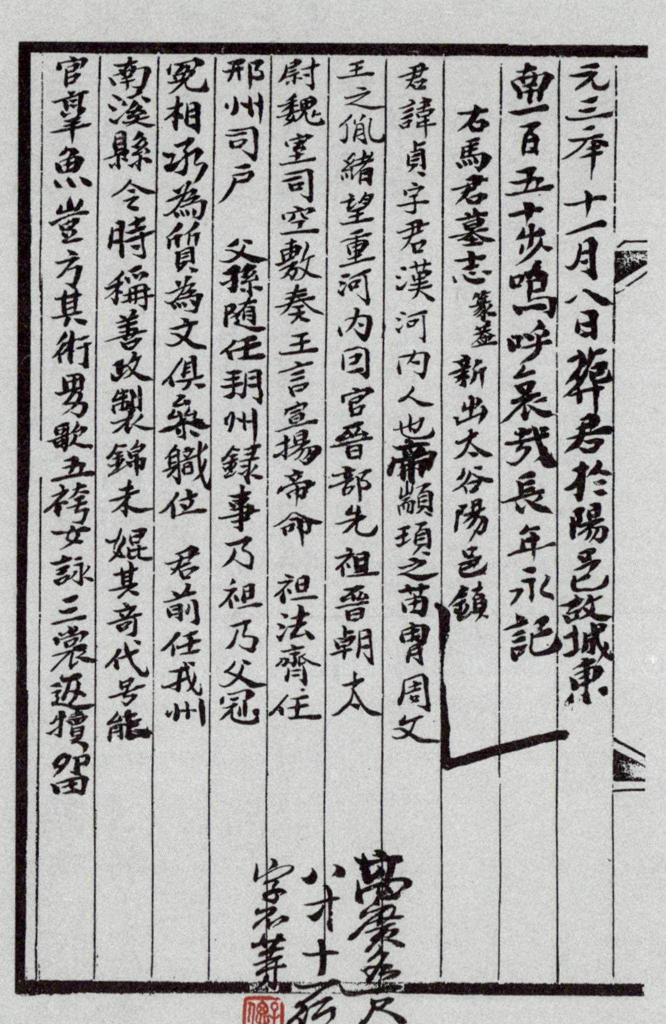
元三年十一月八日葬君於陽邑故城東南一百五十步嗚呼哀哉長年永記

右馬君墓志篆蓋新出太谷陽邑鎮

君諱貞字君漢河內人也帝顓頊之苗胄周文王之允緒望重河內因官晉部先祖晉朝太尉魏臺司空數奏王言宣揚帝命祖法齊任邢州司戶父孫隨任朔州錄事乃祖乃父冠冕相承為質為文俱參職位君前任戎州南溪縣令時稱善政製錦未娖其奇代号能官鼻羊魚㷍方其術男歌五袴女詠三裳逊擅留

當廣五尺八寸十行字如葬

錢褰幃問疾雖謂忠誠克著構疾相侵藥餌不
瘳沈痾遂固春秋七十有九上元三季二月十九
日終于私第以其年十一月廿日葬君于陽邑村東
二里左臨像水浘瀨洪流右望紂祠清池淥沼前觀
鼎嶽峻極嵯峨後眺尹岡連延萬里悲纏原野
痛傷行路嗚呼哀哉乃為銘曰 昂昂㧞賢明明令
德動中規矩發言合則廊廟股肱 王庭羽翼渊人君
子其儀不[illegible]忒其忙忙日月倏倏[illegible]煙雲荃蓀慙馥蘭桂停
薰俄從物異徂忽沈淪嗟呼悼矣惴慄泉門

右馬君墓志篆蓋 新出太谷陽邑鎮

三六

禹陵窆石題字　無梁

宥者曰有　無梁玉石（玉石上二字疑是梅梁又疑無梁）

莫不□□□乎　架度而安既諧

而命景遺　之廣遠何

此據王少寉先生藏劉燕庭廷海舊拓寫其前似有字四行為紹興題詠某某所襲後有字一行又為會稽令趙與璣題名所襲其上隱約有二字其下當有闕字不可知張氏每行十六字之説不足據也其有字處皆若如杜記

戊寅開元二十六年

唐開祝衡嶽銅簡文　據劉子重銓福比部藏拓録

簡高一尺五寸半廣五寸强咸豐初山農鋤土得之舊藏易小屏大令今歸李氏凡面五行皆三行小楷書

大唐開元神武皇帝李隆基本命乙酉八月五日

降誕夙好道真願蒙神仙長生之法謹依上清靈

文投刺紫蓋仙洞位忝君臨不獲朝拜謹令道士

孫智涼賫信簡以聞惟金龍驛傳

太歲戊寅七月戊戌朔廿七日甲子告文

[illegible]書[illegible]書 歲

建興六年八月己丑朔廿二

吳[illegible]前靈議嚴李男　戍

[illegible]　[illegible]　[illegible]

[illegible]　目　[illegible]

設[illegible]兵掾　方[illegible]謀[illegible]

[illegible]　連[illegible]

弱[illegible]表[illegible]和

[illegible]子今　[illegible]

魏開府叅軍事崔府君墓誌銘

此字缺校是曜

君諱頠清河東武城人尚書僕射貞烈公之孫涇州使君第二子也冠冕世德福慶餘緒曜車為寶荊玉成珎文慧之志著自弱年孝友之情表於冠歲藻翰與春華比芙景迹共秋菊均榮而宦止開府叅軍事輔仁之道便虛年廿六武定六年七月遘疾七日卒於鄴都寢舍粵以天保四年二月甲午朔廿九日歸窆本鄉齊城南五十里之神塋日月不居感臨川之歎有德無位致殞秀之悲其銘曰

於穆不已世載其英朝端岳牧袞紱璁珩休
芳必嗣有英誕生黃中闡譽敏內樹名膺斯
府檄稱是才實器懷明悟文情婁逸方此令 此下乃半字
期宜從厚袂命也不融朝驟遽日故□□□ 石損此處
塵書廢箚一辭華屋言歸蒿里原隰□□□
風馚矣刊石泉陰永傳蘭芷

右魏高湛墓誌文廣寸二三 十六行行二十七字 王孫書識

隨故騎都尉司馬君墓誌銘并序
君諱興字文達河内人也自隆周
御曆大漢膺期或(或)公侯鬱暎於圖
史允文允武紛綸於簡(簡)牒祖　譽
齊上儀同務舉韓王府參軍事託乘
梁蕃聯裾魏邸聲塵洽來葉光價
驚當年父　隨任澤州濩澤縣丞
弼寀絃哥嘉猷遠播翼綏黎庶令
勤遐彰以貞觀廿年五月一日卒
於私第春秋卌有五夫人南陽張

丙戌五月廿
十二行處下
口皆刻後
南塢見告
人之臉爻

慶下添似畫

循下字缺不可識

氏門風演慶誕□容華四德洽於母

師六義光乎女則豈期天道冥昧

賦命循 氺 薤露謠晞燭風俄逝以

總章三年七月廿二日歸於蒿里春

秋七十有二粤以咸亨元年歲次庚

午十月庚午朔　四日癸酉同塋於

河陽縣東北一十七里平原禮也俄

摧千丈徒懷肅乚之音奄閟三泉空

軫冥乚之歎懼桑田有變陵谷尚移

故勒碑銘乃為詞粤

同

荒源萬里窀窆佳城泉門永閟地戶
長扃松風韾遊霜月凝瑩生平已矣
空餘頌聲一其八火焚軀忽然歸故先
墨盡龜卜居安措神靈具飛遊魂遠
墓既返輀車綿然無怖々淇九泉綿々
幽壙寘々兮辭同戶永別莫聲翔鴻
作伴狐菟盈庭　丘　去一字乃安錄
右誌文二紙前紙高廣各一尺一寸
十二行々二十三字後紙高廣
各一尺一寸以各十四行々二十四字

嘗見之石門西刻也歙蘭
泉錄淵如亦存益形

故萬夫人墓誌

有唐大中六年龍集壬申十二月十三日豫章郡萬夫人終于揚州江都來鳳之里年卌九爰自笄年歸于　闞氏之室育三男一女長子公慶次曰公閔幼曰公閶卜其宅地即以當月廿四日窆于揚子縣界江濵鄉白杜村其地東西十丈南北十五丈刻字于墓庶乎後迷乃古千

秋永為後記

右萬氏墓磚揚州新出十二行行十二字第四行十三字

高廣各五寸及四尺其蓋楷

書萬氏夫人墓志六字

三行行三字高廣各五尺據謝

唐山南東道節度總管充···秋馬步都虞候正議大
夫撿校太子賓客上柱國趙公　亡夫人譙郡夏侯氏墓
誌銘并、　鄉貢進士唐正辭撰
夫人之先譙郡人後移貫深州樂壽縣昔武王尅商封夏
禹之後於杞列爵為侯伯厥後因爲夏侯代漢有滕公諱
嬰佐高祖定天下子孫益熾冠冕弥盛國史家傳粲然可
觀曾祖諱載滄州長史　祖諱璀試太子詹事滄景節慶度
都押衙考諱萼試太常卿充冀州南宮鎮遏兵馬使皆究
材茂器移孝為忠夫人紹餘慶於千年傳遺芳於三代倫謙
柔之行稟純淑之姿舉不違仁動皆合禮既笄年之歲歸

于趙氏叶關雎之興允諧鳴鳳之求　趙公以文武全才述職戎府公家之事不遑底寧　夫人内睦姻親外叅賓客輔佐君子清風穆然斯不謂之賢哲之行歟斯天降鑒介以眉壽魚軒象服夫貴妻榮爲龍為光焜燿閨壼何圖年始知命奄歸下泉積善無徵吁可痛也以開成五年六月廿六日遘疾終於襄陽縣明義里之私第享年五十趙公總戎浲上式遏西蕃　王事靡盬瓜時未至　夫人瞑目之際不及撫床之哀窀穸之長莫展臨棺之慟人知之者孰不為之傷嘆焉以其年十一月癸酉朔廿四日甲申龜兆叶吉葬于襄州鄧城縣支湖村之東塋禮也長子宗立

當軍節度散将次曰宗本鄉貢明經次曰宗元次曰宗武
咸稟慈訓且服教義宗立宗元侍從防邊宗本宗式躬護
喪事必誠必信禮無悔焉爰以　夫人德行來請銘誌塚
于貞石庶千載之後徽猷不忘恭副孝思乃為銘曰
猗歟夫人　植操無隣　孝由天性　義冠人倫　德行秉脩
徽猷日新　如何不弔　奄謝芳塵　展矣良夫　護塞從軍
窀穸有斯　歸路無因　樊城之陰　漢水之濵　卜得鮮原
崛起孤墳　秋草萋萋　逝波浤浤　德存于石　磨而不磷

大唐故朝散大夫金州西城縣令息梁君墓誌

公諱嘉運字子安定人也温潤怡儀恭勤令譽隨尊巡翟從父亨鮮馳思文場遊神學圃不意生災鬭蟻禍及巢鶱積善無徵乃纓沉痾至揔章三年歳次庚午三月乙亥朔廿一日乙酉遘疾終于襄陽縣之私第春秋卌四夫人潁川陳氏隆州長之女史也芳儀春芷質茂寒松六行莫僭四德無爽既而奔駒易往浮箭不留春秋七十有五以長安四年八月十五日卒於安養縣之私第以景龍三年歳次己酉十月甲申朔二日乙酉合葬於襄州安養縣昇平鄉懷德里

之原礼也有恐桑海遷變蓮峰化墳乃崇纂菁遂銘
其石詞曰
隱隱遥源　坦坦平趾　鴸鴸盧陵　含章傑起　道有虚盈
人非金石　秋去壇孤　春来草積　白日徒照　玄扉詎闢

大隋故朝請大夫夷陵郡太守太僕卿元公之墓誌銘

君諱　字　智河南洛陽人魏昭成皇帝之後也軒丘肇其得姓卜洛啓其興王道盛中原業光四表其後國華民譽瓊萼瑶枝源派流分奮乎百世具諸史册可略言焉六世祖遵假節侍中撫軍大將軍尚書左僕射冀青兗豫徐州諸軍事冀州牧常山王高祖素假節征西大將軍内都大官常山康王曽祖忠使持節散騎常侍鎮西大將軍相太二州刺史侍中尚書左僕射城陽宣王祖昺使持節散騎常侍都督徐州諸軍事平東將軍徐州刺史宗正卿父最使持節侍中驃騎大將軍開府儀同三司尚書左僕射

華數南秦并幽晉六州諸軍事六州刺史司徒公樂平慎
王維君幼挺奇資早飛令譽識鎮表於觀虎風流見於乘
羊落落高標排青松而獨聳亭亭峻節映綠竹而俱貞吐
納美風規雍容善辭令通人仰其好仁僚友稱其孝友於
是聲譽流洽孟晉追群尉保定四年詔擢爲左給事中士
禁內清切王事便繁許史之親乃膺斯授金張之寵方降
此榮陳力效官獨高前代天和四年遷爲給事上士貴遊
子弟寶符東哲之辭名士俊才不懲荀綽之記望表准而
高視顧蘇林而載馳建德元年入爲主寢上士粤自居中
遷于內寢自非不言如子夏至慎若嗣宗豈能淵慎於否

臧無言於温木三年二月轉爲宏（掌）武中士君清循疾恶正
色讜言簪筆自肅於權豪霜簡不吐於强衛故已聲齊乳
虎号擬蒼鷹官得其人斯之謂矣五季四月以君婞正幹
職遷爲司御上士時三方鼎（鼎）足務在幷兼既物色賢人且
資須良馬五監三令未易其人宣政元季以軍功封豫州
之建寧縣男邑二百戶其年八月又録晉陽之役加使持
節儀同大将軍大象二年入仍龔舊封進爵爲子擁兹絡節
擬上将之儀苴以白茅開建國之社尋遷少駕部下大夫
笞金日磾以謹養致肥武帝擢之中監百里傒以時使不
累穆公授以上卿望古儔今於兹爲美開皇元年出爲益

州武康郡太守公遵之以德齊之以禮田餘滯穗路有遺
金又進爵為伯轉儀同三司從格例也秉彼躬珪輝煥五
等服兹袞冕照映三台九年授使持節洪州諸軍事洪州
刺史十六年改授渝州諸軍事渝州刺史公頻刺二州申
威千里抑强而惠鰥寡舉善而矜不能猾吏無所竄其情
姦盜不能匿其跡　聖上纂承洪緒釐改刺州選任能官
更授義陵太守公肇膺嘉舉弥勵清勤已袪暗居不官
燭王閣獨坐不發私書由是徵入為太僕卿朝請大夫如
故時達遷令式賛弓矢揔騶騄之監長統昆　之令丞駔
駿加銳於軍容犧牲備膳於　崇望方當控兹八駿御彼

六龍登栢梁而賦詩出上林而奉蹕而晦明之疾既湊膏
肓之豎先假大業九秊扈從遼碣　月　日遘疾云亡薨
于懷遠之鎮春秋六十有四嗚呼哀哉廼以十一年太歲
乙亥八月辛酉朔廿四日　窆于大興縣　鄉
里禮也維公器局疏通神情秀上虛心以待物直己以明
義不吐不茹正色正言面刺有汲黯之風　爭見王陵之
節既而出宰牧守入作卿士姧吏慴其擿伏朝英挹其能
官重以知止知足維清維慎家餘海陵之粟既自足於餘
梁室傳夏后之璜差無乏於珍玩至於殯錢月給必均之
於下吏祿俸歲受皆散之於親知斯乃公孫弘之高風晏

隋開皇三年
改萬年縣
置大興縣

平仲之清規矣仁乎不慭嗚呼惜哉今龜筮協從房腸行
掩式鐫玄石用作銘云
巖巖其跐浩浩其源極天比峻浴日同奔鳳生鳳穴龍陟
龍門煥爛珪璧郁馥蘭蓀
爰啓常山迺建王爵振振趾定韡韡跗萼執法南宮建旗
東岳袞黻委他蟬珥照灼
太僕瑶枝人之表儀六德孔備百行無虧丘陵難越墉仞
莫窺仁爲己任清畏人知
執法主寢牧州典郡謇謇讜言洋洋淋間虎去雉馴風和
雨順政号廉平民稱惠訓

靈旗東指巡海稜威秉繼作儀方効乗機忽悲撤瑟俄驚
復綏龜謀空龔魚躍虛歸。
飄颻亙埊眇冥陽魄永愴君蒿長悲窀穸盖偃侄松鑪攢
拱栢茂德洪名永宣金石。

三十七行行三十七字高廣各二尺五寸許

大隋主行軍長史劉公墓誌 分書前人未録 共□十六行行十四字另石其辭曰二行餘七行每行十字

君諱ㄏ字珎瀛州樂成人也先開基受封君祢司戴天之
功分氏劉范高祖懷闢地之界天基七百王叶九州鄉相連
門公侯接軌十五世祖解犢侯乃承其胤君族望高華人
人才秀異弱年被逼縣解爲郡主簿君志戡亂節欲降
武烈從戎授君千□主揚威戰尅恒在道騎前驅又爲行軍
瑶島昔齊臨、、、宣司滅電□功荆楼蜀同長史、金城
之略君辭朝歸里執菴私庭春秋八十有四遘疾卒於家乙人
大業二年十月□廿八日遷葬於樂壽、西南一千三百步地當
爽凱林切、深鐫勒泉門記之来葉

其辭曰唐堯之胤受因命氏祚隆
七百墉開万里爾公爾侯宜孫宜
子志存雄略性叶英靈千人從命
万里澄清辭朝　歸里孰蒼私庭
天不吊善樹有悲聲泉門一勒
万古留名

銘辭每行十字下空
未至石底

石藏獻縣董氏約方二尺每行十四字其辭曰以下另
一石或刻石背乎魏刁遵志亦然非親見志石不知也

十月及里字照誤乞校過　幾行之幾字乞　批其上

前未及校今已改正

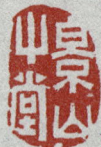

金石影

影印説明

莫友芝是晚清以來名揚四海的金石學家，其家學淵源厚實，治學嚴謹，成就突出。張裕釗《徵君莫子偲墓誌銘》説：「子偲之學，於《蒼》《雅》故訓，六經名物制度，靡所不探討，旁及金石目録家之學，尤究極其奧賾，疏導源流，辨析正僞，無銖寸差失。」然而在莫氏傳世刻本著作中，鮮見其金石學著作，其《梁石記》一書，至今無人見其書稿，頗令後人嘆惋！幸賴臺灣新文豐出版公司一九八六年出版的《叢書集成三編》，影印了臺北「國家圖書館」所藏莫友芝《金石影》手稿。今予影印，以饗讀者。

梁光華

二〇一四年七月於黔南民族師範學院

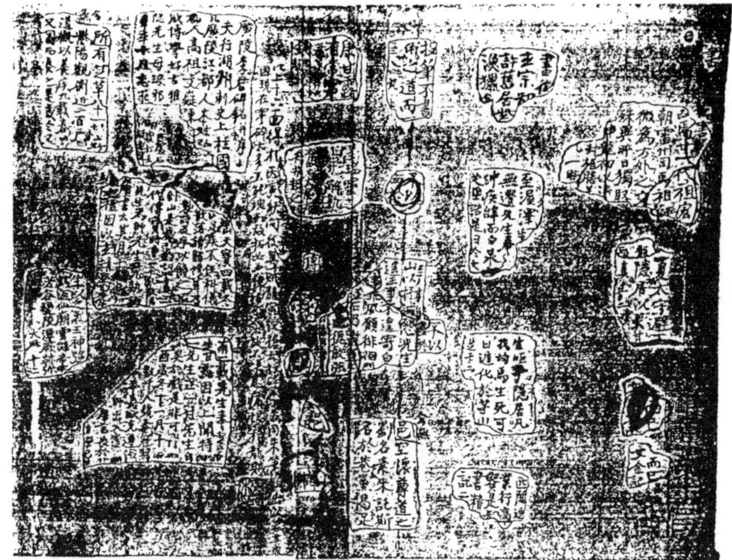

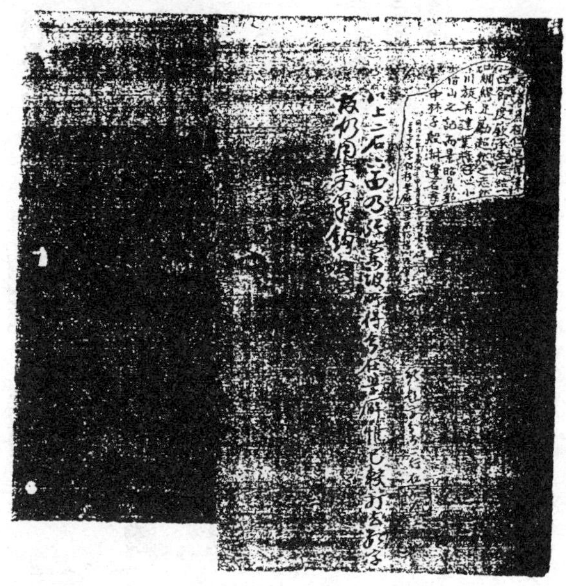

維皇上帝降此下民何以予之曰
義曰仁維義與仁維帝之則欽斯
承斯猶懼弗克孰昏且狂苟賤污
卑淫視傾聽惰其四肢褻天之明
嫚人之紀甘此下流衆惡之委我
其監此祗栗厥心有幽其室有赫
其靈執玉奉盈須臾顛沛任重道
悠其敢或怠

朱子尊德性齋銘　程允夫以道問學名齋謂當以尊德性易之允夫請銘為作

鐘鼎款識四　漢石經殘字一　金石錄補四
竹雲題跋三　味經書屋古錄　隨軒金石[illegible]
二百蘭亭齋古印考二　二百蘭亭齋金石記二　[illegible]
話雨樓碑帖目錄二　枕經堂金石題跋二
博古圖明覆元本十
聖賢像贊二　聖賢象贊　古聖賢象傳略
吳郡名賢圖傳贊五

法書要錄二　[illegible]書跋一　鐵網珊瑚十　[illegible]隨筆二
三希堂石渠寶笈法帖釋[illegible]　庚子銷夏記二　江邨消夏錄三
閣帖考證二　[illegible]妙齋無聲詩史一　南薰殿圖象考一

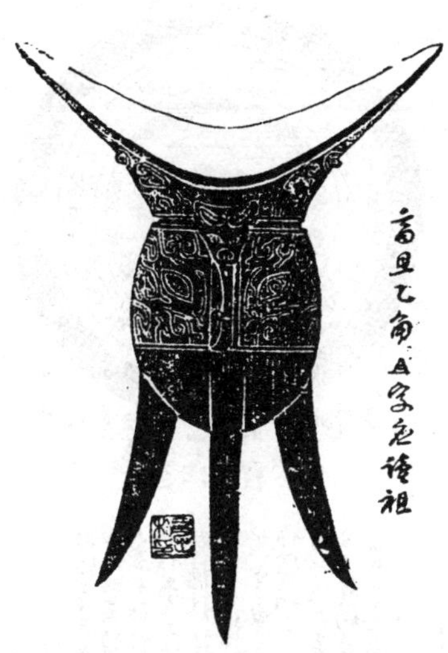

見日之光長毋相忘 眛字叐
毛卯墨花可鑒人

漢日
光鏡二徑漢
尺肆
寸九分重五
兩六
錢鼻鈕、外
十中
二乳銘八字
銘外
漢役員部銘
見日
之光長毋相忘
一石書

漢日月鏡第一　徑漢尺四寸又四分強　重叁兩三錢　鼻鈕　銘十又六字

銘曰日月心仁光忽不照得喜易多清光內光昭案傳寫石人書分隸下古文作作亞名經物作物播讀照作照漢長生鑑得作得字學三正喜作闕胡已言十文易作泡六書總要多作照的句此字令小異處字

格以八塵高如也尺形邊文六細微妙好光匠其榮模与尚方亮守著隋西乳錢八乳浓異狀鏨刻留精明非漢已邊疏釉

攷尔足磨磨月牛尾一再覽大康注漢武帝詩

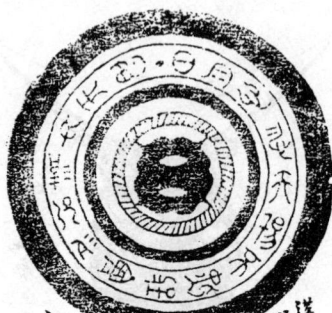

漢四乳鏡二徑漢尺又寸壹分重十有五兩又錢二分鼻鈕无銘詞鈕外十有二乳与前二鏡異

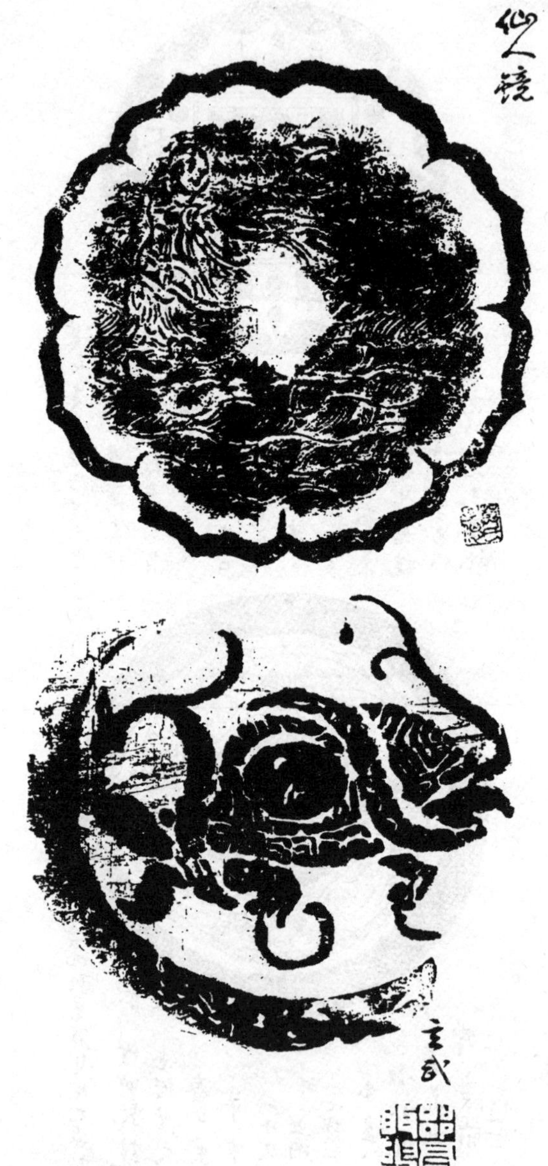
仙人镜

漢長貴富鏡徑漢尺五寸玖分重十有二兩泰錢鼻鈕方輪三層四角菱花間以篆文中格四乳銘十有二字四隅夏后花紋相間格銘曰日有憙得長喜長貴富樂毋事案說文喜樂也憙說也漢書喜悅字多作憙是竟特完美可寶

陽文四乳朱雀龍蛇鉤象形文

漢四乳鏡四徑漢尺泰寸又半半重一十又五兩七錢二分鼻鈕外有菱花水艸之

此鏡菱花遍體赤綠繡斑拓已不易
故畫圖形

長生手拓

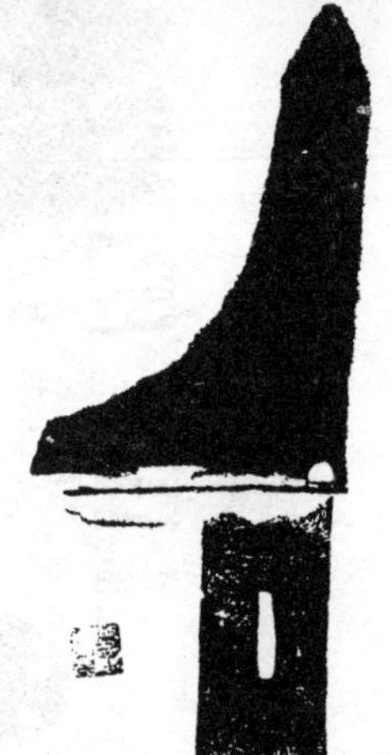

紅崖古刻釋文

影印説明

貴州安順關嶺紅崖石刻，又稱安順紅崖天書，位於關嶺縣城東二十五公里的曬甲山中，與著名的貴州黄果樹大瀑布相距約有八公里。古今注目的這壁紅崖石刻，或曰紅崖天書，與一般的石刻不同，它是曬甲山崖壁上一塊巨大的紫紅色岩石，高約18米，寬約30米，崖壁上有一組古文字，字若朱書，大者如斗，小者如升，非篆非隸，非刻非鑿，難以識讀。古今有衆多金石學家前來考證辨識。明代黔中詩人邵元善首撰《紅崖》詩釋曰：

紅崖削立一千丈，刻劃盤回非一狀。參差時作鼎鐘形，騰躑或成飛走象。諸葛曾聞此駐兵，至今銅鼓有遺聲。即看壁上紛奇詭，圖譜渾疑尚詛盟。

此即安順紅崖古石刻爲「諸葛碑」説之始。清代康熙初年，山東進士田雯巡撫貴州，撰著《黔書·碑》，亦稱之爲「黔永寧有諸葛公碑」。嘉慶年間，甘肅武威人張澍撰著《續黔書》，不贊同「諸葛碑」之説，釋爲殷高宗討伐鬼方紀功之石刻。道光年間湖南新化鄒叔績修撰《安順志》，贊同張澍殷高宗討伐鬼方紀功石刻之説。鄒氏用棗木摹刻安順紅崖古刻碑文，并詮釋爲二十五字：

維踣秋尊齒荆威虢虐王迺還卣方卣旅竭畱東蹈義皤南田田

張、鄒之殷高宗討伐鬼方紀功石刻之説一度影響很大，鄒氏摹刻紅崖古刻拓本流傳較廣。金石學家潘祖蔭即藏有鄒叔績《紅崖古刻》摹拓之本。莫友芝是貴州人，又是金石學家，自然對安順紅崖古刻有獨到的研究。咸豐庚申（一八六〇）四月，潘祖蔭在北京禮請年長於己的著名金石學家莫友芝在自己收藏的《紅崖古刻》摹拓本上題詩作跋。莫友芝在其《黔詩紀略》卷九邵元善《紅崖》詩之下記説：「咸豐庚申四月，友芝將出都，吴縣潘伯寅祖蔭大理趨爲歌詩，書其藏拓卷端，因傳經義，正昔謬，冀屬和以張之。」此手稿即爲莫友芝在潘氏所藏鄒氏《紅崖古刻》摹拓本上的手書題跋。莫友芝曾孫女珠妹于卷末有題跋曰：「右先曾祖徵君公咸豐庚申手書之稿。宣統庚戌，曾孫女珠妹謹志。」莫友芝是安順紅崖古刻研究中有代表性的一位金石學家。莫氏依據《禹貢》「導黑水至三危入南海」等文獻記載，考證安順紅崖古刻爲「三危禹迹説」。詳見莫氏《黔詩紀略》卷九邵元善《紅崖》詩之下所録《紅崖古刻釋文并序》全文。浙江省圖書館所藏莫氏此手稿所作之考證不全，僅爲其中的一部分。莫氏以紅崖古刻爲「三危禹迹」之説，在金石學界很有影響，祁寯藻、潘祖蔭等古今金石學名家均予以贊同。

另外，莫友芝這份珍貴金石學手稿，其文字與莫氏收入其《黔詩紀略》卷九明代黔人邵元善《紅崖》詩之下所作的《紅崖古刻釋文并序》有多處不同（此不重録），異文可寶，足資校勘，彌足珍貴。

兹據浙江省圖書館藏莫友芝《紅崖古刻釋文》手稿影印。

梁光華　梁　茜

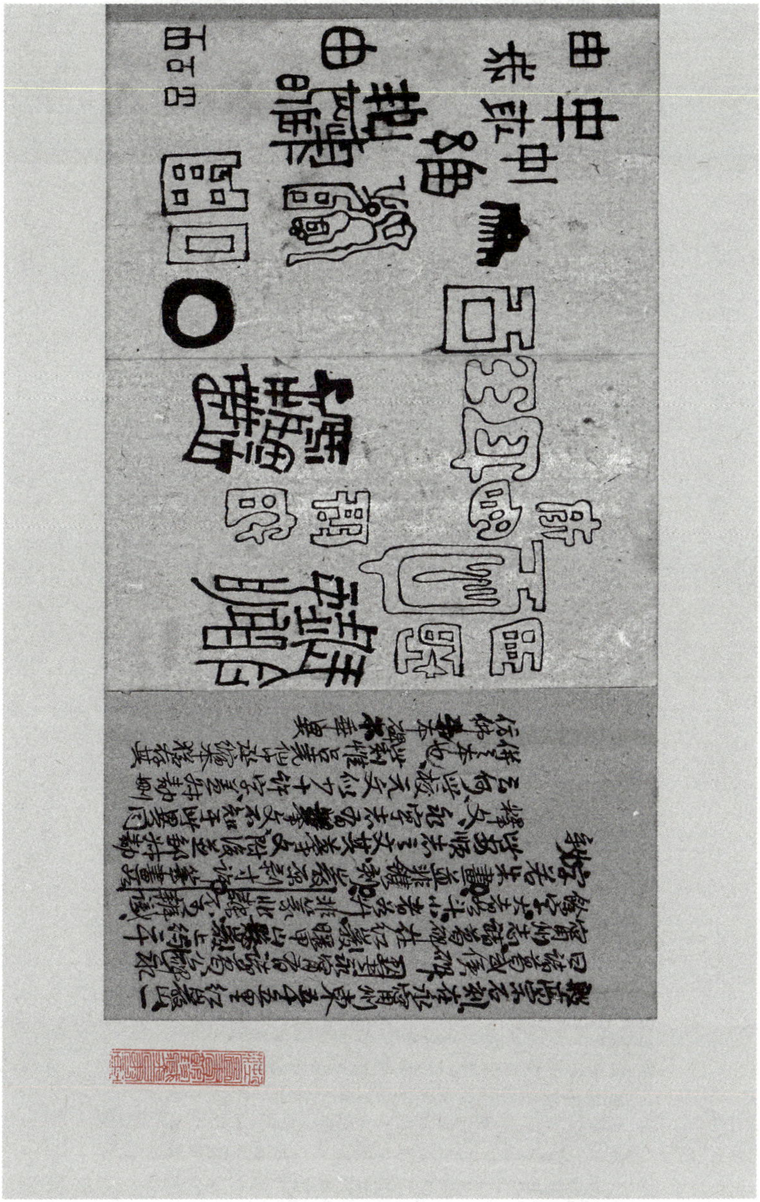

釋文曰維踖秋尊㽞荆威諕虔王迺還卣方卣旅竭巤東蹈義曦南田田　右磨巖古刻在貴州永甯州東六十里紅巖後山諸葛營旁字大者周尺三四寸小者尺餘深五六寸許行列不整幸梳其勢凡有八行第一行三字二行四字三行二字四行三字五行三字六行三字七行四字八行三字共二十五字玫其文義當為殷高宗伐鬼方還經其地紀功之刻石土人以其在諸葛營旁稱之為諸葛碑非也南中在三代為里水東旁之地實梁雝之南域其入版圖久矣殷高宗伐荆楚深入其阻遂西伐鬼方三年克之鬼方為今青海藏地自荆楚入鬼方必經南中故紀功之刻在斯也此刻自來載籍無言及者周外史所識楚于奉焫即六藝尚且有缺而況斯乎自漢記陳南中紀載論衷纔有紀錄亦已遺佚唐宋常事章衡元明載籍士大夫威都考其地無人蒐討及之故書籍缺言近日好古者始搨行于世永甯州志始錄其字于篇首刻在巖上最高處非重木疊架不能上搨世間又有板本雙鈎其字隨意顛倒配合但取大小相容字形離之而文理不成今依州志刻本及原搨本逐字釋之好學深思者因所釋以想其結體之古茂文義之雅奥非尚質之世詎不能為恒謂藉人大書深刻字青石赤二語猜以贊此庶乎近之觀其碑碑之氣蓋已上儕岣嶁碑下陋秦石矣道光二十有九年歲集戊申酉月庚寅新化鄒漢勛記于刻東之善甯故郡郡齊之西舍

[illegible]

隹字缺上隹即隹字古鐘鼎款識維即用隹

[illegible]

此踖字也爪即爪亻又字从爪从又受字也説文受物落也从爪又讀若詩標有梅段玉裁曰漢書食貨志野有餓莩即受之俗字足即足字也古文从止者多作夂也从足从受説文無此字以形類求之當為踖字之異體説文踖僵也从足音聲春秋傳曰吾人踖之按僵踖與受落義亦近段即踖字之別體諧聲兼會意也

[illegible]

[illegible]

此秋字也龝即小篆龝字之異體系頭甲尾之之形曰即

畢意一也。說文：威，姑也。从女戌聲。漢律曰：婦告威姑。是威為諧聲字。據古音，威、戌同部，則威亦可以戌為聲也。戌聲許有訃制為君姑，則美蓋兼會意。

虣

此虣字也。戈即戈之亡，亡即亡字也，象層遞而有所隱蔽之形也，丁所隱蔽也。从戈从亡，武字也。古鐘鼎款識武字多从亡聲也。甶即虎字之別體。从武从虎，周禮之暴字。

虐

此虐字也。說文：虐，殘也。从虎爪人，虎足反爪人也。古文作此。此䖈虍皆虎字之異構。䖈象虎爪人而人自跪之形。虍象虎爪物之形。血象虎爪人而倒曳之形。蓋从三虎雜爪人物之形，即說文虎爪人之意也。古字一形而疊三為之，如說文之卤䖞，即其比。古鐘鼎款識虐亦或疊三為之。

王

此王字也。說文：王，天下所歸往也。董仲舒曰：古之造文者，三畫而連其中謂之王。三者，天地人也，而參通之者王也。孔子曰：一貫三為王。此字∩象天，●象人，一象地，於三才之意甚合，為王字無疑。

𠧪

此𠧪字也。說文：𠧪，驚聲也。从乃省，卤聲。籀文𠧪不省。或曰：𠧪，往也。讀若仍。𠧪古文𠧪。段玉裁曰：與乃字音義俱別。詩、書、史、漢發語多用此字，作𠧪而流俗多改為乃。釋詁曰：仍、𠧪，乃也。以乃釋𠧪，則本非一字可知矣。據此字即古文𠧪，所以𠧪之別構，與曰同意。曰从口乚聲，乚亦象其氣之舒出。此从曰从二丨下貫口中，左右點滅者，二皆驚訝歎言之意，又非古籀小篆。咸从此文輈變，說文容有未盡也。

○

此環字也，象形，假為還字。

卣

此卣字也。按小篆卣所从之西及卣及此刻之卣，五文皆殷之卣字。月令本殷制，其文云：其氣疏以達，其器高以粗；其器圜以閎；其器廉以深；其器闔以奄。凡為卣者五，即此五字之所象。周改殷制，五時車服器玉皆不用，故

五卣字革而留一也說文于卣字釋以草木實垂皃而不
及尊卣之義恐非或曰尊卣之字非卣乃西字也說文西
舌皃从谷象形西古文西讀若三年導服之導一曰竹上
皮讀若沾粥字从此㭊西古文夙字从人西彤則西為尤
幽部之字無疑从谷者象舌垂形似不為象卣形之為匠
直書垂竹上皮之義或為假借亦未可知古音東冬錢江
与侵談同部東冬文与西尤幽同入故二部互假三年導
服之導即三年禫服之禫以此之故東談部与尤幽同入
通假也它若談讀同臨協宗䌨䑵見于詩書史漢者不一
而足皆東談合一之證此卣字假為覃仁廟避諱亦尤幽東
談通也

口

古鈢款識方字如此

西召

此亦卣字也壘三而為之籀文壘三卣即卣與此同意

㶣

此旅字也小篆旅从㫃从从旗竿旌及幅之形此字从勿从
㫃勿共旗旌之義丁也故知為一字

抴

此昌字也假為竭小篆昌从白囱形此从宗即田字也丁
与厂象口氣出一也丨象垂頤之形古鈢器款識◎曰有
作崇者与此同意古昌字通用害从丰聲此从田而以手
為形故知即昌字也古同形本故多通假故知假為竭也

韶

此韶字也古鈢器款識為此形象鼓文即小篆之从也前
象冠發及頸際與西之形即小篆之百也首与小篆無異焉

中

此蓋般之東字也从中而丨識其左故為東周以其左故
故从曰从木焉

此縚字也。假為蹈，同杸本也。古系字田即缶，小篆作缶，中𦍒米皆橫，此縱二橫，意一也。

此義字也。古仁誼字用誼，義兒字用義，儀匹字用儀。小篆義从我从羊，言我之羊善，故為義兒。此字羞从我从系言我之字見者為義兒，意一也。哉古我字。今所可識𢦏即系字，昌所以之象。从爪从从，永永古保字。从子而母以兩手夾之。此从爪从七七，子跪而母以手承之之象，故知七即永而𢦏即保也。

此皤字也。从旡从老，𠱠聲。旡即小篆旡字之異寫。旡从人毛匕，即老字也。𠱠即𤰞字，見九歌。古人作𠱠不複，小篆作番，或作頭，以旡从缳之老為義，以番為聲，非黃髮皤皤之皤字而何。

此南字也。从中而一識其旁，與上岬字同意。

鬼頭也。小篆囟。

此刻石土人時為詐，葛碎中書王酉罷百方之語，稱王非忠武所笑，且其字體非小篆，非籀，也非秦漢也。或曰王蓋七國秦漢之夜郎王，然夜郎偏方小國，無為許氣力，且無此文章。況以南由由之語推之，夜郎決不能當也。此必三代時物，作時吴蜀高宗伐鬼方三年克之，文震用伐鬼方，三年有賞于大國，虞氏注云：坤為鬼方。其釋終日戒云，謂伐鬼方三年乃克。旅人懲蒙衣服皆敗，鬼方之民猶或鬼竊，故終日戒也。世本陸終氏娶于鬼方氏，宋衷注云：鬼方西落鬼戎。于漢則先零羌是也。後漢書西羌傳曰：武丁征西羌鬼方，三年乃克。故其詩曰：自彼氐羌，莫敢不來王。及武乙周古公子季歷伐西落鬼戎，注引竹書紀年云：武乙三十五年，周王季伐西落鬼戎，俘二十翟王。據漢之先零

漢竟寧雁足鐙

影印説明

漢竟寧雁足鐙，是西漢元帝竟寧元年(公元前33年)所鑄造的青銅燈具，年代久遠，文物價值彌足珍貴。莫友芝在考證之文末交待説：「同治丁卯中冬，養閑主人招審定此器，并示新拓，因就鄙見所及，拉雜書之，質主人取正焉。至日丙子，郘亭草。」莫氏此言之「養閑主人」，即考證文中所明言之收藏漢竟寧雁足鐙實物的「吴縣潘季玉布政」。潘氏名曾瑋，字季玉，與莫友芝交情甚篤，所以于同治六年至日丙子(十一月二十七日，是日冬至)在蘇州請金石學家莫友芝爲其考釋所藏西漢青銅雁足鐙。莫友芝真不愧學養深厚，見識卓異的著名金石學家，他對潘氏收藏的西漢竟寧雁足鐙這尊青銅寶物，從其構造、質地、外形及通體篆文款識等作了全面準確的考證：

右「漢竟寧雁足鐙」，高建初尺六寸一分，盤高九分弱，徑五寸二分强；中空，徑二寸二分，所以盛膏之地，環周于空，蓋徑一寸。款識刻盤底，方折篆文，爲二行。外一行云：「竟寧元年，寺工工護爲内者造銅雁足鐙，重三斤十二兩。護武、嗇夫霸、掾廣漢、主右丞賞、守令尊、護工卒史不禁省。」内一行云：「中宫内者第廿五。」下少空，又云：「受内者。」凡五十三字，重文一，重今庫平二十五兩六錢七分。

莫友芝考證之文還就該漢竟寧雁足鐙的相關内容作了周詳的考證，對他人之金石説進行了駁正。莫氏這篇考證之文被其子莫繩孫以《漢竟寧雁足鐙考略》之名收入《郘亭遺文》卷四刊刻行世。但是漢竟寧雁足鐙實物之形及摹拓之圖，莫友芝之考證手迹，後世人都很難見到。莫友芝考證手書之《漢竟寧雁足鐙》拓片實物，收藏於貴州省博物館之中，今據以影印。

梁光華　梁　茜

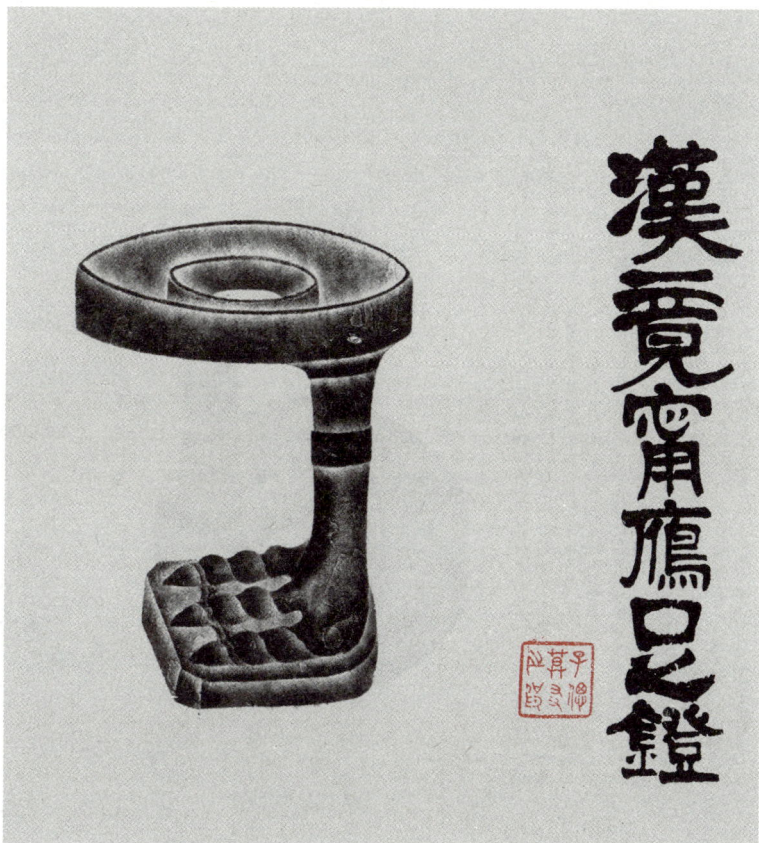

右漢竟寧鴈足鐙高建初尺六寸八分盤高九分弱徑五寸二分强中受徑二寸六分所以盛膏之地環周於受蓋徑一寸款識刻盤底方折篆文為二行外一行云竟寧元年考工工護為內者造銅鴈足鐙重三斤十二兩護武嗇夫霸掾廣漢主右丞賞守令尊護工卒史不禁省內一行云中宮內者第廿五下方坐文云受內者凡五十三字重文一重今庫平二十五兩六錢七分此器乾隆中在維揚馬半槎家即厲樊榭詩翁覃谿金石記所述皆不能了析後歸歙巴予籍汪容甫為釋文乃差可讀既而為涑木盦花寄盦遞藏今歸吳縣潘季玉布政養閒草堂款識第五字汪釋考者今從作寺道光中釋達受在木盦家拓此全形手劉漫塋作劉鐙圖已記然則此字經達受始為寺也竟寧元年者漢元帝即位之十六年建昭六年正月改也寺工護猶建昭鐙之考工輔公主家鼎之左工工賀咸（高張北楊藏 木上金藏）寺工言管領之所工護謂工人名護漢器多有造工姓名如永始甫宮鐙耿代延光鐙上林鼎太官壺之屬亦或名而不姓工上係一字如甘泉上林宮行鐙山工誼上林榮

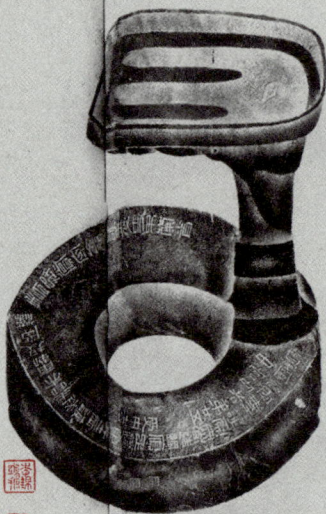

宮漿鐙民工李常湯官壺鑒工乳之類並可見古人勒名考誠法度也寺當依容甫作考細審此字上半下撇六微上曲屈近与考無異其下半篆寸与本器尊下橫寸與此不同蓋緣考字下半銅質稍爛近寺遂受因誤剝成之不若舊釋為可據也漢書百官表少府屬官有考工室令丞武帝太初元年更名考工室為考工臣瓚曰冬官為攷工主作器械也後漢書百官志考工令一人主作兵器弓弩刀鎧之屬及主織綬諸雜工左右丞各一人此器即出作器械諸雜工手工護即雜工之一也釋寺工者有謂猶言司工六曰官工者寺司也見後漢本紀引風俗通寺官也見廣雅釋室寺官舍也見眾經音義引三蒼俞樾蔭甫說如此有讀寺如詩春秋傳寺人謂寺奄者寺工主奄寺工作之所又有邑寺互都船獄為比者見漢百官表都船獄令注按皆望文生義乙亦可通然於漢器制皆無實證故不從也此下曰護曰嗇夫曰掾曰主右丞曰守令曰護工卒史皆考工監造官屬曰丞曰霸曰廣漢曰賞曰尊曰不禁其名也曰省者監察之謂工護造之此六人監察之建昭鐙考成廟鼎湯官壺皆云某某省其例同也曰為內者後漢梁商傳注引漢官儀內者著名令一人屬少府百官表少府屬有內者百官志內者掌中布張諸衣物後漢皇后紀注引漢官儀內者主帷帳是也此內者掌中宮故曰中宮內者与建昭鐙文同猶甘泉鐙之甘泉內者則掌甘泉也望后稱中宮漢官儀掖庭後宮所處中宮謂之中人後漢書宦者傳論注引容甫謂蓋永巷宮者得之曰第廿五者漢器多紀次第如建昭鐙第三汾陰宮鼎廿三孝成鼎第一齊安廬第一百卅一之比又曰受內者謂中宮給侍掖受之內者令署建昭鐙無此文偶詳略耳嗇夫掾令卒史百官志及注引漢官皆散見唯護無文而漢器湯官壺有護級杜陵東園壺有護昌元康鐙斗有護萬年与建昭鐙護建並可已為證此器護字三見而義各別上護人名次護官屬名下護為護掾義螳不易分曉也嗇夫則甘泉上林宮行鐙有嗇夫山齊安公廬有曲成宮嗇夫忠陽泉使者熏廬有傳舍嗇夫元康鐙斗有諸作嗇夫建餘四者漢器亦多有不具引右丞曰守令曰守者建成廟鼎湯官壺並有守令元康鐙斗有主令湯官又有主守右丞杜陵東園壺有主守左丞建昭鐙亦有主右丞太官壺有主太僕監掾是其例容甫以行領護守謂非真拜者義亦當然乙則此護工卒史亦得用容甫非真義而容甫以釋此嗇夫上之護則未安也至諸器所書主守官或單言或備言蓋主亦猶守矣護嗇夫掾丞令大較先卑後尊与建昭鐙同而卒史在令後為獨異容甫謂奉護工特別之則未然此器考工之官更無所別意此亦要本他署人暫來護作工事耳故附之於末觀其護卒史中特系工字可知矣同治丁卯中冬養閒主人招審定此器並示新拓因就鄙見所及拉雜書之質主人取正焉望日丙子邵亨草

莫友芝先生雜鈔手迹

影印說明

《莫友芝雜鈔手迹》粘貼本，貴州省圖書館藏。主要内容包括以下四個方面：

一、記録交往者二十六人名單。

二、記録訪碑目和訪書、購書目，當年書籍採購價以及書籍刻印之紙張價、刻工價、裝訂價、銀錢换算價等，是反映晚清江南書籍價格與消費水平之珍貴史料。

三、詩歌、集聯等手迹。

四、摘抄方志人物傳、子部書等。

這些手稿散頁雖然十分零碎，不成系統，然對於研究莫友芝仍不無參考價值，故據貴州省圖書館藏本影印。原稿大多是散片，粘貼在鉛印本《性理真詮提綱》的書頁上，雜亂無章，今稍作整理，以類相從，俾便閲讀。

梁光華　梁　茜

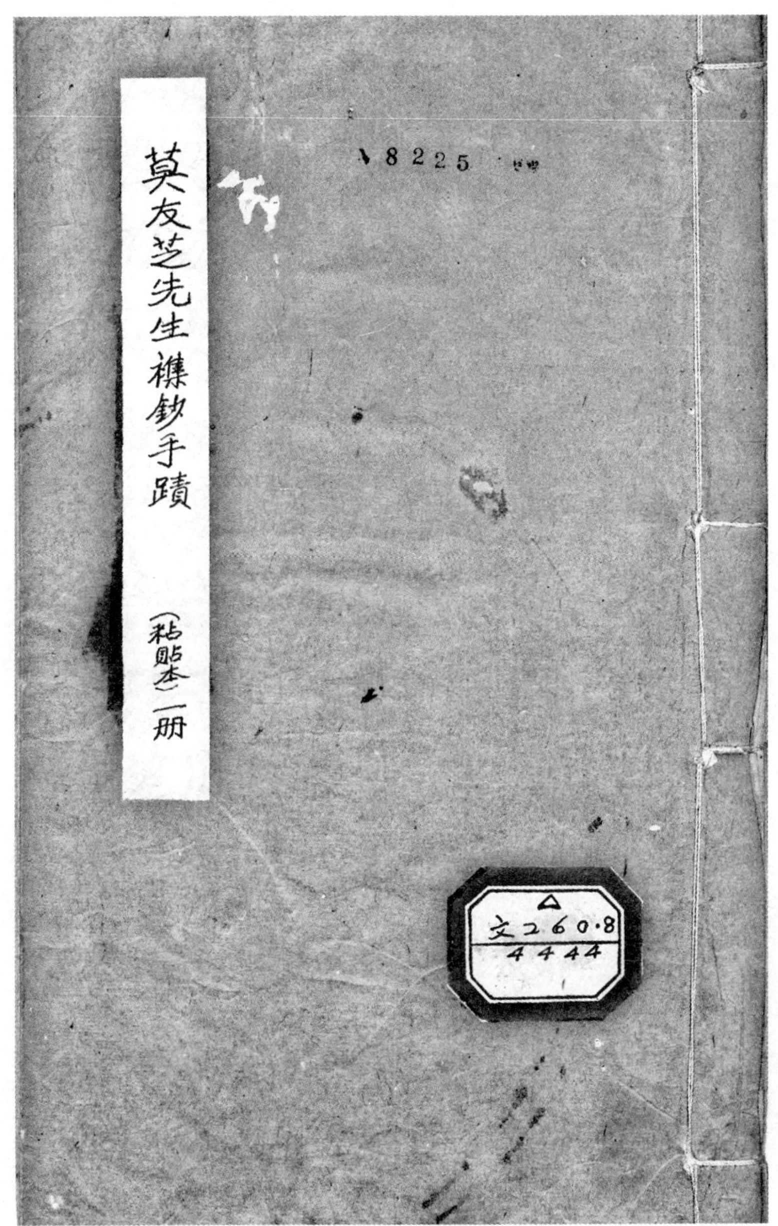
莫友芝先生襍鈔手蹟
（粘貼本）一册
8225
4444

秦刻九經 十

石經攷異

經典釋文集學

韓詩外傳

春秋公羊解詁書義疏證

經義攷

戴氏遺書

攷工記圖說

隋書 明汲古

金史

南史

綱鑑正史約

通鑑輯覽

太平御覽

相臺五經

廖傳德本

黄刻周禮儀禮

儀禮詳校

儀禮集編

儀禮義疏 胡竹邨

集韻

類篇

國語國策黄刻

國策鮑注吳校

孔叢子宋咸注七卷
楊子李軌注
列子張注
列子盧注
鬼谷子陶注
詞學叢書
老子河上注
老子莊子章義
太玄司馬注
九章算術細草
平津館叢書
李南澗全書

藝海珠塵四
金石萃編四
阮刻山海經四
小學說文四
說文聲系二
古林金石表
餘冬序錄十二
揚子方言疏
金華子
素履子
宋板國語

明板周易集解 〢元

摹本禮記 〤元

大板六家文選 脫

隨湖實價不二

開元占經

五禮
讀禮通攷 廿元

漢書 十元

崇古文訣 〤元

金石三例 一元

南史

金史

元史

漢書

易象鍾指

禮記標本

孫淵如尚書注疏

四庫全書存目

陸放翁文集

楊誠齋全集

小畜集

禮經釋例

字林考逸

小學鉤沉

礼箋
湯子遺書
于清端政書
近思錄 葉江張注俱可
唐律疏義
水經地理今釋

通敘　重刻序五頁

自序二十二頁　目錄四十四頁

表二頁　抄白五頁　共八十八頁

卷一百廿四頁　並出陵奉五表

卷二百七十八頁二百八十　三卷並象緯敘　中宮三垣　二十八宿　十二次度數　天漢起沒　日月五星

目卷三三百五十三百〇五　卷並[illegible]敘

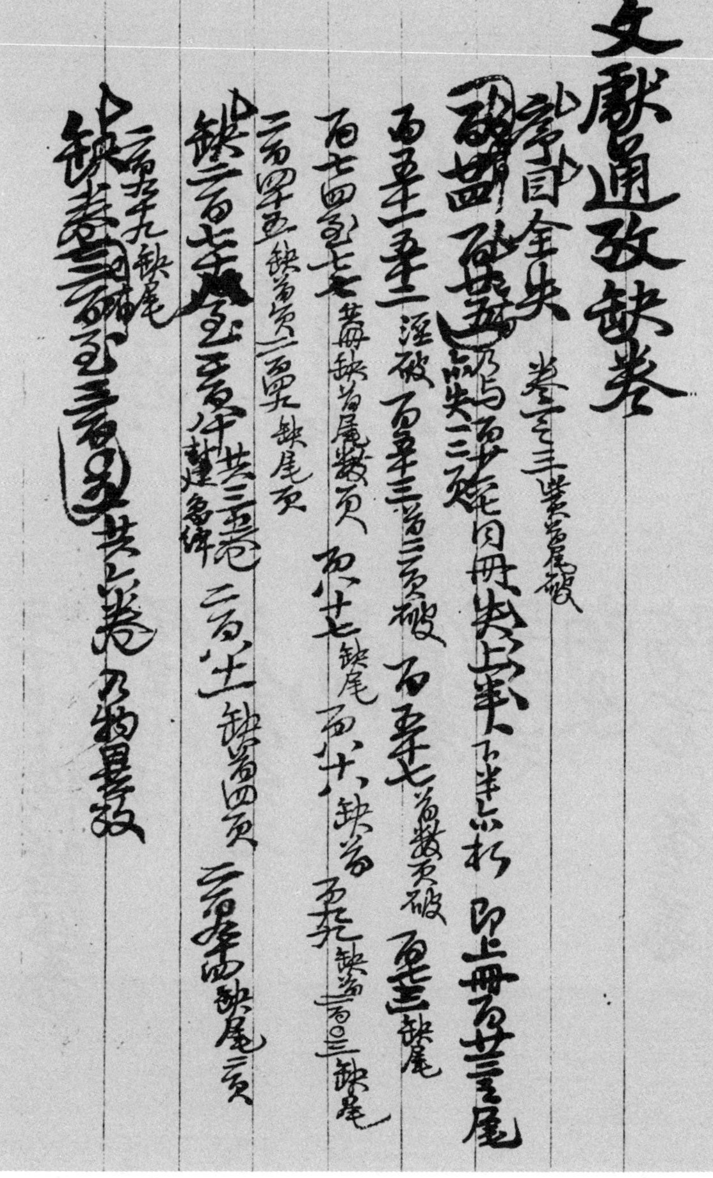

文獻通攷缺卷

歷學疑問

環中黍尺

三角法舉要

弧三角舉要

歷學駢枝

塹堵測量

拜經樓叢書

靈樞經

千金要方

史記

漢書

三國志

南史

隋書　唐書

曆算闕首尾一本

一 [illegible] 平三角舉要五卷

勾股闡微四卷

四 筭學 度算釋例二卷

方程論六卷

尾 少廣拾遺一卷

注漢書缺

表之八 志之四上 律曆上之上 食貨上之上

志七 五行上 又中之上 又下之下尾廿一叶 凡二卷

列傳七之十六 季布樂布[illegible] 張[illegible] 凡十卷

列傳六十九中之七十下 [illegible]中下[illegible]傳

表 凡四卷

○補頁數及卷第

卷三　廿八至卅一

卷四　一二三四

卷十　十五至廿葉末

卷十一　一至五

補標題卷

二十九至三十五　廿四至卅二

七十二至七十五

又四十二至五十四　卅三[illegible]

又四十五至五十八

又九十一至九十三止

卷三十五四五

卷五十二五六

卷五十五

卷一百四十四 五七

卷一百八十九 三九

卷二百六至二百五十四

別收兩本乃從八十七至二百六十九三卷

實缺二百六十七

周易函書 三十 四
呂氏春秋 十
歲時雜詠 十 四
韓集 十二 七百
柳集 十二 六〇
雞肋集 八 二百半
魯詩紀 十 三百二
杜詩詳注 二百〇
道園類稿 四
宛丘文集 八 三百半
六君子文粹 二百三
援鶉堂筆記 一百三
明紀編年
朱子全書 八
絕妙好詞 四
歲寒堂讀杜 一百五
楝亭十二種
[illegible]

迪功集 一
道德經 二
稼軒詞 二
讀書劄記
[illegible]
後漢書補逸 六
二十二家易說 十
燕陶菴集 六
古文苑 六
魯公集 二
周易述 四
李滄溟集 五
[illegible]溪集 六
南雷文約 四
堯峰文鈔 四
續獻徵錄 八

左傳讀本五部 每部一千五百五十六 共七千七百八十

古文辭類纂五部 每部一千六百八十六 共八千四百三十

東華錄集並點勘十部 每部一千九百八 共十九千〇八十

通鑑目錄寫十五部 每部二千三百七十六 共三十五千六百五十二
校二部 每部二千三百五十六

通鑑十部 每部十九千七百七十六 共一百九十七千七百六十

續資治通鑑十部 每部十一千一百六十八 又校一部 十二千六百八十四 共一百二十四千三百六十四

通鑑及目錄續鑑無留者 部在後寫 目錄寫十五部

共三百七十三千八百八十六 寫書二百五十九千四百 約過八十兩

孫氏應鰲四書近指 七卷存 李延昰曰孫氏近語自為之序又有李蓘楊一魁序之二篇 經義攷

通志所著有教秦緒言易譚春秋節要律呂分解四書近語學孔精舍彙稿續稿 青螺撰傳 又有雜論

守山閣叢書中有禮記訓義擇言[illegible]

東洋紙通鑑四種二部　約共九十元

寶公叢紙二部

東洋大紙二百張　約共十元

陳氏說文五部　約共十六元

禾本左傳注疏　缺隱桓莊閔四公

通鑑新補　二百五十一至二百五十三　二百五十七

方輿紀要　首卷一　走丸　五十至五十九　六十六

全八十二　八十九至九十二

祀三公山
光和三公山
三公山神並陰
封龍山
白石神君
樊敏
王稚子闕
高頤並闕
張壽
武榮

漢曹君碑陰　又碑額

漢西嶽頌額

漢裴岑碑二

魏受禪表

後魏穆子容表

唐昭仁寺碑

唐紀信碑

唐[illegible]波塔銘

魯孝王刻石 有跋

孔龢

孔謙

孔君碣

韓勑 并陰側

孔宙 并陰

孔彪 并陰額

孔褒 有額

魯相謁孔廟 并陰側

史晨前

史晨後

熹平十年殘

延光殘

朱君長

張遷 并陰

五瑞西狹

尹宙

唐公房

倉頡廟 并側

曹全二

華岳殘陰二

敦煌太守二

韓仁

元字子游

劉熊殘石三

正直

受禪表

上尊號奏

王稚子闕

石經論語尚書殘字 四字重刻

會仙友

敦煌太守

孔羨

張猛龍 并陰

李仲璇修孔子廟 并陰

齊乾明修孔廟

魏西門豹祠 缺陰

魏中岳廟 缺陰

嵩陽寺

齊[illegible]州石碑告示

隋鄧州舍利塔

宋爨龍顏

隋董美人誌 開皇

隋宋永貴誌 大業

隋裴君誌 族姪胜撰

孟常安誌

常師虎誌

宋朱達誌

温彥博誌 貞觀

魏鑒夫人趙氏 會昌

張源 太和

韋瑞 元和

韋瓊 天寶

李栩妻宇文氏 咸通

石曜 甲子四月

曹氏譙郡夫人 開元

文安郡主 貞觀

可汗[illegible]氏 開元

王美暢妻長孫氏 長壽二年

張夫人令狐氏

蕭勝 永徽

衛智 天寶

卞邳郡夫人 貞元

隋蕭[illegible]誌

唐天后詩

李秀三圖石

又重刻李秀五石

閻好問誌

王君夫人誌

李文志

張樹志

薛夫人必氏志

張雖志

張慶之志

玄堂一

開母 葬

請雨

稱第十六字

日月玄光

校官

鄭固

李翕一

始建國天鳳三年刻

李孟初

西嶽殘石

蘇玄果 開元二年三月

楊君夫人鄭氏 開元十年

周協道 開元十年

魏德懲 天寶二年十一月

楊琁 大和四年十月

敬炫 中和二年閏二月

李夫人賈氏 乾符二年三月

唐張封 寶封二年五月

唐王瑶 儀鳳四年正月

唐長孫夫人豐氏 開元十年

唐黃君夫人劉氏 天寶十二載十月

唐郭思訓

唐郭思謨 二年正月

唐吳夫人壽 天寶四

唐吳興 開元廿年七月

唐直隱禪師塔 開元二年二月

唐王美暢夫人長孫氏

宋文彥博皇祐三年十

宋錢忠懿王俶端拱三年正月

宋陳氏妣之政和年四月

宋崔大婦墓誌 宣和五年二月

宋王氏與契墓記 崇寧四年四月

宋胡頭婦子詩 端拱戊子春

宋趙宗妻崔氏 熙寧二年春

宋都氏莊夫人朱氏 元祐三年十月

魏司馬景和妻孟氏誌

訓某吉誌銘

魏吳高黎誌 孝昌二年

隋蕭惠心墓志

碧落碑 李訓

般若臺

庚冰頌

怡亭銘 銅

浯溪銘

謙卦 [illegible]

王母宮頌 宋上官佖

繆庭秀表

穆伯[illegible]表 宋壽卿

宋[illegible] 宋[illegible]英

·井銘 明

·太白酒樓記 元楊桓

程圖陽刻叢畫　　劉□□□□□□□□

鍾□圖陽刻江容甫本圖畫

天□□□本

又米□臨本　　又戲鴻堂本

戲鴻帖第三卷　　又趙臨本

□陽□□□黃庭　　□□□□師頌

鎮□□□□五種十段

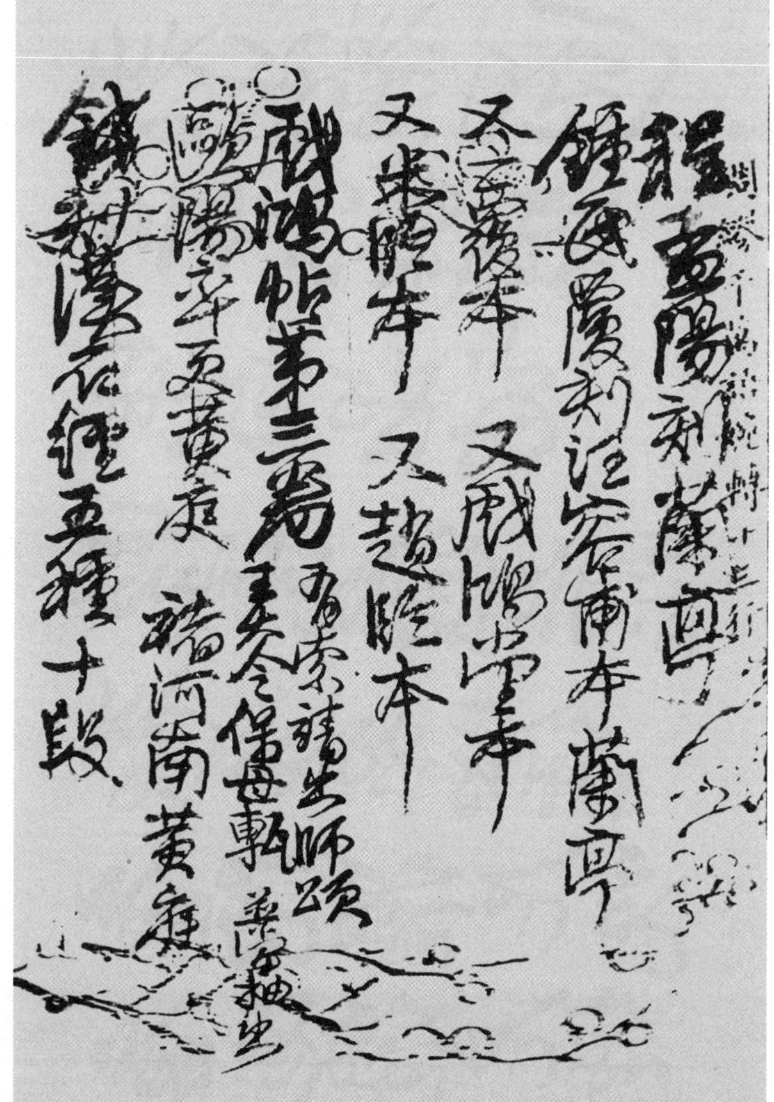

茹古香行書

趙芥舟行書

彭雪琴行書

包慎伯行書

吴詞山行書

一嵒畫

行畫無一張畫幅

趙琴士竹書大幅

嘗寶幽題 孫公和鐵琴拓本

與年高人鏤作琴 鄉鄰惠聽竟難述 高山流水寄遐心

舜律天籟縈迴響 憑像蘇門鸞鳳音

池上篆文天籟孫登文公和方印 池上篆文明項元汴珍藏

又田黃林印又子京印 明時項氏得之天籟閣藏由名也

嘉慶七年鐵冶亭制府以贈畢秋帆相國之方為滇帥 今

歸存鐵琴氏 王逢鄉鑑古賞 拓本 屬題

老松閲世卧雲壑

明月入户隨幽人

十年縱復信毋葉 聖氣弥漫難 雪

謝上蔡李忠定從祀兩廡示諸生

乃業已歸前輩錄
國聲又擅與年
老境安閒猶嘆慕
酒餘歡適似還鄉
快馬輕衫來一抹
辛书搯剑学万人 蜀殺羽扇揮三軍
筆談一落三千字
細練長驅十万夫
蒲叟歸牽敹鯖鯉
二年春氣挾狐貉
肝肺同 桂林生竹石

登歸施惠順如流水 緩紀撫綏若清風

嘉禾神芝天映厥福不翔風雨應時行如神

仁知約身無文不繁政教稽古擾民以安

夙夜惟寅若時潤既遷懋服甚於置郵

懼者逸四海和澤周之春陶

高者局四海英名擅遼左

猶仰終守宙懷抱觀古人鶴謝

勝甫錢[illegible][illegible]

[illegible]文齋[illegible]經

五經無雙許叔重 續漢書 許慎
道德彬彬馮仲文 三輔決錄 馮豹
萬事不理問伯始 天下中庸有胡公 胡廣
東車白馬繆文雅 皇甫謐高士傳 繆斐
殿上成羣許偉君 陳留耆舊傳 許晏
避世墙東王君公 語林 高士傳
重親致歡曹景完 曹全碑

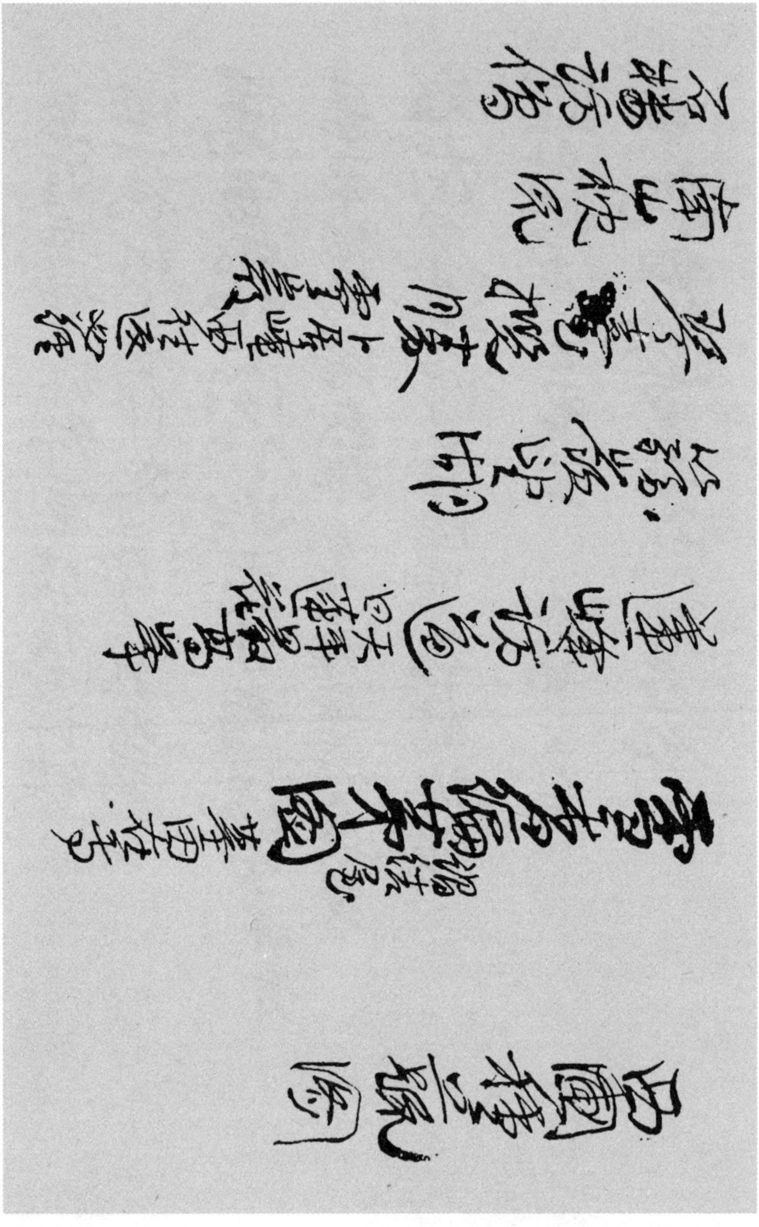

横郷縣志名宦

郎無宦貴州舉人康熙三十九年任憂民若

修復學課士修繕城樓人稱遺愛年年

崇立祠北關遺在　又祠祀志郎公祠諱無宦

貴州人康熙三十九年任多德政立祠北關路東

劉猛將軍祠　畿輔通志：[illegible]神名承忠，吳川人。元季授指揮，弱冠臨戎，兵不血刃，盜皆鼠竄。適江淮千里飛蝗遍野，揮劍追逐，須臾蝗飛境外。後因元亡，自沉于河。有司奏請遂授猛將軍之號。本朝雍正二年奉勅建廟高崧字茂琰小字阿鄒廣陵人父悝為元帝以為參軍從遷(?)顯位至丹楊尹光祿大夫封建昌伯崧為揚州主簿舉州秀才除太學博士父艱以繫廷尉詔以父憲五年不葬表疏數十上帝哀之特聽侍侯(?)尉由是見稱拜中書郎黃門侍郎簡文帝輔政引為撫軍司馬桓溫擅威率衆北伐軍次武昌崧便于坐為草書致溫溫得書還鎮因崧遷侍中

抱朴子仙藥篇禹步法

前舉左　右過左　右就右

次舉右　左過右　右就左

次舉相（疑作左）　右過左　左就右

如此三步，當滿二丈一尺，後有九跡。

又登涉篇：三三步成既濟卦，初一初二跡不任九跡數，然相因仍，一步七尺（又云八尺），合二丈一尺（一作一步三尺），顧視九跡。又禹步法：正立，右足在前，左足在後，次復前（此下當有左足次前四字）右足，以左足從右足并，是一步也。次復前右足，次前左足，以右足從左足并，是二步也。次復前（此下當有左足次前四字）右足，以左足從右足并，是三步也。如此禹步之道畢矣。凡作天下百術，皆宜知禹步。

呂覽異用篇仁人之得飴以養疾侍老也跖与企足得飴以開閉取楗也淮南說林訓柳下惠見飴曰可以養老盜跖見飴曰可以黏牡見物同而用之異注牡門戶籥也一云楗也牡也黏牡使之無聲又開之滑易也

十六 立春七 馬歸殘雪

十四 宋鼠無數老懷七 稍晴春鳥

十五 次韻友日江坻晚風茶生閣

秋懷十二 十三 稍入晴烟界五

十七 十 晚泊 清切吟風篁五

二十 廿一 廿二 送別郭秦壁孫提刑五 送吳先生謫惠州蘇副使五 別郭郎五 卅三 送定州蘇尚書七

廿八 四三 寄文潞張舍人五 老柏二首五

卅七 歸望五

四二 廿二 廿三 贈見程先七 贈王秉修商子常七

四三 七 次韻無數偶作

四五 南豐先生挽辭二首五 丞相溫公挽辭三首五

白日炎蒸宵快雨曉氣清涼入肝腑

船玩早行與秦淮舟帆興已通湖熟庸

兩孫輟課偕我遊指畫題詩何研朱

橋下人家已絕知休我人野売樓溅此

兩靄興深圓流傳裁逐氣橫淦洲

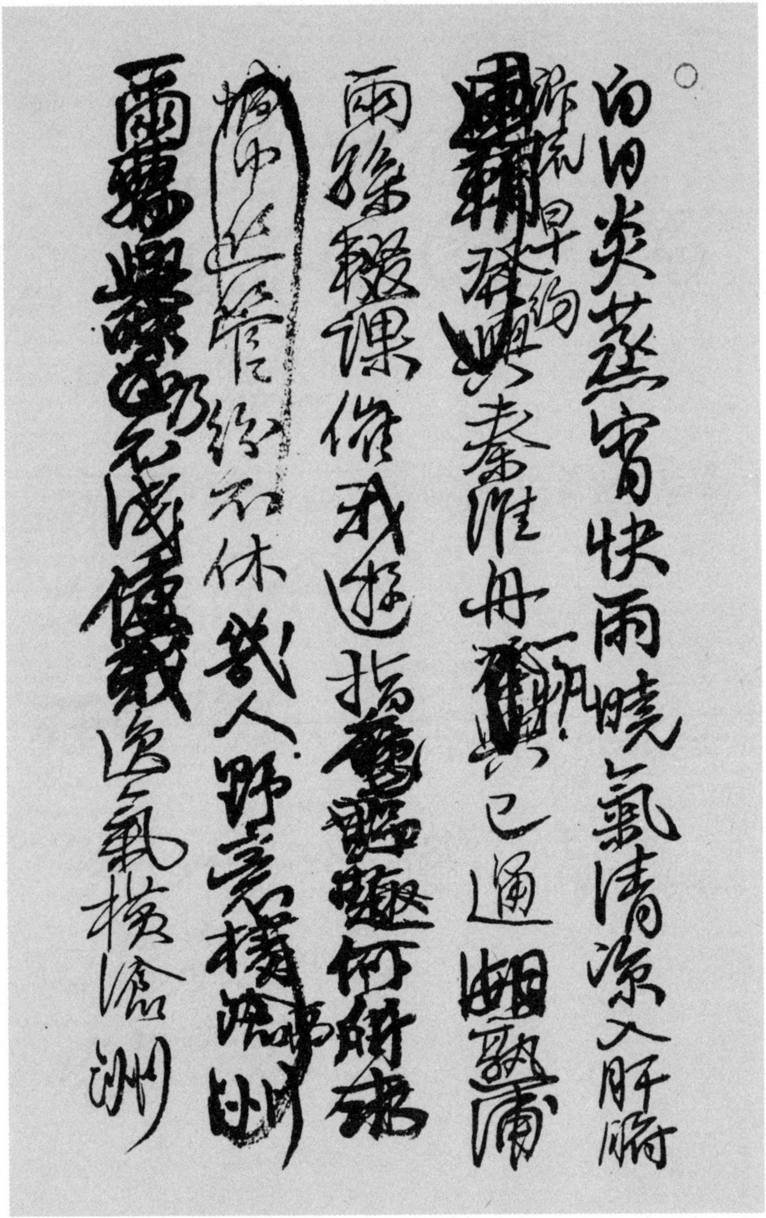

裡縣紙一万篇連裹訂約五千千零 加刀百八倍 尚有

紙每百篇四百二十文 印裹書壳約八千

東洋紙一万篇 加裝訂九百篇 紙價十兩 工六千文

東洋紙十四千加印裝書不過五千零九十千

連四 五塊印 每塊六兩三 四部 餘二 共洋九元 餘二 一每部紙七兩二分 加裝印夾板三兩六分加費二兩五分共十三兩三分

草印不裝不加費八兩四分零

裹紙並連裝紙價每部兩篇 三分 印訂工三兩

草印不底七兩五分零

每元足大錢乙千乙百四十文 每元合九千一千二百文

每部官價二兩 千五百四十文 加雙壳雙封六百文 四部

箱三个 每个連繩索八百文

共用去九千千○八百二十六文 餘錢三百八十四文

湖蕃白

吳一向

六書扇料

遵州凌霖灃善堂識定全貴五五扣

振宗　克家

朝宗　源長

起宗　培遠

韓南溪　石寅谷、行兄

閻十夫　龔潤山、行兄

閻竹樓、行兄　于伯英、大兄

曾迪之　行兄世大人　周養恬、世兄

竇千山　年兄　世台　吳鼎臣、二兄

江竹候　行兄　劉壽峰　十二兄

黃契之、　嚴端和　三兄

陳夢白

陳亀賓、四兄　韓錦堂　行兄

求闕齋經史百家雜鈔目録

影印説明

求闕齋是晚清中興重臣曾國藩的書齋名。曾氏在其《求闕齋記》中説：「天地之氣，陽至矣，則退而生陰；陰至矣，則進而生陽，一損一益者，自然之理也。」「物生而有嗜欲，好盈而忘闕，……若國藩者，無爲無猷，而多罹於咎，而或錫之福，所謂不稱其服者歟？於是名其居曰求闕齋。」曾氏於其求闕齋飽讀詩書，曾經編有一本古文選本《經史百家雜鈔》（二十六卷）刊行於世，是晚清以來風行天下的古文精華集，被譽爲「曾版《古文觀止》」。毛澤東主席高度評價曾氏《經史百家雜鈔》一書。他在《致蕭子升》信中説：

顧吾人所最急者，國學常識也。昔人有言，欲通一經，早通群經。今欲通其常識耳，首貴擇書，其書必能孕群籍而抱萬有，榦振則枝披，將麾則卒舞。如是之書，曾氏《雜鈔》其庶幾焉。是書上自隆古，下迄清代，盡掄四部精要。

曾國藩《經史百家雜鈔》這部譽滿古今的古文選本，其最初序目是由其金蘭之友、幕府賓師、晚清著名學者莫友芝代筆寫作的。莫友芝代筆寫作的《求闕齋經史百家雜鈔目録》手稿，今藏於臺北「國家圖書館」，全文二十七頁。首頁書名，莫友芝用篆字書寫「求闕齋經史百家雜鈔目録」；正文内容二十五頁，莫氏用古樸厚重、風格卓異，令人賞心悦目的楷書書寫，展示了大書家的風範。文末鈐蓋「郘亭寓公」白文方印。全文文字有少許增補，當係最初文稿。在《求闕齋經史百家雜鈔序目》開篇處，莫友芝代曾氏簡潔闡明選文標準，特别闡明選編十一類古文與桐城派領袖姚鼐《古文辭類纂》十三類選文的異同之處。曾氏後來正式刊印《經史百家古文雜鈔》，書名删去「求闕齋」三字，對莫友芝代筆之《求闕齋經史百家雜鈔目録》稍作改動，易名爲《序例》置於書首，正式刊行。讀者兩相對比研究，開卷即知，此不贅言。

古代高官顯達編著書籍或行文，請幕賓、塾師、門客代筆寫作部分文稿，十分常見。莫友芝在遵義時就曾經代遵義縣甘明府寫過《學宫圖考序》。收入《郘亭遺文》卷一之中。莫友芝此代甘明府所作之手稿，今存貴州省圖書館所藏《莫友芝存真集手稿》之中。在胡林翼幕府，莫友芝曾代胡林翼撰寫回復楊載福、鮑超、王孝鳳諸信函，莫友芝代寫之手稿，今存中國社會科學院文學研究所藏《郘亭尺讀手稿》之中。後入曾國藩幕府，曾在致親家馬恩溥信中亦曾説：「滌相莅兩江，即卧治亦勝人十倍。野客依賴，未有不餘事及者。」莫友芝爲幕主、金蘭之友曾國藩代筆撰作一篇《求闕齋經史百家雜鈔目録》，亦在情理之中。古代文人學者爲他人代筆之手稿，後世鮮能流傳，故此件特别珍貴，特予影印。

梁光華　梁　茜

二〇一四年書於黔南民族師範學院

求闕齋經史百家雜鈔目録

書也後世古文如平淮西碑等皆是然不多見

典誌類所以記故典者

經如周礼儀禮全書禮記之王制月令明堂位孟子之北宮錡章皆是史記之八書漢書之十志及三通皆典章之書也後世古文如趙公救菑記是然不多見

雜記類所以記雜事者

經如禮記投壺深衣内則少儀周礼之攷工記皆是後世古文家修造宮室有記遊覽山水有記以及記器物記瑣事皆是

姚姬傳氏之纂古文詞分為十三類余稍更易為十一類曰論著詞賦序跋詔令奏議書牘哀祭傳誌襍記九者余與姚氏同焉者也曰贈序姚氏所有而余無焉者也曰序記曰典誌余所有而姚氏無焉者也曰頌贊曰箴銘姚氏所有余以附入詞賦之下編曰碑誌姚氏所有余以附入傳誌之下編論次微有不同大體不甚相遠後之君子以參觀焉

塾古文有選左傳者識者或譏之近世一二知文之士纂錄古文不復上及六經以云尊經也然溯古文所以立名之始乃由屏棄六朝駢儷之文而返之于三代兩漢今舍經而降以相求是猶言孝者敬父祖而忘其高曾言忠者曰我家臣耳焉敢知國將可乎哉余鈔纂此編每類必冠以六經冠其端涓涓之水以海為歸無所於讓也姚姬傳氏之撰古文不載史傳其說以為史多不可勝錄也然吾觀其奏議類中錄漢至三十八首詔令類中錄漢書三十四首果能屏諸史而不錄乎余今所論次采輯史漢名之曰經史百家襍鈔云

簡本

論著類

孔子在陳章　養生主

原道　伯夷頌

詞賦類

七月流火　解嘲

兩都賦　赤壁賦

序跋類

下繫十一文　漢興以來諸侯年表序

張中丞傳後序　先大夫集後序

詔令類

呂刑　賜南粵王趙佗書

諭巴蜀檄　賜竇融璽書

奏議類

無逸　陳政事疏

戒妃匹勸經學疏　出師表

書牘類

叔向貽子產書　與吳質書

與孟尚書書　答李翊書

哀祭類

金縢冊祝之辭　九歌

祭柳子厚文　祭張員外文

傳誌類

伯夷列傳　孟子荀卿列傳

魏其武安侯列傳　霍光傳

贈太尉許國公神道碑銘

試大理評事王君墓誌銘

瀧岡阡表　王深甫墓誌銘

敘記類

韓之戰　赤壁之戰

平淮西碑　柳州羅池廟碑

典志類

禹貢　平準書

五代史職方攷　越州趙公救菑記

襍記類

輪人輿人梓人匠人　藍田縣廳壁記

豐樂亭記　宜田縣學記

姚氏纂古文至七百餘首之多余鈔錄又加多焉茲別選簡本得四十八首以備朝夕吟誦約而易守得溫故新之益

全編

論著之屬

洪範　齊桓晉文之事
夫子當路於齊　有爲神農之言者
好辨　離婁之明
魚我所欲也　舜發於畎畝
孔子在陳　逍遥遊
養生主　駢拇
馬蹄　胠篋
達生　山水
外物　秋水
議兵篇　榮辱篇
説難　過秦論
王命論　辨亡論
運命論　徙戎論
原道　原性
原毀　伯夷頌
獲麟解　雜説四首
改葬服議　爭臣論
師説　封建論

桐葉封弟辨　本論
朋黨論　太極圖説
通書　西銘東銘
漢中王即皇帝位論　易論
書論　詩論
樂論　諫論
辨奸論　魯隱公論
戰國任俠論　韓非論
詞賦之屬
上編　七月　東山
六月　采芑
車攻　吉日
節南山　正月
緜　皇矣
崧高　烝民
賦篇　離騷
九歌　九章
卜居　遠遊

登遐頌　榮啓期贊
女史箴　劔閣銘
太師箴　乘輿箴
釋奠頌　太康頌
尚書令箴　山海經圖贊
東方朔畫贊　三國名臣序贊
聘士徐君墓頌　讀史述
閑遊贊　女史箴
擬金人銘作口銘　座右銘
皇太子箴　閔中草木頌
徵士頌　虞舜像贊
中興頌　五箴
後漢三賢贊　伊尹五就桀贊
平淮西雅　心箴
四箴　敬齋箴
六生生畫像贊

序跋之屬

乾文言　坤文言
上繫七爻　下繫十一爻
冠義　六國表序
十二諸侯年表序　漢興以來諸侯年表序
高祖功臣表序　建元以來諸侯年表序
秦楚之際月表序　太史公自序
藝文志　諸侯王表序
貨殖傳序　西域傳贊
漢書傳序　戰國策序
說文序　宦者傳論
張中丞傳後序　讀儀禮
讀荀子　論語辨二首
辨列子　辨文子
辨鬼谷子　辨晏子春秋
辨鶡冠子　唐書藝文志序
五代史伶官傳序　五代史宦者傳序
五代史職方攷序　蘇氏文集序
釋惟儼文集序　釋秘演文集序
集古錄跋尾十首　集古錄目序

詔令之屬

祭鱷魚文　內侍押班任守信可遥
郡刺史依舊鄜延路兵馬鈐轄制
杜鉞可衛尉寺丞制　張去惑可秘書丞制
郭固可甯州軍事推官制　李仲昌可大理寺丞僉
署渭州判官制　故尚父汾陽王孫元亨
可永興軍助教制　李景圭可大理寺評事制
孫礪李國慶可殿中丞制　賈昌衡知鄧州制
梅福封壽春真人制　王中正种諤降官制
張　知均州制　孫復可大理寺評事制

奏議之屬

無逸　季文諫納莒僕
魏絳諫伐戎　薳啟諫疆恥晉
李斯諫逐客書　賈誼陳政事疏
論積貯疏　請封建子弟疏
諫封淮南四子疏　諫放民私鑄疏
至言　言兵事書
論貴粟疏　論守邊備塞書
論募民徙塞下書　諫吳王書從文選錄 鄒陽

獄中上梁王書從文選錄 鄒陽　諫獵書
論世務書　論伐匈奴書
諫伐閩越書　對賢良策三首
尚德緩刑書　罷珠崖對
陳兵利害書　屯田奏三首
條災異封事　論甘延壽等疏
論起昌陵疏　諫外家封事
上星孛等奏　上政治得失疏
論治性正家疏　戒妃匹勸經學疏
治河議　諫不許單于朝書
毀廟議　樊準興修儒學書
上桓帝書　改鑄大錢議
出師表　諫明帝疏
勸進表　文字源流表
論兩河及淮西利害狀
奉天請數對羣臣兼許令論事狀
奉天請罷瓊林大盈二庫狀
禘祫議　諫佛骨表

哀祭之屬

金縢冊祝之詞　黄鳥
衛太子蒯聵禱神之詞　招魂
大招　賈誼弔屈原賦
悼李夫人賦　告祭毁廟文
哀二世賦　禱高祖孝文孝武廟文
告祭毁廟文　元后誄
大司農鮑德誄　和帝誄
遷都告廟文　成都即位告天文
文帝誄　平陽懿公主誄
王仲宣誄　晉成帝哀策
晉武帝哀策　世祖武帝誄
皇女誄　楊荆州誄
楊仲武誄　夏后常侍誄
馬汧督誄　哀永逝文
金鹿哀詞　弔魏武帝文
陶靖節自祭文　祭從弟敬遠文
陶徵士誄　陽給事誄

祭屈原文　祭古冢文
祭顔光禄文　祭夫徐悱文
即位告天文　告謝浩天上帝文冊
告謝代宗廟文　祭田横墓文
祭張員外文　祭柳子厚文
獨孤申叔哀詞　歐陽生哀詞
祭十二郎文　祭鄭夫人文
弔武侍御所畫佛文　祭穆員外文
祭郴州李使君文　祭馬僕射文
祭張給事文　祭女挐女文
祭湘君夫人文　祭薛助教文
祭員外文　祭韓侍郎文
祭資政范公文　祭尹司魯文
祭石曼卿文　祭蘇子美文
祭梅聖俞文　祭歐陽文忠公文
祭柳子玉文　代三省祭司馬丞相文
祭范潁州文　祭歐陽文公忠文
祭丁元珍學士文　祭王回深甫文

傳志之屬

毛穎傳　襄陽丞趙君墓誌
范文正公神道碑　胡瑗墓誌
張汝士墓誌　石徂徠墓誌
孫明復墓誌　尹子漸墓誌銘
尹師魯墓誌銘　梅聖俞墓誌銘
蘇子美墓誌銘　石曼卿墓誌銘
瀧岡阡表　海陵許主簿墓誌銘
王深甫墓誌　章友直墓誌銘
丁寶臣墓誌銘　臨川王君墓誌銘
蘇安世蘇墓誌銘　金溪吳君墓誌銘
萬年太君黃氏墓誌　給事中孔公墓誌銘
兵部員外郎馬君墓誌銘
僊居縣太君魏氏墓誌銘
歸府君椿墓誌銘　寒花葬誌
李憲卿狀行狀　先妣事略
歸氏二孝子傳　陶節婦傳

敘記之屬

金縢　顧命

齊魯長勺之戰　秦晉韓之戰
晉公子重耳之亾　晉楚城濮之戰
秦晉殽之戰　晉楚邲之戰
齊晉鞌之戰　晉楚鄢陵之戰
晉齊平陰之戰　宋之盟
叔孫穆子之難　楚靈王乾溪之難
吳楚雞父之戰　魯昭公乾侯之難
晉魏舒敗無終之戰　吳楚柏舉之戰
晉鄭鐵之戰　齊魯清之戰
白公之難　赤壁之戰
曹爽之難　諸葛恪之難
謝玄淝水之戰　劉裕伐南燕之役
韋叡守鍾離之役　高歡沙苑之戰
宇文泰北邙之戰　韋孝寬守玉壁
裴度李愬平蔡之役　李晟移軍東渭橋
平淮西碑

典志之屬

禹貢　大司樂

郘亭印存

影印説明

書印同源。善書者，特别是學者大書家，一般都善治印。莫友芝飽讀詩書，滿腹經綸，治印如手書，使刀如使筆，他所治印章，無論是朱文印章，還是白文印章，都有周秦籀篆勁健圓潤之風韻，漢魏古拙静穆之風骨，鐵筆細絲，波磔有法，疏則高古清朗，密則典雅細膩，蒼勁凝重，方寸規矩森然，穿插避讓，疏密有致。莫友芝兼善篆刻各家各派之長，其印如其書，自成一體，勁健圓潤、古拙静穆之金石氣獨開生面，神妙獨絶，其四十餘方印無一相同者，難怪書畫篆刻大師黄賓虹爲之傾倒，在《郘亭印存·序》中評價説：「古人善書者多善刻，唐宋皆然。郘叟喜金石，工篆隸，其所鎸印章，使刀一如使筆。波磔有法，純任自然，於新安、西泠各派之外，獨開生面，世不多覯。仲珺先生攈集成譜，圭臬藝林，洵可寶也！」

賓虹大師這裏所説的仲珺先生，係指莫友芝長孫莫經農妻吴氏之侄吴載和（一八九七—一九七一），字仲珺。吴載和從姑丈莫經農處集得莫友芝三十來方印章，一九三三年十月第一個把莫友芝印章集印爲《郘亭印存》。吴載和在《郘亭印存·跋》中作了極爲精當的述評：「獨山莫郘亭徵君爲姑丈伯恒先生王父，博學多文，兼工篆隸，餘事尤善治印。其所用印章皆出從自製，都二十餘方。先生世守原石，勿敢失墜。余嘗請觀其印文款識，縱横遒逸，酷似所書。而使刀如筆，純任自然，實非僅於體格間規橅秦漢者所可幾及。徵君名重藝林，獨治印之精，知者頗鮮。爰向假拓以餉同好，并告嗜徵君書者，知豪翰外更有可寶者在。攄懷舊之蓄念，發思古之幽情，當世必有同此嚮往者。時距徵君捐館蓋逾一甲子矣。癸酉十月，吴載和識。」

吴載和所集印之《郘亭印存》，今上海圖書館和貴州省博物館均有藏本。書前有六人序：趙時棡叔孺、吴徵待秋、黄賓虹、王褆福庵、李茗柯尹桑、宣哲。趙叔孺作序評説：「老人用刀如用筆，不僅以規橅秦漢爲尚也。」吴待秋序説：「獨山莫子偲先生精金石考證之學，篆隸之名横絶一時。其所治印雖不多覯，在必有根據，非向壁虚造者所可比擬。」李尹桑序説：「其於漢人官私印寖饋甚深，欲合皖、浙爲一手，故神妙獨絶。其款識則類漢器鑿銘，遒勁冲和，得未曾有。雖僅寥寥數鈕，然嘗鼎一臠，百味皆廢矣。」

今整理《莫友芝全集》，觀莫氏衆多手稿文獻，莫氏所治之印章，不止《郘亭印存》所集二十八方。如筆者發現上海圖書館所藏莫友芝批校《欽定四庫全書簡明目録·經部一》起始之頁上，鈐有一方朱文篆書「獨山莫友芝字子偲號郘亭眲叟影山艸堂圖書之印」，長方印國家圖書館所藏《郘亭校碑記》内篆書白文「紫泉莫友芝印」、「景山中堂」印以及《郘亭詩文稿書跋》所鈐朱文「友芝印」，在《郘亭印存》一書中都找不到。另外，二〇〇四年九月十九日《西安晚報》報導南京博物院歐陽宗俊曾在南京朝天宫古玩市場購得莫友芝「游方之外」篆文方印。印石題款云：「同治元年眲叟治印」。學者歐陽宗俊如獲至寶，世人稱羡。這又是莫友芝自製印章又一例證。

莫氏九泉有知，亦當欣慰有加。

今據貴州省博物館所藏《郘亭印存》影印；另外，補入華東師範大學圖書館藏本多出的二枚印章和八篇序等，并將散見於各書的莫氏印章二十八方作爲補遺影印於末尾。

梁光華　梁　茜

二〇一五年元月於黔南民族師範學院

郘亭印存

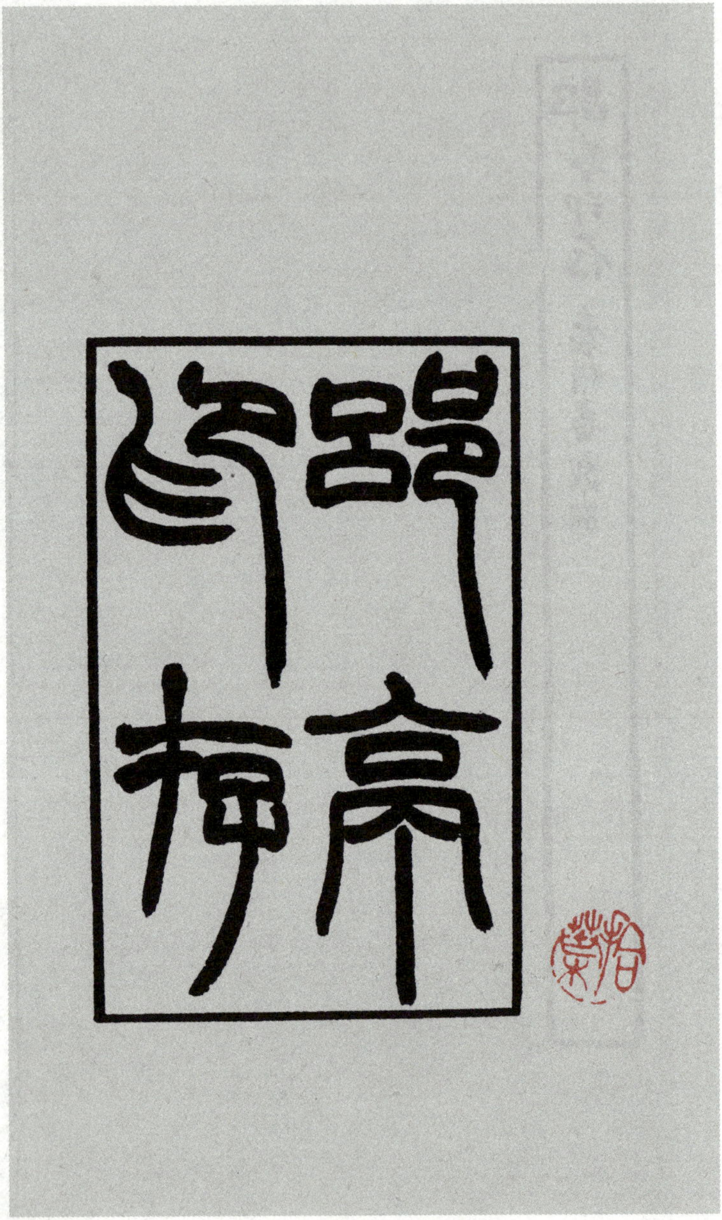

釋文：友芝信印

釋文：友芝信印，庚子四月朔

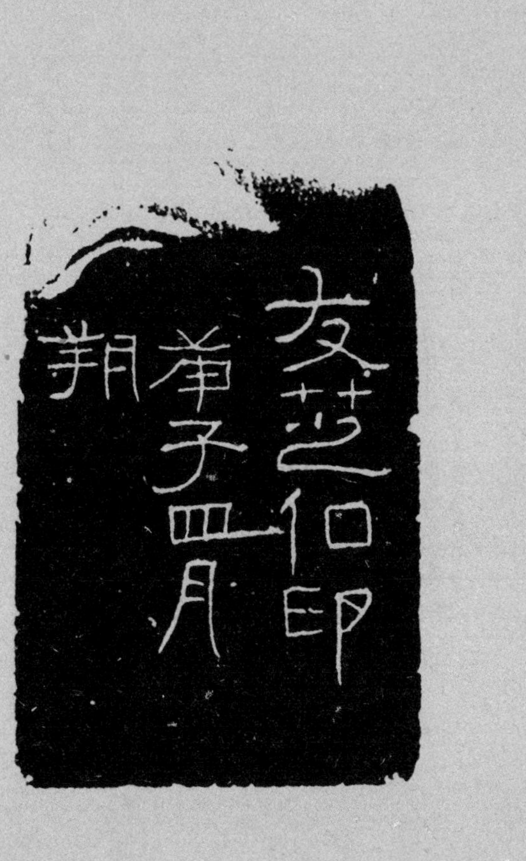

釋文：子偲

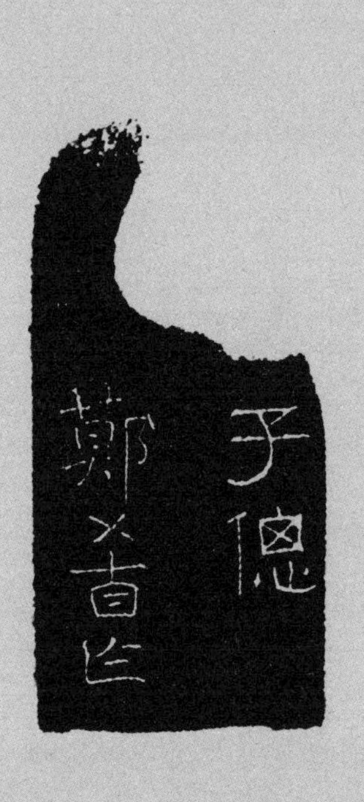

釋文：子偲，莫五自作

釋文：莫友芝印
（上海圖書館藏本）

釋文：子偲（上海圖書館藏本）

釋文：友芝私印

釋文：郘亭眲叟

釋文：邵亭晛叟

釋文：莫友芝印

釋文：友芝私印

釋文：莫氏子偲

释文：友芝私印

釋文：莫氏子偲

释文：莫友芝印　则心弟五

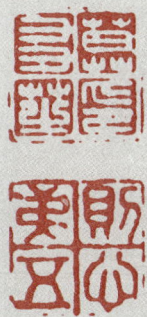

釋文：友芝私印　紫泉莫五

釋文：其名曰友　莫五

釋文：莫友芝

釋文：友芝私印

釋文：莫友芝圖書印

釋文：莫五友芝則心

釋文：莫氏五郎

釋文：則心氏

釋文：紫泉莫氏圖書

（上海圖書館藏本）

釋文：心蘭

釋文：心蘭學字

（上海圖書館藏本）

釋文：影山艸堂

（上海圖書館藏本）

獨山莫郘亭徵君，爲姑丈伯恆先生王父。博學多文，兼工篆隸，餘事，尤善治印。其所用印章皆出自製，都二十餘方。先生世守原石，勿敢失墜。余嘗請觀其印文款識，縱横遒逸，酷似所書。而使刀如筆，純任自然，實非僅於體格間規橅秦漢者所可幾及。徵君名重藝林，獨治印之精，知者頗鮮。爰向假拓以餉同好，並告嗜徵君書者，知豪翰外更有可寶者在。攄懷舊之蓄念，發思古之幽情，當世必有同此嚮往者。時距徵君捐館蓋逾一甲子矣。癸酉十月，吳載和識。

釋文：郘亭眲叟

（華東師範大學圖書館藏本）

釋文：莫五

（華東師範大學圖書館藏本）

釋文：莫五

（華東師範大學圖書館藏本）

郘亭老人書法名重一時，初不知其能刻印，仲珺兄近向其後人求得之，集成斯譜。老人用刀如用筆，不僅以規秦漢爲尚也。用深貴語，以仲景仰。

癸酉，嘉平，趙叔孺。

吴待秋序

（華東師範大學圖書館藏本）

善篆者未必善刻，善刻者無有不善篆。吾印人無論矣，即晚近吾家讓翁、缶翁皆善刻而善篆者也。獨山莫子偲先生精

會攷證之學，篆隸之名擅絕一時，其所治印雖不多覯，然必有根據，非獨闢虛造者所可比擬。仲堪宗兄書法，研求印學，頗不

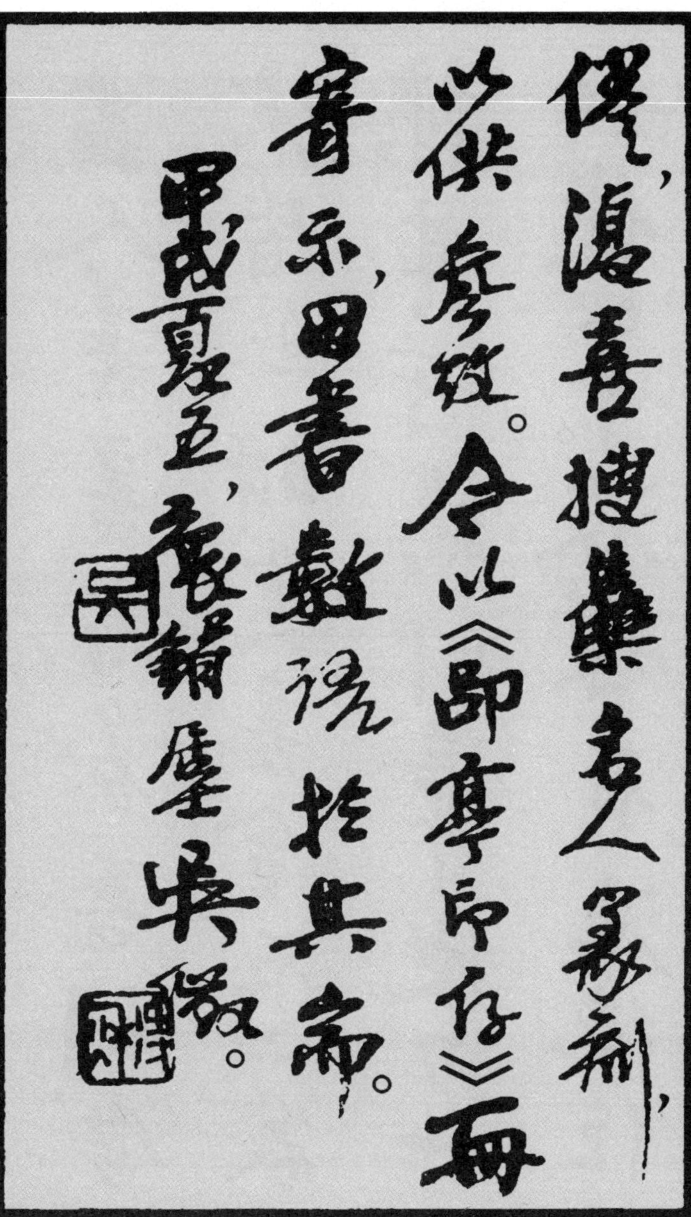

傳，滬吾搜集名人篆刻，以供參考。今以《邵亭印存》兩寄示，因書數語於其端。甲戌夏五，虞鍔屋吳跋。

黃賓虹序

（華東師範大學圖書館藏本）

古人善書者多善刻，唐宋皆然。眲叟喜金石，二篆隸，其所鐫印章，使刀一如使筆。波磔有法，純任自出，於新安、西泠各派之外，獨開生面，世不多覯。仲珺先生搜集成譜，圭臬藝林，洵可寶也。賓虹。

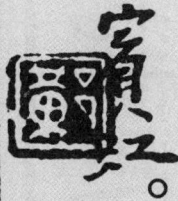

王福厂序

（華東師範大學圖書館藏本）

郘亭先生治金石篆隸之學，久爲士林推重。其刻印知之者則少，此殆如右軍善畫，惟以書傳；太白工書，僅以詩顯者歟？仲瑀道兄輯以成

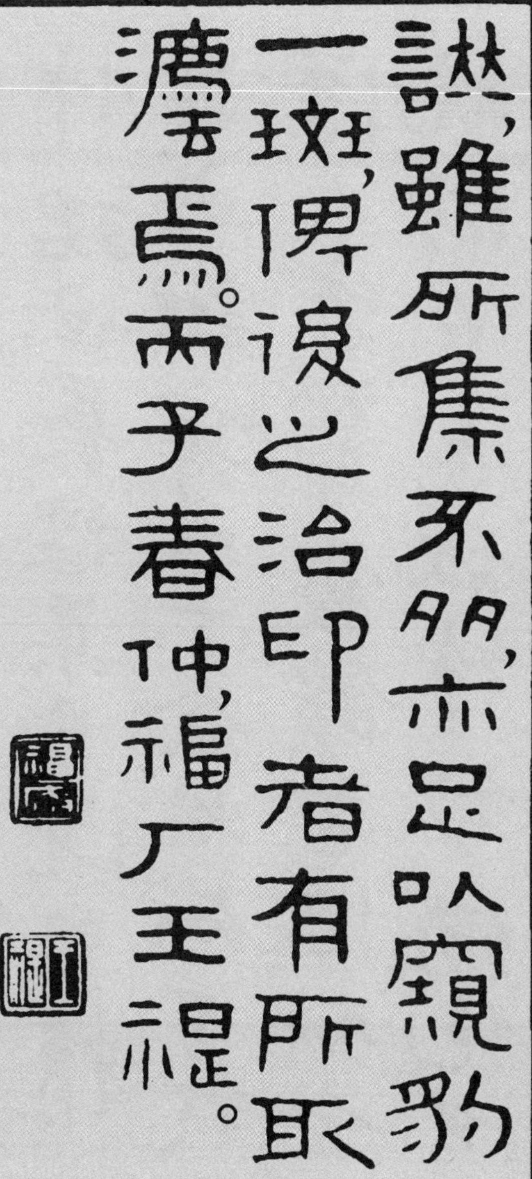
譔，雖所集不夥，亦足以窺豹
一斑，俾後之治印者有所取
灋焉。丙子春仲，福厂王禔。

李尹桑序

（華東師範大學圖書館藏本）

郘亭眲叟篆印，世鮮知者。仲珺世長樓集其遺印，精拓成譜，寄以示余，俾知其於漢人官私印寢饋甚深，欲合皖、浙為一手，故神妙獨絕。其款識則類漢器鑒銘，遒勁沖和，得未曾有。蓋僅寫數鈕，然賞我一齋，有味此藏矣。廿四年乙亥四月，鈢堂李尹桑。

宣哲序

（華東師範大學圖書館藏本）

邵亭先生經人師，暇日興至耽臨池。枕葄鄭學有述作，篆法駸駸追冰斯。金石刻畫特末技，小鑿山骨脚自怡。妙墨流傳見亦罕，喜了印蹟留書衣。善刀而藏本無悶，不爲人役人未知。吾友吳子工篆刻，適見一二驚瓌奇。訪諸其家手澤至，子孫永寶不闕遺。二十八紐等球璧，濡朱落帋焉肯遲。開卷三紐數款識，親記歲月無譌差。以外朱白所高妙，印側惜鮮從刻辭。或疑非出朋叟手，摩挲亂石孰證之。究白已無不可信，世庵少作猶瑕疵。傻指舒子半殊殊，骨健氣靜誰能為。歸審書勢兼畫一，舉隅反三庸何疑。東洲蘭浦亦善法，印人幾輩懸降旗。惜也無人為收拾，文不足徵空嗟咨。通儒游藝偶然耳，豈若嘉譽垂當時。湮沒既久搜尤鮮，從茲不識知者希。

仲琚仁兄輯《邵亭印存》見眎，率題即正。弟賞蓀。

陳含光序

（華東師範大學圖書館藏本）

漢人家灋宋人詩善
[illegible]
[illegible]
[illegible]

乙亥九秋

仲琚先生屬題　真州陳延韡

多能家擅上蔡篆，自刻無殊北海碑。逸趣盡從指出，芝泥玉檢見須眉。

乙亥十月偕吴秋農過仲諾寓齋觀邵亭長所治印，因題一絶，同舍光均。

江都秦曼卿時同在海上

友芝印

景山中堂

獨山莫友芝字子偲號郘亭眲叟影山艸堂圖書之印

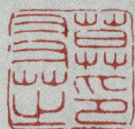

莫友芝印

影山草堂

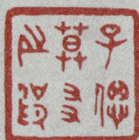

子偲莫友芝印

郘亭長

莫五

紫泉莫氏五郎圖書印

子偲

友芝私印

紫泉莫友芝印

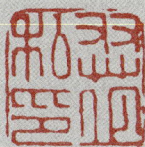

友芝私印

獨山莫氏圖書

紫泉莫五

莫氏秘笈之印

同治初元獨山莫友芝皖江軍次收書印

友芝私印

子偲

莫友芝印

友芝私印

郘亭寓公

友芝佩印

莫氏子偲

子偲

其名曰友

郘亭

友芝私印

附録一

中庸集解

〔宋〕石𡼖　編彙
〔清〕莫友芝　輯校
李華斌　田穗　梁光華　點校

點校説明

南宋石𡼖《中庸集解》二卷，《四庫全書簡明目録》云：石𡼖彙集十家《中庸》的解説語。十家分别是：周敦頤、程顥、程頤、張載、吕大臨、謝良佐、游酢、楊時、侯仲良、尹焞。其中謝良佐、楊時、游酢、吕大臨爲程門四先生，侯仲良爲二程内弟子，尹焞也受學于程頤。因而除閩學外，《中庸集解》實融滙關學、濂學、洛學的集解資料，其中以洛學爲盛。石𡼖，會稽人，乾道癸巳（一一七三）始刻是書於南劍的尤溪。此書流傳甚廣，建陽、長沙、廣東、廣西都有刻本。莫友芝《校刊〈中庸集解〉序》謂朱熹「極稱其謹密詳審」，淳熙癸卯（一一八三）删爲《中庸輯略》。由此，《中庸輯略》行，《中庸集解》微。朱熹《中庸章句》通行後，《中庸輯略》也因此而微。明代以後，求《中庸輯略》一刻本已難矣，《中庸集解》基本上亡佚了。

莫氏據宋衛正叔《禮記集説》，輯佚刊行《中庸集解》。於道光己酉夏五月（一八四九）校正刊刻，其徒黎平胡長新、遵義鍾憲章和胞弟莫庭芝、莫生芝、莫祥芝共同對字。己酉大雪節，又重校，記下分章的訛誤及争議。另據張劍《大陸所藏莫氏稿、鈔本考述》①，莫氏著述大陸所藏共

① 張劍：大陸所藏莫氏稿、鈔本考述[J]：文史，二〇〇八，（〇二）：

47種81册，然《校刊〈中庸集解〉》不在其列。今點校由上海古籍出版社出版，對莫氏的學術及四書學的研究意義重大。

一、莫氏輯佚校刊《中庸集解》的成就

輯佚校刊，顧名思義，應包括輯佚石𡼖亡書、校勘、刊刻幾項工作。從莫氏對《中庸集解》的整理來看，還有編目、彙集相關研究資料等工作。因而莫氏對《中庸集解》不僅僅是校勘、刊刻等的整理工作，但莫氏以校刊爲副題，認爲「校刊」實爲整理亡書的重點及難點。以下從四方面來總結莫氏的校刊成就。

一、嚴謹的校刊態度。道光己酉（一八四九）五月刊刻後，又復校勘，發現從朱熹講訂分三十三章有誤，應爲四十章，因而特意附上「著刊改之，由以識吾過」的説明，并附録鄭珍分三十九章的案語，存争議，以顯慎重。

二、科學的校刊方法。首先，從目録入手，普查所有與石𡼖及《中庸集解》相關的文獻，這些書目題跋文獻包括《四庫全書總目》、《四庫全書簡明目録》、《中庸集解目録》、《中庸集解跋》、《宋史·藝文志》、《書録解題》、《讀書附志》、《玉海》、《明一統志》、《文獻通考》、《經義考》等。目録是治學的門徑，查書目題跋文獻，可宏觀瞭解《中庸集解》的流變史、研究史和接受史。其次，莫氏檢閲衛湜《禮記集説》時，發現十家之説俱在，就以其爲底本，以朱熹删定的《中庸輯略》、真德秀的《中庸集編》、趙順孫的《中庸纂疏》爲參校本，補脱存異。莫氏與鄭樵一樣，發現「書有名

亡而實不亡」(《通志·校讎略》),從而輯録了本已亡佚的石𡼏《中庸集解》。

三、標準的校刊體式。經、注、按爲莫氏已酉本的基本體式。經,《中庸》正文;注,十家集解;按,莫氏校刊的案語。與經部書的注釋體式相同,《中庸》的正文頂格寫,十家集解空兩格,莫氏的案語,采用小號細體,置于十家集解的後面,雙行豎排。莫氏案語的體式:添補十家集解脱落的字句,在大號字體上加括號,案語注明《輯略》删;辨衍字、誤字,例如「《通書》多小達曰三字」,「度本誤衡」;備異文,例如「一作即」;并原本雙行小注爲單行細書。

四、豐富的校刊成果。成果是多方面的,僅列舉以下幾條:①發現趙悳《中庸箋義》、詹道傳《中庸纂箋》、景星《中庸集説啓蒙》遺漏尹焞,誤增司馬光、王安石對《中庸》的説解。②以對吕信卿刊刻唐順之的宋本《中庸輯略》的校勘爲例,發現駁先儒諸説的「或問」多被删節,也有「或問」未删盡,以致「或問并出」;誤張、楊語爲二程語,有脱字、漏字、衍字、倒句等。③發現真氏《中庸集編》引《中庸輯略》,有今本無的四十三條。

二、莫氏輯佚校刊《中庸集解》的價值

莫氏輯佚校刊《中庸集解》的價值是多方面的,主要有以下幾點:

一、爲研究編者及佚書提供了完備的資料。石𡼏非大家,一般研究者并不熟悉,明代以後隱没不彰。但莫氏彙集朱熹爲其所撰墓志銘、《明一統志》所載等相關資料,補充了正史記載的不足。莫氏從歷代史志目録、官修目録、私家目録彙集《中庸集解》的相關材料,爲研究編者及佚書提供了方便。

二、恢復了經典的本來面目。朱熹删《中庸集解》成《中庸輯略》，莫氏《校刊〈中庸集解〉序》：「《輯略》行，《集解》遂微。」朱熹《四書集注》（内有《中庸章句》）成，唐順之《中庸輯略序》謂「自（朱熹）《章句》《或問》行，而（石𡼏的）《輯略》《集解》兩書因以不著于世」。明代吕信卿因和石𡼏爲同鄉，想刊刻石𡼏二書，也僅能據唐順之所藏的《中庸輯略》宋槧舊本。唐順之認爲《中庸集解》「不可復見」，謝鐸《赤城續志》亦謂石𡼏《中庸輯略》（朱彝尊《經義考》以爲即《中庸集解》）已亡，僅朱彝尊相信還有石珮玉的家塾孤本。今《四庫全書》四書類收有《中庸輯略》，而《中庸集解》連《總目》四書類存目也無提要，僅《四庫全書簡明目録》有簡單提要。莫氏校刊《中庸集解》，可謂石𡼏《中庸集解》的功臣。

三、填補了學術史上的空白。由《中庸集解》到《中庸輯略》，再到朱熹的《中庸章句》（《四書集注》的一部分）；又因《章句》，《集解》亡，《輯略》微；朱熹《中庸章句》實爲集大成者。莫氏輯佚出《中庸集解》，爲研究朱熹《章句》和四書學提供了不可或缺的一個環節，填補了學術史的空白。

四、爲研究莫氏學術打開了一扇門。莫氏的目録學、文字學、音韻學等已被研究者深入研究，其經學研究是一段空白。今整理莫氏校刊《中庸集解》，可彌補研究的不足。中庸思想對莫氏爲人、行世、學術等的影響還未有人涉及，以之來探討莫氏的世界觀、方法論，可深化對於莫友芝的學術研究。

本書以清道光己酉莫氏影山草堂本爲底本點校。

參校文獻有：（一）（宋）朱熹《四書章句集注》。北京：中華書局，一九八三；（二）（宋）黎靖德編星賢點校《朱子語類》，北京：中華書局，一九八六；（三）（宋）張載著，張錫琛點校《張載集》，北京：中華書局，二〇一〇；（四）（宋）邵雍著，郭彧整理《邵雍集》，北京：中華書局，一九八六；（五）（宋）周敦頤著，陳克明點校《周敦頤集》，北京：中華書局，二〇〇九；（六）（宋）程顥、程頤著，王孝魚點校《二程集》，北京：中華書局，二〇〇四；（七）（清）永瑢等撰《四庫全書總目》，北京：中華書局，二〇〇三；（八）（宋）朱熹《中庸輯略》，文淵閣四庫全書本；（九）（宋）袁甫《蒙齋中庸講義》，文淵閣四庫全書本；（一〇）（宋）真德秀《中庸集編》，文淵閣四庫全書本；（一一）（宋）黎立武《中庸指歸》，文淵閣四庫全書本；（一二）（宋）黎立武《中庸分章》，文淵閣四庫全書本；（一三）（宋）趙順孫《中庸纂疏》，文淵閣四庫全書本；（一四）（元）胡炳文《中庸通》，文淵閣四庫全書本；（一五）（元）張存中《中庸章句或問通證》，文淵閣四庫全書本；（一六）（元）詹道傳《中庸纂箋》，文淵閣四庫全書本；（一七）《中庸章句大全》，文淵閣四庫全書本；（一八）《中庸或問大全》，文淵閣四庫全書本；（一九）（明）夏良勝《中庸衍義》，文淵閣四庫全書本。另外，參考今人的學術研究文獻有：（一）嚴佐之《朱子〈中庸輯略〉芟節石𡼖〈中庸集解〉原本條目考——兼論芟節原本條目的經典詮釋意圖》，《湖南大學學報》二〇一一（〇一）；（二）李華斌《莫友芝校刊中庸集解的成就、價值及不足》，《古籍整理研究學刊》二〇一一（〇六）；（三）沈曙東《朱熹〈中庸章句〉成書過程研究》，華中師範大學碩士論文，二〇〇六。

末附在上海圖書館新發現的《莫友芝答鄭珍商補〈中庸集解〉刻板函》

從二〇一〇年九月至二〇一三年十月，點校者三易其稿，反復斟酌。由于學養不够，訛誤在所難免，祈望海内方家批評斧正。

李華斌　田穗　梁光華

二〇一五年八月於黔南民族師範學院

目録

欽定四庫全書總目提要

中庸輯略二卷 江蘇巡撫採進本

宋石𡼖編，朱子刪定。𡼖字子重，號克齋，新昌人。紹興十五年進士，官至太常主簿，出知南康軍。《中庸》爲《禮記》第三十一篇，孔穎達疏引鄭元〔一〕《目録》云：此〔二〕於《別録》屬通論。《漢書·藝文志》有《中庸説》〔三〕二篇，顔師古注曰「今《禮記》有《中庸》一篇，亦非本禮經」，蓋子思之作是書，本以闡天人之奥，漢儒以無所附麗，編之《禮記》，實於五禮無所屬，故劉向謂之通論，師古以爲非本禮經也。梁武帝嘗作《義疏》，見於《隋志》，然其書不傳。迨有宋諸儒研求性道，始定爲傳心之要，而論説亦遂日詳。故𡼖輯是編，斷自周子、二程子、張子，而益以吕大臨、謝良佐、游酢、楊時、侯仲良、尹焞之説，初名《集解》。乾道癸巳，朱子爲作序，極稱其謹密詳審。越十有六年，淳熙己酉，朱子作《中庸章句》，因重爲刪定，更名《輯略》，而仍以《集解》原序冠其首。觀朱子《中庸章句》自序，稱既「定著《章句》一篇，以俟後之君子，而一二同志復取石氏書刪其繁亂，名以《輯略》」，且「別爲《或問》，以附其後」云云，據此，則是編及《或問》皆當與《中庸章句》合爲一書，其後《章句》孤行，而是編漸晦。明嘉靖中，御史新昌吕信卿始從唐順之得宋槧舊本，刻之毗陵，凡先儒論説見於《或問》所駁者多所芟節，如第九章游氏以舜爲「絶學無爲」之説，楊氏「有能斯有爲」之説，第十一章游氏「離人立於獨未發有念」之説，多竟從删剃，不復存其説於此書；至如第一章内所引程子答蘇季明之次章，《或問》中亦力斥其記録失真，而原文乃仍載書中，或爲失於刊削，或爲别有取義，則其故不可得詳矣。

【校勘記】

〔一〕「鄭元」，當爲「鄭玄」，避清聖祖玄燁諱。

〔二〕「此」字之下脱「書」字，《四庫全書總目》有「書」字。

〔三〕「中庸説」，《四庫全書總目》作「中庸傳」。按《漢書·藝文志》作「中庸説」，莫氏當是據改。

欽定四庫全書簡明目録

中庸集解二卷

宋石𡼖編。采周子、二程子、張子、吕大臨、謝良佐、游酢、楊時、侯仲良、尹焞十家解説《中庸》之語。朱子《中庸輯略》即據此書爲藍本也。

中庸輯略二卷

宋朱熹編。因石𡼖《中庸集解》而删其繁蕪。據《中庸章句序》，蓋初附《章句》之末，其後乃别本孤行也。

謹按：石氏名，前載𡼖、𡻕互見，説在朱子《集解序》注中。

校刊中庸集解序

《中庸集解》者，宋新昌石氏子重集録周子、二程子、張子及程子門人吕、謝、游、楊、侯、尹十家之説。《宋志》又謂《中庸集解》。朱子《論孟精義》，每卷標題，皆冠以國朝諸老先生字，則云「十先生」者，疑爲元題。書成於乾道癸巳，朱子爲講訂而序其篇目，極稱其謹密詳審。越十年，淳熙癸卯，據今《輯略》本所題年。删爲《輯略》，仍以元序冠之。後又爲《或問》，以明諸家之醇駁。淳熙己酉，《中庸章句》成，乃以《輯略》、《或問》并附諸後，故《中庸序》并舉三書也。《輯略》行，《集解》遂微。自鐵峰趙氏《中庸箋義》，數所集十家，遺尹氏而誤增司馬温公、王荆公三家，臨川詹氏《中庸纂箋》、訥庵景氏《中庸集説啓蒙》所記亦爾。蓋元時已罕覯本書，不至唐荆川序《輯略》、謝鳴治志《赤城》始嘆佚亡矣。戊申秋，課彝兒讀《戴記》時，檢閲衛氏《集説》，則十家之説具在。喜遺緒之可尋，亟爲鈔出。復取《輯略》及真氏《集編》、趙氏《纂疏》所引校其文句，補脱存異，以還石氏之舊。夫《章句》者，《中庸》之指歸；集解者，《章句》之尋原。未有《章句》，既緣《集解》以觀會通；已有《章句》，宜溯《集解》以明取舍。夫治獄者，不審爰書，不知用律之曲當；治醫者，不析證變，不識處藥之至精。《集解》之於《章句》、《或問》，亦猶是而已矣。特是述朱子者，謹守一先生之説，小有同異，即束棄不觀。故黄東發氏論衛氏《禮記》，必斥其備載石本及增入諸家之非。門户在胸，雖大輅椎輪，浸鮮有過而問焉者。逮科舉學盛，凡非《章句》、《集注》之義，又皆在所擯，於是并《輯略》、《精義》等書，亦付之若存若亡間。嗚呼，是豈朱子意哉？且《輯略》之成，已不盡出朱子手。《章句序》云：一二同志「取石氏書删其繁亂，名以《輯略》」。而今世流傳，又唯呂信卿所刊唐荊川宋本，其中《或問》所駁先儒諸説多所芟節，有竟削不存者，亦有《或問》斥其記録失真，而仍載書中者。《四庫全書提要》已謂其故不可得詳，因細考之，尚有《章句》引用而亦芟棄者，如篇首程子「孔門傳授心法」之説，第一章楊氏一篇「體要」之説，十六章張子「鬼神二氣良能」之説，及二十章末呂氏「變化氣質」之説，《輯略》皆不載。有《或問》并出可否而存此删彼者，如「率性」之説，《或問》於呂、游、楊皆置瑕瑜，《輯略》獨删呂而存游、楊之類。有以張、楊語爲程子語者，如篇首程子諸説後「學者如《中庸》文字」一條，十六章伊川説後「鬼神往來屈伸之義」等三條，二十章末伊川説後「以心求道」二條，并張子語；及第一章明道説後「怒者喜之反」一條，乃龜山語。《輯略》并直以「又曰」繼之，是以張、楊語冒程語也。有遺脱語句、其義不完者，如第一章游氏説「則道在我矣」下遺「此率性之謂道也。若出於人爲，則非道矣」十六字，第六章楊氏説「隱惡而揚善」下遺「與人爲善也。取諸人以爲善，人必以善告之」十七字之類，非他處節文可通者比。顛倒瞀亂，殆於不可卒讀。意雖朱子門人，當不率漏至是，必唐、呂私有增損，抑或苟且就雕，致懵學者逾三百年。非得石氏本書，亦誰從覺其非哉？又考真氏所引《輯略》，在今本外者，尚四十餘條，篇首多張子一條、呂氏一條，第一章多程子七條、呂氏一條、游氏一條、楊氏四條、尹氏一條，二章多呂氏一條，四章多程子一條、楊氏一條，十三章多程子三條，十六章多張子二條，十七章多呂氏一條，二十章多程子一條、呂氏一條，二十四章多程子一條、呂氏一條，二十五章多程子一條、呂氏一條，二十七章多程子一條、張子四條、楊氏二條，三十章多呂氏一條，三十一章多楊氏一條，三十三章多程子三條，凡四十三條。其篇首及十六章引張子，第一章引楊氏，并不誤作程子。第一章游氏説，六章楊氏説，所引亦無遺字。言皆大醇，非應删者。私意真氏未引爲唐、吕刊落者，必猶有若干條。《輯略》既非完本，則《集解》愈足珍惜矣。校既竣，同人趨付之梓，以廣其傳。因復舉《輯略》所删，及删而《集編》引爲《輯略》者，各注當條之下，欲使學者讀一書而得二書之益云爾。朱氏《經義考》載是書有石氏裔孫珮玉新昌家塾刻本，僻處訪求未見，他日獲之，當更校諸别紙。

道光己酉夏五月，獨山後學莫友芝謹書。

中庸集解目録

濂溪先生周氏名敦實，避英宗舊名，改敦頤，字茂叔。道州營道人，家濂溪。賜謚曰元。

明道先生程氏名顥，字伯淳。河南人。賜謚曰純。

伊川先生程氏名頤，字正叔。明道弟。賜謚曰正。濂溪掾南安時，二程并以父命問學。

横渠先生張氏名載，字子厚。世大梁人，僑寓鳳翔郿縣横渠鎮。賜謚曰明。横渠，二程表叔，其學則資於程氏。

藍田吕氏名大臨，字與叔。藍田人。横渠門人。横渠卒，乃東見二程子，而卒業焉。官祕書省正字。

上蔡謝氏名良佐，字顯道。上蔡人。與游、楊同時受學於二程子。召對，除書局官。

建安游氏名酢，字定夫。建州建陽人。與吕、謝、楊號程門四先生。官至監察御史。

延平楊氏名時，字中立。南劍州將樂人。自號龜山。官至工部侍郎、龍圖閣直學士，謚文靖。

河東侯氏名仲良，字師聖。河東人。二程子之内弟子。

河南尹氏名焞，字彦明。洛人。受學於伊川。召授和靖處士，後官至禮部侍郎兼侍講。

友芝按：朱子《序》謂石君集次爲書，復第其録如右，命某序。是《集解》有録之證。今依《論孟精義》補，更考十先生解《中庸》本末，附注序中。其史志及宋以來著録、論説石氏書及《輯略》者，則與朱子所撰石君墓志别爲附録。至書中周、程、張稱子，餘稱姓，一依《輯略》。

中庸集解序

《中庸》之書，子思子之所作也。昔者，曾子學於孔子，而得其傳矣。孔子之孫子思，又一無「又」字。學於曾子，而得其所傳於孔子者焉。既而懼夫傳之久遠而或失其真也，於是推本所傳之意，質以所聞之言，更相反覆，作爲此書。友芝按：《史記·孔子世家》云：「（子思）嘗困於宋。子思作《中庸》。」《孔叢子》云：「子思適宋，宋大夫樂朔與之言《尚書》。朔不悦，曰孺子辱我，其徒遂攻圍子思。宋君不待駕而救子思。子思既免，曰：文王困於牖里，作《周易》；祖君屈於陳、蔡，作《春秋》。吾困於宋，可無作乎？於是撰《中庸》之書。」閻若璩《四書釋地》云：「向謂《論語》杞宋并不足徵，《中庸》易其文，曰有宋存，爲失其意。」忽憶《孔子世家》末云云，《中庸》既作於宋，易其文，殆爲宋諱乎？《孔叢》雖僞書，然載樂朔云云，似亦未必全無因，則書中辭宜遜，且爾時杞既亡，而宋獨存，易之亦與事實合。孟子之徒，實受其説。孟子没，而不得其傳焉。漢之諸儒，雖或擎一作「傳」。誦，然既雜乎傳記之間而莫之貴，又莫有能明其所傳之意者。按《漢書·藝文志》禮家有《中庸説》二篇，今無傳，當即《禮記》之《中庸》析而爲二耳。《白虎通義》謂《中庸》爲《禮中庸記》，至《孔叢子》謂子思撰《中庸》四十九篇，王肅《家語》注謂子思作《中庸》四十七篇，當有合併亡逸，抑并《漢志》儒家之《子思子》二十三篇數之耶？不可考矣。《隋書·經籍志》載《禮記中庸義》二卷，戴顒撰；《中庸講疏》一卷，梁武帝撰；又有《私記制旨中庸義》五卷，大同十年張綰、朱异、賀琛述，皆無傳。至唐李翺，始知尊信其書，爲之論説。然其所謂滅情以復性者，又雜乎佛、老而言之，則亦異於曾子、子思、孟子之所傳矣。按：翺集有《復性書》三篇，上、中二篇皆舉《中庸》爲説，其中篇有云：「情者妄也，邪也，邪與妄則無所困矣。妄情滅息，本性清明，周流六虚，所以謂之能復其性。」所謂雜佛、老者，指此。而朱彝尊《經義考》列李氏翺《中庸》説爲一種，云未見；又引黄震曰《中庸》至唐李翺始爲之説以證，皆誤。《黄氏日抄》即用此序語。至於本朝，濂溪周夫子始得其所傳之要，以著于篇。按：此指周子論誠言，《集解》引周子説凡三條，即《通書》之《誠上》、《誠下》、《師》三章。河南二程夫子又得其遺旨而發揮之，然後其學布於天下。然明道不及爲書，今世所傳陳忠肅公之所序者，乃藍田吕氏所著之别本也。伊川雖嘗自言《中庸》今已成書，然亦不傳於學者。或以問於和靖尹公，則曰：「先生自以不滿其意，上五字，一作「意不滿」三字。而火之矣。」二夫子於此既皆無書，故今所傳，特出於門人一多「所」字。記平居問答之辭。按：《集解》引二程説，凡百六十餘條，并見《遺書》、《外書》，其取之《易傳》、《論語解》、《文集》者，才三數條耳。《宋史·藝文志》：明道《中庸解義》一卷。晁公武《郡齋讀書志》：明道《中庸解》一卷，陳瓘得之江濤，濤得之曾天隱，天隱得之傅才孺，才孺云李丙所藏也。胡宏《吕氏中庸解》序云：「靖康元年，侯師聖自三川避亂來荆州，有張燾携所藏得江濤家明道《中庸解》示之，師聖笑曰：『何傳之誤？此吕與叔晚年所爲也。』河南夫子侯氏甥，而師聖又夫子猶子人也。少孤，養夫子家，至於成立。兩夫子屬纊，皆在左右。其從最久，知夫子文章最詳。其人守義重然諾，不妄可信。後十年，宏止衡山，大梁沈向又出所傳明道先生《解》，有瑩中陳公記亦云得之濤。反覆究觀，詞氣大類《正蒙》書。與叔乃横渠門人肖者，徵往日師聖言，信以今所見此書，與叔所著無疑。惜乎瑩中不知其詳，而有疑於《行狀》所載未及耳。《二程遺書》十七載伊川語，有云《中庸》却已有成書，而當條下又注云：陳長方見尹子於姑蘇，問《中庸解》，尹子云：『先生自以不滿意，焚之矣。』」而門人之説行於世者，唯吕氏、游氏、楊氏、侯氏爲有成書。按：吕氏解《中庸》有二本，《集解》并引之。大率以改本居先，而繼以「一本云」者爲初本。《朱子語録》曰：向見劉致中説，今世傳明道《中庸義》

是與叔初本，後爲博士，演爲講義。先生又云：尚恐今《解》是初著，後掇其要爲解也。《經義考》云：吕氏大臨《中庸解》一卷，存疑，即《二程全書》所載本。又《中庸後解》，《宋志》一卷，佚。蓋誤以講堂舊本爲《後解》。王應麟《玉海》載吕大臨《芸閣禮記解》十卷，衛氏《禮記集説》目録亦載吕氏《禮記解》十卷。陳振孫《書録解題》、晁公武《讀書志》并載吕氏《芸閣禮記解》四卷。據所記篇目，皆同。中有《中庸》，陳云此晦庵朱氏所傳本，晁云《大學》、《中庸》尤所致意。《宋志》又有程叔子及吕、游、楊四先生《中庸講義》一卷，今并未見。吕氏講堂本有自序，已裁入《集解》。《朱子語録》曰：吕《中庸》文滂沛、意浹洽。又曰：吕本是剛直底氣質涵，養得到如此。其説得好處，如千兵萬馬，飽滿伉壯。又曰：李先生説陳幾叟輩皆以楊氏《中庸》不如吕氏，先生曰：吕氏飽滿充實。又曰：龜山門人自言龜山《中庸》枯燥，不如與叔浹洽。曰：與叔却似行到，他人如登高望遠。又曰：游、楊、吕、侯諸先生解《中庸》，只説他所見一面道理，却不將聖人言語折衷，所以多失。又有辨明道《中庸》爲吕氏解幾四百言，又有統論吕、游、楊、侯四子之説百餘言，在《或問》首章。　游氏《中庸解》，晁《志》云一卷，《經義考》云：游氏酢《中庸解義》，《宋志》五卷，《通考》一卷，未見，《一齋書目》有。按：今實無傳本，惟存《廌山集》四卷，以《論孟雜解》、《中庸義》爲第一卷，其《年譜》載作《語孟解》、《中庸義》，在年四十六時。《朱子語録》曰：游、楊諸公皆才高，雖其説有疏略，然皆通明。　楊中立《中庸解》，晁《志》云一卷，《經義考》云：楊氏時《中庸解》，《宋志》一卷，未見，《一齋書目》有，自序略曰：孔子没，群弟子離散，分處諸侯之國。雖各以所聞授弟子，然得其傳者蓋寡。故子夏之後有田子方，子方之後有莊周，則去本浸遠矣。獨曾子之後，子思、孟子之傳得其宗。子思之學，《中庸》是也。予昔在元豐中，嘗受學明道先生之門，得其緒言一二，未及卒業，而先生殁。繼又從伊川先生，未幾，先生復以罪竄涪陵。其立言垂訓，爲世大禁，學者膠口，無復敢道。政和四年夏六月，予得請祠館，退居餘杭，杜門却掃，因得温尋舊學。於是追述遺訓，著爲此書。以其所聞，推其所未聞者，雖未足盡傳先生之奧，亦妄意其庶幾焉。陳亮《龜山中庸義序》謂：楊氏《中庸》及胡氏《春秋》，病其未廣，别刊爲小本。是同甫曾刻此書，今并未見傳本，惟《文集》行世，中有《講義》、《經解》各一卷。　侯氏《中庸説》，《經義考》云一卷，未見。《朱子語録》曰：侯氏説前後相反，没理會。又《文集·與張欽夫》論師聖《論語》云：竊謂其説大抵明白勁正，而無深潛、縝密、沈浸、醲郁之味，故於精微、曲折之際不免疏略，時有罅縫，不得於言，勿求諸心，乃其所見、所存，有此氣象。若横渠先生，若謝氏、尹氏，則亦或記其語之及此者耳。按：《集解》引張子説凡四十三條。《玉海》云《禮記張載説》三卷，衛氏《禮記集説目録》亦載有《横渠禮記説》三卷。《經義考》載魏鶴山序云：横渠書行世者，惟《正蒙》爲全書，其次則《經學理窟》及《信聞録》已不見於吕與叔所狀。是編尋其説，多出於《正蒙》、《理窟》諸書。今《記説》、《理窟》無傳本，以《張子全書》所載校《集解》所引，大概《正蒙》、《理窟》、《語録》之説。《集解》引謝氏説凡二十餘條，見《上蔡語録》及《論語説》。《集解》引尹氏説凡三條，蓋取之祁寬所録尹和靖語。又皆别自爲編，或頗雜出他記。蓋學者欲觀其聚而不可得，固不能有以考其異而會其同也。熹之友會稽一多「新昌」二字。石君墪子重按：子重名，《朱子文集》及《輯略》皆作「嶅」，故《四庫簡明目録》、《經義考》并從作「嶅」。《宋史》及陳振孫《書録》、《中庸纂箋》皆作「墪」，故《四庫總目》、《浙江通志》并從作「墪」。其作「塾」、作「堅」、作「敦」者，皆訛字也。今書中題名依《文集》，其引他記載則各從其本書。《浙江通志》引《台學源流》云：石墪，字子重，其先新昌人，大父公孺始遷臨海。墪自少警悟不群，及長刻意爲學，與晦庵朱子交好，嘗稱其論仁之體要甚當，願與長者各盡力於斯；又謂心説甚善，但更須收斂，造約爲佳。以紹興十五年進士，歷四縣，知南康軍。卒年五十有五，晦庵志其墓。晚名其燕居之室曰克齋，讀書其間，没身不懈。後生執業就正者，多賴以知嚮方。陳耆卿修郡乘，謂里人自克齋知有洛學。車若水亦云：克齋石公，所謂大人爲己之學深造而自得者也。所集《問易》、《大學》、《中庸》解數十卷，文集十卷，傳學者。乃始集而次之，合爲一書，以便觀覽，名曰《中庸集解》。復第其録如右，而屬熹序之。熹惟聖門傳授之微旨見於此篇者，諸先生言之一作「之言」。詳矣。熹之淺陋，蓋有行思、坐誦，没世窮年而不得其所以言者，尚何敢措一辭於其間？然嘗竊謂秦、漢以來聖學不傳，儒者惟知章句、訓詁之爲事，而不知復求聖人之意以明夫性命、道德之歸。至於近世，先知先覺之士始發明之，則學者既有以知夫前日之爲陋矣。然或乃徒誦其言以爲高，而又初不知深求其意，甚者遂至於脱略章句，陵籍訓詁，坐談空妙，展轉相迷。而其爲患，反有甚於前日之爲一作「遺」。陋者。嗚呼，是豈古昔聖賢相傳之本意，與夫近世先生君子之所以望於後人者哉！熹誠不敏，私竊懼焉。故因子重之書，特以此言題其篇首，以告夫同志之讀此書者，使之毋跂於高，毋駭於奇，必沈潛乎句讀、文義之間，以會其歸；必戒懼夫不睹、不聞之中，以踐其實。庶乎優柔、厭飫，真積力久，而於博厚、高明、悠久之域，忽不自知其至焉。則爲有以真得其傳，而無徒誦、坐談之弊矣。抑子重之爲此書，采掇無遺，條理不紊，分章雖因衆説，然去取之間，不失其當。其謹密、詳審，蓋有得乎行遠自邇、登高自卑之意。唯一作「雖」。《哀公問政》以下六章，據《家語》本一時問答之言，今從諸家不能復合，然不害於其脈理之貫通也。又以簡帙重大，一作「繁」。分爲兩卷，亦無他義例云。乾道癸巳九月辛亥，上八字，一作「淳熙癸卯春三月」七字。新安朱熹謹書。二字一作「序」。　此《序》依《文集》録。其注「一作」者，乃以《輯略》校。

按：《朱子文集》四十二載《答石子重整》十二書，玩其首篇文義，似爲讀《集解》、《集義》發者，附注於此。云：「熹竊謂人之所以爲學者，以吾之心未若聖人之心故也。心未能若聖人之心，是以燭理未明，無所準則，隨其所往，高者過，卑者不及，而不自知其爲過且不及也。若吾之心，即與天地聖人之心無異矣，則尚何學之爲哉？故學者必因先達之言以求聖人之意，因聖人之意以達天地之理，求之自淺以及深，至之自近以及遠，循循有序，而不可以欲速迫切之心求也。夫如是，是以浸漸、經歷、審熟、詳明，而無躐等空言之弊。馴致其極，然後吾心得正，天地聖人之心，不外是焉。非固欲畫於淺近而忘深遠，舍吾心以求聖人之心，棄吾説以徇先儒之説也。」

桂林刻中庸集解跋

右石𡻕子重所編《集解》兩卷，栻刻于桂林郡學官。子重之編此書，嘗從吾友朱熹元晦講訂，分章去取，皆有條次，元晦且嘗爲之序矣。桂林學官舊亦刻《中庸解》，而其間雜亂以他，懼其反誤學者。於是漫去舊板，而更刻此書。竊惟《中庸》一篇，聖賢之淵源也，體用隱顯、成己成物備矣。雖然，學者欲從事於此，必知所從入，而後可以馴致焉。其所從入奈何？子思以不睹、不聞之訓著於篇首，又於篇中疑當作「終」。發明「尚絅」之義，且曰：「君子之所不可及者，其唯人之所不見乎？」而推極夫篤恭之效，其示來世，可謂深切著明矣。學者於此，亦知所用其力哉！有以用其力，則於是書反復紬繹，將日新而無窮。不然，譬諸枵腹而觀他人之食之美也，亦奚以益哉？淳熙某年某月，緜竹張栻書。《南軒集》。

書徽州婺源縣中庸集解板本校後

此書始刻於南劍之尤溪，熹實爲之序其篇目。今建陽、長沙、廣東西皆有刻本，而婺源宰三山張侯又將刻之縣學，以惠學者。熹固縣人，嘗病鄉里晚學見聞單淺，不過溺心於科舉程試之習，其秀異者，又頗馳騖乎文字纂組之工，而不克專其業於聖門也。是以儒風雖盛，而美俗未純。父子、兄弟之間，其不能無愧於古者多矣。今得賢大夫流傳此書，以幸教之，固熹之所欲聞而樂贊其成者也。是書所記，雖本於天道、性命之微，而其實不外乎達道、達德之粲然者。學者誠能相與深究而力行之，則先聖之所以傳，與今侯之所以教者，且將有以自得之。而舊俗之未純者，亦可以一變而至道矣。《朱子文集》八十一。

十先生中庸集解卷上

宋新昌石𡼏子重編

中庸

程子曰：「中之理至矣。獨陰不生，獨陽不生。偏則爲禽獸，爲夷狄；中則爲人。中則不偏，常則不易。惟中不足以盡之，故曰中庸。」明道。　又曰：「天地之化，雖廓然無窮，然而陰陽之度，日月寒暑晝夜之變，莫不有常。此道之所以爲中庸。」伊川。　又曰：「中者，只是不偏，偏則不是中。庸只是常。猶言中者，是大中也；庸者，是定理也。定理者，天下不易之理也，是經也。孟子只言反經，中在其間。」伊川。　又曰：「《中庸》之言，放之則彌滿《遺書》無「滿」字。六合，卷之則退藏於密。」明道。　又曰：「《中庸》始言一理，中散爲萬事，末復合爲一理。」明道。　又曰：「《中庸》之書，是孔門傳授，成於子思，傳於孟子。其書雖是雜記，更不分精粗，一衮一作「滚」。說了。今人語道，多說高便遺却卑，說本便遺却末。」伊川。凡云一某某者，存《輯略》異文。云本某某者，依《輯略》改正，而仍記衛本，并不著所出。其依他處校者，各著之。　又曰：「《中庸》之書，其味無窮，極當《遺書》作「索」。玩味。」伊川。　又曰：「善讀《中庸》者，《遺書》多「只」字。得此一卷書，終身用不盡也。」伊川。本脱此二條。　又曰：「《中庸》一卷書自至理，便推之於事，如國家有九經，及歷代聖人之迹，莫非實學也。如登九層之臺，自下而上爲是。」按《遺書》此條伊川語。（又曰：「《中庸》之書，决是傳聖人之學不雜，子思恐傳授漸失，故著此一卷書。」《輯略》删。凡《輯略》所録，條下皆不注。注其删者，更闌畫起止。其今《輯略》本無，而真氏《集編》引爲《輯略》者，亦不畫。又曰：「《中庸》是孔門傳授心法。」）按：《外書》此條伊川語，「是」作「乃」，《輯略》删。友芝按：「子思恐傳授漸失」及「孔門傳授心法」語，《章句》并檃括引之，《輯略》不應不載，恐是今刻本遺脱。

張子曰：「學者信書，且須信《論》、《孟》、《詩》、《書》，無舛雜。如《中庸》、《大學》，出於聖門，無可疑者。」又曰：「學者如《中庸》文字輩，直須句句理會過，使其言互相發明。」本脱上二條，依真氏《集編》引《輯略》增。今《輯略》本亦載後條，而直接程子諸條後，反似此語并出程子者。知《輯略》本有首條，刻遺致誤。

呂曰：「《中庸》之書，聖門學者盡心以知性，躬行以盡性，始卒不越乎。此書孔子傳之曾子，曾子傳之子思，子思述所授之言，以著於篇。故此書之一作「所」。論，皆聖人之緒言，入德之大要也。」又曰：「聖人之德，中庸而已。中則過與不及皆非道，庸則父子、兄弟、夫婦、君臣、朋友之常道。欲造次顛沛，久而不違於仁，豈尚一節、一行之詭激者哉！」又曰：「《中庸》之書，學者所以進德之要，本末具備矣。案：真氏引《輯略》，節此上十九字爲一條，今《輯略》不載。（既以淺陋之學爲諸君道之，抑又有所以告諸君者。案：《經義考》載此篇乃呂氏《中庸後解》自序，此下尚有百四十六字，爲石氏所删，餘亦小有異同，不具録。孔子曰：『古之學者爲己，今之學者爲人。』爲己者，心存乎德行，而無意乎功名。爲人者，心存乎功名，而未及乎德行。若後世學者，有未及乎爲人而濟其私欲者。今學聖人之道，而先以私欲害之，則語之而不入，導之而不行，教之者亦何望哉？聖人立教以示後世，未嘗使學者如是也。朝廷建學、設科，以取天下之士，亦未嘗使學者如是也。學者亦何必捨此而趨彼哉？聖人之學，不使人過，不使人不及，立喜怒哀樂未發之中以爲之本，使學者擇善而固執之，其學固有序矣。學者蓋趙本作「盍」。亦用心於此乎！用心於此，則義理必明，德行必修，師友必稱，州里必譽。仰元缺一字。上古，可以不負聖人之傳；俯達於當今，可以不負朝廷之教養。世之有道君子樂得而親之，王公大人樂聞而取之。與夫自輕其身、涉獵無本、徼幸一旦之利者，果何如哉？諸君有意乎，于今日所講有望焉；無意乎，則不肖今日自爲譊譊無益，不幾乎侮聖言乎。諸君其亦念之哉！」）自「既以淺陋」下，《輯略》刪去。案此條《或問》雖有駁正，而又謂「大旨切中今時學者之病，覽者誠能三復致思，亦可以感悟興起」，則似不在刪中。

楊曰：「《中庸》爲書，微極乎性命之際，幽盡乎鬼神之情，廣大精微，罔不畢舉，而獨以《中庸》名書，何也？真多「曰」字。予聞之師曰：『不偏之謂中，不易之謂庸。中者，天下之正道；庸者，天下之定理。』推是言也，則其所以書者，義可知也。世之學者，知一作「智」。不足以及真作「知」。此，而妄意聖人之微言，故物我異觀，天人殊歸，而高明中庸之學始兩一作「二」。致矣。謂高明者，所以處己而同本作「通」。乎天；中庸者，所以應物而同乎人。則聖人之處己者常過乎中，而與夫不及者無以異也。爲是説者，又烏足與議聖學哉？」

天命之謂性，率性之謂道，修道之謂教。

程子曰：「言天之自然者，謂之天道。言天之付與萬物者，謂之天命。」明道。　又曰：「『民受天地之中以生』，『天命之謂性』也。『人之生也直』，意亦如此。下卌字《遺書》作小注。　若以生爲生養之生，却是『修道之謂教』也。至下文始自云『能者養之以福，不能者敗以取禍』，則乃是教也。」明道。　又曰：「孟子曰：『仁者，人也。合而言之，道也。』《中庸》所謂『率性之謂道』是也。」明道。本脱二字。　又曰：「生之謂性，性即氣，氣即性，生之謂也。人生氣稟，理有善惡，然不是性中元有此兩物相對而生也。有自幼而善，有自幼而惡，案：《遺書》此下有注云后稷之克岐克嶷，子越椒始生，人知其必滅若敖氏之類。是氣稟有然也。善固性也，然惡亦不可不謂之性也。蓋生之謂性，『人生而靜』以上不容説，才説性時，便已不是性也。凡人説性，只是説『繼之者善也』，孟子言人性善是也。夫所謂『繼之者善也』者，猶水流而就下也。皆水也，有流而至海，終無所污，此何煩人力之爲也？有流而未遠，固已漸濁；有出而甚遠，方有所濁。有濁之多者，有濁之少者。清濁雖不同，然不可以濁者不爲水也。如此，則人不可以不加澄治之功。故用力敏勇，則疾清；用力緩怠，則遲清。及其清也，則却只是元初水也，亦不是將清來換却濁，亦不是取出濁來置在一隅也。水之清，則性善之謂也。故不是善與惡在性中爲兩物，相對各自出來。此理，天命也。順而循之，則道也。循此而修之，各得其分，則教也。自天命以至於教，我無加損焉，此舜『有天下而不與焉』者也。」又曰：「『上天之載，無聲無臭』，其體則謂之易，其理則謂之道，其用則謂之神，其命於人則謂之性，率性則謂之道，修道則謂之教。孟子於一作「去」。其中又發揮出浩然之氣，可謂盡矣。故説神『如在其上，如在其左右』；大小大事，而只曰『誠之不可掩如此夫』，徹上徹下，不過如此。形而上爲道，形而下爲器，須著如此説。器亦道，道亦器，但得道在，不繫今與後、己與人。」先生常語韓持國曰：「如説妄、説幻爲不好底性，則請别尋一個好底性來，换了此不好底性。道即性也。若道外尋性，性外尋道，便不是。聖賢論天德，蓋謂自家元是天然完全自足之物，若無所污壞，即當直而行之；若小有污壞，即敬以治之，使復如舊。所以能使復如舊本脱七字。蓋《遺書》作「著」，則屬上句。者，蓋爲自家本質元是完足之物，若合修治而修治之，是義也；若不消修治而不修治，亦是義也。故常簡易明白而易行。禪學者總是强生事，至如山河大地之説，是他山河大地，又干你何事？至如孔子，道如日星之明，猶患門人未能盡曉，故曰：『予欲無言。』如顔子則便默識，其他未免疑問，故曰『小子何述』。又曰：『天何言哉？四時行焉，百物生焉。』可謂明白矣。若能於此言上看得破，便信是會禪也，非是未尋得，蓋實是無去處説，此理本無二故本作「致」。也。」明道。又曰：「『生之謂性』，與『天命之謂性』，同乎性字，不可一概論。『生之謂性』，只訓所稟受也。『天命之謂性』，此言性之理也。今人言性柔緩、性剛急，皆生來如此，此本脱「此」字。訓所稟受也。若性之理，則無不善。曰天者，自然之理也。」伊川。又曰：「告子云『生之謂性』，凡天地所生之物，須是謂之性。皆謂之性則可，於中却須分别牛之性、馬之性。是他便只是一般，如釋氏説『蠢動含靈，皆有佛性』，如此則不可。『天命之謂性，率性之謂道』者，天降是於下，萬物流形，各正性命者，是所謂性也；循其性而不失，是所謂道也。此亦通人物而言。循性者馬則爲馬之性，又不做牛底性，牛則爲牛之性，又不爲馬底性，此所謂率性也。人在天地之間，與萬物同流。天幾時分別出是人、是物？『修道之謂教』，此則專在人事，以失其本性，故修而求復之，則入於學。若元不失，則何修之有？『成性存存，道義之門』，亦是萬物各有成性。存存亦是生生不已之義，天只是以生爲道。」又曰：「『率性之謂道』，率，循也。若言道不消先立下名義，則茫茫地何處下手，何處著心？」伊川。 又曰：「人須是自爲善，又不可都不管他，蓋有教焉。『修道之謂教』，豈可不修？」今《輯略》無，《集編》引有。（張子曰：「由大虛，有天之名；由氣化，有道之名；合虛與氣，有性之名；合性與知覺，有心之名。」）《輯略》刪。

吕曰：（「此章先明性、道、教之所以名。性與天道一也，天道降而在人，故謂之性。性者，生生之所固有也。循是而言之，莫非道也。道之在人，有時與位之不同，必欲爲法於後世，不可不修。」）《輯略》刪。案《或問》以此時位不同之説爲改本，則下所謂「一本」者當爲元本。 （一本云：「『天命之謂性』，即所謂中。『修道之謂教』，即所謂庸。中者，道之所自出；庸者，由道而後立。蓋）中者，天道也，天德也，降而在人，人稟而受之，是之謂性。《書》曰『惟皇上帝降衷於下民』，《傳》曰『民受天地之中以生』，此人性所以必善，故曰『天命之謂性』。性與天道，本無有異，但人雖受天地之中以生，而梏於藂然之形體，常有私意小知撓乎其間，故與天地不相似，所發遂至於出入不齊而不中節。如使所得於天者不喪，則何患不中節乎？故良心所發，莫非道也。在我者，惻隱、羞惡、辭讓、是非，皆道也。在彼者，君臣、父子、夫婦、昆弟、朋友之交，亦道也。在物之分，則有彼我之殊；在性之分，則合乎内外一體而已。是皆人心所同然，乃吾性之所固有，隨喜怒哀樂之所發，則愛必有等差，真、趙作「差等」。敬必有節文。所感重者，其應也亦重；所感輕者，其應也亦輕。自斬至緦，喪服異等，而九族之情無所憾。自王公至皂隸，儀章異制，而上下之分莫敢争。非出於性之所有，安能致是乎？故曰『率性之謂道』。自「中者天道」至此，《集編》引爲《輯略》，今《輯略》并無。吕氏一本五百餘言，疑皆脱去。（循性而行，無物撓之，雖無不中節，趙多「者」字。然人稟於天者不能無厚薄昏明，則應於物者亦不能無小過小不及。故喜斯陶，陶斯咏，咏斯猶，猶斯舞，舞斯愠，愠斯戚，戚斯嘆，嘆斯辟，辟斯踊矣。品節斯，斯之謂禮。閔子除喪而見孔子，予之琴而彈之，切切而哀，趙作「言」。曰『先王制禮，不敢過也』。子夏除喪而見孔子，予之琴而彈之，侃侃而樂，趙作「言」。曰『先王制禮，不敢不及也』。故『心誠求之，雖不中，不遠矣』。然將達之天下，傳之後世，慮其所終，稽其所敝，則其小過、小不及者，不可以不修。此先王所以制禮，故曰『修道之謂教』。」）

游曰：「『惟皇上帝降衷于下民』，則天命也。若遁天倍情，則非性矣。天之所以命萬物者，道也。而性者，具道以生也，因其性之固然而無容私焉，則道在我矣，此『率性之謂道』也。若出於人爲，則非道矣。上十六字，今《輯略》脱去，《集編》引有。夫道不可擅而有也，固將與天下共之，故修禮以示之中，修樂以導之和，此『修道之謂教』也。或蔽於天，或蔽於人，爲我至於無君，兼愛至於無父，則非教矣。知『天命之謂性』，則孟子性善之説可見矣。或曰性惡，或曰善惡混，或曰有三品，皆非知天命者也。」

楊曰：「『天命之謂性』，人欲非性也。『率性之謂道』，離性非道也。性，天命也。命，天理也。道則性命之理而已。孟子道性善，蓋原於此。謂性有不善者，誣天也。性無不善，則不可加損也，無俟乎修焉，率之而已。揚雄謂學以修性，非知性也。故孔子曰盡性，子思曰率性，曰尊德性，孟子曰知性，養性，未嘗言修也。然則道其可修乎？曰：道者，百姓日用而不知也。先王爲之本脱「之」字。防範，使過不及者取中焉，所以教也。謂之修者，蓋亦品節之而已。」又曰：「性、命、道三者一體而異名，初無二致也。故在天曰命，在人曰性，率性而行曰道，特所從言之異耳。」又曰：「人性上不可添一物，堯舜所以爲萬世法，只是率性而已。所謂率性，循天理是也。外邊用計、用數，假饒立得功業，只是人欲之私，與聖賢作處真作「用」。天地懸隔。」上三條，今《輯略》無，《集編》引有。又曰：「荆公云：『天使我有是，之謂命；命之在我，之謂性。』是未知性命之理。其曰『使我』，正所謂使然也。使然者，本脱者字。可以爲命乎？以命在我爲性，則命自一物。若《中庸》言『天命之謂性』，性即天命也，又豈二物哉？如云在天爲命，在人爲性，此語似無病，然亦不須如此說。性、命初無二理，第所由之者異耳。『率性之謂道』，如《易》所謂聖人之作《易》『將以順性命之理』是也。」（又曰：「韓子曰：『仁與義爲定名，道與德爲虛位。』其意蓋曰由仁義而之焉，斯謂之道；充仁義而足乎己，斯謂之德。則所謂道德云者，仁義而已矣。故以仁義爲定名，道德爲虛位。《中庸》曰『天命之謂性，率性之謂道』，仁義，性所有也，則捨仁義而言道者，固非也；道固有仁義，而仁義不足以盡道，則以道德爲虛位者，亦非也。」）《輯略》删。

道也者，不可須臾離也，可離非道也。是故君子戒慎乎其所不睹，恐懼乎其所不聞。莫見乎隱，莫顯乎微，故君子慎其獨也。

程子曰：「一物不該，非中也。一事不爲，非中也。一息不存，非中也。何哉？爲其偏而已矣。故曰『道也者，不可須臾離也，可離非道也』。修此道者，『戒慎乎其所不睹，恐懼乎其所不聞』而已。由是而不息焉，則『上天之載，無聲無臭』可以馴致也。」伊川。或問：「游宣德記先生語云『人能戒慎恐懼於不睹不聞之間，則無聲無臭可以馴致』，此説如何？」曰：「馴致，漸進也。然此亦大綱説。固是自小以至大，自修身真多「可」字。以至於盡性至命。然其間有多少般數。其所以致之之道當如何？荀子曰：『始乎爲士，終乎爲聖人。』今學者須讀書，真無此三字。纔讀書，便望爲聖賢。然中間致之之方更有多少。荀子雖能如此説，却以禮義爲僞，性爲不善。他自性情真作「情性」。尚理會不得，怎生到本作「道」，依《集編》。得聖人？大抵以堯所行者欲力行之，以多聞、多見取之，其所學者，皆外也。」今《輯略》無，《集編》引有。（先生嘗論「克己復禮」，韓持國曰：「道上更有甚克，莫錯否？」曰：「如公之本作「子」，依《遺書》。言，只是説道也。克己復禮，乃所以爲道也，更無別處。克己復禮之謂道，亦何傷乎？公之所謂道也，如公之言，只是一人自指其前一物，曰此道也。他本無可克者。若知道與己未嘗相離，則若不克己復禮，何以體道？道在己，不是與己各爲一物，可跳身而入者也。克己復禮，非道而何？至如公言克不是道，亦是道也，實未嘗離得，故曰『可離非道也』，理甚分明。」《輯略》刪。又曰：「道之外無物，物之外無道。

是天地之間，無適而非道也。即父子而父子在所親，即君臣而君臣在所敬，以至爲夫婦，爲長幼，爲朋友，無所爲而非道。此道所以不可須臾離也。然則毀人倫、去四大者，其分於道也遠矣。故『君子之於天下也，無適也，無莫也，義之與比』。若有適有莫，則於道爲有間，非天地之全也。彼釋氏之學於敬以直内則有之矣，於義以方外則未之有也。故滯固者入於枯槁，疏通者歸於肆恣。此佛之教所以爲隘也。吾道則不然，率性而已。斯理一作「道」。也，聖人於《易》備一多「言」字。之。」伊川。本脱二字。　又云：「佛有一個覺之理，可以敬直内矣，然無義以方外。其直内者，要之其本，亦不是。」又曰：「人只以耳目所見聞者爲顯見，所不見聞者爲隱微，然不知理却甚顯也。且如昔人彈琴，見螳蜋捕蟬，而聞者以爲有殺聲。殺在心，而人聞其琴而知之，豈非顯乎？人有不善，自謂人不知之，然天地之理甚著，不可欺也。」伊川。　又曰：「於穆不已，天之所以爲天也；純亦不已，文王之所以爲文也。此天德也，有天德便可語王道。然其要只在慎獨。」明道。（又曰：「要修持他這天理，則在德。須有不言而信者。這《遺書》、趙本作「言」。難爲形狀，養之則須直。）不愧屋漏與慎獨，這是個持養底氣象也。」今《輯略》無，《集編》節末上二句爲一條。（又曰：「孔子言仁，只説『出門如見大賓，使民如承大祭』，看其氣象，便須心廣體胖，動容周旋，中禮自然，唯慎獨便是守之之法。」）《輯略》删。　又曰：「灑掃應對，便是形而上者，理無大小故也。故君子只在慎獨。」明道。

吕曰：「此章明道之要，不可不誠。道之在我，猶飲食居處之不可去。可去，皆外物也。誠以爲己，故不欺其心。人心至靈，一萌于思，善與不善莫不知之。他人雖明，有所不與也。故慎其獨者，知爲己而已。」又曰：（「道之爲言，猶道路也。凡可行而無不達，皆可謂之道也。成象之謂乾，效法之謂坤，天立是理，地以效之，況於人乎？故人效法於天，不越，順性命之理而已。）上五十八字，《輯略》删。率性之謂道，則四端之在我者，人倫之在彼者，皆吾性命之理。受乎天地之中，所以立人之道，不可須臾離也。絶類離倫，無意乎君臣、父子者，過而離乎此者也。賊恩害義，不知有君臣、父子者，不及而離乎此者也。雖過不及有差，而皆不可以行於世，故曰『可離非道也』。非道者，非天地之中而已。非天地之中，而自謂有道，惑也。」（又曰：「所謂中者，性與天道也。謂之有物，則不得於言。謂之無物，則必有事焉。不得於言者，視之不見，聽之不聞，無聲形接乎耳目而可以道也。必有事焉本衍「言」字，依趙本删。者，莫見乎隱，莫顯乎微，體物而不可遺者也。古之君子，立則見其參於前，在輿則見其倚於衡，是何所見乎？洋洋趙多「乎」字。如在趙多「其」字。上，如在其左右，是果何物乎？學者見乎此，則庶乎能擇中庸而執之。隱微之間，不可求之於耳目，不可道之於言語，然有所謂昭昭而不可欺，感之而能應者，正惟虚心以求之，則庶乎見之。故曰『莫見乎隱，莫顯乎微』。然所以慎其獨者，苟不見乎此，則何戒慎、恐懼之有哉？此誠之不可揜也！」）《輯略》删。

謝曰：「敬則外物不能易。坐如尸，立如齊，出門如見大賓，使民如承大祭，非禮勿言、動、視、聽，須是如顔子事斯語。坐如尸坐時習，立如齊立時習，是不可須臾離也。」

(游曰：「道外無性，性外無道，曾謂性而不可離乎？「不」字疑衍。故惟盡性，然後能體道；惟至誠，然後能盡性。苟未至於至誠，則常思誠以爲入道之階。故『戒謹其所不睹，恐懼乎其所不聞』，所以謹其獨而思誠也。人所不睹，可謂隱矣，而心獨見之，不以趙作「亦」。見乎？人所不聞，可謂微矣，而心獨聞之，不亦顯乎？知莫見乎隱，莫顯乎微，而不能謹獨，是自欺也，其離道遠矣。」)《輯略》删。

楊曰：「獨非交物之時，有動于一作「乎」。中，其違未遠也。雖非視聽所及，而其幾固已瞭然心目之間矣。其爲顯見，孰加焉？雖欲自蔽，吾誰欺，欺天乎？此君子必慎其獨也。下三十四字，《輯略》删。(蓋道無隱微之間，於獨而不謹，是可須臾離也。故『立則見其參於前，在輿則見其倚於衡』。)又曰：「夫盈天地之間，孰非道乎？道而可離，則道有在矣。譬之四方，有定位焉，適東則離乎西，適南則離乎北，斯則可離也。若夫無適而非道，則烏得而離耶？故寒而衣，飢而食，日出而作，晦而息，耳目之視聽，手足之舉履，無非道也。此百姓所以日用而不知。伊尹耕於有莘之野，以樂堯舜之道。夫堯舜之道，豈有物可玩而樂之乎？即耕於有莘之野是已。此農夫田父之所日用者，而伊尹之樂有在乎是。若伊尹，所謂知之者也。」

喜怒哀樂之未發，謂之中；發而皆中節，謂之和。中也者，天下之大本也；和也者，天下之達道也。致中和，天地位焉，萬物育焉。

(周子曰：「性者，剛、柔、善、惡、中而已。《通書》多「小達曰」三字。剛善爲義、爲直、爲斷、爲嚴毅、爲幹固；惡爲猛、爲隘、爲强梁。柔善爲慈、爲順、爲巽；惡爲懦弱、爲無斷、爲邪佞。惟中《通書》多「也」字。者，和也，中節也，天下之達道也，聖人之事也。故聖人立教，使《通書》作「俾」。人自易其惡，自至其中而止矣。」）《輯略》删。

吕與叔曰：「中者，道之所從出。」程子曰：本無此三字及上「曰」字，而章首冠以「程曰」。「此語有病。」吕曰：「論其所同，不容更有二名。別而言之，亦不可混爲一事。如所謂『天命之謂性，率性之謂道』，又曰中者『天下之大本』，和者『天下之達道』，則性與道，大本與達道，豈有二事？」一作「乎」。先生曰：「中即道也。若謂道出於中，則道在中内，別爲一物矣。所謂『論其所同，不容更有二名。別而言之，亦不可混爲一事』，此語固無病。若謂性與道，大本與達道，可混而爲一，却一作「即」。未安。在天曰命，在人曰性，循性曰道。性也，命也，道也，各有所當。大本言其體，達道言其用。體用自殊，安得不爲二乎？」吕曰：「既云『率性之謂道』，則循性而行，莫非道，此非性中別有道也。中即性也。在天爲命，在人爲性。由中而出，莫非道，所以云『中者，道之所由出』。」先生曰：「『中即性也』，此語極未安。中也者，所以狀性之體段也。一無「也」字。若謂性有體段亦不可，姑假此以明彼。」此十五字一作小注。此下本別作一條，非是。又曰：「不偏之謂中。道無不中，故以中形本作「行」。道。如稱天圓地方，遂謂方圓即天地，可乎？方圓既不可謂之天地，則萬物決非方圓之所自出。如中既不可謂之性，則道何從稱出於中？蓋中之爲義，以過不及而立名。若只以中爲性，則中與性不合。子居一作「若」。對以『中者性之德』，却爲近之。」子居，和叔之子。

一無此注。凡元本雙行小注，并易爲單行細書。呂曰：「不倚之謂中，不雜之謂和。」先生曰：「『不倚之謂中』，甚善，語猶未瑩。四字一作小注。「語」本誤「與」。《外書》有云：「問與叔『不倚之謂中』。先生謂：『近之，而詞未瑩。』『如何？』曰：『無倚著處。』」『不雜之謂和』，未當。」呂曰：「喜怒哀樂之未發，則赤子之心。當其未發，此心至虛，無所偏倚，故謂之中。以此心應萬物之變，無往而非中矣。孟子曰：『權，然後知輕重；度，然後知長短。物皆然，心爲甚。』此心度物，所以甚於權、度之審者，「度」本誤「衡」。正以至虛無所偏倚故也。有一物存乎其間，則輕重、長短皆失中矣，又安得如權、如度乎？大人不失其赤子之心，乃所謂『允執厥中』也。大臨始者有見於此，便指此心名爲中。故前言『中者，道之所由出』也。今細思，乃命名未當耳。此心之狀，可以言中，未可便指此心名之曰中。」先生曰：「喜怒哀樂未發，謂之中。赤子之心發，而未遠乎中。若便謂之中，是不識大本也。」呂曰：「聖人知一作「智」。周萬物，赤子全未有知，其心固有不同矣。然推孟子所云，豈其一作「非」。止取純一無僞，可與聖人同乎？非謂無毫髮之異也。大臨前日所云，亦取諸此而已。此義，大臨昔者既聞先生君子之教，反求諸己，若有所自得，參之前言往行，將無所不合，由是而之焉，似得其所安，以是自信不疑。今承教，乃云已失大本，茫然不知所向。聖人之學，以中爲大本，雖堯舜相授以天下，亦云『允執其中』。中者，無過不及之謂也。何所準則，而知過不及乎？求之此心而已。此心之動，出入無時，可從而守之乎？求之於喜怒哀樂未發之際而已。當是時也，此心即赤子之心，（純一無僞。即天地之心，神明不測。即孔子之『絶四』，四者有一物之存乎其間，則不得其中。即孟子所謂『物皆然，心爲甚』。心無偏倚，則至明、至平，其察物甚於權、度之審。）上并注六十三字，《輯略》節删。此心所發，純是義理，與天下之所同然，安得不和？大臨前日敢指赤子之心爲中者，其説如此。來教云：赤子之心，可謂之和，不可謂之中。大臨思之：所謂和者，指已發而言之。今言赤子之心，乃論其未發之際，純一無僞，無所偏倚，可以言中。若謂已發，恐不可言心。」先生曰：「所云『非謂無毫髮之異』，是有異也。有異者，得爲大本乎？推此一言，餘皆可見。」吕曰：「大臨以赤子之心爲未發，先生以赤子之心爲已發。所謂大本之實，則先生與大臨之言未有異也，但解赤子之心一句不同耳。大臨初謂赤子之心，止取純一無僞與聖人同。恐孟子之義亦然。更不取一作「曲」。折一一較其同異，故指以爲言，固未嘗以已發不同處爲大本也。先生謂凡言心者，皆指已發而言。然則未發之前，謂之無心，可乎？竊謂未發之前，心體昭昭具在，已發，乃心之用也。」先生曰：「所論意雖以本脱此字。已發者爲未發，反求諸言，却是認已發者爲説，詞之未瑩，乃是擇之未精耳。凡言心者，指已發而言，此固未當。心一也，有指體而言者，『寂然不動』是也；有指用而言者，『感而遂通天下之故』是也。唯觀其所見何如耳。大抵論愈精微，言愈易差也。」伊川。又曰：「敬而無失，便是『喜怒哀樂之未發，謂之中』也。敬不可謂之中，但敬而無失，即所以中也。」此條本誤連下。蘇季明問：「中之道，與喜怒哀樂未發謂本脱此字。之中，同否？」曰：「非也。喜怒哀樂未發，是言在中之義。只一個中字，但用不同。」或曰：「於喜怒哀樂《遺書》多「未發」二字。之前求中，可否？」曰：「不可。既思於喜怒哀樂未發之前求之，又却是思也。既思，即是已發，思與喜怒哀樂一般。上八字，《遺書》作小注。纔發便謂之和，不可謂之中也。」又問：「吕博士言「博」，《遺書》作「學」，非。當求於喜怒哀樂未發之前。信斯言也，恐無著模，本作「莫」。如之何而可？」曰：本誤作「也」。《遺書》此下多「看此語如何地下若」八字。「言存養於喜怒哀樂未發之時，則可。若言求中於喜怒哀樂未發之前，則不可。」又問：「學者於喜怒哀樂發時，故當勉强裁抑；於未發之前，當如何用功？」曰：「於喜怒哀樂未發之前更怎生求？但平日涵養便是。涵養久，則喜怒哀樂發自中節。」或曰：「有未發之中，有既發之中。」曰：「非也。既發時，便是和矣。發而中節，故《遺書》作「固」。是得中。時中之類。四字本誤作正文。只是《遺書》作「爲」。將中和來分説，便是和也。」伊川。　又問：「先生説喜怒哀樂未發謂之中是在中之義，不識何意？」曰：「只喜怒哀樂不發「不」本作「未」。便是中也。」曰：「中莫無形體，只是個言道之題目否？」曰：「非也。中有甚形體，然本誤作「曰」。既謂之中，也須有個形象。」曰：「當中之時，耳無聞，目無見否？」曰：「雖耳無聞、目無見，本脱上八字。然見聞之理在始得。」曰：「中是有時而中否？」曰：「何時而不中？以事言之，則有時而中；以道言之，則何時而不中？」曰：「故《遺書》作「固」。是所爲本作「謂」。皆中，然而觀於四者未發之時，静時二字本脱。自有一般意《遺書》作「氣」。象，及至接事時，又自别。何也？」曰：「善觀一作「學」。者不如此，却於喜怒哀樂已發之際觀之。賢且説静時如何？」曰：「謂之無物則不可，然自有知覺處。」曰：「既有知覺，却是動也，怎生言静？人説「《復》其見天地之心」，皆以謂本作「爲」。至静能見天地之心，非也。《復》之卦下面一畫便是動也，安得謂之静？自古儒者皆言静見天地之心，惟頤趙作「某」。言動而本脱此字。見天地之心。」或曰：「莫是於動上求静否？」曰：「固是，然最難。（釋氏多言定一，《遺書》無「一」字，是。聖人便言止。且如物之好，須道是好；物之惡，須道是惡。物自好惡，關我這裏甚事？若説道我只是定，便無所爲。然物之好惡，亦自在裏。故聖人只言止。所謂止，如『人君止於仁』，『人臣止於敬』之類是也。《易》之《艮》言止之義曰：『艮其止，止其所也。』言隨其所止而止之。人多不能止，蓋人萬物皆備，遇事時，各因其心之所重者更互而出，纔見得這是《遺書》作「事」。重，便有這事出。若能物各付物，便自不出來也。」）上百五十二字，《輯略》節删，只作「云云」二字。或曰：「先生於喜怒哀樂未發之前，下動字，下静字？」曰：「謂之静則可，然静中須有物始得。這裏便是難處，學者莫若且先理會得敬。能敬，則自本脱「自」字。知此矣。」或曰：「敬何以用功？」曰：「莫若主一。」季明曰：「昞本作「某」。嘗患思慮不定，或思一事未了，他事如麻又生，如何？」曰：「不可。此不誠之本也。須是習，習能專一時便好。不拘思慮與應事，一多「時」字。皆要求一。」或曰：「當静坐時，物之過乎前者，還見不見？」曰：「看事如何。若是大事，如祭祀，前旒蔽明，黈纊充耳，凡物之過者，不見不聞也。若無事時，目須見，耳須聞。」或曰：「當敬時，雖見聞莫過焉而不留否？」曰：「不説道非禮勿視一多「勿」字。聽言動？一無此二字。勿者，禁止之辭。纔一作「若」。説弗本誤「勿」。字，便不得也。」或問：趙作「蘇氏問」。「《雜説》中以赤子之心爲已發，是否？」曰：「已發而去道未遠也。」曰：「大人不失赤子之心，如何？」曰：「取其純一近道也。」曰：「赤子之心，與聖人之心，如一作「若」。何？」曰：「聖人之心，如一多「明」字。鏡，如止水。」伊川。　又曰：「性即理也。所謂理，性是也。天下之理，原其所自，未有不善。喜怒哀樂未發，何嘗不善？發而中節，即無往而不善。發而不中節，然後爲不善。故凡言善惡，皆先善而後惡；言吉凶，皆先吉而後凶；言是非，皆先是而後非。」伊川。　又曰：「喜怒哀樂未發謂之中，只是言一個中一作「本」。　三字乃元校語，本誤大書，依真本改。體。既是喜怒哀樂未發，那裏有個甚麼？只可謂之中。如乾體便是健，「是」字依真本增。及分在諸處，不可皆名健，然在其中矣。天下事事物物皆有中，發而皆中節謂之和。非是謂之和便不中也，言和，則中在其中矣。中便是含喜怒哀樂在其中矣。」伊川。上二條，今《輯略》無，真引有。　又曰：「聖人未嘗無喜也，象喜亦喜。聖人未嘗無怒也，一怒而安天下之民。聖人未嘗無哀也，哀此惸獨。聖人未嘗無懼也，臨事而懼。聖人未嘗無愛也，仁民而愛物。聖人未嘗無欲也，我欲仁，斯仁至矣。但其中節，則謂之和。」　又曰：「中者，天下之大本，天地之間亭亭當當，直上直下之正理。出則不是，唯敬而無失最盡。」明道。今《輯略》無，真引有。　又曰：「喜怒哀樂未發，謂之中。中也者，言寂然不動者也，故曰天下之大本。發而皆中節，謂之和。和也者，言感而遂通者也，故曰天下之達道。」伊川。　又曰：「致與位字，非聖人不能言。子思特傳之耳。」明道。　又曰：「聖人修己以敬，以安百姓，篤恭而天下平。唯上下一於恭敬，則天地自位，萬物自育，氣無不和，四靈何有不至？此體信達順之道，聰明睿知皆由是出，以此事天饗帝。」今《輯略》無，真引有。《遺書》此下尚有「故《中庸》言鬼神之德之盛，而終之以微之顯誠之不可揜如此」廿四字。

游曰：「極中和之理，則天地之覆載，四時之化育，在我而已。故曰『天地位焉，萬物育焉』。然則三公所以燮理陰陽者，豈有資於外哉？亦盡吾喜怒哀樂之性而已。」今《輯略》無，真引有。

楊曰：「自『天命之謂性』至『萬物育焉』，《中庸》一篇之體要也。」今《輯略》無，真引有。《輯略》又誤以下一條爲程子語。 又曰：「怒者喜之反，哀者樂之反。既發，則倚於一偏而非中也，故『未發謂之中』。中者，不偏之謂也。由中而出，無人欲之私焉，發必中節矣；一不中節，則與物戾，非和也，故『發而皆中節，謂之和』。中也者，寂然不動之時也，無物不該焉，故謂之大本。和也者，所以感通天下本作「地」。之故，謂之達道。中以形道之體，和以顯道之用。致中則範圍而不過，致和則曲成而不遺，故『天地位焉，萬物育焉』。」 又曰：「（「喜怒哀樂未發，謂之中；發而皆中節，謂之和。」學者當於喜怒哀樂未發之際以心驗之，則中之義自見；趙引多「非精一烏能執之」七字。 執而勿失，無人欲之私焉，則發必中節矣。「則」字依《或問》增。 發而中節，中固未嘗忘也。）孔子之慟，孟子之喜，因其可慟、可喜而已，「而」字依真趙增。 於孔孟何有哉？其慟也，其喜也，中固自若也。鑒之茹物，因物而異形，而鑒之明未嘗異也。（莊生所謂『出怒不怒，則怒出於不怒』，『出爲無爲，則爲出於不爲』，亦此意也。）若聖人而無喜怒哀樂，則天下之達道廢矣；一人橫真作「衡」。行於天下，武王亦不必耻也。故於是四者，當論其中節不中節，不當論其有無也。」今《輯略》無，真引以「孔子之慟」下五十字，合此上五十一字爲一條。 或問：「正心、誠意，如何便可以平天下？」曰：「後世自是無人正心。若正得心，其效自然如此。此一念之間毫髮有差，便是不正。要得常正，除非聖人始得。

且如吾輩，還敢便道自己心得其正否？此須是本脱「是」字。於喜怒哀樂未發之際，能體所謂中；於喜怒哀樂已發之後，能得所謂和。致中和，則天地可位、萬物可育，其於平天下何有？」上楊氏説，本誤連爲一條，今別爲四。

侯曰：「『喜怒哀樂之未發，謂之中』，『寂然不動』也。『發而皆中節，謂之和』，『感而遂通天下之故』也。中也，和也，非二也。未此四者，已發、未發之間爾。未發之中，非時中之謂乎？中一也，未發之中，時中在其中矣，特未發爾，伊川先生曰未發之中『在中之義』是也。譬之水也，湛然澄寂，謂之静；果其所行，則謂之動。静也、動也，中和二字譬焉，思過半矣。然則中謂之大本，和謂之達道，何也？中者，理也，無物不該焉，故曰大本。由是而之焉，順此理而發君臣、父子、兄弟、夫婦、朋友之交，達之天下，莫不由之。以之修身，則身修；以之齊家，則家齊；以之治國，則國治；以之平天下，則天下平，故曰達道。致此者，非聖人不能，故曰『致中和，天地位焉，萬物育焉』。」

尹曰：「吕與叔初解出《中庸》，世方大行，伊川謂不識大本。其説以赤子之心爲未發，伊川則曰謂之發而未遠則可也，且如今之小嬰兒，逆情則啼，順情則笑，怎做得未發也？近時人言中，便説無一事，如土木偶人。怎生未發時便無一事得？釋氏之説如此，伊川只説個不倚之謂中。」祁寬問曰：「寬輒以二字形容中字，曰喜怒哀樂未發之前不爲無，發而不爲有。不知如何？」尹曰：「甚好。只是個有無字，便似釋氏。然喜怒哀樂未發，只是無所倚，便是中；發而皆中節，謂之和。除著個中字，別字形容便有病。」寬又曰：）「如顏子之不遷怒，此是中節，亦只是中。何故才發便謂之和？」本作「中」，誤。尹子曰：「雖顏子之怒，亦是倚於怒矣，喜本衍「怒」字，依真引删。哀樂亦然。故只可謂之和。」（與時紫芝問：「中與誠只是一理，意謂中即是誠，誠即是中？」曰：「非也。誠者，盡乎此者也；中者，形容乎此者也。」又問，曰：「只於『喜怒哀樂之未發，謂之中』上體究得。」）《輯略》節收祁、尹再問答五十許字爲一條，餘俱删去。　又曰：「『致中和』，致者，致之也，如致將去。」本脱此條，依真引《輯略》增。

吕曰：（「此章明命中和，及言其效。情之未發，乃其本心，元無過與不及，所謂『物皆然，心爲甚』。所取準則以爲中者，本心而已。由是而出，無有不合，故謂之和。非中不立，非和不行，所出、所由，未嘗離此大本根也。達道，衆所出入之道。極吾中，以盡天地之中；極吾和，以盡天地之和。天地以此立，化育亦以此行。」《輯略》删。　一本云：）「一」誤作「大」，今正。人莫不知禮義[一]之當，本脱「之」字。無過、無本脱此字。不及之謂中。未及乎，所以中也。喜怒哀樂未發之前，反求吾心果何爲乎？《易》曰『寂然不動，感而遂通天下之故』，《語》曰『子絶四，毋意，毋必，毋固，毋我』，《孟子》曰『大人者』不失『赤子之心』。此言皆何謂也？『回也其庶乎，屢空』，唯空，然後可以見乎趙作「其」。中。而空非中也，本脱「而」字。必有事焉。喜怒哀樂之未發，無私意小知一作「智」。撓乎其間，乃所謂空。由空然後見乎中，實則不見也。若子貢，聚見聞之多，其心已實，如貨殖焉，所蓄有數，所應有限，本作「期」。雖曰富有，亦有時而窮，故『億則屢中』，而未皆中也。

『權，然後知輕重；度，然後知長短。物皆然，心爲甚』，則心之度物，甚於權、度之審。其應物當無毫髮之差。然人應物不中節者常多，其故何也？由不得中而執之，有私意小知撓乎其間，故理義不當，或過、或不及，猶權、度之法不精，則稱量百物，不能無銖兩分寸之差也。此所謂性命之理，出於天道之自然，非人私知所能爲也。故推而放諸四海而準，前聖後聖，若合符節。故曰『喜怒哀樂之未發，謂之中』。此下四百五十餘字，《輯略》删。（昔者，堯之授舜曰：『天之曆數在爾躬，允執其中。』舜亦以命禹曰：『人心惟危，道心惟微。惟精惟一，允執厥中。』雖聖人以天下授人，所命者不越乎此，豈非中之難執、難見乎？豈非道義之所從出乎？後世稱善治天下者，無出乎堯、舜、禹，豈非執中而用之無所不中節乎？無過、不及，民有不和、世有不治者乎？聖人之治天下，猶不越乎執中，則治身之要，舍是可乎？故苟得中而執之，則『從欲以治，四方風動』，『精義入神』，『利用出入』可也，故曰中者天下之大本。自中而發，無不中節，莫非順性命之理而已，莫非庸言庸行而已，人心之所同然，人道之所共行，不越乎合君臣、父子、昆弟、夫婦、朋友之交而已，故曰和者天下之達道。致中和者，至誠盡性之謂。故與天地合德而通乎神明者，致中者也；察乎人倫，明乎庶物，體信以達順者，致和者也。惟至誠，爲能盡其性；能盡其性，則能盡人之性；能盡人之性，則能盡物之性；能盡物之性，則可以贊天地之化育，可以與天地參矣。人者，與天地并立而爲三。盡人之性，則人道立。人道立，則經綸天下之大經，而天尊地卑，上下定矣。人道不立，則經不正；經不正，則顛倒逆施，天地安得而位諸？盡物之性，則昆蟲草木與吾同生者也，不合圍，不揜群，至于不麛、不卵、不殺胎、不覆巢。此雖贊天地之化育，猶政事之所及，而至誠上達，與天地同流、化育萬物者，致中和之效也。」按本書吕氏説俱次程、張後，謝、游前，獨此二條乃附侯、尹之末。《輯略》亦然。

今《輯略》於首三章解後繼以章句章題，大注云：「右第一章。子思述所傳之意以立言。首明道之本原出於天而不可易，其實體備於己而不可離。次言存養省察之要。終言聖神功化之極。蓋欲學者於此反求諸身而自得之，以去夫外誘之私而充其本然之善。楊氏所謂『一篇之體要』是也。其下十章，蓋子思引夫子之言，以終此章之義。」按：此等自非《集解》所有，今并隨條附校，以見《輯略》本如此。

仲尼曰：「君子中庸，小人反中庸。君子之中庸也，君子而時中；小人之中庸也，小人而無忌憚也。」

程子曰：「君子之於中庸也，本脱「也」字。無時而不中，則其心與中庸無異體矣。小人之於中庸無所忌憚，則與戒慎、恐懼者異矣，是其所以反中庸也。」伊川。又曰：「小人之中庸，小人而無忌憚也，上十二字本脱。小人更有甚中庸？脱一「反」字〔二〕。小人不主於義理，則無忌憚；無忌憚，所以反中庸也。亦有其心畏謹而不中，亦是反中庸。語惡有淺深則可，謂之中庸則不可。」上廿八字本脱。伊川。又曰：「且喚做中。若以四方之中爲中，則四邊無中乎？若以中外之中爲中，則外面無中乎？如『生生之謂易』，『天地設位，而易行乎其中』，豈可只以今之《易》書爲易行本脱此字。乎？中者，且謂之中，不可捉一個中來爲中。」明道。又曰：「欲知中庸，無如權。須是時而爲中。若以手足胼胝、閉户不出二者之間取中，便不是中。若當手足胼胝，則於此爲中；當閉户不出，則於此爲中。權之爲言稱錘之義也。何物爲權？義也。然此只是説得到義，義以上更難説。在人自看如何。」上廿六字本脱。伊川。　蘇季明問：「君子時中，莫是隨時否？」曰：「是也。中字最難識，須是默識心通。且試言：一廳則中央爲中；一家則廳中非中，而堂爲中；言一國，則堂非中，而本有「一」字。國之中爲中。推此類可見矣。且如初寒時，則薄裘爲中；如在盛寒而用初寒之裘，則非中也。更如三過其門不入，在禹、稷之世爲中；若居陋巷，則不中矣。居陋巷，在顔子之時爲中；若三過其門不入，則非中也。」或曰：「男女不授受之類皆然。」曰：「是也。男女不授受，中也。在喪祭，則不如此矣。」伊川。　又曰：「楊子拔一毛不爲，墨子又摩頂放踵爲之，此皆是不得中。至於子莫執中，又欲執此二者之中，不知怎生執得、識得，則事事物物上皆天然有個中在那上，不待人安排也。安排著則不中矣。」伊川。　又曰：「『可以仕則仕，可以止則止，可以久則久，可以速則速』，此皆時也，未嘗不合中，故曰『君子而時中』。」伊川。　又曰：「萬物無一物失所，便是天理、時中。」本脱此條。

張子曰：「時中之義甚大，須精義入神始得。觀其會通，以本脱「以」字。行其典禮，此方是真一作「真是」。義理也。行其典禮，而不達會通，則有非時中者矣。君子要多識前言往行以蓄其德者，以其看前言往行熟，則自能見得時中。」

吕曰：「此章言中庸之用。時中，當其可而已，猶冬飲湯、夏飲水之謂。無忌憚，所以無取則也。不中不常，妄行而已。」《輯略》删。一本云：）「君子蹈乎中庸，小人反乎中庸者也。君子之中庸也，有君子之心，又達乎時中。小人之中庸也，有小人之心，反乎中庸，無所忌憚，而自謂之時中也。時中者，當其可之謂也。時止則止，時行則行，當其可也。可以仕則仕，可以止則止，可以速則速，可以久則久，當其可也。曾子、子思易地則皆然，禹、稷、顔回同道，當其可也。舜不告而娶，周公殺管、蔡，孔子以微罪行，當其可也。小人見君子之時中，唯變所適，而不知當其可，而欲肆其奸心，濟其私欲。或言不必信，行不必果，則曰唯義所在而已，然實未嘗知義之所在。有臨喪而歌，人或非之，則曰是惡知禮意，然實未嘗知乎禮意。猖狂妄行，不謹先王之法，以欺惑流俗，此小人之亂德，先王之所以必誅而不以聽者也。」又曰：「執中無權，雖君子之所惡，苟無忌憚，則不若無權之爲愈。」今《輯略》無，真引有。

游曰：「道之體無偏，而其用則通而不窮。無偏，中也；不窮，庸也。以性情言之，則爲中和；以德行言之，則爲中庸。其實一一多「道」字。也。君子者，道中庸之實也；小人則竊中庸之名而實背之，是中庸之賊也，故曰反中庸。此下九十五字，《輯略》删。（君子之於中庸，自幼壯至於老死，自朝旦至於暮夜，所遇之時、所遭之事雖不同，其爲中一也，故謂之時中，言行小變而不失其大常也。小人之於中庸，則居之似忠信，行之似廉潔，而居之不疑，或詭激以盜名，進鋭退速，此所謂無忌憚而反中庸也。」）

（楊曰：「事各有中，故執中必有權。權猶權衡之權，所以稱物之重輕而取中也。中無常主，惟其時焉耳。時者，當其可之謂也。仲尼不爲已甚者，而孟子曰聖人之時，以其仕止久速，各當其可也。君子之趨變無常，蓋用權以取中也。小人不知時中之義，反常亂德以欺世，其爲中庸也，乃所以爲無忌憚也。」）《輯略》删。　或問：「有謂中所以立常，權所以盡變。不知權，則不足以應物；知權，則中有時乎不必用矣。是否？」一多「楊」字。曰「知中，則知權；不知權，則是不知中也。」此下八十四字，《輯略》删。（曰：「既謂之中，斯有定所必有權焉，是中與權固異矣。」曰：「猶坐於此室，室自有中。移而坐於堂，則向之所謂中者，今不中矣。堂固自有中，合堂室而觀之，蓋又有堂室之中焉。若居今之所，守向之中，是不知權，豈非不知中乎？）如一尺之物，約五寸而執之，中也。一尺而厚薄小大之體殊，則所執者輕重不等矣，猶執五寸以爲中，是無權也。蓋五寸之執，本脱上廿一字。長短多寡之中，而非厚薄小大之中也。欲求厚薄小大之中，則釋五寸之約，唯輕重之知，而其中得矣。故權以中行，中因權立。《中庸》之書不言權，其曰『君子而時中』，蓋所以爲權也。」又曰：「中者，豈執一之謂哉？亦貴乎時中也。時中者，當其可之謂也。堯授舜，舜授禹，受之而不爲泰；湯放桀，武王伐紂，取之而不爲貪。伊尹放太甲，君子不以爲篡；周公誅管、蔡，天下不以爲逆。以其事觀之，豈不異哉？聖人安行而不疑者，蓋當其可也。後世聖學不明，昧執中之權，而不通時措之宜，故徇名失實，流而爲子一作「之」。噲之讓，白公之争，自取絶滅者有之矣。至或臨之以兵而爲忠，小不忍而爲仁，皆失是也。」

《輯略》於此增題云「右第二章」。

子曰：「中庸其至矣乎！民鮮能久矣！」

（程子曰：「中庸，天下之至理。德合中庸，可謂至矣。自世教衰，民不興於行，鮮有中庸之德也。」一説民鮮能久行其道也。）《輯略》删。按：此條乃伊川《論語》解。《外書》六載伊川語云：「中庸之爲德，民不可須臾離。民鮮有久行其道者也。」即此注「一説」全文。

吕曰：（「人莫不能中庸，鮮能久而已。久則爲賢人，不息則爲聖人。」《輯略》删。一本云：）「中庸者，天下之所共知，天下之所共行，猶寒而衣，飢而食，渴而飲，不可須臾離也。衆人之情，厭常而喜新，質薄而氣弱，雖知不可離，而亦不能久也。唯君子之學，自明而誠。明而未至乎誠，雖心説而不去，然知不可不思，行不可不勉，在思勉之分，而氣不能無衰，志不能無懈，故有日月至焉者，有三月不違者，皆德之不一無「不」字。可久者也。本脱「也」字。若至乎誠，則不思不勉，至於常久而不息。非聖人，其孰能之！」

謝曰：「中不可過，是以謂之至德。過可爲也，中不可爲，是以『民鮮能久矣』。」此條本次游氏後，今逐正。

（游曰：「德至於中庸，則全之、盡之，不可以有加矣，故曰『其至矣乎』。舜之爲大知，則用此道而至也。顔淵之爲賢，則擇此道而求其至也。若舜之爲大孝，武王、周公之爲達孝，則由此道而成名也。子路問强，則將進此道而已。哀公問政，則將行此道而已。自修身以至懷諸侯，皆出於此道，不『其至矣乎』？然非至誠無息者不足以體此，非自强不息者不能以致此，故久於其道者鮮矣。」）《輯略》刪。

（楊曰：「道止於中而已。過之，則爲過；未至，則爲不及。故唯中庸爲至。」又曰：「至所謂極也，極猶屋之極，所處則至矣，下是爲不及，上焉則爲過。」或者曰：「高明所以處己，中庸所以處人。如此，則是聖賢所以自待者常過，而以其所賤者事君親也，而可乎？然則如之何？」曰：「高明即中庸也。高明即中庸之體；中庸者，高明之用耳。高明亦猶所謂至也。」）《輯略》刪。

（侯曰：「民不能識中，故鮮能久。若識得中，則手動、足履，無非中者，故能久。《易》之《恒》曰：『君子立不易方。』恒，久也。聖人得中，故能常久而不易。」）《輯略》刪。　此條本次楊氏前，今迻正。

《輯略》於此增題云：右第三章。

子曰：「道之不行也，我知之矣。知者過之，愚者不及也。道之不明也，我知之矣。賢者過之，不肖者不及也。人莫不飲食也，鮮能知味也。」

（劉元承本誤「城」，據《遺書》正。問明道行狀《遺書》作「先生」。云：「昔之惑人也，乘其迷暗。今之入人也，因其高明。既曰高明，又何惑乎？」程先生曰：「今之學釋氏者，往往皆高明之人，所謂『知者過之』也。然此非中庸所謂極高明，故）知者過之。若是聖人之知，豈更有過？」伊川。《輯略》刪條首六十五字，節其下十四字，冠以「程子曰」爲一條。　又曰：「聖人與理爲一，故無過、無不及，中而已矣。其他皆以心處這個本誤「過」，依真改。道理，故賢者常失之過，不肖者「者」字依真引增。常失之不及。今《輯略》無，《集編》引有。　按：《遺書》、《外書》載二程語，間有本書未引者，附録以備觀覽。《遺書》二載明道語云：「天下善惡皆天理。謂之惡者，本非惡，但或過、不及便如此，如楊、墨之類。」又云：「道之不明也，賢者過之，不肖者不及也。賢者則只過當，不肖却又都休。」又廿三載伊川語云：「今語小人曰不違道，則曰不違道，然卒違道；語君子曰不違道，則曰不違道，終不肯違道。譬如牲牢之味，君子曾嘗之，説與君子，君子須增愛；説與小人，小人非不道好，只是無增愛心，其實只是未知味。守死善道，人非不知，終不肯爲者，只是知之淺，信之未篤。」

呂曰：「諸子百家，異端殊技，其設心非不欲義理之當，一作「欲義理之不當」。然卒不可以入堯舜之道者，所知有過、不及之害也。疏明曠一作「洞」。達，以中爲不足守，出於天地範圍之中，淪於虛無寂寞之境，窮高極深要之無所用於世，此過之之害也。蔽蒙固滯，不知所以爲中，泥於形名度數之末節，徇於耳目聞見之所及，不能體天地之化，達君子之時中，此不及之害也。二者所知，一過、一不及，天下欲蹈乎中庸而無所歸，此道之所以不行也。賢者常處其厚，不肖者常處其薄。曾子執親之喪，水漿不入口者七日；高柴泣血三年，未嘗見齒。雖本於厚，而滅性傷生，無義以節之一多「者」字。也。宰予以三年之喪爲已久，食稻、衣錦而自以爲安；墨子之治喪也，以薄爲其道。既本於薄，又本作「及」。徇生逐末，不免本作「免」。於恩以厚之也。二者所行，一過、一不及，天下欲擇乎中庸而不得，此道之所以不明也。知之不中，習矣而不察者也。行之不中，行矣而不著者也。是知飲食而不知味者也。」又曰：「此章言失中之害，必知其一無「其」字。所以然，然一作「而」。後道行；必可常行，然後道明。知之過，無徵而不適用；不及，則卑陋不足爲，是取一無「取」字。不行之道一作「因」。也。行之過，不與衆共；不及，則無以異於衆，是不明之因也。行之不著，習矣不察，是皆飲食而不知味者，如此而望道之行，難矣夫！」《輯略》於此後條仍題「吕曰」，別次下楊氏後，小注「此通下章，下同」六字，蓋以專本章説居前，通後章説居後，故叙次不例。衛本蓋誤迻并吕説，而失其注。

楊曰：「極高明而不知中庸之爲至，則道不行，知者過之也；尊德性而已，不道問學，則道之不明，賢者過之也。夫道不爲堯桀而存亡，雖不行、不明於天下，常自若也。人日用而不知耳，猶之莫不飲食，而鮮知味也。」又曰：「若佛氏之寂滅，莊生之荒唐，絶類離倫，不足以經世。道之所以不行也，此知者過之也。若楊氏之爲我，墨氏之兼愛，過乎仁義者也，而卒至於塞路。道之所以不明也，此賢者過之也。自知愚、賢不肖言之，則賢知宜愈矣。至其妨於道，則過猶不及也。」今《輯略》無，真引有。又曰：「聖人，人倫之至也。豈有異於人乎哉？堯舜之道曰孝悌，不過行止疾徐之間而已，皆人所日用，而味者不知也。夏葛而冬裘，渴飲而飢食，日出而作，晦而息，無非道者，譬之莫不飲食而知味者鮮矣。」

游曰：「知出於知性，然後可與有行。知者過之，非知性也，故知之過，而行之不至也。己則不行，其能行於天下乎？若鄒衍之談天，公孫龍之詭辨，是知之過也；愚者又不足以與此。此道之所以不行也。行出於循理，然後可與有明。賢者過之，非循理也，故行之過，而知之不至也。己則不知，其能明於天下乎？若楊氏爲我，墨氏兼愛，是行之過也；不肖者又不足以與此。此道之所以不明也。道不違物，存乎人者，日用而不知耳，故以飲食況之。飲食而知味，非自外得也，亦反諸身以自得之而已。夫行道必自致知始，使知道如知味，是道其憂不行乎？今也鮮能知味，此道之所以不行也。」

（侯曰：「知非仁知之知，如白圭治水之知。賢非賢哲之賢，如『博弈猶賢乎已』之賢。若引佛、莊之學爲知耶，彼内則無父，外則無君，君臣、父子且不能知，謂之知，可乎？若以楊、墨爲賢，彼皆學仁學義而過之者，過於仁則爲不仁，過於義則爲不義，不及亦如之，不仁不義，禽獸也，謂之賢，可乎？此皆不可謂之賢知者也。子思乃曰過不及云者，參差毫髮之間，不得中道。如師也過，由也兼入；求也退，商也不及，如此而已。故曰知者、賢者過之，思者、不肖者不及也。是道也，若不約之以禮，則楊、墨、佛、莊之弊可馴致焉，故《易》曰『差之毫釐，繆以千里』，此之謂也。孔門之學，聖人者，唯顔子能知之。然以顔淵之學，始則鑽仰高堅之若不可入，次則瞻忽前後之若不可及。及其進也，則曰『博我以文，約我以禮』，如可力致者；竭其才以求之，則又見卓爾獨立，從容中道，神疲力乏，雖欲從之，末由也已。噫，顔淵其真知味者乎！不然，何嘆中道之難也？如此，後之學者或以穿鑿爲知，或以謬悠爲賢，終不可入堯舜之道，此道之所以不明、不行也。故曰『人莫不飲食也，鮮能知味』，猶曰人莫不學也，鮮能知道云爾。若以佛、莊之學可亂我道，彼之爲道，絶類離能，「能」當作「倫」。章章然與我道爲戾，不待較而知其爲非也，稍自愛者不由也，惡能亂吾道而不行哉？孔子之所謂不明、不行云者，以其似是而非，如世儒之學，同是堯舜，同非桀紂，同尊孔子，同稱爲儒，其説足以惑人，而終不可以入道，自期於賢知，而人亦賢知之，語道則與道爲二，講説則立説支離，其入人也，因人之高明，使學者醉中生，夢中死，終不自覺，此道之所以不明、不行，蓋謂此也。」）《輯略》删。

《輯略》於此增題云「右第四章」。

子曰：「道其不行矣夫！」

《輯略》此後大注「同上章」三字，衛本無。《輯略》又增題云「右第五章」。

子曰：「舜其大知也與！舜好問而好察邇言，隱惡而揚善，執其兩端，用其中於民，其斯以爲舜乎！」

（程子曰：按《纂疏》引此條，首尚有「蘇氏問：『舜執其兩端，注以爲過、不及之兩端，是乎？』程子曰：『是。』曰：『既過、不及，又何執乎？』」三十二字，乃繼以「程子曰」云云。《遺書》同。「執猶今之所謂執持，使不得行也。舜執持過、不及，使民不得行，而用其中，使民行之也。」又問：「此執與『湯執中』如何？」曰：「執只是一個執。舜執兩端，是執持而不用。湯執中而不失，將以用之也。若子莫執中，却是子莫見楊、墨過、不及，遂於二字依《遺書》增。二者之間執之，却不知有當摩頂放踵利天下時，有「有」字依《遺書》增。當拔一毛利天下不爲時。執中而不通變，與執一無異。」）《輯略》删。

張子一多「謂范巽之」四字。曰：「今人所以不及古人之因，此非難悟。設此語者，蓋欲學者存意之不忘，庶游心寖熟，有一日脱然如大寐之得醒耳。舜之心未嘗去道，故好察邇言。昧者日用不知，口誦聖言而不知察，況邇言，一釋則棄，猶草芥之不足珍也。試更思此説，推舜與昧者之分，寐與醒之所以異，無忽鄙言之邇也。」（又曰：「只是要博學。學愈博，則義愈精微。舜好問、好察邇言，皆所以盡精微也。」）《輯略》删。

吕曰：「舜之知所以爲大者，樂取於一作「諸」。人以爲善而已。好問而好察邇言，隱惡而揚善，皆樂取諸人者也。兩端，過與不及也。執其兩端，乃所以用其時中，猶持權、衡而稱物，輕重皆得其平。故舜之所以爲舜，取諸人，用諸民，皆以能執兩端而本脱「而」字。不失中也。」一本云：「好問，則無知愚，無賢不肖，無貴賤，無長幼，皆在所問。好察邇言者，流俗之諺，野人之語，皆在所察。廣問，合乎衆議者也；邇言，出於無心者也。雖未盡合於一作「乎」。理義，而理義存焉。其惡者隱而不取，其善者舉而從之，此與人同之道也。」

（游曰：「好問而好察邇言，求之近也。隱惡而揚善，取之易也。此好善優於天下，而爲知大矣。立天之道，曰陰與陽。立地之道，曰柔與剛。立人之道，曰仁與義。夫道，一而已。其立於天下，則有兩端。故君子有剛克焉，執其義之端也；有柔克焉，執其仁之端也。執其兩端，而用之以時中，此九德所以有常，而三德所以用人也。以先覺覺後覺，以中養不中，此舜之所以爲舜也。其曰二字依《纂疏》增。『其斯以爲舜』，則絶學無爲也。」）《輯略》删。此條本編楊氏條後，今逐正。

楊曰：「道之不行，知者過之也，故以舜大知之事明之。舜好問而好察邇言，取諸人以爲善也；隱惡而揚善，與人爲善也。取諸人以爲善，人必以善告之；上十七字，今《輯略》無，真氏引有。與人爲善，人必以善歸之。皆非小智自私之所能爲也。執其兩端，所一作「於」。以權輕重而取中也。

由是而用於民，雖愚者可及矣。此舜本有「之」字。所以爲大知，「知」字本脱。而道之所以行也。」

（侯曰：「舜所以爲大知者，以其好問而好察邇言也。好問則不蔽，不蔽則明；察邇言則不惑，不惑則聰。既聰且明，所以能執過、不及之兩端而不由，用其中於民也。隱惡者，隱其過、不及也；揚善者，用其中也。舜，大聖人也，何待問察而後能用中乎？如曰：舜，聖人也，猶問察以濟其中。小知自私，苟賢自任，其可不學而自蔽乎？唯舜能之，故曰『大知』，又曰『其斯以爲舜乎』。」《輯略》删。

《輯略》於此增題云「右第六章」。

子曰：「人皆曰予知，驅而納諸罟擭陷阱之中而莫之知辟也。人皆曰予知，擇乎中庸而不能期月守也。」

（游曰：「定内外之分，辯榮辱之境，見善知不及，見不善如探湯，則君子所謂知也。今也乘時射利而甘心於物役，以自投於苟賤不廉之地，是猶納之罟擭陷阱之中而不知辟也。此於榮辱之境昧矣，其能如探湯乎？擇乎中庸，則知及之矣，而不能以期月守，則勢利得以奪之也。此於内外之分易矣，其能如不及乎？若是者，彼自謂知，而愚孰甚焉？故繼舜言之，以明其非知也。」）《輯略》删。

楊曰：（「用知必至於陷險，是自驅而納諸罟擭陷阱之中也。射利而甘心於物役，以自投於苟賤不廉之地，是猶納之罟擭陷阱之中而不知辟也。不能以期月守，則勢利得以奪之也。）上六十七字，《輯略》删。擇乎中庸而不能期月守，非所謂智。本脱「智」字。知而不去者，則其爲知也，乃所以爲愚下四字，《輯略》删。（者之不及）也。按：《集編》於此章引《輯略》有吕氏説一條，乃以「鮮能」章「一本」説遂此，今不重録。

《輯略》於此增題云「右第七章」。

子曰：「回之爲人也，擇乎中庸，得一善，則拳拳服膺而弗失之矣。」

程子曰：「顔子擇中庸，得一善則拳拳。中庸如何擇？如博學之，又審問之，又謹思之，又明辨之，所以能擇中庸也。雖然，學問思辨亦何所據，乃識中庸？此則存乎致知。致知者，此則在學者自加功也。大凡於道，擇之則在乎知，守之則在乎仁，斷之則在乎勇。人之於道，則《遺書》作「只」。患在不能守、不能擇、不能斷。」伊川。（問：「顔子如何學孔子到此深邃？」曰：「顔子所以大過人者，只是得一善則拳拳服膺，與能屢空耳。」）按：《遺書》此條伊川語。《輯略》删。（張子曰：「知德以大中爲極，可謂知至矣。擇中庸而固執之，乃至之之漸也。唯學然後能勉，能勉然後日進無疆，而不息可期矣。」又曰：「君子莊敬日强，始則須拳拳服膺出於强勉，至於中禮却從容，如此方是爲己之學。」又曰：「顔氏求龍德正中而未見其止，故擇乎中庸，得善則拳拳服膺，嘆夫子之忽焉前後是也。」）《輯略》并删。

吕曰：「自人皆曰予知」以下。八字本誤大書。「中庸之可守，人莫不知之，鮮能蹈之，惡在其爲知也歟？唯顔子本有「之」字。擇中庸而能守之？此所以爲顔子也。衆人之不能期月守，聞見之知，非心知也。顏子服膺而弗失，心知而已，此所以與衆人異。」一本云：「擇乎中庸，可守而不能久，知及一多「之」字。而仁不能守之者也。知及之，仁不能守之，自謂之知，安在其爲知也歟？雖得之，必失之。故君子之學，自明而誠。明則能擇，誠則能守。能擇知也，能守仁也。如顏子者，可謂能擇而能守也。高明不可窮，博厚不可極，則中道不可識。故仰之彌高，鑽之彌堅，瞻之在前，忽焉一作「然」。在後。察其志也，非見聖人之卓不足謂之中，隨其所至，盡其所得，據而守之，則拳拳服膺而不敢失，勉而進之，則既竭吾才而不敢緩。此所以恍惚前後而不可爲象，一作「像」。求見聖人之止，欲罷而不能也。一宫之中，則庭爲之中矣；指宫而求之一國，則宫或非其中；指國而求之九州，則國或非其中。故極其大則中可求，止其中則大可有，此顏子之志乎！」

游曰：「道之不行，知者過之。如舜之知，則道之所以行也。道之不明，賢者過之。如回之賢，則道之所以明也。」又曰：「擇乎中庸，見善明也。得一善則服膺不失，用心剛也。」

楊曰：「道之不明，賢者之過也，故又以回之事明之。夫得一善，拳拳服膺而弗失，此賢者所以不過也。回之言曰：『舜何人也？予何人也？有爲者亦若是。』用此道也。故繼舜言之。」

（侯曰：「知者，如舜之大知，顏子之服膺，可以謂之知矣，故又以顏子明之。『人皆曰予知，驅而納諸罟擭陷阱之中而莫之知辟也』，『予知』云者，自知之知也。『人皆曰予知，擇乎中庸而不能期月守也』，亦自知之知，皆非大知也。知者致知，則可以擇中庸矣。舜之大知，則不待擇也。顔子則進於此者矣，故曰擇。然而中庸豈可擇也？擇則二矣。此云擇者，如博學之，審問之，明辨之，勉而中，思而得者也，故曰『擇乎中庸』。顔子之學，造聖人之中若有未至焉者，故得一善則拳拳服膺而勿失之，勿失則能久中矣。嗚呼！學者精微，非顔子孰知之？豈待期月而守哉！」）《輯略》删。

《輯略》於此增題云「右第八章」。

子曰：「天下國家可均也，爵禄可辭也，白刃可蹈也，中庸不可能也。」

程子曰：「克己最難，故曰『中庸不可能也』。」明道。

吕曰：「此章言中庸之難也。均之爲言平治也，《周官・冢宰》「均邦國」，平治之謂也。平治乎天下國家，知一作「智」。者之所能也。讓一作「遜」。千乘之國，辭萬鍾之禄，廉者之所能也。犯難致命，死而無悔，勇者之所能也。三者，世之所難也，然有志者率皆能之。中庸者，世之所謂易也，然非聖人，其孰能之？唯其以爲易，故以爲不足學而不察，以爲不足行而不守，此道之所以不行也。」

（游曰：「天下國家之富可均以與人，爲惠者能之。爵禄之貴可辭，爲廉者能之。白刃可蹈，爲勇者能之。然而『中庸不可能』者，誠心不加，而無擇善固執之實也。」）《輯略》删。

（楊曰：「有能斯有爲之者，其違道遠矣。循天下固然之理，行其所無事而已，夫何能之有？」）《輯略》删。

《輯略》於此增題云「右第九章」。

子路問强。子曰：「南方之强與？北方之强與？抑而强與？寬柔以教，不教無道，南方之强也，君子居之。衽金革，死而不厭，北方之强也，而强者居之。故君子和而不流，强哉矯！中立而不倚，强哉矯！國有道，不變塞焉，强哉矯！國無道，至死不變，强哉矯！」

程子曰：按：《遺書》此條，首尚有數語，云周伯温問：「孔子言血氣，如何？」曰：「此只是大凡言血氣，如《禮記》說『南方之强』是也。」乃繼以「南方人」云云。「南方人柔弱，所謂强者，本無「者」字。是義理一作「理義」。之强，故君子居之。北方人本脱「人」字。强悍，所謂强者，是血氣之强，故小人居之。凡人血氣，須要以義理一作「理義」。勝之。」伊川。附《遺書》八云：「國有道，不變塞。所守不變，所行不塞。」

吕曰：「此章言强之中也。南方之强，不及乎强者也。北方之强，過乎强者也。而强者，汝之所當强者也。南方，中國；北方，狄也。一作「夷狄」。以地一作「北」。對南，故中國所以言南方也。南方雖不及强，然犯而不校，未害爲君子。北方則過於强，尚力用强，故止爲强者而已，未及君子之中也。得君子之中，乃汝之所當强也。柔而立，寬而栗，故能和而不流。剛而寡欲，故能中立而不倚。富貴不能淫，故國有道，不變塞焉。貧賤不能移，威武不能屈，故國無道，至死不變。（是皆以己之强，力矯其偏，以就中者也。夫矯之爲言，猶揉木也。木之性，能曲能直，將使成材而爲器，故曲者直者，皆在所矯。人之才，有過有不及，將使合乎中庸，則過與不及，皆在所矯。上廿三字本脱，依《纂疏》增。故皆曰『强哉矯』。『不羞污君，不辭小官』，『與鄉人處，由由然不忍去』，

『雖袒裼裸裎於我側，爾焉能浼我哉？』其和而不流者與！『非其君不事，非其民不使』與夫『獨立不懼，遁世無悶』者，其中立而不倚者歟！）上百卌四字，《輯略》删。塞，未達也。君子達不離道，故當天下有道，其身必達，不變未達之所守，所謂『不變塞焉』者也。」

游曰：「中庸之道，造次顛沛之不可違，惟自强不息者爲能守之，故以『子路問强』次顔淵。（所謂强者，非取其勝物也，自勝而已，故以南方之强爲君子。强也者，道之所以成終始也，故自『和而不流』至於『至死不變』皆曰『强哉矯』，蓋其爲中雖不同，而其貴不已一也。）」上六十五字，《輯略》删。

楊曰：（「天地之仁氣盛於東南，義氣盛於西北。故南、北方之强，氣俗如此。『寛柔以教，不報無道』，以自勝爲强也，故『君子居之』。『衽金革，死而不厭』，以勝物爲强也，子路之强若是，故曰『而强者居之』。而，汝也。與『暴虎馮河，死而無悔』同意。夫君子以自勝爲强，故自『和而不流』至於『至死不變』皆曰『强哉矯』，所以自勝其私以趨中也。矯與矯枉之矯同，亦因之以進子路也。）上百卌四字，《輯略》删。公孫衍、張儀一怒而諸侯懼，安居而天下息，一作「熄」。可謂强矣，而孟子曰『妾婦之道也』。至於『富貴不能淫，貧賤不能移，威武不能屈』，然後謂之大丈夫。故本無「故」字。君子之强，至於至死不變，然後爲至。」

（侯曰：「前言『中庸不可能矣』，恐學者中道而廢，故引『子路問强』以勉之，明君子自强不息，雖愚必明，雖柔必强，豈不可能哉？强有二説，强悍勇敢與勝己之私，皆謂之强，故曰：『南方之强與？北方之强與？』『寬柔以教，不報無道』，南方之强也；克己復禮，有若無，實若虚，犯而不校，顔子之强似之，故曰『君子居之』。衽金革，死而不厭，北方之强也；尚勇兼人，行行如也，子路之强似之，故曰『而强者居之』。君子以自勝爲强，故曰『强哉矯』。矯如矯木之矯，矯曲以從直也。君子之矯，矯過與不及從乎中而已。故國有道，則所守不變，所行不塞；國無道，則至死不變焉。《大壯》之《象》曰『君子以非禮勿履』，豈非『强哉矯』乎？學者若知自强之道，何中庸之不可能哉？」）《輯略》删。

子曰：「素隱行怪，後世有述焉，吾弗爲之矣。君子遵道而行，半塗而廢，吾弗能已矣。君子依乎中庸，遁世不見知而不悔，唯聖者能之。」

《輯略》於此增題云「右第十章」。

程子曰：「『素隱行怪』，是過者也。『半塗而廢』，是不及也。『不見知而不悔』，是中者也。」

伊川。本脱二字。

吕曰：（「此章論行之所以求乎中也。『素隱行怪』，未當行而行之，行之過者也。『半塗而廢』，當行而不行，行之不及者也。素讀如傃鄉之傃，猶『素本作「傃」，依《纂疏》。其位』之素也。君子之學方鄉乎隱，則隱而未見，行而未成，潛龍所以勿用也。然其志嘐嘐然，曰『古之人，古之人』，夷考其行而不掩，則怪者也。君子之學方遵道而行，不勉則不中，不思則不得，進德修業，所以欲及時也。然莫之禦而不爲，力非不足而畫焉，則自已者也。）上百五十一字，《輯略》删。怪者，君子之所不爲也；已者，君子之所不能也。不爲，其所本衍「不」字。過；不已，其所不及。此所以依乎中庸自信而不悔也。下百有六字，《輯略》删。（依與違，對者也。依於仁，則不違於仁；依乎中庸，則不可須臾離也。聖人擇天下之善，知天下之本不出乎中庸，反之於心而說，行之於己而安，考之於理而不謬，合之先王而不違，措之天下國家而可行，則將自信而不疑，獨立而不懼，舉世非之而不悔。非知道之至，烏能及是哉！」）

（游曰：「『吾弗爲之』，處其實而遺其名也。『吾弗能已』，樂其内而忘其外也。其用心若此，則可以入中庸之道矣，故繼言『君子依乎中庸』。依之爲言，無時而違也。非至誠無息者，不足以與此。若三月不違仁，未免於有所守也。『遁世不見知而不悔』者，疑慮不萌於心，確乎其不可拔也，非離人而立於獨者不足以與此。若不遠復者，未免於有念也，故曰『惟聖者能之』。」）《輯略》删。

（楊曰：「不以成德爲行，而以詭異矜世，則其流風足以敗常亂俗矣。後世雖有述焉，君子不爲也。以道爲高，疑若登天，然則半塗而廢者蓋有之。見其若大路，然則行之者必至矣，尚誰已之？此顔淵之所以欲罷不能也。依者對違之名，依乎中庸，則無違矣，蓋不待擇而從容自中也。君子之道，造端乎夫婦，豈有異於人哉？循天下同然之理而已，非小智自私者之所能知也。知之，其天乎！人雖不知，何悔之有？非夫確乎其不可拔者，其孰能之？」）《輯略》删。

《輯略》於此增題云「右第十一章」。

君子之道費而隱。夫婦之愚，可以與知焉；及其至也，雖聖人亦有所不知焉。夫婦之不肖，可以能行焉；及其至也，雖聖人亦有所不能焉。天地之大也，人猶有所憾。故君子語大，天下莫能載焉；語小，天下莫能破焉。《詩》云：「鳶飛戾天，魚躍于淵。」言其上下察也。君子之道，造端乎夫婦，及其至也，察乎天地。

程子曰：「費，日用處。」伊川。　問：「聖人亦何有不能、不知也？」曰：「天下之理，聖人豈有不盡者，蓋於事有所不徧知、不徧能也。至纖悉委曲處，如農圃百工之事，孔子亦豈能知哉？」伊川。　又曰：「鳶飛魚躍，言其上下察也。此一段，子思吃緊爲人處，與『必有事焉，而勿正心』本脱「心」字。之意同，活潑潑地。會得時，活潑潑地；會不得，只是弄精神。」明道。二字本脱。　又曰：「『鳶飛戾天』，向上更有天在；『魚躍于淵』，向下更有地在。」明道。　附《外書》十二載祁寬記尹和靖語，云：嘗問伊川：「『鳶飛戾天，魚躍于淵』，莫是上下一理否？」伊川曰：「到這裏只得點頭。」

（張子曰：「『君子之道費而隱』，費，日用；隱，不知也。匹夫、匹婦可以與知、與行，是人所常用，故曰費；及其至也，雖聖人有所不知、不能，是隱也。聖人若夷、惠之徒，亦未知君子之道；若知君子之道，亦不入於偏。」　又曰：「君子之道達諸天，故聖人有所不能。《或問》引作「知」。夫婦之知淆諸物，故聖人有所不與。」　又曰：「戾天則極高，躍淵則極深。君子之道，天地不能覆載。」　又曰：「此言物各得其所，上者安於上，下者安於下，是上下察，盡也。」）四條《輯略》并删。

呂曰：（「此已上論中，此已下論庸。此章言常道之終始、費用之廣也。隱，微密也。費則常道，隱則至道。唯能盡本作「進」，依《纂疏》。常道，乃所以爲至道。）上四十六字，《輯略》刪。天地之大，亦有所不能，故人猶有憾，況聖人乎？天地之大猶有憾，語大者也。有憾於天地，則大於天地矣，此所以天下莫能載。愚不肖之夫婦所常行，語小者也。愚不肖所常行，雖聖人亦有不可廢，此所謂天下莫能破。下三十七字，《輯略》刪。（上至乎天地所不能，下至於愚不肖之所能，則至道備矣。自夫婦之能至察乎天地，則常道盡矣。」一本云：「庸者，常道也；費，用也；隱，不用也。用者顯著而易知，不用者微密而難知。易知者易能，難知者難能。蓋易知、易能者，常道也；難知、難能者，至道也。音者，瞽矇之所及知；味者，饔人之所及知。及其至也，雖聖人之知，而知音、知味不如師曠、易牙之精，故堯、舜之知不遍愛物。「愛」字衍。孔子自謂不如老農、老圃，此聖人亦有所不知者也。見孺子將入井，人皆有怵惕、惻隱之心；呼蹴而與之，行道之人皆所不屑。及其至也，充不忍人之心，充無受爾汝之實，則博施濟衆，堯舜其猶病諸！君子之道四，孔子自謂未能，此聖人亦有所不能者也。聖人亦有所不知，語小者也，知音、知味，爲農、爲圃，雖小道也，專心致意，亦能貫乎至理，造於精微，周天下之用而不可闕，此天下所莫能破也。聖人亦有所不能，語大者也，天地之人，人猶有所憾，則道固大於天地矣，聖人盡道，財成輔相，以贊天地之化育，合乎天地人而無間，此天下所莫能載也。鳶飛於上，魚躍於下，上下察之至者也。愚不肖之夫婦可以與知，可以能行，則常道盡矣，此所以謂『造端乎夫婦』者也。孝弟之至，通乎神明，光乎四海，無所不通，則至道成矣，此所謂『及其至也，察乎天地』者也。」）《輯略》刪。

謝曰：「『鳶飛戾天，魚躍于淵』，非是極其上下而言，蓋真個見得如此，此正是子思吃緊道與人處。若從此解悟，便可入堯舜氣象。」又曰：「『鳶飛戾天，魚躍于淵』，無些私意。上下察，以明道體無所不在，非指鳶魚而言也。若指鳶魚言，則上面更有天，下面更有地在。知『勿忘，勿助長』則知此，知此則知夫子『與點』之意。」又曰：「《詩》云『鳶飛戾天，魚躍于淵』，猶韓愈所謂『魚川泳而鳥雲飛』，上下自然，各得其所也。詩人之意，言如此氣象，周王作人似之。子思之意，言上下察，本有「也」字。猶孟子所謂『必有事焉，而勿正』。察見天理，不用私意也。故結上文云『君子語大，天下莫能載；語小，天下莫能破』。今人學《詩》，將章句橫在肚裏，本脱「將」字。怎生得脱洒一作「灑」。去？」

（游曰：「道之用，贍足萬物而萬物莫不資焉，故言費。其本則視之不見，聽之不聞，故曰隱。猶言『肆而隱』也。唯費也，則良知、良能所自出，故夫婦之愚不肖，可以與知而能行焉。唯隱也，則非有思者所可知，非有爲者所可能，故聖人有所不知、不能焉。蓋聖人者，德之盛而業之大者也，過此以往則神矣。無方也不可知，無體也不可能，此七聖皆迷之地也。天地之大，人猶有所憾者，則祁寒暑雨之失中故也。君子之道，無往而非中也。其大無外，而中無不周，故天下莫能載。其小無間，而中無不足，故天下莫能破。上極於天，下蟠於淵，中無不在也，故上下察。是道也，以爲高遠邪，則造端乎夫婦；以爲卑近邪，則察乎天地。《孝經》曰：『事父孝，故事天明；事母孝，故事地察。』蓋事父母之心，雖夫婦之愚不肖亦與有焉，及其至也，天地明察，神明彰矣，則雖聖人之德，又何以加此？此中庸所以爲至也。」）《輯略》删。

楊曰：「道者，人之所日用也，故費；雖曰日用，而至賾存焉，故隱。下六十二字，《輯略》删。（蓋自可欲之善，至於「於」字依趙引增。充實輝光之大，致知力行之積也。大而化之，至於不可知之神，則非知力所及也，德盛仁熟而自至焉耳。故及其至也，聖人有所不知、不能焉。」又曰：「祁寒暑雨之變，其機自爾，雖天地之大，不能易其節也。夫本作「大」，依趙引。道之不可能也如是，而人雖有憾焉，道固自若也，故下文申言之。」又曰：「大而無外，天下其孰能載之？小而無倫，天下其孰能破之？道至乎是，則天地之大，萬物之多，皆其分内耳，故曰『鳶飛戾天，魚躍于淵，言其上下察也』。鳶飛、魚躍，非夫體物而不遺者，其孰能察之？雖然，其端豈遠乎哉？始於夫婦之愚不肖與知能行者而已，故又曰『君子之道，造端乎夫婦，及其至也，察乎天地』。」）《輯略》并删。

侯曰：（「前章言唯聖者能之，子思恐學者以謂中者之道極乎高深不可及而止也，故又曰『君子之道費而隱』，皆日用之事，雖夫婦之愚不肖亦能知之，亦能行之；及其至，則雖）上六十四字，《輯略》删。聖人（亦有）二字删。所不知、不能（焉。謂其不能者，非聖人不能於此，力有所不逮也。）十九字删。如孔子問禮於老聃，訪官名於郯子，謂異世之禮制、官名之因革，所尚不同，不可强知故也。又如（聖而不可知之神），七字删。大德、禄位、名壽，舜之必得而孔子不得。又如『博施濟衆』，『修己以安百姓』，欲盡聖人溥博無窮之心，極天之所覆，極地之所載，無不被其澤者，雖堯舜之仁，亦在所病也。又如『民可使由之，不可使知之』，日用之費，民固由之矣，其道（中庸）二字删。則安能人人知之？雖使堯舜（之爲君）三字删。周孔（之爲臣）三字删。所過者化，（所存者神，立之斯立，道之斯行，綏之斯來，動之斯和）二十字删。其化者不越所過者爾，又安能使窮荒極遠、（未綏、未動、）四字删。未過者皆化哉？此亦聖人之所不能也。」

《輯略》於此增題注云：「右第十二章。子思之言，蓋以申明首章道不可離之意也。其下八章，雜引孔子之言以明之。」

子曰：「道不遠人。人之爲道而遠人，不可以爲道。《詩》云：『伐柯伐柯，其則不遠。』執柯以伐柯，睨而視之，猶以爲遠。故君子以人治人，改而止。忠恕違道不遠，施諸己而不願，亦勿施於人。君子之道四，丘未能一焉：所求乎子，以事父未能也；所求乎臣，以事君未能也；所求乎弟，以事兄未能也；所求乎朋友，先施之未能也。庸德之行，庸言之謹，有所不足，不敢不勉，有餘不敢盡；言顧行，行顧言，君子胡不慥慥爾！」

程子曰：「執柯伐柯，其則不遠，人猶以爲遠。君子之道，本諸身，發諸心，豈遠乎哉？」伊川。又曰：「以己及物，仁一作「忠」。也；推己及物，恕也。『違道不遠』是也。忠恕一以貫之。忠者，天道；《遺書》作「理」。恕者，人道。忠者无妄，恕者所以行乎忠也。忠者體，恕者用，大本達道也。此與『違道不遠』異者，動以天爾。」明道。按：《論語精義》引此條，下注云：「一本作『以己及物謂之仁，推己及物謂之恕。忠者，無妄之謂也。忠，天道也；恕，人事也。忠爲體，恕爲用。忠恕「違道不遠」，非「一以貫之」之忠恕也。』」《遺書》六以一本「忠者無妄」下數語爲伊川語。又曰：「忠恕兩字，要除一個除不得。」明道。今《輯略》無，真引有。又曰：「盡己之謂忠，推己之謂恕。忠，體也；恕，用也。」按：《論語精義》此條伊川解。又曰：「盡己爲一作「謂」。忠，如心爲恕。」二語本連下條，非，是當脱注「伊川」字。或問：「恕字，學者可用功否？」曰：「恕字甚大。然恕不可獨用，須得忠以爲體。不忠，何以能恕？看忠恕兩字，自見相爲用處。」伊川。按：《遺書》此條，首尚有五十字，云：「問：『忠恕可貫道否？』曰：『忠恕固可以貫道，但子思恐人難曉，故復於中庸降一等言之，曰「忠恕違道不遠」。忠恕只是體用，須要理會得。』」乃繼以「又問」云云，未尚有三十三字，云：「孔子曰：『君子之道四，某未能一焉。』恕字甚難，孔子曰：『有一言可以終身行之者，其恕乎！』」又曰：「忠恕所以公平，造德則自忠恕，其致則公平。」伊川。（又曰：「事上之道莫若忠，待下之道莫若恕。」伊川）。《輯略》删。又曰：「人謂盡己之謂忠，盡物之謂恕。盡己之謂忠，固是；盡物之謂恕，則未盡。推己之謂恕，盡物之謂信。」伊川。今《輯略》無，真引有。又曰：「有餘便是過。慥慥，篤實貌。」同上。按二程論忠恕尚有數條，附此。《遺書》一曰：「曾子曰：『夫子之道，忠恕而已矣。』《中庸》以曾子之言雖是如此，又恐人尚疑忠恕未可便爲道，故曰：『忠恕，違道不遠，施諸己而不願，亦勿施於人。』此又掠下教人。」又十五載伊川語曰：「曾子言夫子之道，忠恕果可以一貫。若使他人言之，便未足信，或未盡。忠恕之道，曾子言之，必是盡得也。又於《中庸》特舉此二義，言『忠恕違道不遠』，恐人不喻，故指而示之近，欲以喻人。又如禘嘗之義，如示諸掌，《中庸》亦指而示之近。皆是恐人不喻，故特語之詳。然則《中庸》之書，決是傳聖人之學不雜，子思恐傳授漸失，故著此一卷書。」又《外書》一載伊川曰：「忠者，天下大公之道，恕所以行之也。忠言其體，天道也；恕言其用，人道也。」又七載明道曰：「『維天之命，於穆不已』，不其忠乎？『天地變化，草木蕃』，不其恕乎？」伊川曰：「『維天之命，於穆不已』，忠也。『乾道變化，各正性命』，恕也。」又十一云：「或問忠恕之别。曰：『猶形影也。無忠，則不能爲恕矣。』」又十二云：「或問明道先生，『如何斯可謂之恕？』先生曰：『充擴得去，則爲恕。』『心如何是充擴得去底氣象？』曰：

「天地變化，草木蕃。」『充擴不去時如何？』曰：『天地閉，賢人隱。』」《論孟精義》引伊川云：「忠恕猶曰中庸，不可偏舉。」

張子曰：「所求乎君子之道四，是實未能。道何嘗有盡？聖人，人也。人則有限，是誠不能盡道也。聖人之心則直欲盡道，事則安能得盡？如博施濟衆，堯舜實病諸。堯舜之心，其施直欲至於無窮，方爲博施，然安得若是？修己以安百姓，是亦堯舜實病之。欲得人人如此，然安一作「後」。得人，人一脫二字。如此？」（又曰：「虛者，仁之原。忠恕者，與仁俱生。禮義者，仁之用。」）《輯略》刪。又曰：「以責人之心責己，則盡道，所謂『君子之道四，某未能一焉』者也。以愛己之心愛人，則盡仁，所謂『施諸己而不願，亦勿施於人』者也。以衆人望人，則易從，所謂『以人治人，改而止』者也。此君子所以責己、責人、愛人之三術也。」

呂曰：（「此章言治己治人之常道也。苟非其人，道不虛行。人能宏道，非道宏人。故道雖本于天，行之者在人而已。」）上卌字，《輯略》刪。妙道精義，常存乎君臣、父子、夫婦、朋友之間，不離乎交際、酬酢、應對之末，皆人心之所同然，未有不出於天者也。若絶乎人倫，外乎世務，窮其所不可知，議其所不可及，則有天人之分，內外之別，非所謂大而無外，一以貫之，安在其爲道也與？柯，斧之柄也。執斧之柄，四字本脫。而求柯於木，其尺度之則固不遠矣。然柯猶在外，睨而視之，始得其則。若夫治己治人之道，於己取之，不必睨視之勞，而自得於此矣。故君子推是心也，其治衆人也，以衆人之道而已。以衆人之所及知責其所知，以衆人之所能行責其所行，改而後止，不厚望也。其愛人也，以忠恕而已。忠者，誠有是心而不自欺；恕者，推待己之心以及人者也。忠恕不可謂之道，而道非忠恕不行，此所以言『違道不遠』，（孔子謂『吾道一以貫之』）九字删。者（也）。一字删。其治己也，以求乎人者反本誤「及」。於吾身。事父、事君、事兄，先施之朋友，皆衆人之所能；盡人倫之至，（通乎神明，光于四海，有性焉，君子不謂之命。）十七字删。則雖聖人，亦自謂未能，此舜所以盡事親之道，必至瞽叟底豫者也。（故君子責己、責人、愛人有三術焉：以責人之心責己，則盡道，所謂『君子之道四，某未能一焉』者也。以愛己之心愛人，則盡仁，所謂『施諸己而不願，亦勿施於人』者也。以衆人望人，則易從，所謂『以人治人，改而止』者也。）八十一字删。庸者，常道也。事父孝，事君忠，事兄弟，交朋友信。庸德也，必行而已。有問有答，有唱有和，不越乎此者，庸言也，無易而已。不足而不勉，則德有止而不進；有餘而盡之，則道難繼而不行。無是行也，不敢苟言以自欺，故『言顧行』；有是言也，不敢不行而自棄，故『行顧言』。下廿六字删。（言行相顧，知造乎誠實以自信，此君子所以慥慥。造乎，誠實之謂也。」）

問忠恕。謝氏曰：本作「謝氏曰問忠恕曰」。「猶形影也。無忠，做恕不出來。『己所不欲，勿施於人』，『施諸己而不願，亦勿施諸人』，説得自分明。恕，如心而已。下七十四字，《輯略》删。（恕，天道也。伯醇曰：『「天地變化，草木蕃」，是天地之恕。「天地閉，賢人隱」，是天地之不恕。』」朱震問：「天地何故亦有不恕？」曰：「天因人者也。若不因人，何故人能與天地爲一？故有意、必、固、我則與天地不相似。」）

游曰：（「仁，人心也；道，自道也，則是道不離自心而已，夫何遠之有？人之爲道，而不本於心，則違道也遠矣，故終不可以入道。爲道而不本於心，則執柯伐柯之譬也，故曰『其則不遠』，此盡己之忠也。然道非彼也，心非此也，以心望道，猶爲兩物也，故『睨而視之，猶以爲遠』。由此觀之，道固不可以頓進也，修身猶然，而況於治人乎？故君子不以道責人，而以人治人，取其改而止，此盡物之恕也。使其盡道以望人，則改而不止，則是『中也棄不中』，非中庸之道也。夫道一以貫之，無物我之間也。既曰忠恕，則已違道矣。然忠以盡己，則將以至忘己也；恕以盡物，則將以至忘物也，則善爲道者莫近焉，故雖違而不遠矣。『施諸己而不願，亦勿施於人』，則以忠恕之方而參彼己之道也。參彼己者，亦將致一而後已也。『某未能一』者，夫子之得邦家也，則人倫正而五品遜矣，何未能之有？唯夫子之道不行于天下，則有求於世人而未得者矣。其曰『某未能一』者，自任以天下之重而責己之周也，孟子謂『舜爲法於天下』而『我猶未免爲鄉人』，亦是意也。所謂『出則事公卿，入則事父兄』，『何有於我』者，以在己者言之，非有所求於他人者也。『庸德之行』，是行以德成，而德之外無餘行；『庸言之謹』，是言以行出，而行之外無餘言。）上四百十六字，《輯略》删。有所不足，不敢不勉，將以踐言也，則其『行顧言』矣。有餘不敢盡，耻躬之不逮也，則其『言顧行』矣。言行相顧，則於心無餒，故曰『胡不慥慥爾』。慥慥，心之實也。」

楊曰：（「仁者，人也；合而言之，道也。道豈嘗離人哉？人而爲道，與道二矣，道之所以遠也。『執柯以伐柯』，與柯二矣，爲道之譬也。『睨而視之，猶以爲遠』，爲道而遠人之譬也。執柯以伐柯，其取譬可謂近矣；睨而視之，猶且以爲遠，況不能以近取譬乎？則其違道可知矣。『故君子以人治人，改而止』，以人治人，仁之也，伊尹以斯道覺斯民是也；趙引無此十字。改而止，不爲已甚也。蓋道一而已，仁是也。視天下無一物之非仁，則道其在是矣。然則本作「其」，依趙本。道終不可爲乎？曰：自道言之，則執柯伐柯，猶以爲遠也；自求仁言之，則爲忠恕莫近焉，故又言之，以示進爲之方，庶乎學者可與入德矣。『君子之道四，某未能一』者，聖人豈自異於人乎哉？人倫之至而已。孔子於君臣、父子、兄弟、朋友之間皆曰未能者，不敢居其至也。君子之學，常若不及，猶恐失之，自謂能焉，其失遠矣。子夏既除喪，與之琴，使之弦，侃侃而樂作，而曰：『先王制禮，不敢不及也。』閔子既除喪，與之琴，使之弦，切切而悲作，而曰：『先王制禮，不敢過也。』夫哀未忘而斷之以禮，有餘，不敢盡也；哀已忘而引之以及禮，不足，不敢不勉也，此『庸德之行，庸言之謹』也。有所不足，必跂而及之，有餘不敢盡，所以趨中也。可言不可行，君子不言也，故『言顧行』；可行不可言，君子不行也，故『行顧言』。言顧行，行顧言，内外進矣，故曰『胡不慥慥爾』。慥之言造也。」《輯略》删。又曰：）「孟子言舜之怨慕，非深知舜之心不能及此。據舜惟患不順於父母，不謂其盡孝也。《凱風》之詩曰：『母氏聖善，我無令人。』孝子之事親如此，此孔子所以取之也。孔子曰『君子之道四，某未能一焉』，若乃自以爲能，則失之矣。」

（侯曰：「前章言道之大也不可載，小也不可破。子思又恐學者窮高極遠，游心天地之外以求所謂道者，則其於中庸也遠矣，故曰『道不遠人』。『人之爲道而遠人』，爲道如世儒言顔子樂道同，故曰『不可以爲道』，爲字不可重看。若父子之仁、君臣之義，道也，是豈遠哉？即父子而父子之道明，即君臣而君臣之義立，此人之道也，孟子曰『民之秉彝，故好是懿德』〔三〕是也，故引《詩》『執柯伐柯〔四〕，其則不遠』以明之。又曰『執柯以伐柯，睨而視之，猶以爲遠』，謂柯之則不在他柯，而柯自有天然之則，故曰『睨而視之，猶以爲遠』也，謂其猶二也。譬如君子之道，本諸身，發諸心，不在於他，率性修道而已，其加諸庶民亦若是，故曰『君子以人治人，改而止』。『忠恕，違道不遠，施諸己而不願，亦勿施於人』，噫！施諸己而不願，然後勿施於人，故已違道矣，然而謂之不遠者，以其善推其所爲而已。雖然如是，君子一視而同仁，吾道一以貫之。曾子謂：『夫子之道，忠恕而已矣。』孔子亦曰：『老者安之，朋友信之，少者懷之。』惡在其爲施諸己而不願，而勿施於人也？忠恕一也，性分不同。夫子，聖人也，故不待推；顔子、子思、孟子、子貢之忠恕，其知之所及，仁之所守，勇之所行，皆至於斯，故或曰『無施勞』，或曰『施諸己而不願，亦勿施於人』，或曰『老吾老以及人之老，幼吾幼以及人之幼』，或曰『吾不欲人之加諸我也，吾亦欲無加諸人』，此安仁、行仁、求仁之序也。」）《輯略》删。又曰：（「此章『道不遠人』，『以人治人，改而止』，『忠恕，違道不遠』，『施諸己而不願，亦勿施於人』，子思恐學者低看却理，故舉）上四十一字，《輯略》删。父子、君臣、兄弟、朋友之常，（雖聖人有所未能以明之。父子之仁，天性也，君臣之義也，兄弟亦仁也，朋友亦義也，）卅二字删。孔子自謂皆未能，何也？只謂恕己以及人，則（聖人）二字删。將使天下皆無父子、無君臣乎？蓋以責人之心責己，則盡道也。（夫聖，孔子不居。此四者，聖人言未能，亦不得已也。孟子曰：『口之於味也，目之於色也，耳之於聲也，鼻之於臭也，四肢之於安佚也，性也，有命焉，君子不謂性也。仁之於父子也，義之本衍「之」字。於君臣也，禮之於賓主也，知之於賢者也，聖人之於天道也，命也，有性焉，君子不謂命也』。孔子，聖人也。聖人，人倫之至，豈有不能哉？云未能者，非不能也，有命焉，有性焉，不得不可以爲悦者也。事君而盡臣道焉，不得乎君，猶以爲未盡也。事親而盡子道焉，不得乎親，猶以爲未盡也。事兄弟、朋友亦然，若已盡其道而不得焉，自曰能之，非也。舜之於堯，堯之於舜，君臣之道盡也。過此焉謂之盡者，吾未見其可也。以孔子之聖猶曰未能者，此也。然而不敢厚誣天下，而曰終不能者，猶幸其一二焉，故皆曰未能，亦聖人之時中也。雖然，命也者，性存焉，故又繼之以『庸德之行，庸言之謹，有所不足，不敢不勉，有餘不敢盡。言顧行，行顧言』，慥慥而誠實。至於中，則不敢不勉也。孟子曰：『欲爲君盡君道，欲爲臣盡臣道，二者皆法堯舜而已。』）上三百四十五字删。今人有君親而不盡其心以事焉，曰聖人猶未能盡，而曰恕己以及人，（皆非也，）三字删。是禍天下君臣父子也。」《輯略》此條在後，後條在前。或本作「又」。曰：「曾子説出忠恕二字，子思所以只發明恕字者，何故？」侯曰：本無「侯」字。「無恕不見得忠，無忠做恕不出來。誠有是心之謂忠，見於功用之謂恕。」曰：「明道言『忠恕二字，要除一個除不得』，正謂此與？」曰：「然。」

附：尹曰：「忠恕一事也。主於内爲忠，見於外爲恕。」見《論語精義》。

《輯略》於此增題云「右第十三章」。

君子素其位而行，不願乎其外。素富貴，行乎富貴；素貧賤，行乎貧賤；素夷狄，行乎

夷狄；素患難，行乎患難，君子無入而不自得焉。在上位不陵下，在下位不援上，正己而不求於人，則無怨。上不怨天，下不尤人。故君子居易以俟命，小人行險以徼幸。子曰：「射有似乎君子，失諸正鵠，反求諸其身。」

張子曰：「責己者當知無天下國家上「無」字，一迻此。皆非之理，故學至於不尤人，學之至也。」

呂曰：「達則兼善天下，得志則澤加於民，『素富貴，行乎富貴』者也，不驕不淫，不足以道之也。窮則獨善其身，不得志則修身見於世，『素貧賤，行乎貧賤』者也，不諂不懾，不足以道之也。言忠信，行篤敬，一作「謹」。雖蠻貊之邦行矣，『素夷狄，行乎夷狄』者也。文王內文明而外柔順以蒙大難，箕子內難而能正其志，『素患難，行乎患難』者也。愛人不親反其仁，治人不治反其智，此在上位所以不陵下也。彼以其富，我以吾仁，彼以其爵，我以吾義，吾何慊乎哉？此在下位所以不援上也。陵下不從一作「得」。則罪其下，援上不得則非其上，是所謂尤人者也。庸德之行，庸言之謹，居易者也。國有道不變塞焉，國無道至死不變，心逸日休，行其所無事，如子從父命，無所往而不受，俟命者也。若夫行險以徼一旦之幸，得之則貪爲己力，不得則不能反躬，是所謂怨天者也。故君子正己而不求於人，如射而已，射之不中，由吾巧之不至也，故失諸正鵠者，未有不反求諸身，如君子之治己，行有不得，亦反求諸身，上十五字本脱。則德之不進，豈吾憂哉？」

游曰：「『素其位而行』者，即其位而道行乎其中，若其素然也。舜之飯糗茹草，若將終身，此非素貧賤而道行乎貧賤不能然十三字本作「素貧賤行乎貧賤」七字。也。及其爲天子，被袗衣鼓琴，若固有之，此非素富貴而道行乎富貴不能然十三字本作「素富貴行乎富貴」七字。也。飯糗紾衣，其位雖不同，而此道之行一也。至於夷狄、患難，亦若此而已。道無不行，則『無入而不自得』矣。蓋道之在天下，不以易世而有存亡，故無古今。則君子之行道，不以易地而有加損，故無得喪。（此君子之得於心者然也。）十字，《輯略》刪。至於『在上位不陵下』，知富貴之非泰也；『在下位不援上』，知貧賤之非約也。此唯『正己而不求於人』者能之，故能『上不怨天』，（以在我者有義也；）七字刪。『下不尤人』，（以在物者有命也。此君子之見於行者然也。）廿一字刪。蓋君子爲能循理，故『居易以俟命』，居易未必不得也，故窮通皆好。小人反是，故『行險以徼幸』，行險未必常得也，故窮通皆醜。學者要當篤信而已。『射有似乎君子』者，射者發而不中，則必反而求其不中之因，意者志未正邪？體未直邪？持弓矢而未審固邪？然而不中者寡矣。君子之正身，亦若此也。愛人不親反其仁，治人不治反其智，禮人不答反其敬，行有不得者，皆反求諸己而已，而何怨天尤人之有哉？『失諸正鵠』者，行有不得之，況也。」

楊曰：「君子居其位若固有之，無出位之思，『素其位』也。下二百廿十字，《輯略》刪。（萬物皆備於我，反身而誠，樂莫大焉，何願乎外之有？故能『素其位而行』，無入而不自得也。魯侯之不見孟子也，臧倉實尼之，而孟子曰：『予之不遇魯侯，天也；臧氏之子焉能使予不遇哉？』蓋孟子非有求於魯侯也，故其不怨天不尤人如此。『居易以俟命』，行其所無事也；『行險以徼幸』，不受命者也。詭遇而得禽者蓋有焉，君子不爲也。『射有似乎君子』者，射以容、節比於禮、樂爲善，内志正，外體直，然後持弓矢審固；持弓矢審固，然後可以言中。射而失正鵠者，未能審固也。知射者豈他求哉？反而求諸身，以正吾志而已。此君子居易之道也。世之行險以徼幸者，一有失焉，益思所以詭遇也，則異於是矣。」）

侯曰：（「富貴、貧賤、夷狄、患難，行其素則無事矣，《易》曰『素履往，無咎』是也。」《輯略》删。又曰：）總老趙作「常總」。嘗問一士人曰：「《論語》云『默而識之』，識是識個甚？子思言『君子無入不自得』，得是得個甚？」或者無以爲對。侯子聞之，曰：「是不識吾儒之道，猶以吾儒語爲釋氏用，在吾儒爲不成説話。既曰『默識』與『無入不自得』，更理會甚識、甚得之事？是不成説話也。今人見筆墨須謂之筆墨，見人須謂之人，不須問默而識之，是默識個甚二字本脱。也。聖賢於道由一作「猶」。是也。『庸言之信，庸行之謹』是自得也，豈可名爲本作「其」。所得、所識之事乎？」

《輯略》於此增題云「右第十四章」。

君子之道，辟如行遠必自邇，辟如登高必自卑。《詩》曰：「妻子好合，如鼓瑟琴。兄弟既翕，和樂且耽（五）**。宜爾室家，樂爾妻帑。」子曰：「父母其順矣乎！」**

吕曰：「不得乎親，不可以爲人；不順乎親，不可以爲子。故君子之道，莫大乎孝；孝之本，莫大乎順父母。故仁人孝子，欲順一多「乎」字。親必先乎妻子不失其好，兄弟不失其和，室家宜之，妻帑樂之，致家道成，然後可以養父母之志而無違也。行遠、登高者，謂孝莫大於一作「乎」。順其親者也；自邇、自卑者，謂本乎妻子、兄弟者也。故『身不行道，不行於妻子』。文王『刑於寡妻，至於兄弟』，則治家之道，必自妻子始。」

（游曰：「『行遠必自邇』，自家以達國也。『升高必自卑』，由人以之天也。妻子好合，然後兄弟翕；兄弟既翕，然後父母順。蓋『刑於寡妻，至於兄弟』，以順於父母，則家道正矣。於治國也何有？家道正，則人道立矣。於天道也何有？知事於邇且卑者，則遠且高者之理得矣。」）《輯略》删。

（楊曰：「『身不行道，不行於妻子』，故齊家自身始，遠行自邇之辟也。蓋妻子之不好合，兄弟之不翕，而能順父母者，未之有也。」）《輯略》删。

《輯略》於此增題云「右第十五章」。

子曰：「鬼神之爲德，其盛矣乎！視之而弗見，聽之而弗聞，體物而不可遺。使天下之人齊明盛服，以承祭祀。洋洋乎，如在其上，如在其左右。《詩》曰：『神之格思，不可度思！矧可射思！』夫微之顯，誠之不可揜如此夫。」

問：「明則有禮樂，幽則有鬼神，何也？」程子曰：「鬼神只是一個造化。天尊地卑，乾坤定矣，『鼓之以雷霆，潤之以風雨』是也。」伊川。本脱此條。又曰：「夫天，專言之則道也；分而言之，則以形體謂之天，以主宰謂之帝，以功用謂之鬼神，以妙用謂之神，以性情謂之乾。」伊川。又曰：「鬼神者，造化之迹也。」當脱注「伊川」二字。又曰：「鬼是往而不返之義。」又曰：「立清虚一大爲萬物之原，恐未安，須兼清濁、虚實乃可言神。道體物不遺，不應有方所。」明道。又曰：「『上天之載，無聲無臭』，其體則謂之易，其理則謂之道，其用則謂之神，故説神『如在其上，如在其左右』。大小大事而只曰『誠之不可揜如此夫』，徹上徹下，不過如此。」問：「世言鬼神之事，雖知其無，然不能無疑，如何可以曉悟其理？」曰：「理會得精氣爲物、遊魂爲變，與原始要終之説，便能知也。鬼神之道，只恁説與賢，雖會得，亦信不過，須是自得也。」伊川。二字本脱。

附《遺書》六一條云：「只是一個誠，天地、萬物、鬼神本無二。」

張子曰：「鬼神者，二氣之良能也。」又曰：「天道不窮，寒暑已；衆動不窮，屈伸已。鬼神之實，不越二端而已矣。」三條，今《輯略》無，真引并有。《輯略》又誤以下三條爲程子語。又曰：「鬼神往來屈伸之義，故天曰神，地曰祇，人曰鬼。神示者，歸之始；「示」真作「來」。歸往者，來之終。」又曰：「天體物而不遺，猶仁體事而無不在也。禮儀三百，威儀三千，無一物之非仁也。『昊天曰明，及爾出王。昊天曰旦，及爾游衍』，無一物之不體也。」又曰：「凡可狀皆有也，凡有皆象也，凡象皆氣也。氣之性本虛而神，則神與性乃氣所固有。此鬼神所以體物而不可遺也。」

吕曰：（「此章論誠之本，唯誠所以能中庸。『神以知來，知以藏往』，往者屈也，來者伸也，所屈者不亡，所伸者無息，雖無形聲可求，而物物皆體。弗聞弗見，可謂微矣，然體物不遺，此之謂顯。不亡不息，可謂誠矣，因感必見，此之謂不可揜。」《輯略》删。又曰：）「鬼神者無形，故視之不見；無聲，故聽之不聞。然萬物之生，莫不有氣，氣也者，神之盛也；莫不有魄，魄也者，鬼之盛也。故人亦鬼神之會爾，此體物而不可遺者也。鬼神者，周流天地之間，無所不在，雖寂然不動，而有感必通；本衍「通」字。雖無形無聲，而有所謂昭昭不可欺者，故『如在其上，如在其左右也』。弗見弗聞，可謂微矣，然體物而不可遺，此之謂顯。周流天地之間，昭昭而不可欺，可謂誠矣，然因感而必通，此之謂不可揜。」又曰：「鬼神者，二氣之往來爾。物感雖微，無不通於二氣，故人有是心，雖自謂隱微，心未嘗不動，動則固已感於氣矣，鬼神安有不見乎？其心之動，又必見於聲色舉動之間，人乘間以知之，則感之著者也。」謝曰：「動而不已，其神乎？滯而有迹，其鬼乎？往來不息，神也。摧仆歸根，鬼也。致生之，故其鬼神；致死之，故其鬼不神。何也？人以爲神則神，以爲不神則不神矣。之本誤「知」。死而致生之不智，之本誤「知」。死而致死之不仁，聖人所爲神本誤「聖」。明之也。」或問死生之説。謝曰：「人死時氣盡也。」曰：「有鬼神否？」謝曰：「余當時亦曾問明道先生，明道曰：『待向你道無來，你怎信得及；待向你道有來，你但去尋討看。』」謝曰：「此便是答底本誤「得」。語。」又曰：「横渠説得來別，這個便是天地間妙用，須是將來做個題目入思議始得，講説不濟事。」曰：「沈魂滯魄，影響底事如何？」曰：「須是自家看得破始得。張亢郡君化去，嘗來附語，亢所知事，皆能言之。亢一日方與道士圍棋，又一作「人」。自外來。道士封一把棋子，令將去問之，張不知數，便道不得。又如紫姑神，不識字底把著寫不得，不信底把著寫不得。推此可以見矣。」曰：「先王本誤「生」。祭饗鬼神則甚？」曰：二字本誤「曰甚」。「是他意思，別三日齋、七一作「五」。日戒，求諸陰陽四方上下，蓋是要集自家精神，所以『假有廟』必於《萃》與《渙》言之。此下語録多「如武王伐商，所過名山大川致禱，山川何知？武王禱之者以此」廿四字。雖然如是，以爲有亦不可，以爲無亦不可，這裏有妙理真作「用」。於若有若無之間，須斷置得去始得。」曰：「如此却是鶻突也。」謝曰：「不是鶻突，自家要有便有，自家要無便無。使得鬼神在虚空中辟塞滿，觸目皆是，爲他是天地間妙用。祖考精神，便是自家精神。」

（游曰：「游無不在，明則爲禮樂，幽則爲鬼神。鬼神具道之妙用也，其德顧不盛歟？夫欲知鬼神之德者，反求諸其心而已。神將來舍，則是『神之格思』也。若正心以度之則乖矣，所謂『不可度思』也。正心本誤「已」，依趙引。度之猶不可，又況得而忘之乎？所謂『不可射思』也。不可度，故視不見，聽不聞；不可射，故『如在其上，如在其左右』也。夫微之顯如此，以其『誠之不可揜』也。誠則物物皆彰矣，故不可揜。微本誤「爲」，依趙改。之顯者，其理也；誠之不可揜，以其德言也。」）《輯略》删。

楊曰：（「鬼神之德，唯誠而已。誠無幽明之間，故其不可揜如此。夫不誠則無物，所謂『體物而不可遺』者，尚何顯之有？知此，其知鬼神矣。」《輯略》删。又曰：）「鬼神體物而不可遺，蓋其妙萬物而無不在故也。」

（侯曰：「鬼神之德，天地乾坤、陰陽造化之理而已。有是道，有是理，故『視之而弗見，聽之而弗聞。』有是物，有是用，故『體物而不可遺』。消息盈虚，往來神明，皆是理也；吉凶悔吝，剛柔變化，皆是物也。妙而無窮，微而至顯，使天下之人齊明盛服，以承祭祀。洋洋乎，如在其上，如在其左右。詩曰：『神之格思，不可度思！矧可射思！』「射」讀作「石」字〔六〕。故曰：『鬼神之爲德，其盛矣乎！』」或曰：「鬼神其誠乎？」曰：「只是鬼神，非誠也。」曰：「非誠，則經言『誠之不可揜』，何也？」曰：「誠者，誠也，充塞乎上下，無物可間者也。以陰陽言之，則曰道；以乾坤言之，則曰易；貫通乎上下，則曰誠。蓋天非誠，其行也不健；地非誠，其載也不厚；人非誠，其形也不踐。總攝天地，斡旋造化，動役鬼神，闔闢乾坤，萬物由之以生死，日月由之而晦明者，誠也。經不曰鬼神，而曰『鬼神之爲德，其盛矣乎』，鬼神之德，誠也。誠無内外，無幽明，故可格而不可度、射。《易》曰：『形而上者，謂之道；形而下者，謂之器。』鬼神亦器也，形而下者也。學者心得之可也。」）《輯略》删。

《輯略》於此增題云「右第十六章」。

子曰：「舜其大孝也與！德爲聖人，尊爲天子，富有四海之内。宗廟饗之，子孫保之。故大德必得其位，必得其禄，必得其名，必得其壽。故天之生物，必因其材而篤焉。故栽者培之，傾者覆之。《詩》曰：『嘉樂君子，憲憲令德。宜民宜人，受禄于天。保佑命之，自天申之。』故大德者必受命。」

程子曰：「知天命，是達天理也；必受命，是得其應也。命者，是天之付與，如命令之命。天之報應，皆如影響，得其報者，是常理也；不得其報者，非常理也。九字本脱。然而細推之，則須有報應，但人以淺狹之見求之，便爲差互。一作「誤」。天命不可易也，然有可易者，唯有德者能之，如修養之引年，世祚之祈天永命，常人之至於聖賢，一多「者」字。皆此道也。」伊川。

張子曰：「德不勝氣，性命於氣；德勝其氣，性命於德。窮理盡性，則性天命，命天德。六字本作「性命於天天命天德」八字，一作「性天德命天理」，此依真、趙所引。氣之不可變者，本多「可變者」三字，真、趙俱無之。獨死生脩夭而已。故論死生則曰有命，以言其氣也；語富貴則曰在天，以言其理也。此大德所以必受命。」

呂曰：「中庸之行，孝弟而已。如舜之德位，皆極流澤之遠，始可謂盡孝。本脱「謂」字。故禄位、名壽之皆得，非大德，其孰能致之？」一本云：（「天命之所屬，莫逾於大德。至於禄位、名壽之皆極，則人事至矣，天命申矣。行父母之遺體，敢不敬乎？則敬親之至，莫如德爲聖人、尊爲天子之大也。以天下養，養之至也，則養親之至，莫如富有四海之内之盛也。積厚者流澤廣，積薄者流澤狹，則繼親之至，莫如宗廟饗之、子孫保之當脱「之」字。久也。舜之德大矣，故尊爲天子，所謂『必得其位』；富有四海之内，所謂『必得其禄』；德爲聖人，所謂『必得其名』；宗廟饗之，子孫保之，則福禄之盛，享壽考而無疑也，所謂『必得其壽』」。）此條今《輯略》全删，《集編》引此下百卅八字爲一條。天之於萬物，其所以爲吉凶之報，莫非因其所自取也。植之固者，加本誤「如」，依真、趙。雨露之養，則其末必盛茂；植之不固者，震風凌雨，則其本先撥。至於人事，則得道者多助，失道者寡助，是皆因其材而篤焉，『栽者培之，傾者覆之』者也。「者」字依真、趙增。古之君子，「之」字依真、趙增。既有憲憲之令德，而又有宜民宜人之大功，此宜受天禄矣，故天保佑之，申之以受天命，此大德所以必受命，是亦『栽者培之』之義與！」又曰：「命雖不易，唯至誠不息亦足以移之，此大德所以必受命。君子所以有性焉，不謂命也。」

游曰：「中庸以人倫爲主，故以孝德言之。下十六字，《輯略》删。（雖外物不可必，要不害其有必得之理也。」）

（楊曰：「聖人之德，無加於孝，故稱舜之德，以大孝言之。夫天之生物，必因其材而篤焉，此理之固然也。然其日夜之所息，雨露之所潤，與夫人事之盡其力，無不齊也，而有所不同者，地有肥磽也。古之聖人之在上，豈獨舜而已哉？而禄位、名壽之必得，獨惟舜爲然，蓋舜猶之生得其地也。當堯之時，上有好賢之誠心，下無蔽賢之私黨，雖商均之不肖，宜若宗廟弗饗，子孫不能保也，而又有禹以繼其後，此禄位、名壽所以皆必得也。若孔子之厄窮，則異於是矣。當衰周之時，猶之生非其地也，雖其雨露之滋，而牛羊斧斤相尋於其上，則其濯濯然也，豈足怪哉？然顔、蹠之夭壽不齊，何也？老子曰：『死而不亡，壽也。』趙作「曰壽」。顔雖夭，其趙作「而」。不亡者猶在也。非夫知性知天者，其孰能識之？」）《輯略》删。

侯曰：（「《易》曰：『大人者與天地合其德，與日月合其明，與四時合其序，與鬼神合其吉凶。先天而天弗違，後天而奉天時。天且弗違，而況於人乎？況於鬼神乎？』鬼神之爲德，誠而已。前曰『微之顯，誠之不可揜』，而繼之以『舜其大孝也與』。）上八十四字，《輯略》删。舜，匹夫也，而有天下，尊爲天子，富有四海之内，以天下養，宗廟饗之，子孫保之，孝之大也。（此所謂必得者，『先天而天弗違』也。孔子亦匹夫也，亦德爲聖人也，而不得者，『後天而奉天時也』。）上三十六字删，而增「位禄名壽」四字。必得者，理之常也；不得者，非常也。得其常者，舜也；不得其常者，孔子也。（舜之必得，而爲舜之事功，舜之中庸也；孔子不得，而爲孔子之事業，孔子之中庸也，『與四時合其序，與鬼神合其吉凶者也』。然而『天之生物，必因其材而篤焉』，『栽者培之，傾者覆之』，如孔子者，培之邪？覆之邪？何其窮也？曰：培之覆之，非謂如孔子者也。孔子德爲聖人，其名與禄壽孰禦焉？「焉」字依趙引增。固已培之矣，孟子所謂『天爵』者也，何歉於人爵哉？詩曰：『嘉樂君子，憲憲令德。宜民宜人，受禄于天。保佑命之，自天申之。』天非特私於聖人也，保佑其命，中順其理而已，『天且弗違』是也，聖人何與焉？）上百八十二字删。舜自匹夫而有天下，『栽者培之』也；桀自天子而爲匹夫，『傾者覆之』也。天非爲舜、桀而存亡之也，理固然也，故曰『大德必受命』，必，言其可必也。」

《輯略》於此增題云「右第十七章」。按：朱子序謂分爲兩卷，當即《輯略》分卷所本。今依，分「大孝」章以上爲上卷，「無憂」章以下爲下卷。

【校勘記】

〔一〕「禮義」，文淵閣四庫全書本《中庸輯略》作「理義」，按此條下文亦作「理義」，當以「理義」爲是。

〔二〕四字乃原校語，本誤作正文大字，依本書原校注通例改單行小字。

〔三〕此句出于《詩經·大雅·烝民》，原句爲「民之秉彝，好是懿德」。孟子在《告子上》引用，并引孔子評語「民之秉夷也，故好是懿德」云云。

〔四〕「執柯伐柯」，《詩經·豳風·伐柯》及《中庸》經文此章引《詩》俱作「伐柯伐柯」。

〔五〕「和樂且耽」，《詩經·小雅·常棣》作「和樂且湛」。

〔六〕五字乃原注文，本誤作正文大字，依本書原校注通例改單行小字。

十先生中庸集解卷下

宋新昌石𡼏子重編

子曰：「無憂者，其唯文王乎〔一〕！以王季爲父，以武王爲子，父作之，子述之。武王纘大王、王季、文王之緒，壹戎衣而有天下，身不失天下之顯名，尊爲天子，富有四海之内，宗廟饗之，子孫保之。武王末受命，周公成文、武之德，追王大王、王季，上祀先公以天子之禮。斯禮也，達乎諸侯、大夫，及士、庶人。父爲大夫，子爲士，葬以大夫，祭以士；父爲士，子爲大夫，葬以士，祭以大夫。斯之喪達乎大夫，三年之喪達乎天子，父母之喪無貴賤，一也。」

呂曰：「追王之禮，古所無有，其出於周公乎？大王避狄去邠，之岐山之下而居，從之者如歸市，則王業始基之矣。王季承本誤「成」。大王之業，至文王受命作周，故武王『壹戎衣而有天下』，『纘大王、王季、文王之緒』而已，故追王大王、王季、文王者，明王業之所基也。《武成》曰：『大王肇基王迹，王季其勤王家。我文考文王，克成厥勳，誕膺天命，以撫方夏。大邦畏其力，小邦懷其德。惟九年，大統未集，予小子其承厥志。』此追王之意歟！追王之禮，文王之志也，武王承之，武王之業也，周公成之。武王末年，始受天命，於是禮也，蓋有所未暇，此周公所以兼言『成文武之德』也。推是心也，故上祀先公亦以天子之禮，而下達乎諸侯、大夫，及士、庶人。蓋先公組紺以上，追王所不及，如達其意於大王、王季，豈無是意哉？故上祀先公以天子之禮，所以達追王之意於其上也。葬從死者，祭從生者，則自諸侯達乎大夫、士、庶人，亦豈無是意哉？故『父爲大夫，子爲士，葬以大夫，祭以士；父爲士，子爲大夫，葬以士，祭以大夫』，葬之從死者之爵，祭之用生者之禄，上下一也，所以達追王之意于其下也。『期之喪達乎大夫』者，期之喪有二：有正統之期，爲祖父母是一作「者」。也；有旁親之期，爲世父母、叔父母、衆子、昆弟、昆弟之子是也。正統之期，雖天子、諸侯莫敢降；旁視之期，天子、諸侯絶服而大夫降，所謂尊不同，故或絶或降也。大夫雖降，猶服大功，不如天子、諸侯之絶服，故曰『期之喪達乎大夫』也。如旁親之期，亦爲大夫，則大夫亦不降，所謂尊同，則服其親之服也。諸侯雖絶服旁親，尊同亦不降，所不臣者猶服之，如始封之君不臣諸父、昆弟，封君之子不臣諸父而臣昆弟是也。『三年之喪達乎天子』者，三年之喪爲父、爲母，適孫爲祖、爲長子、爲妻而已，天子達乎庶人，一也。父在，爲母及妻雖服期，然本爲三年之喪，但爲父、爲夫而屈者也。故與齊衰期之餘喪異者有三：服而加杖，一也；十一月而練，十三月而祥，十五月而禫，二也；夫必三年而後娶，三也。周穆后崩，太子壽卒，叔向曰：『王一歲而有三年之喪二。』則包后亦爲三年也。上卄九字本脱。父母之喪，則齊疏之服，饘粥之食，自天子達於庶人。蓋子之事親，所以自致其誠，不可以尊卑變也。」

游曰：「武王之事，非本作「言」。聖人所優爲也，故曰『壹戎衣而有天下，身不失天下之顯名』。謂之不失，則與必得異矣。乃如其道，則『尊爲天子，富有四海之内，宗廟饗之，子孫保之』，與舜未始不同也。」又曰：「武王於《泰誓》三篇稱文王爲文考，至『武成』而柴望，然後稱文考爲文王，仍稱其祖爲大王、王季，然則周公追王大王、王季者，乃文王之德、武王之志也，故曰『成文、武之德』。不言文王者，武王既追王矣。武王既追王而不及大王、王季，以其未受命，而其本脱此字。序有未暇也。《禮記·大傳》載牧野之奠『追王大王亶父、王季歷、文王昌』，亦據《武成》之書，以明追王之意出於武王也。世之説者，因《中庸》無追王文王之文，遂以謂文王自稱王，豈未嘗考《泰誓》、《武成》之書乎？君臣之分，猶天尊地卑。紂未可去而文王稱王，是二天子也，服事商本作「殷」。之道固如是邪？《書》所謂『大統未集』者，後世以『虞芮質厥成』爲文王受命之始故也。當六國時，秦固已長雄天下，而周之號微矣，辛垣衍欲帝秦，魯仲連以片言折之，衍不敢復出口，蓋名分之嚴如此。故以曹操之英雄，逡巡於獻帝之末而不得逞，彼蓋知利害之實也。曾謂至德如文王，一言一動，順帝之則，而反盗虚名而拂天理乎？且武王觀政于商，而須暇之五年，非僞爲也，使紂一日有悛心，則武王當與天下共尊之，必無牧野之事，然則文王已稱之名將安所歸乎？此天下之大戒，故不得不辨，亦所以正人心也。」

楊曰：「武王之武，蓋聖人之不幸，一多「者」字。非其欲也。然而『身不失天下之顯名』者，以其『一怒而安天下之民』故也。謂之不失，與舜之必得異矣。故《泰誓》曰：『受克予，非朕文考有罪，惟予小子無良。』蓋聖人雖曰『恭行天罰』，而猶有『受克予』之言，不敢自必也。謂之不失，不亦宜乎？」（又曰：「『追王大王、王季，上祀先公以天子之禮』，以《金縢》之書考之，其禮宜未備也。周公居攝七年，而後禮樂備，故『追王大王、王季，上祀先公以天子之禮』，則文、武所以嚴父尊祖之義於是盡矣。此文、武之德，蓋周公成之也，故《孝經》曰：『孝莫大於嚴父，嚴父莫大於配天，則周公其人也。』『斯禮也，達乎諸侯、大夫，及士、庶人』，謂上祀先公以天子之禮也。葬不從死者，是無臣而爲有臣也；祭不從生者，是不以其所以養親者事其親也。」《輯略》删。

侯曰：「中庸之道，參差不同，聖人之時中，當其可而已。文王『三分天下有其二，以服事殷』，此文王之中庸也；舜以『匹夫而有天下』，此舜之中庸也；『武王纘大王、王季、文王之緒，壹戎衣而有天下』，一多「此」字。武王之中庸也。此謂不失天下顯本作「之」。名者，非謂武王之有天下不及舜也。謂之天下之顯名者，謀從衆而合天心也，是與舜之有天下不異也，故亦曰『尊爲天子，富有四海之内，宗廟饗之，子孫保之』，易地皆然故也。有一毫不與舜受天下之心同，有一人不謳歌獄訟而歸之，非中也，簒也，尚有顯名哉？武王末年，方受天命而有天下，未及有作。周公成文、武之德，追王先公之禮、喪葬之制，皆古先所未有也，此又周公之時中也。」

《輯略》於此增題云「右第十八章」。

子曰：「武王、周公，其達孝矣乎！夫孝者，善繼人之志，善述人之事者也。春秋修其祖廟，陳其宗器，設其裳衣，薦其時食。宗廟之禮，所以序昭穆也；序爵，所以辨貴賤也；序事，所以辨賢也；旅酬下爲上，所以逮賤也；燕毛，所以序齒也。踐其位，行其禮，奏其樂，敬其所尊，愛其所親，事死如事生，事亡如事存，孝之至也。郊社之禮，所以祀上帝也；宗廟

之禮，所以祀乎其先也。明乎郊社之禮、禘嘗之義，治國其如示諸掌乎！」

附：《二程遺書》二云：「孔子曰：『其如示諸斯乎？』指其掌。《中庸》便曰：『明乎郊社之禮、禘嘗之義，治國其如示諸掌乎！』蓋有人疑孔子之語，《中庸》又直指郊禘之義以發之。」

呂曰：「此章言達孝所以爲中庸。武王、周公所以稱達孝者，能成文王事親之孝而已。故修其祖廟、陳其宗器、設其裳衣、薦其時食者，善繼文王事親之志也；序爵、序事、旅酬、燕毛者，善述文王事親之事也。踐文王之位，行文王之禮，奏文王之樂，敬文王之所尊，愛文王之所親，其所以事文王者，如生如存，故本作「如」。繼志述事，上達乎祖，此之謂達孝者歟！祖廟者，先王先公之廟祧也。宗器者，國之玉鎮大寶器，天府所掌者也，若有大祭，則出而陳之以華國，如一多「周」字。《書》所謂赤刀、大訓、宏璧[二]、琬琰、大玉、夷玉、天球、河圖之類是也。裳衣者，守祧所掌先王先公之遺衣服，祭祀則各以其服授尸是也。時食者，四時之物，如籩豆之薦，四時之和氣是也。宗廟之禮，所以序昭穆、別人倫也，親親之義也。父爲昭，子爲穆。父，親也，親者邇，則不可不別也。祖爲昭，孫亦爲昭；祖爲穆，孫亦爲穆。祖，尊也，尊者遠，則不嫌於無別也。故孫可以爲王父尸，子不可以爲父尸，此昭穆之別於尸者也。喪禮：卒哭而祔，男祔于皇祖考，女祔于皇祖妣，婦祔于皇祖姑。《喪服小記》：『士大夫不得祔于諸侯，祔于諸祖父之爲士大夫者』，『亡則中一以上而祔，祔必以其昭穆。』此昭穆之別於祔者也。有事於大廟，子姓兄弟亦以昭穆別之，群昭群穆，不失其倫，凡賜爵，昭與昭齒，穆與穆齒，此昭穆之別於宗者也。序爵者，序諸侯、諸臣與祭者之貴賤也，貴貴之義也。《詩》曰：『相維辟公，天子穆穆。』此諸侯之助祭者也。『於穆清廟，肅雍顯相』。『濟濟多士，秉文之德』。此諸臣之助祭者也。上廿四字本脱。序事者，別賢與能而授之事也，尊賢之義也。孰可以爲宗而本作「爲」。詔相，孰可以爲祝而祝嘏，孰可以贊祼獻，孰可以執籩豆，至于執爵、沃盥，莫不辨其賢能之大小而序之也。旅酬下爲上者，使賤者亦得申其敬也，下下之義也，若《特牲饋食一多「之」字。禮》賓弟子、兄弟弟子本脱「弟」字。各舉觶於其長，以行旅酬於宗廟之中，以有事爲榮本脱十字。也。燕毛者，既祭而燕，則尚齒也，長長之義也。毛，髮色也，以髮色別長少而爲之序也。祭則貴貴，貴貴則尚爵；燕則親親，親親則尚齒，其義一也。天下之大經，親親、長長、貴貴、尊賢而已。人君之至恩，下下而已。一祭之間，大經以正，至恩以宣，天下之事盡矣。郊社之禮，所以事上帝；宗廟之禮，所以祀乎其先。事上帝者，所以立天下之大本，道之所由出也；祀乎其先者，本脱「者」字。所以正天下之大經，仁義之所由始也。故壇廟之別，牲幣之殊，升降祼獻之節，俎豆奇耦之數，酒醴一作「醞」。厚薄之齊，燎瘞腥腍，小大多寡，莫不有義。一餕之均，則四簋黍見其修於廟中；一肦肉之均，則羔豚而祭，百官皆足，非特是也。知鬼神爲可敬，則鬼神無不在也，本脱「也」字。『洋洋乎，如在其上，四字本脱。如在其左右』，雖隱微之間，恐懼戒慎而不敢欺，則所以養其誠心至矣。蓋以不如是則不足以立身，身且不立，烏能治國家哉？故曰『明乎郊社之禮、禘嘗之義，治國其如示諸掌乎』，此之謂也。」

游曰：「大孝，聖人之絶德也；達孝，天下之通道也。要其爲人倫之至二字本脱。則一也，故繼志、述事之末，亦曰『孝之至也』。『事死如事生』，以慎終者言之；『事亡如事存』，以追遠者言之。故本脱「故」字。始死謂之死，既葬則曰反而亡焉，此死、亡之辨也。唯聖人爲能饗帝，孝子爲能饗親。饗帝一德也，饗親一心也，要不過乎物而已，其於慶賞刑威乎何有？故曰『明乎郊社之禮、禘嘗之義，治國其如示諸掌乎』。成王自謂『予冲子夙夜毖祀』，此迓衡之要道也。」（又曰：「祭祀之義，非精義不足以究其説，非體道不足以致其義。蓋唯聖人爲能饗帝，爲其盡人道而與帝同德；孝子爲能饗親，爲其盡子道而與親同心也。仁孝之至，通乎神明，而神祇祖考安樂之，則於郊社之禮、禘嘗之義始可以言明矣。夫如是，則於爲天下國家也何有？」）《輯略》删。

按：《或問》謂「郊」「禘」吕、游不同，然合觀之，亦表裏之説。則此條疑非删，或今本脱。

楊曰：「武王纘大王、王季、文王之緒，周公本誤「文王」。追王大王、王季，上祀先公以天子之禮，所以繼其志、述其事也。夫將祭，必思其居處，故『廟則有司修除之，祧則守祧黝堊之』，嚴祀事也。宗器，天府所藏是也，若赤刀、大訓、天球、河圖之類，歷世寶之，以傳後嗣，祭則陳之，示能守也，於顧命陳之，示能傳也。裳衣，守祧所藏是也，祭則各以其所服衣「服衣」一作「遺衣服」。授尸，所以依神也。時食，若四之日獻羔祭韭之類，以生事之也。夫祭有昭穆，所以别父子、遠近、長幼、親疏之序也，故有事於大廟，則群昭群穆咸在而不失其倫焉，此『宗廟之禮，所以序昭穆也』。『尸飲五，君洗玉爵獻卿；尸飲七，以瑶爵獻大夫；尸飲九，以散爵獻士及群有司』，此序爵而尊卑有等，『所以辨貴賤也』。玉幣，交神明也；裸鬯，求神於幽也。故天地不裸，則玉幣尊於鬯也，故大宰贊之；鬯則大宗伯莅之，裸則本誤「將」。又卑於鬯也，故小宰贊之。若此類，所謂序事也。先王量德授位，因能授職，此『序事，所以辨賢也』。饋食之終，酳尸之獻，下逮群有司，更爲獻酬，此『旅酬下爲上，所以逮賤也』。既祭，而以燕毛爲序，『所以序齒也』。序昭穆，親親也；序爵，貴貴也；序事，尚德也；旅酬逮賤，燕毛序齒，尚恩也。敬親者不敢慢於人，況其所尊乎？愛親者不敢惡於人，況其所親乎？事死如事生，若餕閤之奠是也；事亡如事存，若『齊必見其所祭者』是也。《記》曰：『入門〔三〕弗見也，上堂又弗見也，入室又弗見也，亡矣！喪矣！』蓋死而後亡也。始死則事之如生，既亡則事之如存，著存不忘乎心，孝之至也。夫上祀先公以天子之禮而下達乎庶人，推親親之恩至於燕毛序齒，仁之至、義之盡矣〔四〕，武王、周公所以爲達孝也歟！《詩》云：『孝子不匱，永錫爾類。』此之謂也。」（又曰：「推先王報本反始之義，與夫《觀》盥不薦、《渙》《萃》假有廟之象，則聖人所以自盡其心者於是爲至，非深知鬼神之情狀，其孰能知之？則於治國乎何有？」）《輯略》删。

（侯曰：「所謂達孝者，達諸人情，達諸天下，通萬世而無弊，等天地而不窮，行夷貊而不窒者也。『郊社之禮，所以祀上帝也』，祀上帝，天子之事也。『宗廟之禮，所以祀乎其先也』，天子、諸侯皆有宗廟，謂『祀乎其先者』，各有其先也。『其』與『顔子不改其樂』之『其同』。天子宗廟，天子之先也；諸侯宗廟，諸侯之先也。天子有天子祀先之禮，諸侯有諸侯祀先之禮，故曰『宗廟之禮，所以祀乎其先也』。魯侯也以天子祀先之禮祀其先，非禮也，瀆也，不祀乎其先也。孔氏曰：『禘自既灌而往者，吾不欲觀之矣。』灌之祭禮也，自首至尾皆非其祀故也。禘其帝之所自出，魯，周公之封也，何帝之所自出哉？非其物故也。子思於『武王末受命』章中備言其禮矣，又曰武王、周公之達孝，繼之以『踐其位，行其禮，奏其樂，敬其所尊，愛其所親，事死如事生，事亡如事存，孝之至也』，豈不曰魯之君臣『踐其位』者？『天子穆穆』，『相維辟公』，『行其禮，奏其樂者』。『克開厥後』，『耆定爾功』乎？若猶未也，是不敬其所尊，不愛其所親，以誣僞不誠之道祀其先，不孝之至者也。故於達孝之後特申言之，曰『宗廟之禮，所以祀乎其先也』，爲魯發之也。及其甚也，季氏用八佾，三家以雍徹矣。孔子於衛，其所先者必曰正名，故君子名之必可言也。魯之禮樂可名言乎？其曰『明乎郊社之禮，禘嘗之義，治國其如示諸掌乎』，『明乎』二字極有功，後世所以汩名分、亂上下，自三代而下，隨事維持，不能成善治，而篡奪相繼者，由不明乎禮也。子思於《中庸》引斯禮而發斯義者，豈偶然哉？『所以祀上帝』，『所以祀乎其先』，『所以』字與『其』字，更與玩味。」）《輯略》删。

《輯略》於此增題云「右第十九章」。

哀公問政。子曰：「文、武之政，布在方策。其人存，則其政舉；其人亡，則其政息。人道敏政，地道敏樹。夫政也者，蒲盧也。故爲政在人，取人以身，修身以道，修道以仁。仁者，人也，親親爲大；義者，宜也，尊賢爲大。親親之殺，尊賢之等，禮所生也。在下位不獲

乎上，民不可得而治矣！故君子不可以不修身！思修身，不可以不事親：，思事親，不可以不知人：，思知人，不可以不知天。」

程子曰：（「螟蛉蜾蠃，本非同類，爲其氣同，故祝則肖之，又況人與聖人同類者？《輯略》删。《遺書》十八云：「『政也者，蒲盧也』，言化之易也。螟蛉與果蠃，自是二物，但氣類相似，然祝之久，便能肖。政之祝〔五〕人，宜甚於蒲盧矣。然蒲盧二物，形質不同，尚祝之可化。人與聖人，形質無異，豈學之不可至邪？」又曰：）「昔者聖人立人之道曰仁與義，孔子曰：『仁者，人也，親親爲大：，義者，宜也，尊賢爲大。』唯能親親，故『老吾老以及人之老，幼吾幼以及人之幼』：，唯能尊賢，故『賢者在位，能者在職』。唯仁與義，盡人之道：，（盡人之道，）《輯略》删四字。則謂之聖人。」伊川。又曰：「不知天，則於人之知愚一作「愚知」。賢否有所不能知，雖知之，有所不盡，故思知人不可不知天。不知人，則所親者或非其人，所由者或非其道，而辱身危親者有之，故思事親不可不知人。此下廿九字，《輯略》删。（故堯之親九族，以《遺書》作「亦」。明俊德之人爲先。蓋有天下者，以知人爲難，以親賢爲急。」）

呂曰：「所謂『文、武之政』者，以此道施之於爲政而已。有文、武之心，然後能行文、武之政：，無文、武之心，則徒法不能以自行也，故曰『其人存，則其政舉：，其人亡，則其政息』。此下五百九十字，《輯略》删。（敏，速也。得於性之所宜，則其成也速。木之所以植，土性之所宜也：，政之所以行，人性之所宜也。庸者，人道也。政不離於人道，則民之從之也敏：，植木於地，則木之生也敏，故曰『人道敏政，地道敏樹』。政者，所以變化其不爲人者使之爲人而已，如蒲盧化其非己者使之如己而已。爲政之要，王乎治人而已，故曰『爲政在人』。人道不遠，取諸其身而已，故曰『取人以身』。『親其親，長其長，而天下平』，取諸身也；『施諸己而不願，亦勿施於人』，取諸身也。道者，人倫之謂也，非明此人倫，不足以反其身而萬物之備也，故曰『修身以道』。非有惻怛之誠心，盡至公之全體，不足以修人倫而極其至也，故曰『修道以仁』。夫人立乎天地之中，其道與天地并立而爲三者也。其所以異者，天以陰陽，地以柔剛，人以仁義而已。所謂道者，合天地人而言之；所謂仁者，合天地之中所謂人者而言之。非梏乎有我之私也。故非有惻怛之誠心，盡至公之全體，不可謂之仁也。『親親而仁民，仁民而愛物』，愛雖無間，而有等差，則親親大矣。所大者，行仁之本也，故曰『仁者人也，親親爲大』。行仁之道，時措之宜，則有義也。天下所宜爲者，莫非義也，而尊賢大矣。知尊賢之爲大而先之，是亦義也，故曰『義者宜也，尊賢爲大』。親親之中，父子，首足也；夫妻，判合也；昆弟，四體也，其情不能無殺也。尊賢之中有師也，有友也，有事我者也，其待之不能無等也。因是等殺之别，節文所由生，禮之謂也，故曰『親親之殺，尊賢之等，禮所生也』。君子修身，庸行而已。事親者，庸行之本也。不察乎人倫，則不足以盡事親之道，故人倫者，天下之大經，人心之所同然者也。人心之所同然，則『百世以俟聖人而不惑』矣，知人者也。人心之所同然者，天地之經也。順天地之經而不違，則『質諸鬼神而無疑』矣，知天者也。」）

游曰：「螟蛉有可化之質，蜾蠃有能化之材，知是説，然後可與言政也。然則政之所托，可非其人乎？故曰『爲政在人』。人固未易知，若規矩準繩在我，則方圓曲直無所逃矣，故曰『取人以身』。規矩準繩無他，人道而已，故『修身以道，修道以仁』。（在上欲得乎民，在下欲獲乎上，皆以修身爲本。）十八字，《輯略》删。失其身而能事其親，吾未之聞矣，故修身然後能事親。八字本脱。至於能事親，則修身之至也，故曰『思修身，不可以不事親』。十一字本脱。知事親，則德之本立矣，而不知人，則上以事君，下以取友，去就從違，莫知所向，而貽其親之憂者有矣。蓋『取人以身』，不能事親，安所取人哉？其序由事親然後能知人。至於廿六字本脱。能知人，則事親之至也，故曰『思事親，不可以不知人』。上十一字本脱。下七十五字，《輯略》删。（知人者，智也。而明或不足以自知，將逆詐億不信，而不肖之心應之，莫知其然也。蓋知人者可與言理，知天者可與言性，至於能知天，則知人之至也。『親親之殺』，事親者能之；『尊賢之等』，知人者能之。）

楊曰：「人存則政舉，故『爲政在人』。君子有諸己而後求諸人，故取人必以身。修身而不以道，非有諸己也，則身不足以取人矣。『道二，仁與不仁而已』，故修道必以仁。『仁者，人也』，合天下之公，非私於一己者也。蓋無公天下之誠心，而任一己之私意，則違道遠矣。然『仁者，人也』，愛有差等，則『親親爲大』。義者，行吾敬而已，時措之宜，則『尊賢爲大』。『以三爲五，以五爲九。上殺、下殺、旁殺，而親畢矣』，此『親親之殺』也。有就之而不敢召者，有友之而不敢臣者，此『尊賢之等』也。因其等殺而爲之别，禮之所由生也。孟子曰禮者『節文斯二者是也』，其斯之謂歟！下百九字，《輯略》删。（『君子不可以不修身』者，『修身以道，修道以仁』。事親，仁之實也，故修身以事親爲本。『仁者，人也』，非私於一己者也。事親而不知人，則其錫類不廣矣。視天下無一物之非仁也，其知人乎！知人而不知天，則夷子之二本也。蓋五品之差，天叙也。先王惇五典而有厚薄隆殺之别焉，明天叙而已。」）

（侯曰：「文、武之政，或舉或息，繫乎人之存亡。若待文、武興而舉之，則曠千古而無善政也。謂其能由文、武之道，行文、武之政，是亦文、武而已。文、武之政，順天理人事，施於有政，以人治人爾。以人治人，民之從之也輕，故曰『人道敏政』。人道，仁也。堯舜之治天下，仁而已。爲政以仁，則不見而章，不動而化，不言而信，不疾而速，不行而至矣，猶地道之敏樹也。雖然，所以然者，誠也。天地不誠，不能生萬物；爲政不誠，不能化萬邦，故又曰『政也者，蒲盧也』。化螟蛉之子而子之，無非誠也。螟蛉、蜾蠃二物，感之以誠，宜通顯微，尚能化而類也，況至誠爲己？『始乎爲士，終乎爲聖人』，施之有政，其有不化乎？此爲政所以在人也。然而天下之大，萬機之繁，非一人所能舉也，必得天下賢聖而共之。身苟不修，則賢者不屑也，故『取人以身』。修身以道，在乎率性；修道之教，在乎爲仁。仁，人也。人之大，親親也。親親如瞽瞍底豫，而天下之爲父子者定是也。父子定，則人道立矣；人道立，則施之有政者，義也。義之所宜者，尊賢爲大。『親親爲大』，内則父子也；『尊賢爲大』，外則君臣也。父子、君臣之道，天下之大經也，中庸之大義也，禮之所生也。禮之所生者，不越君臣、父子、夫婦、兄弟、朋友之交，各當其分而已爾，故又曰『君子不可以不修身；思修身，不可以不事親；思事親，不可以不知人』。

人實難知，知人則哲，能官人。欲知人而不知天，則賢不肖或失其宜，雖知，有所未盡，亦非知人也。人之道，天理也。盡天理，則道盡矣。己不能盡天理，安能知人乎？故曰『思知人，不可以不知天』。逆天悖禮，知人者鮮矣。堯之親九族，亦曰『克明俊德』而已。」《輯略》删。

天下之達道五，所以行之者三。曰君臣也，父子也，夫婦也，昆弟也，朋友之交也，五者，天下之達道也。知、仁、勇三者，天下之達德也，所以行之者一也。或生而知之，或學而知之，或困而知之，及其知之一也。或安而行之，或利而行之，或勉强而行之，及其成功一也。子曰：「好學近乎知，力行近乎仁，知恥近乎勇。知斯三者，則知所以修身；知所以修身，則知所以治人；知所以治人，則知所以治天下國家矣。」

程子曰：「天地生物，各本作「本」。無不足之理，常思天下君臣、父子、兄弟、夫婦有多少不盡分處。」明道。又曰：「知、仁、勇三者《遺書》多「天下」字。之達德，學之要也。」明道。又曰：「知，仁守，勇決。」伊川。本脱上二條。（又曰：「大凡於道，擇之則在乎知，守之則在乎仁，斷之則在乎勇。人之於道，《遺書》多「只」字。患在不能擇，不能守，不能斷。」伊川。《輯略》删。案：此條已見八章。王彦霖問：「道者一心也，有曰『仁者不憂』，有曰『知者不惑』，有曰『勇者不懼』，何也？」曰：「此只是名其德爾，其理一也。得此道而不憂者，仁之事也，因其不憂，故曰此仁也。智、勇亦然。不成却以不憂謂之智，不惑謂之仁也？凡名其德，千百皆然。但此三者，達道之大也。」）《輯略》删。又曰：「所以行之者一，一者《遺書》作「則」。誠也。止是誠實此三者，三者之外，更别無誠。」又曰：「生知者，只是他生自《遺書》作「自生」。知義理，不待學而知。縱使孔子是生知，亦何害於學？如問禮於老聃，訪官名於郯子，何害於孔子？禮文、官名，既欲知舊物，又不可鑿空撰得出，須是問他先知者始得。」伊川。又曰：「生而知之，學而知之，亦是才。」問：「生而知之，要學否？」曰：「生而知之，固不待學，然聖人必須學。」伊川。今《輯略》無，《集編》引有。又曰：「『堯舜性之』，生知也；『湯武身之』，學而知之也。」伊川。問：「才出於氣否？」曰：「氣清則才善，氣濁則才惡。稟得至清之氣生者爲聖人，稟得至濁之氣生者爲愚人，如韓愈所言公都子所本脱「所」字。問之人是也。然此論生知之聖人，若夫學而知之，氣無清濁，皆可至於善，而復性之本。所謂『堯舜性之』，是生知也；『湯武反之』，是學而知也。孔子所言『上知下愚不移』，亦無不移之理，所以不移，只有二，自暴自棄是也。」伊川。又曰：「剛毅木訥，質之近乎仁者一無「者」字。也；力行，學之近乎仁者一無「者」字。也。若夫至仁，則天地爲一身。天地之間，品物萬形，爲四肢百體，夫人豈有視四肢百體而不愛者哉？聖人，仁之至也，獨能體是心而已，曷嘗支離多端而求之自外乎？一作「哉」。故能近取譬者，仲尼所以宗子貢以爲仁之方也。醫書謂手足風頑爲「爲」一作「謂之」。四體不仁，爲其疾痛不足一無「足」字。以累其心故也。夫手足在我，疾痛不與知焉，非不仁而何？世之忍心無恩者，其自棄亦若是而已。」又曰：「『忠恕，違道不遠』，可謂仁之方。『力行近乎仁』，求仁莫近焉。仁道難言，故止曰近、不遠而已。苟以力行便爲仁，則失之矣。」

張子曰：「『天下之達道五』，其生民之大經乎！經正則道前定，事豫立，不疑其所行，利用安身之要本作「意」。莫先焉。」又曰：「知、仁、勇，天下之達德，雖本之有差，及其所以知之、成之則一也。蓋謂仁者以生知、以安行此五者，知者以學知、以利行此五者，勇者以困知、以勉强行此五者。」

呂曰：「天下古今之所共，謂之達。所謂達道者，天下古今之所共行。所謂達德者，天下古今之所共有。雖有共行之道，必知之、體之、勉之然後可行。雖知之、體之、勉之，一多「而」字。不一於誠，則有時而息。求之有三，知之則一；行之有三，成功則一。所入之塗則不能不異，所至之域則不可不同，故君子論其所至，則生知與困知、安行與勉行未有異也。既未有異，是乃所以爲中庸。若乃企生知、安行之資爲不可幾及，輕困學、勉行爲不能有成，此道之所以不明、不行，中庸之所以難久也。愚者自是而不求，自私者徇人欲而忘反，六字一作「以天下非吾事」。懦者甘爲人下而不辭，有是三者，欲身之修，未之有也。故好學非知，然足以破愚；力行非仁，然足以忘私；知耻非勇，然足以起懦。知是三者，未有不能修身者也。天下之理，一而已。小以成小，大以成大，無異事也。舉斯心以加諸彼，遠而推之四海而準，久而推之萬世而準，故一身修而知所以治人，知所以治人，而所以治天下國家皆出乎此也。此者何？中庸而已。」又曰：「性一也，流形本作「行」。之分，有剛柔、昏明者，非性也。有三人焉，皆有目以別乎衆色，一居乎密室，一居乎帷箔之下，一居乎廣庭之中，三人所見，昏明各異，豈目不同乎？隨其所居，蔽有厚薄爾。凡學者，所以解蔽去惑，故生知、學知、困知，及其知之一也，安得不貴於學乎？」

游曰：（「人倫，天下所共由也，故謂之達道。知、仁、勇，天下所同得也，故謂之達德。德者，得乎道也，故曰『所以行之者三』。三德之成功，至誠而已，故曰『所以行之者一』。知者，知此道也，故曰『好學近乎知』。仁者，體此道也，故曰『力行近乎仁』。勇者，進此道也，故曰『知耻近乎勇』。蓋知耻則能有所不爲，有所不爲，而後可以有爲矣。）上百十七字，《輯略》删。『仁者不憂，知者不惑，勇者不懼』，此成德也，孔子自謂『我無能焉』。夫成德豈易得乎？能知好學、力行、知耻，則可以入德矣。」

（楊曰：「五品，人之大倫，天之性也，不可須臾離焉，故謂之達道。知、仁、勇三者，所以行達道而得於身也，故謂之達德。於是五者之道，生而知，安而行，仁也；學而知，利而行，知也；困而知，勉强而行，勇也。三者，天下之達德，而人欲不得而私焉，故曰『所以行之者一也』。一者何？誠而已。雖其心之所至有差焉，其爲達德無二致也，故曰及其知之、成功則一也。夫五品之叙，天也。先王惇五典、敷五教以迪之，所以事天也。蓋天下之爲天下，唯是五者而已。離此以爲道，則冒險阻，犯荆棘，非通道也；行之天下，人倫絶而天理滅矣。聖人之所以爲聖，亦豈有他乎哉？人倫之至而已。故上言『不可以不知天』，而繼之以此。好學以致知，故近知；力行則能推其所爲，故近仁；知恥則必思從義，故近勇。三者，入德之方。故知此，則知所以修身；知所以修身，則成己之道得矣。成己所以成物也，則知所以治人；知所以治人，則天下國家之本在是矣。」）《輯略》删。

侯曰：「知耻非勇也，能耻不若人，則勇矣。」

凡爲天下國家有九經，曰：修身也，尊賢也，親親也，敬大臣也，體群臣也，子庶民也，來百工也，柔遠人也，懷諸侯也。修身則道立，尊賢則不惑，親親則諸父昆弟不怨，敬大臣則不眩，體群臣則士之報禮重，子庶民則百姓勸，來百工則財用足，柔遠人則四方歸之，懷諸侯則天下畏之。齊明盛服，非禮不動，所以修身也；去讒遠色，賤貨而貴德，所以勸賢也；尊其位，重其禄，同其好惡，所以勸親親也；官盛任使，所以勸大臣也；忠信重禄，所以勸士也；時使薄斂，所以勸百姓也；日省月試，既稟稱事，所以勸百工也；送往迎來，嘉善而矜不能，所以柔遠人也；繼絶世，舉廢國，治亂持危，朝聘以時，厚往而薄來，所以懷諸侯也。凡爲天下國家有九經，所以行之者一也。

程子曰：「尊賢也，親親也，蓋先尊賢然後能親親。夫親親固所當先，然不先尊賢，則不能知親親之道。」伊川。（又曰：「『體群臣』者，體，察也，心誠求之，則無不察矣，忠厚之至也，故曰『忠信重禄，所以勸士』，言盡其忠信而厚《遺書》多「其」字。禄食，此所以勸士也。」）《輯略》删。

（吕曰：「經者，百世所不變也。九經之用，皆本於德懷，無一物不在所撫，而刑有不與焉。修身，九經之本，必親師友，然後修身之道進，故次之以尊賢；道之所進，莫先於家，故次之以親親；由親親以及朝廷，故敬大臣，體群臣；由朝廷以及其國，故子庶民，來百工；由其國以及天下，故柔遠人，懷諸侯：此九經之序。視群臣猶吾四體，視庶民猶吾子，此視臣、視民之别。自天子至於庶人，壹是皆以修身爲本。我之於道也，知崇則無不知，知有諸己矣；禮卑則無不敬，能有諸己矣。故貌足畏也，色足憚也，言足信也，顛沛造次，一於禮而不違，則富貴所不能淫，貧賤所不能移，威武所不能屈，所謂『强立而不反』者也，故曰『修身則道立』。又曰：『齊明盛服，非禮不動，所以修身也』。禮義由賢者出，知賢爲可尊，則學日進而知益明。然讒、色、貨之害，皆足以奪夫正，唯知之審、信之篤、迎之致，敬以有禮，則患賢者不至，未之有也，故曰『尊賢則不惑』。又曰『去讒遠色，賤貨而貴德，所以勸賢也』。尊之欲其貴，愛之欲其富，所好則與同其樂，所惡則與同其憂，此諸父昆弟所以相勸而親，故曰『親親則諸父昆弟不怨』。又曰：『尊其位，重其禄，同其好惡，所以勸親親也』。大臣不可不敬，是民之表也，非其人，黜之可也，任之則信之，信之則敬之，故諫行言聽，膏澤下於民；既任之矣，又使小臣間之，諫必不行，言必不聽，而怨乎不以，内適足以自眩，外不足以圖治矣。托之以大任，則小事有所不必親，必使愼簡乃僚，惟所任使，則大臣勸於事君矣，故曰『敬大臣則不眩』。又曰：『官盛任使，所以勸大臣也』。君視臣如手足，則臣視君如腹心，所報可知矣。待之以忠信，養之以重禄，此士所以願立乎其朝矣，故曰『體群臣則士之報禮重』。又曰：『忠信重禄，所以勸士也』。愛之如子，則凡可以安之者無不爲也。使之所以佚之，取之所以治之，雖勞而不怨，此農所以願耕於其野矣，故曰『子庶民則百姓勸』。又曰：『時使薄斂，所以勸百姓也』。不通功易事，以羨補不足，則男不得專事於農，女不得專事於桑，且將爲陶冶、爲梓匠、爲釜甑以食，爲宮室以居，爲耒耜錢鎛以耕耨，欲其穀不可勝食、材木不可勝用，得乎？故曰百工之事，國家之所不可無也，雖曰末技，所以佐其本業者得以盡力，此財用所以足也。所以來之者，亦能辨其楛良而制其食，則工知勸矣。如稿人春獻素，秋獻成，書其等以饗工，乘其事，試其弓弩，以下上其食而誅賞，此所謂『日省月試，既稟稱事』者也。然則來百工而不來商賈者，蓋百工之所須，皆商賈之所致也。百工來則商賈自通，有不必道也。遠人惟可以柔道御之，遠者不柔，則邇者不可能，故聖人貴乎柔遠。『送往迎來，嘉善而矜不能』，皆以柔遠也。柔遠能邇，此四方所以歸也。『繼絶世』者，無後者爲之立後也；『舉廢國』者，已滅者復之也；『治亂』者，以道正之也；『持危』者，以力助之也；『朝聘以時』，所以繼好也；『厚往而薄來』，燕賜多而納貢薄也。凡此，皆所以懷諸侯也。懷其德，則畏其力矣。九經雖曰治天下之常道，無誠以行之，則道爲虚矣，雖終日從事，而功不立也，人不信也，此不誠所以無物也，故曰『凡爲天下國家有九經，所以行之者一也』，一即誠也。」）《輯略》删。按：此條自「視臣視民之別」以上裁入《章句》，似不應全删。

游曰：（「經者，其道有常而不可易，其序有條而不可紊。取人以身，故修身然後知賢之可尊。」）上册二字，《輯略》删。齊明，所以一其志；盛服，所以修其容。非禮勿動，則内無逸德，外無過行，内外進矣，則本脱「則」字。富貴不能淫，貧賤不能移，故『修身則道立』。去讒則任之專，遠色則好之篤，賤貨則義利分，貴德則真僞核，夫如是，則見善明、用心剛矣，本脱上十七字。故『尊賢則不惑』。尊其位，所以貴之；重其禄，所以富之；同其好，以致其利；同其惡，以去其害。則禮備而情親，諸父兄弟所以望乎我者足矣，故親親則不怨。」（又曰：「不惑在理，故於尊賢言之；不眩在事，故於敬大臣言之。」）《輯略》删。又曰：「人情莫不欲逸也，時使之而使有餘力，莫不欲富也，薄斂之而使有餘財。則子庶民之道也，故百姓勸。日省月試，以程其能；既稟一作「廩」。稱事，以償其勞。則惰者勉而勤者説一作「悦」。矣，此來百工之道也，故財用足。送往迎來，以厚其禮；嘉善而矜不能，以致吾仁。待之者甚周，責之者甚約，此柔遠人之道也，故四方歸之。繼絶世，則賢者之類無不説；一作「悦」。舉廢國，則功臣之後無不勸。亂者懼焉，危者怙焉。其來也，節以時；其往也，遣以禮。則懷諸侯之道也，夫如是，則德之所施者博，而威之所制者廣矣，故天下畏之。經雖有九，而所以行之者一，一作「一者」。誠而已。不誠則九經爲虚文，是無物也。」

楊曰：「『體群臣則士之報禮重』者，君臣一體也。君之視臣如手足，則臣視君如腹心矣。『子庶民則百姓勸』者，赤子之無知，雖陷阱在前，一多「而」字。莫之知辟也，使之就利而違害，在保者而已。其子之也如是，百姓寧有不勸乎？」又曰：（「『齊明盛服，非禮不動』，收放心而閑之也。）上十五字，《輯略》删。去讒、遠色、賤貨者，人君信讒邪，邇聲色，殖貨利，則尊德樂義之心不至，而賢者不獲自盡矣，雖有尊賢之心，而賢者不可得而勸也。下百卅一字，《輯略》删。（「『尊其位』，親之欲其貴也。『重其禄』，愛之欲其富也。官盛任使，不累以職，則以道事其君者得以自盡矣，故曰

『官盛任使，所以勸大臣也』。遇之不以忠信，養之不以重禄，則士不得志，有寠貧之憂，尚何勸之有？故曰『忠信重禄，所以勸士也』。時使之不盡其力，薄斂之不傷其財，則農者願耕於其野，商賈願藏於其市，行旅願出於其塗，而養生送死無憾矣，此所以勸百姓之道也。」）又曰：「天下國家之大，不誠，未有能動者也。雖法度彰明，無誠心以行之，皆虚器也。」又曰：「自修身推而至於平天下，莫不有道焉，而皆以誠意爲主。苟無誠意，雖有其道，不能行也。故《中庸》論『爲天下國家有九經』，而卒曰『所以行之者一』，一者何？誠而已。蓋天下國家之大，未有不誠而能動者。一多「也」字。然而非格物致知，烏足以知其道哉？《大學》所論誠意、正心、修身、治天下國家之道，其原乃在乎物。格，推之而已。若謂意誠便足以平天下，則先王之典章文物皆虚器也。故明道先生嘗謂『有《關雎》、《麟趾》之意，然後可以行《周官》之法度』，正謂此耳。」

凡事豫則立，不豫則廢。言前定則不跲，事前定則不困，行前定則不疚，道前定則不窮。

張子曰：「事豫則立，必有教以先之；盡教之善，必精義以研一作「前」。之。精義入神，然後立斯立、動斯和矣。」又曰：「博學於文者，只要得習坎心亨。蓋人經歷險阻艱難，然後其心亨通，博文者皆是小德。應物不學，則無由致一作「知」。之，故《中庸》之欲前定，將以應物也。」

吕曰：「豫，素定也。素定者，先事而勞，事至而佚，既佚則且無所事其憂；不素定者，先事而佚，事至而憂，雖憂二字本脱。而亦無所及於事。寇將至而本作「則」。爲干櫓，水將至而本作「則」。爲隄防，其爲不亡者，幸也。故素定者，事皆有成，言有成説，事有成業，行有成德，道有成理，用而不括，動而有功。所謂『精義入神以致用』，則精義者，豫之謂也；『能定然後能應』，則本脫此字。能定者，豫之謂也；『擬之而後言，議之而後動，擬議以成其變化』，則擬議者，豫之謂也。致用也，能應也，成變化也，此所以無跲、困、疚、窮之患也。言有成說，則使於四方，不憂乎不能專對也；事有成業，則千乘之國，攝乎大國之間，加之以師旅，因之以饑饉，不憂乎不能治也；行有成德，則富貴不憂乎能淫，貧賤不憂乎能移，威武不憂乎能屈也；道有成理，則徵諸庶民，考諸三王，質諸鬼神，百世以俟聖人，不憂其一作「乎」。不合也。」

游曰：「豫者，前定之謂也。唯至誠爲能定，唯能一作「前」。定爲能應，故以言則必行，以事則必成，以行則無悔，本作「侮」。以道則無方。誠定之效如此，故繼九經言之。」

在下位不獲乎上，民不可得而治矣。獲乎上有道，不信乎朋友，不獲乎上矣；信乎朋友有道，不順乎親，不信乎朋友矣；順乎親有道，反諸身不誠，不順乎親矣；誠身有道，不明乎善，不誠乎身矣。

程子曰：「『止於至善』，『不明乎善』，此言善者義理之精微，無可得名，且以至善目之；『繼之者善』，此言善却言得輕，但謂繼斯道者莫非善也，不可謂惡。」伊川。又曰：「這一個道理不爲堯存，不爲桀亡，只是人不到本作「道」。他這裏，知此便是明善。」又曰：「明善在明，守善在誠。」又曰：「人患事物繫累，思慮蔽固，只是不得其要。要在明善，明善在乎格物窮理。窮至於物理，則漸久後天下之物皆能窮，只是一理。」伊川。（又曰：「且省外事，但明乎善。唯進誠道，其文章雖不中，不遠矣。所守不約，泛濫無功。」明道。《輯略》删。又曰：「學者必知所以入德。不知所以入德，未見其能進也。故孟子曰『不明乎善，不誠其身』，《易》曰『知至至之』。」）《輯略》删。

（吕曰：「不得乎親，不可以爲人；不順乎親，不可以爲子。則人之所以信於朋友者，豈聲音笑貌爲哉？内誠盡乎父母，内行孚於家人，則朋友者不期信而信之矣，故曰『不順乎親，不信乎朋友矣』。獲乎上者，有善而見信，有功而見知，所施於民者，莫非善也；不獲乎上者，德進而見忌，功高而見疑，身且不保，尚何民之可治哉？故曰『不獲乎上，民不可得而治矣』。」）《輯略》删。

游曰：「欲誠其意，先致其知，故『不明乎善，不誠乎身矣』。學至於誠身，安往而不致其極哉？以内則順乎親，以外則信乎友，以上則可以得君，以下則可以得民，此舜之允塞，所以『五典克從』也。」

楊曰：「不明乎善，雖欲擇善而二字本作「之」。固執之，未必當於道也，故欲誠乎身，必先於明善。不誠乎身，則身不行道矣，『身不行道，不行於妻子』，況能順其親乎？故欲順乎親，本脱「欲」字。必先於誠身。不順乎親，則於其所厚者薄也，況於朋友乎？故欲信乎朋友，必先順乎親。夫責善，朋友之道也，不信乎朋友，則其善不足稱也已，而欲獲乎上，不亦難乎？不獲乎上，則身不能保，況欲治其民乎？不可得也。」（又曰：「反身者，反求諸身也。蓋萬物皆備於我，非自外得，反諸身而已。反身而至於誠，則利仁者不足道也。」）十四字，依《纂疏》引增，《輯略》删。　又曰：「明善在致知，致知在格物。號物之多至於萬，則物蓋有不可勝窮者；反身而誠，則舉天下之物在我矣。《詩》曰：『天生烝民，有物有則。』則凡形色具於吾身者，本脱「則」字。無非物也，而各有則焉；反而求之，則天下之理得矣。」

誠者，天之道也；誠之者，人之道也。誠者，不勉而中，不思而得，從容中道，聖人也。誠之者，擇善而固執之者也。博學之，審問之，慎思之，明辨之，篤行之。有弗學，學之弗能，弗措也；有弗問，問之弗知，弗措也；有弗思，思之弗得，弗措也；有弗辨，辨之弗明，弗措也；有弗行，行之弗篤，弗措也。人一能之，己百之；人十能之，己千之。果能此道矣，雖愚必明，雖柔必强。

周子曰：「誠者，聖人之本。『大哉乾元，萬物資始』，誠之源也。『乾道變化，各正性命』，誠斯立焉。純粹至善者也，故曰『一陰一陽之謂道，繼之者善也，成之者性也』。元亨，誠之通；利貞，誠之復。大哉《易》也，性命之源乎！」又曰：「聖，本衍「人」字。誠而已矣。誠，五常之本，百行之源也，静無而動有，至正而明達也。五常百行，非誠，非也，邪暗塞也。故誠，則無事矣。至易而行難，果而確，無難焉，故曰『一日克己復禮，天下歸仁焉』。」

程子曰：（「無妄之謂誠，不欺其次矣。」此下元注五十字，本誤作别條正文，依《遺書》正。一本云：「李邦直云『不欺之謂誠』，便以不欺爲誠。徐仲車言『不息之謂誠』，《中庸》言『至誠無息』，非以無息解誠也。或以問先生，先生云云。」《輯略》

删。

又曰：「誠者天之道，敬者人事之本。敬者用也，四字《遺書》作小注。敬則誠。」明道。《輯略》删。

按：《或問》云：「程子『無妄之云』至矣，其他説亦各有發明。」「無妄之云」即首條；趙氏又引次條及下「主一」條以證他説，則此上二條必非《輯略》所删，今本刻遺耳。

又曰：「主一之謂敬。一者之謂誠，敬《遺書》作「主」。則有意在。」

又曰：「『不勉而中，不思而得』與勉而中、思而得何止有差等，一作「等差」。直是相去懸絶。『不勉而中』即常中，『不思而得』即常得，所謂『從容中道』者，指他人所見言之。若不勉不思者，自在道上行，又何必言中不中？一多「得不得」三字。不勉不思，亦有大小深淺，至於曲藝，亦有不勉不思者。所謂『日月至焉』與久而不息者，所見規摹雖略相似，其意味氣象迴别，須心潛默識，玩索久之，庶幾自得。學者不學聖人則已，欲學之，須熟玩味聖人之氣象，不可只於名上理會，如此只是講論文字。」伊川。

問：「致知與力行兼否？」曰：「爲常人言，纔知得非禮不可爲，須用勉强，至於知穿窬不可爲，則不待勉强，是知亦有淺深也。古人言樂循理謂之君子，若勉强，只是知循理，非是樂也；纔到樂時，便是循理爲樂，不循理爲不樂，何苦而不循理，自不須勉强也。若夫聖人『不勉而中，不思而得』，此又上一等事。」伊川。

又曰：「知至則當至之，知終則當本有「遂」字。終之，須以知爲本。知之深，則行之必至，無有知之而不能行，《遺書》多「者知而不能行」六字。只是知得淺。飢而不食烏喙，人不蹈水火，只是知。人爲不善，只爲不知。知至而至之，知一多「幾」字。之事，故可與幾。知終而終之，行之事，三字本脱。故可與存義。知至是致知，博學、明辨、審問、慎思，皆致知；知至之事，篤行便是終之。如始條理、終條理，因其能始條理，故能終條理，猶知至，即能終之。」伊川。二字本脱。　又曰：「博學、審問、慎思、明辨、篤行，五者廢其一，非學也。」又曰：「『思曰睿』，思慮久後，睿自然生。若於一事上思未得，且別換一事思之，不可專守著這一事。蓋人之知識於這裏蔽著，雖强思亦不通也。」伊川。（又曰：「『思曰睿，睿作聖』，致思如掘井，初有渾水，久後稍引動得清者出來。人思慮始皆混濁，久自明快。」伊川。）《輯略》删。　問：「張旭學草書，見擔夫與公主爭道，及公孫大娘舞劍，而後悟筆法。《遺書》多「莫」字。是心常思念至此而感發否？」曰：「然。須是思，方有感悟處。若不思，怎生得如此？然可惜張旭留心於書，若移此心於道，本脱「若」字。何所不至？」伊川。　又曰：「不深思則不能造於道。不深思而得者，其得易失。然而學者有無思無慮而得者，何也？」曰：「以無思無慮而得者，乃所以深思而得之也。以無思無慮爲不思，而自以爲得者，未之有也。」　問：「人有日誦萬言，或妙絶技藝，此可學否？」曰：「不可。大凡所受之才，雖加勉强，止可少進，而鈍者不可使利也。唯理可進。除是積學既久，本有「自」字。能變得一作「其」。氣質，則愚必明，柔必强。」伊川。二字本脱。按：《遺書》此條末尚五十餘字，云：「蓋大賢以下即論才，大賢以上更不論才。聖人與天地合德，日月合明。六尺之軀，能有多少技藝？人有身，須用才。聖人忘己，更不論才也。」

（張子曰：「勉，蓋未能安也；思，蓋未能有也。」）按：今《輯略》無此條，而以下二條繼程子諸條後又不别以「張子曰」，當是脱去，非删也。　又曰：「以心求道，正猶以己知人，終不若彼自知彼爲不思而得也。」

又曰：「性通極於無，氣其一物耳；命稟同於性，遇乃適然焉。人一己百，人十己千，然有不至，猶難語性，可以言氣；行同報異，猶難語本作「言」。命，可以言遇。」（又曰：「形而後有氣質之性，善反之，則天地之性存焉。故氣質之性，君子有弗性者焉。」）《輯略》删。

呂曰：「誠者，理之實，然致一而不易者也。天下萬古，人心物理，皆所同然，有一無二，雖前聖後聖，若合符節，是乃所謂誠。誠即天道也。天道自然，無勉無思，其中其得，自然而已。聖人誠一於天，天即聖人，聖人即天。由仁義行，何思勉之有？故從容中道而不迫。誠之者，以人求天者也。思誠而復之，故明有未究，於善必擇；誠有未至，所執必固。善不擇，道不精；執不固，德將去。學問思辨，所以求之也；行，所以至之也。求之至之，本脱此字。非人一己百、人十己千，不足以化氣質。」一本云：「誠者，理之實，致一而不可易者也。大而天下，遠而萬古，求之人情，參之物理，皆所同然，有一無二，雖前聖後聖，若合符節。理本如是，非人私知真作「智」。之所能爲，此之謂誠。誠即天道也，天道自然，何勉何思，莫非性命之理而已。故『誠者，天之道』，性之者也；『誠之者，人之道』，反之者也。聖人之於天道，性之者也；賢者之於天道，反之者也。性之者成性，而與天無間也，「而」字依真氏本增。天即聖人，聖人即天，縱心所欲，由仁義行也，出於自然，從容不迫，不待乎思勉而後中也；反之者求復乎性而未至，雖誠而猶雜之僞，雖行而未能無息，則善不可不思而擇，德不可不勉而執，不如是，猶不足以至乎誠。故學問思辨，皆所以求之也；行，所以至之也。上二百三十七字，《集編》引爲《輯略》一條，今《輯略》并無此「一本」千百三十餘字。（君子將以造其約，則不可不學；學而不能無疑，則不可不問；未至於精而通之，則不可不思；

欲知是非邪正之別、本末先後之序，則不可不辨；欲至乎道，欲成乎德，則不可不行。學以聚之，聚不博，則約不可得。『博學而詳説之，將以反説約也』，爲學之道，造約爲功，約即誠也，不能至是，則多聞多見，徒足以飾口耳而已，語誠則未也，故曰『有弗學，學之弗能，弗措也』。學者不欲進則已，欲進則不可以有成心，有成心則不可與進乎道矣。故成心存，則自處以不疑；成心亡，然後知所疑矣。小疑必小進，大疑必大進。蓋疑者，「者」字依趙本增。不安於故而進於新者也。顔淵學爲孔子而未得者也，故疑之，『仰之彌高，鑽之彌堅，瞻之在前，忽焉在後』，皆疑辭也；孟子學爲舜而未得當脱「者」字。也，故疑之，『舜爲法於天下，可傳於後世，我猶未免爲鄉人』，亦疑辭也。所謂疑者，患乎未知也。如問之審，審而知，則進孰禦焉？故曰『有弗問，問之弗知，弗措也』。學也問也，求之外者也；聞也見也，得之外者。不致吾思，以反諸身，則學問聞見，非吾事也。故知所以爲性，知所以爲命，反之於我何物也；知所以名仁，知所以名義，反之於我何事也，故曰『思則得之，不思則弗得也』。慎其所以思，必至於得而後已，則學問聞見，皆非外鑠，是乃所謂誠也，故曰『有弗思，思之弗得，弗措也』。理有宜不宜，時有可不可。道雖美矣，膠於理則亂，誠雖至矣，失其時則乖，不可不辨也。辨之者，不別則不見，不講則不明，非精義入神，不足以致用，故曰『有弗辨，辨之弗明，弗指也』。四者，致知之道，而未及乎行也。學而行之，則由是以至於誠，無疑矣。知崇者，所以致吾知也；禮卑者，所以篤吾行也。學之博者，莫若知之之要；知之要者，不若行之之實也。行之之實，猶目之視、耳之聽，不言而喻也，如日月之運行，不可得而已也。篤之猶有勉也，篤之至於誠，則不勉矣。行之弗篤，猶未誠也，故曰『有弗行，行之弗篤，弗措也』。『人一能之，己百之；人十能之，己千之』者，君子所貴乎學者，爲能變化氣質而已。德勝氣質，則柔者可進於强，愚者可進於明；《章句》引二語，「愚」先「柔」後。不能勝氣質，二字《章句》作「之」。則雖有志於善，而《章句》作「亦」。柔不能立，愚不能明。《章句》引二語，「愚」先「柔」後，又多「而已矣」三字。蓋均善而無惡者，性也，人所同也；昏明强弱之稟不齊者，才也，人所異也。誠之者，《章句》引多「所以」二字。反其同而變其異也。思誠而求復，所以反其同也；人一己百、人十己千，所以變其異也。孟子曰『居移氣，養移體』，況學問之益乎？故學至於尚志，以天下之士爲未足，則尚論古之人，雖質之柔而不立者寡矣；學至於致知格物，則天下之理斯得，雖質之愚而不明者寡矣。夫愚柔之質，質之不美者也。以不美之質求變而美，非百倍其功不足以致之。今以鹵莽滅裂之學，或作或輟，以求變不美之質；「求變」，《章句》引作「變其」。及不能變，則曰天質不美，非學所能變，是果於自棄，其爲不仁之《章句》無此字。甚矣！」）按：此條自「君子所貴乎學」以下《章句》節引之，《或問》所謂「所論變化氣質者尤爲有功」，《語録》所謂「解得痛快，讀之悚然警厲奮發」者，《輯略》不應備删，當是刻遺。

謝曰：「誠是實理，不是專一。尋常人謂至誠止是謂專一，實理則『如惡惡臭，如好好色』，不是安排來。」（又曰：「誠是無虧欠，忠是實有之理。忠近於誠。」《輯略》删。又曰：「學者且須是窮理。物物皆有理，窮理，則能知天之所爲；知天之所爲，則與天爲一；與天爲一，無往而非理也。窮理則是尋個是處，有我不能窮理。人誰識真我？何者爲我？理便是我。窮理之至，自然不勉而中，不思而得，從容中道。」曰：「理必物物而窮之乎？」曰：「必窮其大者。理一而已，一處理窮，觸處者皆通。恕，其窮理之本歟！」）《輯略》删。

（楊曰：「道一也。有天人之辨、賢聖之别者，誠與誠之者異而已，其歸無二致也。孔子曰『上智與下愚不移』，而此曰『雖愚必明』，何也？曰：天地之性一而已，爲上智，爲下愚，氣禀異也，故善反之，則天地之性存焉。氣質之性，君子不謂之性也。若夫學之而弗能，問之而弗知，思之而弗得，辨之而弗明，行之而弗篤，而遂措焉，不知『人一能之，己百之；人十能之，己千之』，則是愚者之不移也，尚何明之有？」）《輯略》删。此下舊連上爲一條，今審别之。問：本脱此字。「《中庸》只論誠，而《論語》曾不言本無「言」字。及誠，「誠」上本有「一」字，疑此語當作「曾不一言及誠」。何也？」楊曰：二字本脱。「《論語》之教人，凡言忠信恭敬，一作「恭敬忠信」。所以求仁而進德之事，莫非誠也。《論語》示人以入之之方，《中庸》言其至本誤作「志」。也。蓋《中庸》，子思傳道之書，不正言其至則道不明。孔子所罕言，孟子常言之，亦猶是矣。」

（侯曰：「『誠者，天之道』，生而知之，堯舜性之者是也；『誠之者，人之道』，學而知之，湯武反之者是也。誠者，天之道，聖人人倫之至，化而無迹，從容中道，思勉不在言也；誠之者，擇善而固執之者也。博學、審問、慎思、明辨、篤行之，擇善者也；弗能、弗知、弗得、弗明、弗篤，弗措而固執之者也，所謂勉而中、思而得者也。人一能之己百之，人十能之己千之，則又困而學之者也，果能此道，則愚必明，柔必强，曲能有誠也。堯舜性仁，「仁」當作「之」。無時而不中，不必更言中不中，由仁義行者也，不待乎思勉也，與人一己百、人十己千相去甚遠。學者若於此有所得，則氣味深長，不可放過，潛心力久，玩味絶熟，庶可也。『誠者，天之道』，只於聖人分上言之，猶未盡誠之藴，必須自得，仍於天道、人道上分別得從容處，方見誠與誠之者不同。若只恁他〔六〕説過，亦不濟事。」）《輯略》删。

《輯略》於此增題云「右第二十章」。

自誠明，謂之性；自明誠，謂之教。誠則明矣，明則誠矣。

程子曰：（「自其外者學之，而得於内者，謂之明；自其内者得之，而兼於外者，謂之誠。誠與明一也。」伊川。《輯略》删。　又曰：）「君子之學，必先明諸心，知所往，《纂疏》作「養」。然後力行以求至，所謂自明而誠也。故學必盡其心，（盡其心則知其性），七字，《輯略》删。知其性然後二字本作「則」。反而誠之，則聖人也。」本無「則」字。伊川。　（又曰：「孔子之道，發而爲行，如《鄉黨》之所載者，自誠而明也；由《鄉黨》之所載而學之，以至於孔子者，自明而誠也。及其至焉，一也。」伊川。）《輯略》删。　問：「横渠言『由明以至誠，由誠以至明』，此言恐過當。」一多「程子」二字。曰：「『由明以至誠』，此句却是；『由誠以至明』則不然。誠即明也。」伊川。二字本脱。

張子曰：「『自誠明』者，先盡性以至於窮理也，謂先自其本脱此字。性理會來，以至於理；『自明誠』者，先窮理以至於盡性也，謂先從學問理會，以推達於天性也。」

呂曰：「『自誠明』，性之者也；『自明誠』，反之者也。性之者，自成德而言，聖人之所性也；反之者，自志學而言，聖人之所教也。「所」字依《纂疏》增。一本云：「謂之性者，生之所固有以得之；謂之教者，由學以復之。」上廿四字乃節引别本附注，本誤連上下文作大書，依《輯略》正。成德者，至於實然不易之地，理義皆由此出也。天下之理，如目睹耳聞，不慮而知，不言而喻，此之謂『誠則明』；志學者致知以窮天下之理，則天下之理皆得，卒亦至於實然不易之地，至簡至易，行其所無事，此之謂『明則誠』。」

（游曰：「『自誠明』，由中出也，故可名於性；『自明誠』，自外入也，故可名於教。誠者因性，故無不明；明者致曲，故能有誠。學不可以已，加之誠意而已。其誠不息，則『雖愚必明』，況其本智乎？『雖柔必强』，況其本剛乎？『及其成功一也』，豈不信哉？」）《輯略》删。

（楊曰：「自誠而明，天之道也，故謂之性；自明而誠，人之道也，故謂之教。天人一道，而心之所至有差焉，其歸則無二致也，故曰『誠則明矣，明則誠矣』。」）《輯略》删。

《輯略》於此增題注云：「右第二十一章。子思承上章夫子天道、人道之意而立言也。自此以下十二章，皆子思之言，以反覆推明此章之意。」

唯天下至誠，爲能盡其性；能盡其性，則能盡人之性；能盡人之性，則能盡物之性；能盡物之性，則可以贊天地之化育；可以贊天地之化育，則可以與天地參矣。

程子曰：（「盡己爲忠，盡物爲信。極言之，則盡己者盡己之性也，盡物者盡物之性也。信者，無僞而已，於天性有所損益則爲僞矣。《易·无妄》曰『天下雷行，物與无妄』，動以天理故也。」《輯略》删。　又曰：）〔『贊天地之化育』，自人而言之，從盡其性至盡物之性，然後可以贊天地之化育，可以與天地參矣。言人盡性，所造如是，若只是至誠，更不須論。所謂『人者天地之心』，及『天聰明，自我民聰明』，止謂只是一理，而天人所爲，各自有分。」　又曰：「至誠可以贊化育者，可以回造化。」明道。　又曰：「至誠可以贊天地之化育，則可以與天地參。贊者，參贊之義，『先天而天弗違，後天而奉天時』之謂也，非謂贊助。只有一個誠，何助之有？」明道。　又曰：「心具天德，心有不盡處，便是天德處未能盡。一無「能」字。何緣知性知天？盡己心則《遺書》多「能」字。盡人盡物，與天地參贊化育。贊則直養之而已。」　又曰：「凡言充塞云者，却似個有規摹一作「模」。底體面，將這氣充實一作「塞」。之。然此只是指而示之近耳，氣則只是氣，更説甚充塞？如化育則只是化育，更説甚贊？贊與充塞，又早却是别一件事也。」伊川。

張子曰：「二程解『窮理盡性以至於命』，只窮理便是至於命，亦是失於大〔七〕快。此義儘有次序，須是窮理，便能盡得己之性；既本作「即」，誤。盡得己之性，則推類又盡人之性；既盡得人之性，須是并萬物之性一齊盡得，如此然後至於天道也。其間煞有事，豈有當下理會了？學者須是窮理爲先，如此則方有學。今言知命與至於命儘有近遠，豈可以知便謂之至也？」（又曰：「性者，萬物之一源，非有我之得私也。唯大人爲能盡其道，是故立必俱立，知必周知，愛必兼愛，成不獨成。彼自蔽塞而不知順吾理者，則亦末如之何矣。」　又曰：「大其心則能體天下之物，物有未體，則心爲有外。世人之心止於見聞之狹，聖人之盡性，不以見聞梏其心，其視天下無一物非我，孟子謂盡心則知性、知天以此。天大無外，故有外之心不足以合天心。」又曰：「幽贊天地之道，非聖人而能哉？詩人謂『后稷之穡，有相之道』，贊化育之一端與！」）上三條，《輯略》刪。

吕曰：「至於實理之極，則吾生之所固有者不越乎是。吾生所有既一於理，則理之所有，皆吾性也。人受天地之中，其生也，具有天地之德，柔强昏明之質雖異，其心之所然者皆同。特蔽有淺深，故别而爲昏明；禀有多寡，故分而爲强柔。至於理之所同然，雖聖愚有所不異。盡己之性，則天下之性皆然，故能盡人之性。蔽有淺深，故爲昏明；蔽有開塞，故爲人物。禀有多寡，故爲强柔；禀有偏正，故爲人物。故物之性與人異者幾希，唯塞而不開，故知不若人之明；偏而不正，故才不若人之美。然人有近物之性者，物有近人之性者，亦係一作「繫」。乎此。於人之性，開塞偏正，無所不盡，則物之性未有不能盡也。己也，二字本脱。人也，物也，莫不盡其性，則天地之化幾矣。故行其所無事，順以養之而已，是所謂『贊天地之化育』者也。如堯命羲和，欽若昊天，至于民之析、因、夷、隩，鳥獸之孳尾、希革、毛毨、氄毛，無不與知，則所贊可知矣。天地之化育，猶有所不及，必人贊之而後備，則天地非人不立，故人與天地并立爲三才，此之謂『與天地參』。」

游曰：「『萬物皆備於我，一多「矣」字。反身而誠，樂莫大焉』，故『唯天下至誠，爲能盡其性』。千萬人之性，一己之性是也，故『能盡其性，則能盡人之性』。萬物之性，一人之性是也，故『能盡人之性，則能盡物之性』。同焉皆得者，各安其常，則盡人之性也；群然皆生者，各得其理，則盡物之性也。至於盡物之性，則和氣充塞，故『可以贊天地之化育』。夫如是，則天覆地載，教化各任其職，而成位乎其中矣。」

楊曰：「性者，萬物之一原一作「源」。也，非夫體天德者，其孰能盡之？能盡其性，則人物之性斯盡矣。言有漸次也，贊化育，參天地，皆其分内耳。」（又曰：「孟子曰：『萬物皆備於我，反身而誠，樂莫大焉。』知萬物皆備於我，則數雖多，反而求之於吾身可也，故曰盡己之性，則能盡人之性；盡人之性，則能盡物之性。以己與人、物，性無二故也。」）《輯略》删。

侯曰：「或三字一無。問天下將亂，何故賢者便生得不豐厚？一有「侯」字。曰：氣之所鍾便如此。曰：有變化之道乎？曰：在君相斡旋本誤「幹施」。之力爾。若舉賢任能，使政事治而百姓和，則天地之氣和而復淳厚，一多「矣」字。此天下所以有資於聖賢、有賴於君相也。子思曰『贊天地之化育』，正謂是耳。若曰治亂自有數而任之，則何賴於聖賢哉？子思所以言贊化育也，《書》亦曰『祈天永命』，如此而已。」

《輯略》於此增題注云「右第二十二章」。

其次致曲，曲能有誠，誠則形，形則著，著則明，明則動，動則變，變則化，唯天下至誠爲能化。

程子曰：「『其次致曲』者，學而後知之也，而其成也，與生而知之者不異焉。故君子莫大於學，莫害於畫，莫病於自足，莫罪於自棄。學而不止，此湯武所以聖也。」伊川。　又曰：「致曲者，就其曲而致之也。」伊川。　又曰：「人自孩提，聖人之質已完，只先於偏勝處發，或仁或義，或孝或弟。去氣偏處發，便本脫此字。是致曲；去性上修，便是直養。然同歸於誠。」附：《遺書》六有云「致曲不要說來大」。　又曰：「自明而誠，雖多由致曲，然亦自有《遺書》作「有自」。大體中便誠者，雖亦是自明而誠，謂之致曲則不可。」明道。　又曰：「曲，偏曲之謂，非大道也。就一事中用志不分，亦能有誠，《纂疏》多「且如技藝上可見」七字。如養由基射之類是也。『誠則形』，誠後便有物，如參前倚衡，四字，《纂疏》作「立則見其參於前，在輿則見其倚於衡」。如有所立卓爾《纂疏》多「皆若有物方見如無形」九字。是《纂疏》多「見何物」三字。也。『形則著』，又著見也。『著則明』，是有光輝趙作「輝光」。之時也。『明則動』，誠能動人也。君子所過者化，豈非動乎？」或曰：「變與化何別？」曰：六字本脫。「變如物方變而未化，化則更無舊迹，自然之謂也。莊子言變大於化，非也。」伊川。

（張子曰：「致曲不貳，則德有定體；體象誠定，則文節著見；一曲致文，則餘善兼照；明能兼照，則必將徙義；誠能徙義，則德自通變；能通其變，則圓神無滯。」）《輯略》刪。

（呂曰：「至誠者，與天地參，則無間矣。致曲者，人之稟受存焉，未能與天地相似者也。人具有天地之德，自當致乎中和。然稟受之殊，雖聖賢不能免乎偏曲。清者偏於清，和者偏於和，皆以所偏爲之道，不自知其偏。如致力於所偏，用心不二，亦能即所偏而成德。故致力於所偏，則『致曲』者也；用心不二，則『曲能有誠』者也。能即所偏而成德，如伯夷致清爲聖人之清，柳下惠致和爲聖人之和，此『誠則形』者也。德有定體，則遂其所就文節者〔八〕明，故曰『形則著』。一曲之德，致文成章則無以加矣，無以加則必能知類通達，餘善兼照，曲之果爲曲也，故曰『著則明』。幾者，動之微也。知至而不能至之，則不可與幾矣。故知至則舍其曲而趨其至，未有不動而徙義者也，故曰『明則動』。君子豹變，其文蔚也；大人虎變，其文炳也。有心乎動，動而不息，雖文有小大之差，然未有不變者也，故曰『動則變』。變者，復之初。復於故則一於理，圓神無滯，不知其所以然，與至誠者同之，故曰『變則化，惟天下至誠爲能化』。」又曰：「變者，如病始愈，以愈爲樂；如迷始悟，以悟爲得。及其久，則愈者安然無憂，不知所以爲樂；悟者沛然自如，不知所以爲得。故能純一不雜，混混一體，無形色可求，無物我可對，然後可以謂之化。」）《輯略》并删。

游曰：「誠者，不思不勉，直心而徑行也。其次則臨言而必思，不敢縱言也；臨行而必擇，不敢徑行也，故曰『致曲』。曲，折而反諸心也，擬議之間，鄙詐不萌，而忠信立矣，故『曲能有誠』。有諸中必形諸外，故『誠則形』。形於身心著於物，故『形則著』。誠至於著，則内外洞徹，清明在躬，故『著則明』。明則有以動衆，故『明則動』。動則有以易俗，故『動則變』。變則革汚以爲清，革暴以爲良，然猶有迹也，化則其迹泯矣，日用飲食而已。至於化，則神之所爲也，非天下之至誠，孰能與於此？」

楊曰：「『能盡其性』者，誠也；『其次致曲』者，誠之也。學、問、思、辨而篤行之，致曲也。下百有七字，《輯略》删。（用志不分，故能有誠；誠於中，形於外，參前倚衡，不可揜也，故形；形則有物，故著；著則輝光發於外，故明；明則誠矣。未有誠而不動，動而不變也。『鳴鶴在陰，其子和之』，非動乎？『曲能有誠』，誠在一曲也，明則誠矣，無物不誠也。至於化，則非學、問、思、辨、篤行之所及也，故『唯天下至誠爲能化』。」）

《輯略》於此增題云「右第二十三章」。

至誠之道，可以前知。國家將興，必有禎祥；國家將亡，必有妖孽。見乎蓍龜，動乎四體。禍福將至，善必先知之，不善必先知之。故至誠如神。

程子曰：「人固可以前知，然其理須是用則知，不用則不知。知不如不知之愈，蓋用便近二。所以釋子謂又不是野狐精也。」又曰：「蜀山人不起念，十年便能前知。」今《輯略》無，《集編》引有。

吕曰：「誠一於理，無所間雜，則天地人物、古今後世融徹洞達，一體而已。興亡之兆，猶心之有思慮，如有萌焉，無不前知。蓋有方所，則有彼此先後之别；既無方所，彼即我也，「即」本誤「則」。先即後也，未嘗分别隔礙，自然達乎神明，非特前知而已。」一本云：「至誠與天地同德，與天地同德，則其氣化運行，與天地同流矣。興亡之兆，禍福之來，感於吾心，動於吾氣，如有萌焉，無不前知，況乎誠心之至？求乎蓍龜而蓍龜告，察乎四體而四體應，所謂『莫見乎隱，莫顯乎微』者也。此至誠所以達乎本脱「乎」字，依真、趙增。神明而無間，故曰『至誠如神』。『動乎四體』，如

《傳》所謂『威儀之則以定命』者也。」今《輯略》無，《集編》引有。

（游曰：「至誠之道，精一無間，心合於氣，氣合於神，無聲無臭，而天地之間物莫得以遁其形矣，不既神矣乎？此非人所能測也。至於前知之實，則近考諸身，遠驗諸物，大有以知國家之興亡，小有以知一身之禍福，此人之所同見也，故『至誠如神』。『如神』云者，因人所言見之也。」）《輯略》删。

（楊曰：「誠即神也，上下與天地同流，則兆乎天地之間者，庸有不知乎？以上言『見乎蓍龜，動乎四體』，則善不善已形焉，故曰『如神』而已。」又曰：「君子一於誠而已。唯至誠爲可以前知，故『不逆詐，不億不信』，而常先覺也。抑亦以是爲賢乎？若夫不逆不億，而卒爲小人所欺焉，斯亦不足觀也已。」）《輯略》并删。

（侯曰：「至誠之道，學者須是心明意得，然後可以知之。如『國家將興，必有禎祥；國家將亡，必有妖孽』，可以理得，不可以迹考；可以默識，不可以言窮。今夫四時之代謝，日月之晦明，鬼神之吉凶，皆至神之道也。知其所以然，則國家之興亡，其禎祥，其妖孽，焕然知之矣。一人之心，天地之心；一人之爲，天地之爲；一物之理，天地之理；一身之氣，天地之氣。喜怒哀樂，少動於中，則達乎面目，見乎四體，况天地之廣大，國家之盛衰，其有不見乎？故問之蓍龜而蓍龜動以應，候乎四體而四體動以知。禍福善惡，各以物至，如高宗之夢，文王之卜，神降於虢，星入於秦，皆其物也，故曰『至誠如神』。神即誠也，不可以行至疾速言之。」）《輯略》删。

（尹曰：「嵩前有董五經，隱者也。伊川聞其名，謂其亦窮經之士。董平日未嘗出庵，伊川上九字，《纂疏》作「特往造焉。董平日未嘗出庵，是日不值。還至中途，遇一老人負茶果以歸，且曰：『君非程先生乎？』程子異之。曰：『先生欲來，信息甚大。某特入城置少茶果，將以奉待也。』程子以其誠意，復同」七十字。至其舍，語甚款，亦無大過人者，但久不與物接，心靜自《纂疏》作「而」。明也。尹子問於伊川，伊川曰：『靜則自明也。』祁寬問於尹子，曰：『豈非《中庸》所謂「至誠之道，可以前知」乎？』尹子曰：『也不必如此說，只是久靜自明也。』」）《輯略》刪。按：此條載《程氏外書》，前尚有王子真事。

《輯略》於此增題云「右第二十四章」。

誠者自成也，而道自道也。誠者物之終始，不誠無物，是故君子誠之爲貴。誠者非自成己而已也，所以成物也。成己，仁也；成物，知也。性之德也，合外内之道也，故時措之宜也。

程子曰：「『誠者自成』，如至誠事親，則成人子；至誠事君，則成人臣。『不誠無物』，『誠者物之終始』，猶俗語徹頭徹尾，不誠更有甚物也？」伊川。又曰：「聖人言忠信者多矣，人道只在忠信，不誠則無物。且一無「且」字。『出入無時，莫知其鄉』者，人心也。若無忠信，豈復有物乎？」明道。又曰：「只著一個私意，便是餒，便是闕一作「缺」。了他浩然之氣處。『誠者，物之終始，不誠無物』，這裏闕一作「缺」。了他，則便這裏没這物。」又曰：「學者不可以不誠，不誠無以爲善，不誠無以爲君子。修學不以誠，則學雜；爲事不以誠，則事敗；自謀不以誠，則是一作

「自」。欺其心而自棄其志；與人不以誠，則是喪其德而增人之怨。今小道異端，亦必誠而後得，而況欲爲君子者乎？故曰學者不可以不誠。雖然，誠者在知道本而誠之耳。」伊川。本脱二字。又曰：「成己須是仁，推成己之道成物，便是知。」一作「智」。又曰：「古之學者爲己，其終至於成物；今之學者爲物，其終至於喪己。」伊川。又曰：「『性之德』者，言性之所有，如卦之德乃卦之韞一作「蘊」。也。」又曰：「性不可以内外言。」九字，依《集編》引增，疑别一條。明道。（又曰：「須是合内外之道，一天人，齊上下，下學而上達，極高明而道中庸。」此條本誤連下條，依《遺書》别之。問：「觀物察己，還因見物反求諸身否？」曰：「不必如此說。物我一理，纔明彼，即曉此，合内外之道也。語其大，至天地之高厚；語其小，至一物之所以然。學者皆當理會。」伊川。）上二條，《輯略》删。

又曰：「『時措之宜』，言隨時之義，若『溥博淵泉，而時出之』。」伊川。

吕曰：（「誠不爲己，則誠爲外物；道不自道，則其道虛行。既曰成矣，苟不自成就，如何致力？既曰道矣，非己所自行，誰與行乎？實有是理，乃有是物。有所從來，有以致之，物之始也；有所從亡，有以喪之，物之終也。皆無是理，雖有物象接於耳目，耳目猶不可信，謂之非物可也。天大無外，造化發育，皆在其間，自無内外。人有是形，而爲形所汩，故有内外生焉。惟生内外之别，故與天地不相似。若性命之德，自合乎内外，故具仁與智。無己無物，誠一以貫之，合天德而施化育，故能『時措之宜』也。」《輯略》删。一本云：「理義者，人心之所同然者也。吾信乎此，則吾德實矣，故曰『誠者自成也』；吾用於此，則吾道行矣，故曰『道自道也』。夫）上

《輯略》節删。誠者，實而已矣。（實有是理，故實有是物；實有是物，故實有是用。實有是理，故實有是心；實有是心，故實有是事。是皆原始要終而言也。箕不可以簸揚，則箕非箕矣；斗不可以挹酒漿，則斗非斗矣。種禾於此，則禾之實可收也；種麥於此，則麥之實可收也。如未嘗種而望其收，雖莠稗且不可得，況禾麥乎？）上百有九字，《輯略》節删。所謂『誠者物之終始，不誠無物』也。故君子必明乎善，知至則意誠矣。既有惻怛之誠意，乃能竭不倦之强力；竭不倦之强力，然後有可見之成功。苟不如是，雖博聞多見，舉歸於虛而已。是誠之所以爲貴也。誠雖自成也，道雖自道也，非有我之得私也，與天下同之而已。故思成己，必思所以成物。所謂仁知一作「智」。之具也，性之所固有，合内外而無間者也。夫天大無外，造化發育，皆在其間，自無内外之别。人有是形，而爲形所梏，故有内外（生焉）。二字，《輯略》節删。内外一生，則物自物、己自己，與天地不相似矣。反乎性之德，則安有物我之異、内外之别哉？故具仁與知，一作「智」。無己無物，誠一以貫之，合天德而施化育，故能『時措之宜』也。」又曰：「子貢曰：『學不厭，知真、趙作「智」。也；教不倦，仁也。』學不厭，所以成己，此則成己爲仁；教不倦，所以成物，此則成物爲知。真、趙作「智」。何也？夫盡性（之德，合内外之道）七字，真、趙本并無，乃《輯略》節删。以成己，則仁之體也；推是以成物，則知真、趙作「智」。之事也，自成德而言也。學不厭，所以致吾知；教不倦，所以廣吾愛，自入德而言也。此子思、子貢之言所以異也。」今《輯略》無，《集編》引有。

（謝曰：「或問：言有物而行有常，如何是有物？曰：妄則無物，是不誠也，不誠無物。『誠者，物之終始』；終始者，有常之謂也。物只是個實存，誠則有物。問：敬是存誠之道否？曰：須是體，便見得。」）《輯略》删。

游曰：「誠者，非有成之者，自成而已；其爲道，非有道之者，一無「爲」字。自道而已。自成自道，猶言自本自根也。以性言之爲誠，以理言之爲道，其實一也。」

楊曰：「誠自成，道自道，無所待而然也。下百五十五字，《輯略》删。（其爲物終始天行也。誠則形，形故有物。不誠而著乎僞，則有作輟，故息，息則無物矣。猶四時之運，已則成物之功廢焉，尚何終始之有？故以習則不察，以行則不著，以進德則不可久，以修業則不可大，故君子唯誠之爲貴。萬物一體也，成己所以成物也。成己仁也，合天下之公言之也；成物知也，即成己之道而行其所無事也。知、仁，具性之德也。有成己之仁，故能合内外之道；有成物之知，故知時措之宜也。」）又曰：「《大學》自正心、誠意至治國家、天下，只一理，此《中庸》所謂『合内外之道』也。（若内外之道不合，則所守與所行自判而爲二矣。）上十九字，《輯略》節删。孔子曰：『子帥以正，孰敢不正？』子思曰：『君子篤恭而天下平。』孟子曰：『其身正，而天下歸之。』皆明此也。」又曰：「知合乎内外之道，則禹、稷、顔回一作「子」。之所同可見。蓋自誠意、正心推之，至於可以平天下，此内外之道所以合也。故觀其意誠、心正，則知天下由是而平；觀天下平，則知非意誠、心正不能也。兹乃禹、稷、顔回之所以同也。」又曰：「『精義入神』，乃所以致用；『利用安身』，乃所以崇德。此合内外之道也。」

侯曰：「上言『誠者自成』，『道自道』，子思恐學者以内外爲二事，知體而不知用，故又曰『誠者，非自成己而已也，一無「自」字。所以成物也』，猶言『能盡其性，則能盡人之性；能盡人之性，則能盡物之性』者也。豈有能成己而不能成物者？不能成物，則非能成己者也。人物雖殊，理則一也，故曰『成己，仁也；成物，知也』。」

故至誠無息。不息則久，久則徵，徵則悠遠，悠遠則博厚，博厚則高明。博厚，所以載物也；高明，所以覆物也；悠久，所以成物也。博厚配地，高明配天，悠久無疆。如此者，不見而章，不動而變，無爲而成。天地之道，可一言而盡也，其爲物不貳，則其生物不測。天地之道，博也，厚也，高也，明也，悠也，久也。今夫天，斯昭昭之多，及其無窮也，日月星辰繫焉，萬物覆焉。今夫地，一撮土之多，及其廣厚，載華岳而不重，振河海而不泄，萬物載焉。今夫山，一卷石之多，及其廣大，草木生之，禽獸居之，寶藏興焉。今夫水，一勺之多，及其不測，黿鼉、蛟龍、魚鼈生焉，貨財殖焉。《詩》曰：「維天之命，於穆不已！」蓋曰天之所以爲天也。「於乎不顯，文王之德之純！」蓋曰文王之所以爲文也。純亦不已。

《輯略》於此增題云「右第二十五章」。

程子曰：「『維天之命，於穆不已』，此是理自相續不已，非是人爲之。如使可爲，雖使百二字本作「有」。萬般安排，也須有息時。只爲無爲，故不息。《中庸》言『不見而章，不動而變，無爲而成。天地之道，可一言而盡也』。」伊川。（問：「義還因事而見否？」曰：「非也，性中自有。」或曰：「無狀可見？」曰：「説有便是見，但人自不見，昭昭《遺書》多「然」字。在天地之中也。且如性，何須待有物方指爲性？性自在也。賢所言見者事，頤所言見者理，如曰『不見而章』是也。」八字，《遺書》作小注。伊川。）《輯略》删。又曰：「子在川上曰：『逝者如斯夫，不舍晝夜。』自漢以來，儒者皆不識此義。此見二字本脱。聖人之心純亦不已也。本脱「也」字。純亦不已，此本作「是」。乃天德也。有天德，便可語王道，其要只在慎獨。」明道。（又曰：「天命《章句》作「道」。不已，文王純於天道亦不已。純則無二無雜，不已則無間斷先後。」《輯略》删。按：此條收入《章句》，是脱，非删。又曰：「《詩》曰：『上天之載，無聲無臭。儀刑文王，萬邦作孚。』上天又無聲臭之可聞，只看文王，便萬邦取信也。」又曰：「『維天之命，於穆不已』，蓋曰天之所以爲天也。『文王之德之純』，蓋曰文王之所以爲文也。然則文王之德，直是似天。『昊天曰明，及爾出王。昊天曰旦，及爾游衍』，只爲常是這個道理。此個《遺書》注「一作理」。亦須待他心熟，便自然别。」）《輯略》删。

呂曰：「實理不貳，則其體無雜；其體不雜，則其行無間。故至誠無息，非使之也，機自動耳，乃乾坤之所以闔闢，萬物之所以生育，亘萬古一多「而」字。無窮者也。如使之，則非實，非實，則有時而息矣。久者，日新一多「而」字。無敝之謂也。徵，驗也。悠，遠長也。天地運行而不息，故四時變化而無敝；日月相從而不已，故晦朔生明而無敝，此之謂『不息則久』。四時變化而無敝，故有生生之驗；晦朔生明而無敝，故有照臨之驗，此之謂『久則徵』。生生也，照臨也，苟日新而有徵，則可以繼，繼其長，至於無窮矣，此之謂『徵則悠遠』。悠遠無窮者，其積必多，博者能積衆狹，厚者能積衆薄，此之謂『悠遠則博厚』。有如是廣博，則其勢不得不高；有如是深厚，則其精不得不明，此之謂『博厚則高明』。博厚則無物不能任也，高明則無物不能冒也，悠久則無時不能（二字一作「而不」。）養也。（下百二十五字，《輯略》節刪。）（所謂配地、配天、無疆者，以形而上者難明，故以形而下者明之也。配之爲義，非比類之謂也。天道至著，常以示人，故萬象紛錯，終古不變，蓋已成而明者也，故曰『不見而章』。一闔一闢，天機自然，無作無息，以生萬變，蓋神而化之者也，故曰『不動而變』。至誠不息，日新無窮，萬物之成，積日之養而已，蓋爲物不貳者也，故曰『無爲而成』。）所以載物、覆物、成物者，其能也；所以章、所以變、所以成者，其功也。能非力之所任，功非用而後有，其勢自然，不得不爾，是皆至誠不貳而已，此天地之道所以一言而盡也。天地所以生物不測者，至誠不貳者也；天地所以成者，積之無疆者也。如使天地爲物而貳，則其行有息，其積有限，昭昭、撮土之微，將下同乎衆物，又焉有載物、覆物、成物之功哉？雖天之大，昭昭之多而已；雖地之廣，撮土之多而已。山之一卷，水之一勺，亦猶是矣。其所以高明、博厚、神明不測者，積之之多而已。今夫人之有良心也，莫非受天地之中，是爲可欲之善。不充之，則不能與天地相似而至乎大；大而不化，則不能不勉、不思，與天地合德而至於聖。然所以至於聖者，充其良心，德盛仁（本作「性純」。）熟，而後爾也，故曰『過此以往，未之或知也』；窮神知化，德之盛也』。如指人之良心而責之與天地合德，猶指撮土而求其載華岳、振河海之力，指一勺而求其生蛟龍、殖貨財之功，是亦不思之甚也。天之所以爲天，不已其命而已；聖人之所以爲聖，不已其德而已。其爲天人、德命則異，其所以不已則一，故聖人之道可以配天者，如此而已。」

游曰：（「『至誠無息』，天行健也，若『文王之德之純』是也。未能無息而本作「無」，依《纂疏》。不息者，君子之自强也，若顔子『三月不違仁』是也。不息則可久，非日月至焉者也，故曰『不息則久』。久則根於心而施於四體，四體不言而喻，故曰『久則徵』。不息而有徵，則其行將與天同運，其立將與地同處，故曰『徵則悠遠』。夫如是，則下與地同德，上與天同道矣，故『悠久則博厚，博厚則高明』。博厚如地，故能任天下之重，是所以載物；高明如天，故能冒天下之道，是所以覆物。）博厚而不久，則載物之德墮一作「隳」。矣；高明而不久，則覆物之道闕一作「缺」。矣。是則悠久者，天地所以成終成一無此字。始也，故『所以成物』。《輯略》節上四十三字爲一條，餘删去。（誠至於此，則非人爲所能及也，天德而已矣。故未施敬於民而民敬之，是不待見而章也；未施信於民而民信之，是不待動而變也。夫何爲哉？恭己正南面而已矣，是無爲而成也。由此觀之，天覆地載，而聖人所以成天地之功者，至誠而已，故曰『天地之道，可以一言而盡也』。『其爲物不貳，則其生物不測』者，此又申言天地之道可盡於一言也。『其爲物不貳』，天地之得本作「德」，依《纂疏》。一也，一則不已，故覆載萬物、雕刻衆形而莫知其端也，故曰『生物不測』。聖人所以參天地而應無方，亦若此而已。博厚也，高明也，悠久也，此不貳之實也。至於昭昭之無窮，則日月星辰繫焉；撮土之廣厚，則載華岳而不重、振河海而不泄，此生物不測之驗也。非特天地爲然，如山之廣大，則寶藏興焉，況載華岳者乎？水之不測，則貨財殖焉，況振河海者乎？載物者猶然，況覆物者乎？故天地之所以爲天地，文王之所以爲文王，皆原於不已。純者，不已之謂也。然則一言而盡，豈不信乎？」）

（楊曰：「誠自成，非有假於物也，而其動以天，故無息。無息者，誠之體也，不息，所以體誠也。日月之運行，寒暑之往來，無終窮也，非久乎？四時行焉，百物生焉，非徵乎？『徵則悠遠』，言其久而不禦也，故下云『悠久無疆』，不言悠遠者，蓋推本之也。遠而不禦，則其極也博；博而無不容，故其積也厚；厚故高，高則物莫能蔽也，故明。自不息，積而至於博厚、高明，則覆載、成物之能事備矣。其用則不可得而見也，故以配天地無疆言之，所以著明之也。然天地之道，聖人之德，其爲覆、載、成物之功，則無二致焉，故又曰『天地之道，可一言而盡也』。所謂一言者，誠而已，互相明也。精一而不貳，故能『生物不測』，不誠則無物矣。無之無窮，昭昭之積也；地之廣厚，撮土之積也；山之廣大，卷石之積也；水之不測，一勺之積也。天地之道，博也，厚也，高也，明也，悠也，久也，而誠一言足以盡之，不息之積也。若夫擇善而不能固執之，若存若亡，而欲與天地合德，其可乎？故又繼之『天之所以爲天』、『文王之所以爲文』，皆原於不已，所以徵前說也。」）《輯略》刪。

（侯曰：「自『鬼神之爲德』至『時措之宜』，皆誠也。至誠之道也，以體言之則一也，以用言之則合萬殊，其事若不同者，各有妙用存焉。至於言誠，則曰『無息』而已。《乾》之《象》曰：『天行健，君子以自强不息。』不息，乾之剛健也，惟其不息，故能『時乘六龍以御天』；御天，當天運也，故能久；久，則『四時行焉』，故徵；徵，則『百物生焉』。徵，信也，驗也。既徵，則博厚、高明、悠久可馴致也。博厚所以載物，坤之德也；高明所以覆物，乾之道也；悠久所以成物，乾、坤之功也。悠久與悠遠不同，悠久是二事。博厚所以配地，高明所以配天，悠久所以無疆也。配，合也，與《孟子》『配義與道』之『配』同。天地、陰陽，二物也。運動天地，使之成物而不息者，誠也，故曰『至誠無息』。如此者，『不見而章，不動而變，無爲而成』。天地之道所以一言而盡者，誠也，『爲物不貳』，『無爲而成』。不貳，專也，一也；貳，則非誠也。誠本不可以有無言，云『無息』，與『不息』同也，不息則或息矣，至誠則未嘗息，亦未嘗不息。惟其至誠也，然後有『不息』以下六字，不誠安能不息哉？按：「亦未嘗不息」下數語不甚可曉，當有脱誤。無息非爲誠言，爲息字設而所以形容誠也。明道先生曰：『亦無始，亦無終，亦無因甚有，亦無因甚無，亦無有處有，亦無無處無。』此言極有理，如此，則可以言誠矣。」又曰：「天地之道，博厚、高明、悠久者，誠而已。天之昭昭，誠而不息，則覆物無窮；地之撮土，誠而不息，則載物廣厚；山之卷石，誠而不息，則興物廣大；水之一勺，誠而不息，則生物不測。《詩》曰：『維天之命，於穆不已。』天命之不已，誠也；文王之誠，純亦不已也。純則無貳無雜，故亦無無「無」字當衍。不已；不已則無間斷先後，此文王之天德也，故曰『天之所以爲天也』，『於乎不顯，文王之德之純』，『純亦不已』。」）《輯略》并刪。

《輯略》於此增題云「右第二十六章」。

大哉聖人之道！洋洋乎，發育萬物，峻極于天。優優大哉！禮儀三百，威儀三千，待其

人而後行。故曰苟不至德，至道不凝焉。故君子尊德性而道問學，致廣大而盡精微，極高明而道中庸。温故而知新，敦厚以崇禮。是故居上不驕，爲下不倍。國有道，其言足以興；國無道，其默足以容。《詩》曰：「既明且哲，以保其身。」其此之謂與！

程子曰：「自『大哉聖人之道』至『至道不凝焉』，皆是一貫。」明道。本脱二字。　又曰：「《中庸》言『禮儀三百，威儀三千』，方是説『優優大哉』，又却非如異教之説，須得如枯木死灰以爲得也。」　又曰：「德性者，言性之可貴，與言性善，其實一也。」明道。本脱二字。　又曰：「須是合内外之道，一天人，齊上下，下學而上達，極高明而道中庸。」今《輯略》無，《集編》引有。按：此條已見「自成」章。

又曰：「極高明而道中庸，非二事。中庸，天理也，天理固高明，不極乎高明，不足以道中庸，中庸乃高明之極也。」按：《外書》三載此條明道語。　又曰：「理則極高明，行之只是中庸也。」明道。二字本脱。附：《遺書》廿五載伊川云：「『禮儀三百，威儀三千』，非絶人之欲而强之以不能也，所以防其欲、戒其侈，而使之入道也。」　又云：「德性謂天賦、天資，才之美者也。」　又十八載伊川云：「『極高明而道中庸』，所以爲民極。極之爲物，中而能高者。」

張子曰：「天體物而不遺，猶仁體事而無不在也。「仁」本誤「人」。『禮儀三百，威儀三千』，無一物之非仁也。『昊天曰明，及爾出王。昊天曰旦，及爾游衍』，無一物之不體也。」　又曰：「不尊德性，則問學從而不道；不致廣大，則精微無所立其誠；不極高明，則擇乎中庸失時措之宜矣。」　又曰：「『尊德性而道問學，致廣大而盡精微，極高明而道中庸』，皆逐句爲一義，上言重，下語輕。『尊德性』猶『據於德』，德性須尊之；道，行也，問，問得者，學，行得者，猶《纂疏》作「凝」。學問也。尊德性，須是將前言往行、所聞所知以參驗，恐行有錯。致廣大，須盡精微，不得鹵莽。極高明，須道中庸之道。」又曰：「今且只真無「只」字。將尊德性而道問學爲心，日自求於問學有所背否？於德性有所懈否？此義亦是博文約禮，下學上達。以此警策一年，安得不長？每日須求，多少爲益。知所亡，改得多真無此字。少不善，此德性上之益。讀書求義理，編書須理會有所歸著，勿徒寫過，又多識前言往行，此問學上益也。勿使有俄頃閑度，似此三年，庶幾有進。」上三條，今《輯略》無，《集編》引并有。又曰：「致廣大，極高明，此則儘遠大，所處則直是精約。」又曰：「温故而知新，多識前言往行以蓄德，繹舊業而知新益，思昔未至而今至之，緣舊所見聞而察來，皆其義也。」今《輯略》無，《集編》引有。

吕曰：（「禮儀、威儀，道也；所以行之者，德也。小德可以任小道，至德可以守至道。故道不虛行，必待人而後行。故必有人而行，然後可名之道也。」《輯略》删。又曰：）「道之在我者，德性而已，不先貴乎此，則所謂問學者，不免乎口耳爲人之事矣；「矣」一作「而已」。道之全體者，廣大而已，不先充乎此，則所謂精微者，或偏或隘矣；道之上達者，高明而已，不先止乎此，則所謂中庸者，同污合俗矣。温故知新，將以進吾知也；敦厚崇禮，將以實吾行也。知崇禮卑，至於成性，則道義皆從此出矣。居上而驕，知上而不知下者也；爲下而倍，知下而不知上者也。國有道，不知言之足興，知藏而不知行者也；國無道，不知默之足容，知行而不知藏者也。是皆一偏之行，不蹈乎時中。惟明哲之人，知上知下，知行知藏，此所以卒保其身者也。」

游曰：「『發育萬物，峻極于天』，至道之功也。『禮儀三百，威儀三千』，至道之具也。『洋洋乎』，言上際乎天，下蟠於地也。『優優大哉』，言動容周旋中禮也。夫以三百、三千之多儀，非天下至誠，孰能從容而盡中哉？故曰『待其人然一作「而」。後行』。蓋盛德之至者，人也，故曰『苟不至德，至道不凝焉』。至德非他，至誠而已矣。」又曰：「『懲忿窒慾』，『閑邪存誠』，此『尊德性』也。非學以聚之，問以辨之，則擇善不明矣，故繼之以『道問學』。尊德性而道問學，然後能致廣大。尊其所聞，行其所知，充其德性之體，使無不該偏〔九〕，（如卷石之山，積之至於廣大，如一勺之水，積之至於不測，）上廿二字，《輯略》節删。此『致廣大』也。非盡精微，則無以極深而研幾也，故繼之以『盡精微』。致廣大而盡精微，然後能極高明。始也未離乎方，今則無方矣；始也未離乎體，今則無體矣。離形去知，一作「智」。廓然大通，此『極高明』也。非道中庸，則無踐履可據之地，不幾於蕩而無執乎？故繼之以『道中庸』。高明者，中庸之妙理，而中庸者，高明之實德也，其實非兩體也。下百四十八字，《輯略》删。（尊其德性而道問學，人德也；致廣大而盡精微，地德也；極高明而道中庸，天德也。自人之天，則上達矣，而下學者不可以已也，故『温故而知新』，所以博學而詳説之也；『敦厚以崇禮』，所以守約而處中也。約之之道，舍禮何以哉？以此居上，則舜之袗衣鼓琴，若固有之，故『不驕』；以此爲下，則孔子之乘田委吏，各任其職而已，故『不倍』。或出或處，或默或語，時措之之宜也，豈干時犯分，以蹈大禍哉？」）

楊曰：「道之『峻極於天』，道之至也。無禮以範圍之，則蕩然一作「而」。無止，而天地之化或過矣。『禮儀三百，威儀三千』，所以體道而範圍之也，故曰『苟不至德，至道不凝焉』。所謂至德者，禮其是乎！夫禮，天所秩也，後世或以爲忠信之薄，或以爲僞，皆不知天者也，故曰『待其人然真、趙作「而」。後行』。蓋道非禮不止，禮非道不行，二者常相資也。苟非其人，而梏於儀章器數之末，則愚不肖一多「者」字。之不及也，尚何至道之凝哉？」又曰：「尊德性而後能致廣大，致廣大而後能極高明，道問學而後能盡精微，盡精微而後能擇中庸而固執之，四字本作「則固爲」三字，依真、趙。入德之序也。」又曰：「國無道，可以卷而懷之，然後其默足以容。此明哲保身之道，非遵養之有素，其何能爾？不然，雖欲卷而懷之，其可得乎？」二條，今《輯略》無，《集編》引有。又曰：「道止於中而已矣。出乎中則過，未至則不及，故惟中爲至。夫中也者，道之至極，本作「微」。故中又謂之極。屋極亦謂之極，蓋中而高故也。極高明而不道一多「乎」字。中庸，則賢知之過三字一作「智者過之」。也；道中庸而不極乎高明，則愚不肖一多「者」字。之不及也。世儒以高明、中庸析爲二致，非知中庸也。以謂聖人以高明處己、中庸待人，則聖人處己常過之、待人常不及，道終不明不行，與愚本脱此字。不肖者無以異矣。」

《輯略》於此增題云「右第二十七章」。

子曰：「愚而好自用，賤而好自專，生乎今之世，反古之道。如此者，災及其身者也。」非天子，不議禮，不制度，不考文。今天下車同軌，書同文，行同倫。雖有其位，苟無其德，不敢

作禮樂焉；雖有其德，苟無其位，亦不敢作禮樂焉。子曰：「吾説夏禮，杞不足徵也；吾學殷禮，有宋存焉；吾學周禮，今用之。吾從周。」

附：《二程遺書》六云：「《中庸》首先言本人之情性，次言學，次便言三王酌損成王道，餘外更無意。三王下到今更無聖人，若有時，須當作四王。王者制作時，用先代之宜世者，今也，法當用《周禮》。」

吕曰：《輯略》有注云「通下章『寡過矣乎』以上」。「無德爲愚，無位爲賤。有位無德而作禮樂，所謂『愚而好自用』；有德無位而作禮樂，所謂『賤而好自專』；生周之世而從夏、殷之禮，所謂居『今之世，反古之道』。三者有一焉，取災之道也。故王天下有三重焉：議禮所以制行，故行必同倫；制度所以爲法，故車必同軌；考文所以合俗，故書必同文。唯王天下者行之，諸侯有所不與也。故國無異政，家不殊俗，蓋有以一之也。如此，則寡過矣。」

（游曰：「愚而好自用，非其言足以興也。賤而好自專，非其默足以容也。雖有其位，苟無其德，不敢作禮樂焉，以有義也，何自用之有？雖有其德，苟無其位，不敢作禮樂焉，以有命也，何自專之有？生乎今之世，則無得位之理，乃欲復古之道，是干義，是犯分也，故災及其身。義理所以正天下之行，制度所以定天下之器，考文所以一天下之道。今天下車同軌，則度無所事制矣；書同文，則文無所事考矣；行同倫，則禮無所事議矣。況其位非天子乎？孔子於衛先正名，於魯先簿正祭器。使孔子而得志於天下，則其制作，必有先後緩急之序矣。」）《輯略》删。按：此條本次楊氏後，今遂正。

楊曰：「愚，無德也，而好自用；賤，無位也，而好自專。居今之世，無德無位而反古以有爲，皆取災之道，明哲不爲也。故繼之曰『非天子，不議禮，不制度，不考文』。蓋禮樂、制度、書本作「考」。文必自天子出，所以定民志、一天下之習也。變禮易樂，則有誅本作「殊」。焉，況敢妄作乎？有其位，則可以作矣。然不知禮樂之情，則雖作而不足爲法於天下矣，故有其位無其德，亦不敢作也，況無其位乎？」

侯曰：「『吾學〔一〇〕夏禮，杞不足徵也；吾學殷禮，有宋存焉；吾學周禮，今用之。吾從周。』明三代之禮，皆可沿革也。宋、杞不足徵吾言，則不言；周禮今用之，則吾從周。此孔子之時中也。顏淵問爲邦，子曰：『行夏之時，乘殷之輅，服周之冕，樂則《韶》舞。』此沿革之大旨也，通天下，等百一作「萬」。世，不弊之法也。使孔子而有位焉，其獨守周之文而不損益乎？」

《輯略》於此增題云「右第二十八章」。

王天下有三重焉，其寡過矣乎！上焉者雖善無徵，無徵不信，不信民弗從；下焉者雖善不尊，不尊不信，不信民弗從。故君子之道，本諸身，徵諸庶民，考諸三王而不謬，建諸天地而不悖，質諸鬼神而無疑，百世以俟聖人而不惑。質諸鬼神而無疑，知天也；百世以俟聖人而不惑，知人也。是故君子動而世爲天下道，行而世爲天下法，言而世爲天下則。遠之則有望，近之則不厭。《詩》曰：「在彼無惡，在此無射；庶幾夙夜，以永終譽！」君子未有不如此而蚤有譽於天下者也。

程子曰：（「三重，即三王之禮。三王雖隨時損益，各立一個大本，無過、不及，此與《春秋》正相合。」伊川。又曰：「三重，言三王所重之事。上焉者，三王以上，三皇已遠之事，故無證。下焉者，非三王之道，如諸侯伯《遺書》作「霸」。者之事，故民不尊。」伊川。上二條，《輯略》删。又曰：）「理則天下只是一個理，故推至四海而準，須是質諸天地、考諸三王不易之理。故敬則只是敬此者也，仁一作「悦」。是仁一作「悦」。此者也，信是信此者也。」伊川。本脱二字。

吕曰：（「徵，謂驗於民；尊，謂稽於古。上焉者，謂上達之事，如性命道德之本，不驗之於民之行事，則徒言而近於荒唐；下焉者，謂下達之事，如形名度數之末，隨時變易，無所稽考，則臆見而出於穿鑿。二者皆無以取信於民，是以民無所適從。故）上八十九字，《輯略》删。君子之道，必無所不合而後已。有所不合，僞也，非誠也。故於身、於民、於古、於天地、於鬼神、於後世本脱「世」字。無不合，是所謂誠也，非僞也，物我、古今、天人之所同然者也。下四十六字，《輯略》删。（如是，則其動也、行也、言也不爲天下之法則者，未之有也。此天下所以『有望』、『不厭』，『而蚤有譽於天下者也』。三重説，見前章。」）上六字編者語，當作細書。

（游曰：「夏禮，杞不足徵；殷禮，有宋存焉；周禮，今用之。蓋去當世滋遠，則文獻益不足徵也，況三代而上乎？故『王天下有三重』而已。三重者，三代之禮也。禮者，王天下之道莫重焉，故聖王重之。上焉者，五帝之禮，其事不可考，而無以示民；下焉者，五霸之功，其道不足稱，而無以動民。是以聖人稽古之禮不過三王，而師古之道上及五帝。若『通其變，使民不倦；

神而化之，使民宜之』，雖百世聖人不能易也；如其損益之禮，止言夏、殷、周而已。然五帝之道，至堯舜而明；三千之禮，至文王而備。此經所以言『仲尼祖述堯舜，憲章文武』也。全體不偏之謂中，利用不窮之謂庸，此三極之道，萬世不可易之理也，以此修身則有本，以此施之庶人則有徵。三王者，推此道以盡制也；天地者，體此道以成物也。故『考諸三王而不謬，建諸天地而不悖』。鬼神者，主此道以應物也；聖人者，守此道以盡倫也。故『質諸鬼神而無疑，百世以俟聖人而不惑』。由明則爲天地，由幽則爲鬼神，故建諸天地而不悖，則質諸鬼神而無疑矣。由前則爲三王，由後則爲百世之聖，故考諸三王而不謬，則百世以俟聖人而不惑矣。三王，以業言也，故稱『不謬』；天地，以性言也，故稱『不疑』；聖人，以德言也，故稱『不惑』。鬼神與天地同德，故質之不疑，爲知天；聖人與人爲徒，故俟之不惑，爲知人。天人之道至矣，則動而爲道，行而爲法，言而爲則。不獨可以行於一方，固可以善天下；不獨可以行於一時，固可以傳後世。遠者慕之，近者懷之，盛德之實著矣，令聞安所逃哉？」）《輯略》删。

楊曰：「動，凡動容周旋皆是也；行，則見於行事矣。」一本脱此條。

侯曰：（「『王天當脱「下」字。有三重焉』，言三王之法，各有可重者，如子、丑、寅之更建，忠、質、文之迭尚，損益而得中，所以寡過也。過此則上焉者，三代而上，遠而難考，故雖善無徵，無徵則不信，不信，民所以弗從也；下焉者，三代而下，雜霸苟且之政，不根乎道，故雖善不尊，不尊則不信，不信，民所以弗從也。君子之道，可行於天下者，不過近取諸身而已，故子思又以切近之道明之：如仁之於父子，義之於君臣，口之於味，目之於色，耳之於聲，鼻之於臭，皆吾生之固有，性之自然。推吾之固有、性之自然驗諸庶民，亦與吾之心同然。又考諸三王以參之，考諸三王而不謬，則中庸之道至矣。又建諸天地以自試焉，建諸天地而不悖，則與鬼神合其吉凶矣。又何疑焉？）上二百四十四字，《輯略》删。『質諸鬼神而無疑』，知天也，天之心即吾之心也。『百世以俟聖人而不惑』，知人也，前聖人之道、後聖人之道是也。一無上二「人」字。天也，人也，無他一作「異」。理也。是理也，惟聖人能盡之，故『動而世爲天下道，行而世爲天下法，言而世爲天下則』。道也，法也，則也，非吾一己之私，天下之道，天下之行，天下之言，吾由之而不悖爾，所以『遠之則有望，近之則不厭』。下三十五字，《輯略》删。（《詩》曰：『在彼無惡，在此無射；庶幾夙夜，以永終譽。』『庶幾夙夜』，『無終食之間違仁』，『君子終日乾乾』）也。」

《輯略》於此增題云「右第二十九章」。

仲尼祖述堯舜，憲章文武；上律天時，下襲水土。辟如天地之無不持載，無不覆幬；辟如四時之錯行，如日月之代明。萬物并育而不相害，道并行而不相悖，小德川流，大德敦化。此天地之所以爲大也。

程子曰：「孔子既知宋桓魋不能害己，又欲微服過宋；舜既見象之將殺己，而又象憂則一作「亦」。憂，象喜則一作「亦」。喜。國祚長短，自有命數，人君何用汲汲求治？禹、稷救飢溺者，過門不入，非不知飢溺而死者自有命，又却救之如此其急。數者之事，何故如此？須思量到『道并行而不相悖』處可也。」伊川。　又曰：「『小德川流，大德敦化』，只是言孔子。「孔」本誤「君」。川流是日用處，大德是存主處，《遺書》多「敦」字。如俗言《遺書》多「敦禮義」三字。敦本之意。」伊川。　又曰：「『大德敦化』，於化育處敦本也；『小德川流』，日用處也。此言仲尼與天地合《遺書》作「同」。德。」伊川。

張子曰：「接物皆是小德，統會處便是大德。更須大體上求尋也。」（又曰：「『大德敦化』，仁知合一，厚且化也；『小德川流』，淵泉時出之也。大德不逾閑，小德出入可也。」）《輯略》刪。

呂曰：「此言仲尼辟本有「夫」字。天地之大也。其博厚足以任天下，其高明足以冒天下。其化循環而無窮，達消息之理也；其用照鑒而不已，達晝夜之道也。尊賢容衆，嘉善而矜不能，并育而不相害之理也；貴貴尊賢，賞功罰罪各當其理，并行不相悖之義也。『禮儀三百，威儀三千』，此小德本有「之」字。所以川流；『洋洋乎，發育萬物，峻極於天』，此大德所以敦化也。」一本云：「祖述者，推本其意；憲章者，循守其法。川流者，如百川派別；敦化者，如天地一氣。」又曰：「五行之氣，紛錯於太虛之中，并行而不相悖也。然一物之感，無不具有五行之氣，特多寡不常爾；一人之身，亦無不具有五行之德，故百理差殊，亦并行而不相悖。」今《輯略》無，《集編》引有。

游曰：「中庸之道，至仲尼而集大成，故此書之末，以仲尼明之。道著於堯舜，故『祖述』

焉；法詳於文武，故『憲章』焉。體元而亨，利物而貞，一喜一怒，通於四時，夫是之謂『律天時』。修其教不易其俗，齊其政不易其宜，使四一作「五」。方之民各安其常，各成其性，夫是之謂『襲水土』。上律天時，則天道之至教修；下襲水土，則地理之異宜全矣。故博厚配地，『無不持載』；高明配天，『無不覆幬』；變通如『四時之錯行』，照臨如『日月之代明』。小以成小，大以成大，動者植者，皆裕如也，是謂『并育而不相害』。或進或止，或久或速，無可無不可，是謂『并行而不相悖』。本脱「相」字。動以利物者，知一作「智」。也，故曰『小德川流』；静以裕物者，仁也，故曰『大德敦化』。言川流，則知敦化者仁之體；言敦化，則知川流者知一作「智」。之用。」

（楊曰：「堯舜，道之大成也。文武，蓋聞而知之者。故於堯舜則祖述之，以其道之所從出也；其文至周而大備，故於文武則憲章之。憲，法也；章，章之也。當脱「今」字。用之，『吾從周』是也。『上律天時』，則天明也；『下襲水土』，因地利也。故能與天地之當有脱字。相似也。自『萬物并育』至『大德敦化』，則與天地一矣，故不曰仲尼之大，而曰『天地之所以爲大』。蓋聖人與天地一體也，論聖人以明天地之道，言天地以見聖人之德，無二致也。」）《輯略》删。

侯曰：（「自『吾説夏禮，杞不足徵』至此，皆言仲尼之事。仲尼不有天下，修此道以傳天下後世，能永終譽者也，故繼之曰『仲尼祖述堯舜』。堯舜之道，天理中庸也。道不爲堯、舜存亡，非出於堯舜者也，堯舜能由之爾。仲尼亦由此道，順此理，無加損焉，故曰『祖述堯舜』。祖，猶因也；述，猶仍也。因仍其道，而不作也。述與『述而不作』之『述』同。『憲章文武』，堯舜垂衣裳而天下治，法度猶未大備也，故曰『祖述』；文武之道，堯舜之道也，法度章，禮樂備，有儀可象，有物可則，故曰『憲章』。『上律天時』，則天明也；『下襲水土』，因地利也。『無不持載』，『無不覆幬』，其廣大也。『如四時之錯行』，其變通也；『如日月之代明』，其不息也。『萬物并育而不相害，道并行而不相悖』，從容中道也，顔子見其『所立卓爾，雖欲從之，末由也已』是也。『小德川流』，其日用處，『禮儀三百，威儀三千』是也；『大德敦化』，其存主處，『洋洋乎，發育萬物，峻極於天』是也。此孔子之所以爲大也。子曰：『下學而上達，知我者其天乎！』孔子之學，自『率性之謂道』至『天地之所以爲大也』，馴而致之耳。聖人雖『生而知之』，然『好古，敏以求之』之心未嘗無也。其間參差不齊，小大抑揚，或進或退，或久或速，事雖不同，其於時中則無異也。猶《乾》之諸爻，或潛或見，或躍或飛，反復進退，皆期於道則一也。《易》曰『其唯聖人乎！知進退存亡，而不失其正者，其唯聖人乎』者，孔子也。）上四百四十四字，《輯略》删。『辟如天地之無不持載，無不覆幬』，萬物所以并育而不相害也；『辟如四時之錯行，如日月之代明』，道所以并行而不相悖也。下廿六字，《輯略》删。（天地之所以大，仲尼之德也。《傳》曰：『唯天爲大，唯堯則之。』仲尼則之也。」）按：此條本次楊氏前，今迻正。

《輯略》於此增題云「右第三十章」。

唯天下至聖，爲能聰明睿知，足以有臨也；寬裕温柔，足以有容也；發强剛毅，足以有執也；齊莊中正，足以有敬也；文理密察，足以有別也。溥博淵泉，而時出之。溥博如天，

淵泉如淵。見而民莫不敬，言而民莫不信，行而民莫不説。是以聲名洋溢乎中國，施及蠻貊，舟車所至，人力所通，天之所覆，地之所載，日月所照，霜露所隊，凡有血氣者，莫不尊親，故曰配天。

程子曰：「『溥博淵泉，而時出之』，須是先有溥博淵泉，方始能時出。自無溥博淵泉，豈能以時出之？」伊川。

吕曰：「此章言聖人成德之用，其效如此。（『聰明睿知，足以有臨』者，天之高明也；『寬裕温柔，足以有容』者，地之博厚也；『發强剛毅』、『齊莊中正』者，乾坤之健順也；『文理密察』者，天地之經緯也。）上五十四字，《輯略》删。聖人成德，固萬物皆備，應於物而無窮矣。然其所以爲聖，則停蓄充盛，與天地同流而無間者也。至大如天，至深如淵，時而出之，如四時之運用、一作「行」。萬物之生育。所見於外者，本脱此字。人莫不敬信而説服，至於血氣之類，莫不尊親，非有天德，孰能配之？」

楊曰：「《書》曰：『惟天生聰明時乂。』《易》曰：『知臨，大君之宜，吉。』則『聰明睿知』，人君之德也，故『足以有臨』；（『寬裕温柔』，人之質也，故『足以有容』；『發强剛毅』以致果，故『有執』；『齊莊中正』以直内，故『有敬』；『文理密察』，理於義也，故『有别』。）上四十四字，真引無，當是元删。臨而不容，不足以得衆；容而無執，不足以有制；執而不敬，或失於自私；敬而無别，或無以方外：非成德也。德成矣，故『溥博淵泉，而時出之』。『溥博如天』，則其大無外；『淵泉如淵』，則其流不窮。淵泉，言有本也，而時出之，則其流不息矣，故民莫不敬信而説服。凡有血氣之類，莫不尊親，則與天同德矣，故曰『配天』。」今《輯略》無，《集編》引有。

《輯略》於此增題云「右第三十一章」。

唯天下至誠，爲能經綸天下之大經，立天下之大本，知天地之化育。夫焉有所倚？肫肫其仁！淵淵其淵！浩浩其天！苟不固聰明聖知達天德者，其孰能知之？

程子曰：「『肫肫其仁』，蓋言厚也。」明道。二字本脱。

（吕曰：「『唯天下至聖』一章論天德，唯聖人可以配之；『唯天下至誠』一章論道，唯聖人爲能知之。大經，天理也，所謂庸也；大本，天心也，所謂中也；育，天用也，謂化也。反而求之：理之所固有而不可易者，是爲庸，親親、長長、貴貴、尊賢是也，謂其所固有之義，廣充於天下，則經綸至矣。理之所自出而不可易者，是爲中，赤子之心是已，尊其所自出而不喪，則其立至矣。理之所不得已者，是爲化，氣機開闔是已。窮理盡性，同其所不得已之機，則知之至矣。知者，與『聞一以知十』、『窮神知化』、『樂天知命』之『知』同，所謂與天地參者也。至誠而至乎此，則天道備矣，天德全矣。夫天之所以無不覆者，不越不倚於物而已，有倚於物，則其覆物也有數矣，由不倚，然後渾然至於純全，故曰『肫肫其仁』。肫肫，純全之義也，至於純全，則深幽而難測，故曰『淵淵其淵』。純全而深幽，其體大矣，不至于天則不已，故曰『浩浩其天』。浩浩如江海之浸，上下與天地同流者，非至誠而達天德，孰能知之？」又曰：「君子反經而已矣，經正則庶民興。所謂經者，百世不易之常道。大經者，親親、長長、貴貴、尊賢而已。正經之道，必如舜盡事親之道，而瞽瞍底豫，然後親親之經正；必如王者父事三老、兄事五更，然後長長之經正；必如國君臣諸父兄弟、大夫降其兄弟之服，然後貴貴之經正；必如堯饗舜迭爲賓主、湯於伊尹學焉而後臣之，然後尊賢之經正。」）《輯略》刪。

游曰：自「唯天下至聖」以下。上八字，本誤作大書。「『聰明睿知』，一作「智」。聖德也；『寬裕温柔』，仁德也；『發强剛毅』，義德也；『齊莊中正』，禮德也；『文理密察』，知一作「智」。德也。溥博者，其大無方；一作「外」。淵泉者，其深不測。或容以爲仁，或執以爲義，或敬以爲禮，或別以爲知，一作「智」。唯其時而已，此所謂『時出之』也。夫然，則一作「故」。外有以正天下之觀，内有以通天下之志，是以見而民敬，言而民信，行而民説，自西自東，自南自北，莫不心説而誠服，此至聖之德也。『天下之大經』，五品之民彝也。凡爲天下之常道，皆可名爲經，而民彝爲大經。『經綸』者，因性循理而治之，無汩其序之謂也。『立天下之大本』者，建中于民也。『淵淵其淵』，非特如淵而已，『浩浩其天』，非特如天而已，此至誠之道也。德者，其用也，有目者所共見，有心者所共知，故本脱此字。『凡有血氣者，莫不尊親』。道者，其本也，非道同志一，莫窺其奥，故曰『苟不固聰明聖知一作「智」。達天德者，其孰能知之』。蓋至誠之道，非至聖不能知；至聖之德，非至誠不能爲。故其言之序，相因如此。」

楊曰：「『大經』，天理也；惇典敷教，所以經綸之也。大本，中也；建其有極，所以立之也。化育，和也；窮神而後知之也。三者皆天也，故唯天下之至誠能之，非私知所能與也，故曰『夫焉有所倚』；有倚，則人欲之私而已，非誠也。肫肫，純全也；淵淵，静深也；浩浩，廣大也。惟肫肫，故能合天下之公；惟淵淵，故能通天下之志；惟浩浩，故能與天地同流。其淵非特如淵而已，其天非特如天而已，此道之至也，非夫達天德者，其孰能知之？」上百五十六字，《輯略》删。上言至聖，此言至誠，何也？曰：聖人，人倫之至也。本脱上八字。以人言之，則與天地相似而已，故如天如淵，以至聖言之。誠者，天之道。誠即天也，故其天其淵，以至誠言之。此其異也。」

（侯曰：「天下之至誠，爲能經綸天下之大經，立天下之大本。經，常也，可久而不亂，可久而能通，非誠以經綸之，不可也。經如『經緯』之『經』，綸如『絲綸』之『綸』，《易》曰『彌綸天下〔一二〕之道』是也。大本，中也；物物皆有中，天下之大本，言中之大而盡天下之中者也。立非『建立』之『立』，如『天地設位，《易》立〔一三〕乎其中』與『立不易方』之『立』同。『立天下之大本』，則又見誠之大也。『知天地之化育』，知與『乾知大始』之『知』同；天地之化育，天地爲之爾，知其化育者，誠也。天下之大經，庸之大者也，誠則經綸之；天下之大本，中之大者也，誠則立乎其中；天地之化育，天地之極功也，誠則知其事。故曰：『夫焉有所倚？肫肫其仁！淵淵其淵！浩浩其天！』焉有所倚，中也；肫肫其仁，仁也；淵淵其淵，無窮也；浩浩其天，廣大也。如是之誠，若不固聰明聖知達天德之人，朗能知之？知之，言能盡其理也。由是觀之，中庸之道，至於誠，斯至矣，大矣，無以加矣。《中庸》言『誠』處不一，或因鬼神，或因政事，或自修身以言之，或自内及外以言之，或言天地之道，或言人之道，或自誠而明，或自明而誠，或言禎祥，或言妖孽，或曰自成，或曰自道，或曰成己，或曰成物，或曰不貳，或曰不已，或曰如神，或曰無息，雖然不同，皆合内外之道也。然而理不可低看，如『微之顯，誠之不可揜』，主鬼神而言之也。鬼神，造化之迹也。造化之顯微可窮而不可詰，如四時之代謝，萬物之死生，皆其迹也。《易》曰『原始要終』，又曰『精氣爲物，遊魂爲變，是故知鬼神之情狀』是也。如『政也者，蒲盧也』，體誠而爲政者也；不誠，未有能化者也。爲政之誠，修身爲本，修身之本，自明善始，故曰『不明乎善，不誠其身矣』。『誠者，天之道』，『誠之者，人之道』，自誠而明，生知者也，天之爲天，亦曰誠而已，故曰天之道；自明而誠，反之者也，人之爲人，修道而已，故曰人之道。『誠則明矣，明則誠矣』，誠固明矣，明而未至誠，非明也。『盡其性』，則『盡人之性』，至於『贊天地之化育』，『與天地參』者，言人能體夫誠而至於天德，則與天地參贊，猶非天地也，德與天地并故也。致曲亦能有誠，習而至於誠，化不知爲而爲之矣。禎祥妖孽，應各不同，《易》曰：『積善之家，必有餘慶；積不善之家，必有餘殃。』至誠一道，流通上下，與物無間，故『必先知之』。又曰『至誠如神』，非得已也。天地至誠，故能成功；聖人至誠，故能踐形。成功踐形，自成也，自道也。自成、自道，成己、成物，非二也，一也，此皆體夫誠者也。不息、不貳、不已，言其誠之專也，此誠之功用也。若止言誠，則無息而已；無息非言誠也，形容誠之體段情性耳，故又曰：『經綸天下之大經，立天下之大本，知天地之化育。夫焉有所倚？肫肫其仁！淵淵其淵！浩浩其天！』如斯而已。學者至此，全無着力處，非自得之，不能知也。此言形而上者也。」）《輯略》刪。

《輯略》於此增題云「右第三十二章」。

《詩》曰「衣錦尚絅」〔一三〕**，惡其文之著也。故君子之道，闇然而日章；小人之道，的然而日亡。君子之道，淡而不厭，簡而文，温而理，知遠之近，知風之自，知微之顯，可與入德矣。《詩》云：「潛雖伏矣，亦孔之昭。」故君子内省不疚，無惡於志。君子之所不可及者，其唯人之所不見乎！《詩》云：「相在爾室，尚不愧于屋漏。」故君子不動而敬，不言而信。《詩》曰：「奏**〔一四〕**假無言，時靡有争。」是故君子不賞而民勸，不怒而民威於鈇鉞。《詩》曰：「不顯惟德百辟其刑之。」是故君子篤恭而天下平。《詩》云：「予懷明德，不大聲以色。」子曰：「聲色之於以化民，末也。」《詩》曰「德輶如毛」，毛猶有倫，「上天之載，無聲無臭」，至矣！**

程子曰：「學始於不欺暗《外書》作「闇」。室。」附：《外書》二載明道語，云：「君子之所不可及者，其唯人之所不見乎！《詩》云：『相在爾室，尚不愧于屋漏。』君子慎獨。」　又曰：「不愧屋漏，便是個持養真、趙作「敬」。氣象。」伊川。今《輯略》無，《集編》引有。　又曰：「不愧屋漏，則心安而體舒。」伊川。二字本脱。　又曰：「所謂敬者，主一之謂敬。所謂一者，無適之謂一。且欲涵泳主一之義，一則無二三矣。言敬，無如《易》『敬以直内，義以方外』。須是直内，乃是主一之義。至于不敢欺、不敢慢，『尚不愧于屋漏』，皆是敬之事也。」伊川。　又曰：「聖人修己以敬，以安百姓，篤恭而天下平。唯上下一於恭敬，則天地自位，萬物自育，氣無不和，四靈何有不至？此體信達順之道，聰明睿知，皆由是出，以此事天饗帝。」今《輯略》無，《集編》引有。按：此條已見首章，此重出。　又曰：「道一本作「一道」。本也。《遺書》此下尚有「或謂以心包誠，不若以誠包心；以至誠參天地，不若以至誠體人物」二十六字。知不二本，便是『篤恭而天下平』之道。」明道。　又曰：「君子之遇事，無巨細，一於敬而已。一多「矣」字。簡細故以自崇，非敬也；飾私知《遺書》作「智」。以爲奇，非敬也。要之，無敢慢而已。《語》曰『居處恭，執事敬』，『雖之夷狄，不可棄也』。然則執事敬者，固爲仁之端也；推是心而成之，則『篤恭而天下平』矣。」伊川。　又曰：「『毛猶有倫』，入毫真作「豪」。釐絲忽終不盡。」明道。今《輯略》無，《集編》引有。　又曰：「聖人之言依本分，至大至妙事，語之若尋常，「尋」本誤「彝」。此所以味長。釋氏之説，纔本脱此字。見得些便驚天動地，言語走作，却是味短，只爲乍見。《遺書》尚有「不似聖人見慣」六字。如《中庸》言道，只消道『無聲無臭』四字，總括了本誤「子」。多少釋氏本有「言」字。非黄非白、非鹹非苦本衍「多少」二字。言語。」伊川。　又曰：「《中庸》之説，趙作「語」。其本至於『無聲無臭』，其用至於『禮儀三百，威儀三千』；自『禮儀三百，威儀三千』復歸於『無聲無臭』。此言聖人心要處，與佛家之言相反，儘教説無形迹，無一多「聲」字。色，其實不過『無聲無臭』，必竟有甚見處？大抵語論間不難見。如人論《遺書》多「黄」字。金曰黄色，此人必是不識金，若是識金者更不言，設或言時，別自有道理。張子厚嘗謂佛如大本作「乍」。富貧子，横渠論此一事甚當。」伊川。

張子曰：「闇然，修於隱也；的然，著於外也。」

〔呂曰：「自此至篇終，言得成反本。「得」當作「德」。自『内省』至於『不動而敬，不言而信』，自不動、不言至於『不大聲以色』，自不大聲色至於『無聲無臭』，聲臭微矣，有物而不可見，猶曰無之，則成一於天可知。『闇然而日章』，中有本也；『的然而日亡』，暴於外而無實以繼之也。故君子貴乎反本。君子之道，深厚悠遠而有本，故『淡而不厭，簡而文，溫而理』，本我心之所固有也。習矣而不察，日用而不知，非失之也，不自知其在我爾。故君子之學，將以求其本心之微，非聲色臭味之得比，不可得而致力焉，唯循本以趨之，是乃入德之要。推末流之大小，則至於本原之淺深，其『知遠之近』歟！以見聞之廣，動作之利，推所從來，莫非心之所出，其『知風之自』歟！心之精微，至隱至妙，無聲無臭，然其理明達暴著，若懸日月，其『知微之顯』歟！凡得之本，不越是矣。知此，則入德其幾矣。」一本云：「自此至篇終，凡七引《詩》，比言德本作「得」，依《纂疏》。成反本，以盡中庸之道，所謂『固聰明聖知達天德者』，必由是入也。推『衣錦尚絅』之心，則所以爲己者，『遁世不見知而不悔』矣。闇然日章，爲己而中有本者也；的然日亡，爲人而無實以繼之者也。故君子之道，深厚悠遠而有本，所以『淡而不厭，簡而文，溫而理』，此入德之漸也。君子之學，視所至而得其所起，循其末而見其所本，即其著而明其至微，故『知遠之近，知風之自，知微之顯』，此入德之門也。舜爲法於天下，我未免爲鄉人，欲求爲舜，則不越孝弟而已；又求其所以行之，則徐行後長者，固足謂之弟矣，其『知遠之近』歟！墨子兼愛，楊子爲我，其始未有害也，其風之末，則至於無君無父，而近於禽獸；伯夷之不屑就以爲清，柳下惠之不屑去以爲和，其風之末，不免乎隘與不恭。君子不由，則其端不可不慎也，故曰差之毫釐，繆以千里，其『知風之自』歟！鬼神之爲德，視之不見，聽之不聞，然有所謂『莫見乎隱，莫顯乎微』，洋洋『如在其上，如在其左右』者，其『知微之顯』歟！三者，皆出乎心術而已。本心，我之所固有者也，小人習矣而不察，日用而不知其在我者爾。君子之學，求其本心者也。本心之微，非聲色臭味之比，不可得而致力焉，唯循本以趨之，是乃入德之要也。推『潛雖伏矣，亦孔之昭』之説，蓋所以養其『衣錦尚絅』之意而已。『衣錦尚絅』，爲己者也。爲己者，吾心誠然乎此而已，豈繫人之見與不見乎？唯内省不疚，無惡於吾志，斯可矣。『相在爾室，不愧于屋漏』者，非特無惡於吾志，又將達乎神明而無慊者也。達乎神明而無慊，則其德有孚矣，此所以不動而民敬，不言而民信也。『奏假無言，時靡有争』者，則德之有孚，非特使民敬信於我，而我之德可使民勸而民威。蓋德之孚者，養人於義理之中，知善爲可慕而遷之，知不善爲可耻而遠之，豈特〔一五〕賞之怒之而後然哉？『不顯惟德，百辟其刑之』者，蓋要其所以不動而敬、不言而信、不賞而勸、不怒而威，豈有他哉？在德而已。君子之善與人同，合内外之道，則爲德非特成己，將以成物，故君子言貨色之欲、親長之私，趙作「始」，誤。必達於天下而後已，豈非『篤恭而天下平』者哉？『予懷明德，不大聲以色』者，又明德之化民，不在乎聲音笑貌之間，莫非至誠孚達而已。『德輶如毛』者，言人之所以不爲德者，以德爲重而難舉也。如童而知愛其親，長而知敬其兄，此不肖之夫婦之所能行，其輕而易舉也。如此而已，何憚不爲哉？雖然，謂之德者，猶誠之者也，未至乎誠也；若至乎誠，則與天爲一。所謂德者，乃理之所必然，如春生夏長、日往月來之比，無意無我，非勉非思，渾然不可得而名者也。聲臭之於形微矣，有物而不可見，猶曰無之，則上天之事可知矣。《中庸》之書，其始也言『天命之謂性』，其卒也言『「上天之載，無聲無臭」，至矣』，蓋言此道出於天；不及於天，則爲未至。如乾之德曰『大哉』，坤之德曰『至哉』。至者，至乾之大而後已也。其篇之中言『君子動而世爲天下道，行而世爲天下法，言而世爲天下則』，及言天下至聖，則曰『見而民莫不敬，言而民莫不信，行而民莫不説』，及其終，則曰『君子不動而敬，不言而信』，又曰『不賞而民勸，不怒而民威於鈇鉞』，動也、言也、行也，世以爲法則，猶在法度之間也；莫不敬、莫不信、莫不説，則忘乎法度，而猶有言動之迹存焉；至乎不動而敬、不言而信、不賞而勸、不怒而威，則德孚於人，而忘乎言動矣，然猶有德之聲色存焉；至于不大聲色，然後可以入乎無聲無臭而誠一於天，此《中庸》之終也。」）《輯略》并删。

游曰：（「自此以下，皆言中庸之道以至誠爲至也。君子用心於内，故『闇然而日章』，作德而休也；小人用心於外，故『的然而日亡』，作僞而拙也。無藏於中，無交於物，泊然純素，獨與神明居，此淡也，然因性而已，故不厭。不失足於人，不失色於人，不失口於人，此簡也，然循理而已，故文。其心順，其氣平，其容婉，其色愉，薰然慈仁，此温也，然行而宜之，故理。『淡而不厭』，天德也；『簡而文』，地德也；『温而理』，人德也：若是爲成德。若『知遠之近，知風之自，知微之顯』者，入德之途也。『欲治其國，先齊其家』，『知遠之近』也；人人親其親、長其長而天下平，可不謂近矣乎？『欲齊其家，先修其身』，『知風之自也』；《易》於《家人》曰『風自火出』，『君子以言有物而行有常〔一六〕』，可不謂所自乎？『欲修其身，先正其心』，『知微之顯』也；夫道視之不見，聽之不聞，而常不離心術日用之間，可不謂顯矣乎？知所以入德，則成德其庶幾乎！正心之道，誠意而已，故繼言）《輯略》删上三百三字，而節録下廿八字爲一條。『君子内省不疚，無惡於志。君子所不可及者，其唯人所不見乎』，言慎獨也。本脱「也」字。下二百廿六字，《輯略》删。（不息則久，久則天，『故君子不動而敬，不言而信』；天則神，『故君子不賞而民勸，不怒而民威於鈇鉞』，言不怒之威，嚴於鈇鉞也；德至於神，則甚顯而明，親譽息矣，『故君子篤恭而天下平』。夫何爲哉？恭己正南面而已，豈徒見於聲音顏色之間哉？蓋明德，化民之本也，聲音顏色之於化民，末也，故『君子務本』而已。所謂德者，非甚高而難知也，甚遠而難至也，舉之則是，故曰『德輶如毛』。既已有所舉矣，則必思而得，勉而中，是人道而有對也，故曰『毛猶有倫』。若夫誠之至，則無思無爲，從容中道，是天道也，故曰『「上天之載，無聲無臭」，至矣』。無聲無臭，則「則」字依《纂疏》增。離人而立於獨矣，是天命之性也，故曰《中庸》於是終焉。」）

楊曰：「君子之道，充諸内而已，故『闇然而日章』；小人鶩於外，一作「外而」。不孚其實，故『的然而日亡』。此衣錦所以尚絅，而惡其文之著也。淡疑於可厭，簡疑於不文，温疑於不理。淡、簡、温，所謂闇然也。『淡而不厭，簡而文，温而理』，則闇然而章矣，此充養尚絅之至也。《輯略》節上九十餘字爲一條，而删下四百三十字。（『知遠之近』，天下本諸身也。『知風之自』，由必擇中也。

『知微之顯』，必慎其獨也。世之流風，皆有所自，清之隘，和之不恭，知其自此，則君子不由也，夫如是，乃『可與入德矣』。《詩》云：『潛雖伏矣，亦孔之昭。』則微而顯可知矣。夫道不可須臾離也，惟慎獨爲能終之，故曰『君子所不可及者，其唯人所不見乎』。《詩》云：『相在爾室，尚不愧于屋漏。』蓋言慎獨也。動而天下道之，言而天下則之，形於言動而天下從之也；大而化之，則言動不形而人敬信，望之恍惚前後，雖欲從之，末由也已；而其卒也，至於『不賞而民勸，不怒而民威於鈇鉞』，『篤恭而天下平』，國非政刑所及也。《記》曰：『天則不言而信，神則不怒而威。』合乎神天，亦唯誠而已。君子之慎其獨，不欺於屋漏，則其誠至矣。誠於此，動於彼，蓋天之道也，是豈聲音笑貌之所能爲哉？所懷者，明德而已。德者，得於心之所同然者也，雖夫婦之愚與有焉。其輶如毛，舉之易勝也，而人莫能舉之者，無誠心而已。『德輶如毛』，未至於無倫，猶有德也；有而不化，非其至也，故『上天之載，無聲無臭』，然後爲至。自『天命之謂性』至『萬物育焉』，《中庸》一篇之體要也。大經，庸也。大本，中也。天地之化育，和也。三者皆天也，豈人之私知所能與哉？『經綸天下之大經，立天下之大本，知天地之化育』，循而達之於天下，修道之教也夫！）此下《輯略》增「又曰」字，別爲二條。道不可須臾離也，以其無適而非道也，故於不聞不睹必恐懼戒慎焉，（所以慎其獨也。）六字删。『相在爾室，尚不愧於屋漏』，其充此之謂乎！（夫如是，誠之至也，故合乎神天。而卒曰）十五字删。此又增「又曰」字爲一條。『「上天之載，無聲無臭」，至矣』，蓋道本乎天，而其卒也反乎天，茲其所以爲至也。』一多「歟」字。

又曰：「孟子言大人『正己而物

正』，（荆公却云：『正己而不期於正物，則無義；正己而必期於正物，則無命。』若如所論，孟子自當言正己以正物，不應言正己而物正矣。）上四十九字，《輯略》删。物正，物自正也。大人只知正己而已，（若物之正，何可必乎？）八字删。唯能正己，物自然正，此乃『篤恭而天下平』之意。（荆公之學，本不知此。）八字删。

侯曰：（『古之學者爲己』，）率吾性以達天理，自可欲之善至於不可知之神，非由外鑠我也，如身日長而不自覺焉，『原泉混混，不舍晝夜』，『有本者如是』也，故『闇然而日章』。小人之學爲人，蹇淺虛浮，色取仁而行違，居之不疑，如火銷膏而不自知焉，如『七八月之間雨集，溝澮皆盈；其涸也，可立而待』，故『的然而日亡』。『衣錦尚絅』，絅，衣之表也，必表而出之是也；衣錦而尚絅，所以『惡其文之著也』，文非本故也。『君子之道』也，『淡而不厭』，淡，無味可悦，其理易直，故不厭；簡，非繁華，質而有理，故曰文；温，非險詖之邪，純而和粹，故曰理。『知遠之近』，知本諸身也；『知風之自』，知過不及也；『知微之顯』，知修省也。如此，則入德之自也。『内不足者，急於人知；沛然有餘，厥聞四馳』。舜自側微而登庸，『潛雖伏矣，亦孔之昭』也，亦『微之顯，誠之不可揜』之道也。『内省不疚』，不欺天也，行有不慊於心則餒，『惡於志』也。『君子之所不可及者，其唯人之所不見乎』，人之所不見者，屋漏也；君子『仰不愧於天，俯不怍於人』，不愧屋漏也。）上三百卅三字，《輯略》删，而節録下九字爲一條。不愧屋漏，與慎獨不同。（慎獨，學者之事；不愧屋漏，近於誠而未至也。『不動而敬，不言而信』，則誠矣。《詩》曰：『奏假無言，時靡有争。』『君子不賞而民勸，不怒而民威於鈇鉞』，正己而物正，成己所以成物也。『《詩》曰：「不顯惟德，百辟其刑之。」是故君子篤恭而天下平。』夫何爲哉？恭己正南面而已矣。『《詩》云：「予懷明德，不大聲以色。」子曰：「聲色之於以化民，末也。」』王者之民，皞皞如也，惡知乎所謂聲色者然哉？故『《詩》曰「德輶如毛」，毛猶有倫；「上天之載，無聲無臭」。至矣』。輶至輕也，毛至微也，猶有輕重。毛髮之倫，可擬可象者存焉，是猶『化民』而『不大聲色』者也。若夫『上天之載』，則『無聲無臭』，莫可得而擬議。非無物也，所謂：『焉有所倚？肫肫其仁！淵淵其淵！浩浩其天！』大而不可載，小而不可破，無物不該焉故也。《中庸》之書，自『天命之謂性』至『孰能知之』，其理無精粗之殊。『天命之謂性，率性之謂道，修道之謂教』，言其始也，本也，至於『苟不固聰明聖知達天德者』，『孰能知之』，言其成也，終也，所謂『物之終始』也。天之道，人之事，合内外之道，『故時措之宜也』，君子之能事畢矣，古所傳者《中庸》之書終也）上三百五十六字，《輯略》删，而節録下廿三字，别以「又曰」爲一條。自『衣錦尚絅』至本脱此字。『無聲無臭，至矣』，子思再叙入德成德之序也。（自『率性之謂道，修道之謂教』，有諸己而後方能入德，充實輝光而後至於不可知之神，神則誠，而無肫肫、淵淵、浩浩，其仁、其淵、其天也，故曰『無聲無臭，至矣』。無聲也、無臭也，猶無方也、無體也云爾。）上七十四字，《輯略》删，又節録下五十九字，别以「又曰」爲一條。子思之書《中庸》也，始於『寂然不動』，中則『感而遂通天下之故』，及其至也『退藏於密』，『以神明其德』，復於天命，反其本而已。其意義無窮，非玩味力索，莫能得之。下二十八字，《輯略》删。（知之者，其唯文王乎？『不識不知，順帝之則』，如斯而已。知之者，其唯文王乎？」）

《輯略》於此增題注云：「右第三十三章。子思因前章極致之言，反求其本；復自下學、爲己、謹獨之事推而言之，以馴致乎『篤恭而天下平』之盛；又贊其妙，至於『無聲無臭』而後已焉。蓋舉一篇之要而約言之，其反復丁寧示人之意，至深切矣，學者其可不盡心乎？

友芝始校録石氏《集解》，見南軒跋，有子重編此書，嘗從吾友朱元晦講訂分章語，又以《輯略》出於《集解》，其分章處并倒題右第若干章，《朱子文集》又有《書中庸後》一篇，詳言分章之意，因謂三十三章是朱子定説，石氏分章既從朱子講訂，當不應有異，遂據爲章題者三十三。行付雕矣，既而思朱子元序言「分章雖因衆説，然去取」「不失其當」，又特舉「哀公問政」以下六章以從諸家不能復合，則與《輯略》章題及南軒語顯相抵牾。走書質鄭子尹珍兄，子尹曰：「子自誤讀南軒語耳。南軒語當以『講訂』斷句，以『分章去取，皆有條次』爲句，此不與朱子序言章者語異意同也乎？」於是，鄉者牽引《輯略》分章作《集解》分章之爲誤的然無疑，乃亟削去三十三題，以《輯略》所增諸題注改入校語，使不與石氏本書相亂。蓋石氏分章既因衆説，衆説所不合，石氏自不能合，乃必欲强以《章句》之説合之，豈不傎哉？今按衛氏録石氏書分四十段，《輯略》删石氏書亦四十段，朱子以「哀公問政」下六段爲六章，吕氏解「天命之謂性」下三段并稱此章，然則石氏書分四十章矣。分章録解，而諸家之解尚有通上下章者，故悉不用章題，使貫串如一章。其與《章句》異者，「哀公」章增其五，「天命」章增其二，而朱子但舉「哀公」六章，不及「天命」三章者，三章文義各足，三與一皆通，非如六章有《家語》，據知爲「一時問答之言」然。但章後録解，概不加題，則雖分之，而文意接續，故朱子又謂「不害於其脉理之貫通也」。因思《輯略》既與《章句》并行，則章題總注不應複載，載之又與本書不契。私意朱子元本必仍《集解》，其後二書別行，淺人乃取《章句》題注益之，又於各章中值朱子分節處悉加圈間隔，皆非朱子之舊，惜元本不可見耳。北風凝寒，覆校《集解》新刻本一通，因著刊改之由，以識吾過，亦冀來者勿復滋誤云。道光己酉大雪節，莫友芝子偲氏書於遵義經歷舊署之寓。

鄭珍云：石氏分章，當是三十九。衛氏集《中庸》説，首録《注疏》，次載《輯略》；《輯略》删者，以石氏本增入。今《輯略》、《集説》同四十章科段，知即石氏科段也。惟「道之不行」至「道其不行矣夫」，朱子分爲二章者，石氏元當從吕、游合爲一段，其解「又曰此章」一條，「又曰」當是「吕曰」，編在首，「吕曰諸子」一條當是「一本云」，次之後，次游、楊、侯説，全書編次皆如此。自朱子分作兩章，《輯略》又以朱子之章合石氏科段，因改吕氏「一本」條爲「吕曰」，及楊氏説移在前，爲本章正解，而以「吕曰」條及游氏條之通下解者次之。《輯略》此章有兩「吕曰」，及楊在游前，以此衛氏編從《輯略》，而兩「吕曰」不能不合併爲一家。《集説》此章後「吕曰」爲「又曰」，楊仍在游前，以此。其「回之爲人」章及「寡過」節，吕氏合上章，「唯天下至誠」章，游氏合上章，與石氏科段不合，故其解加「自『人皆曰予知』以下」、「自『唯天下至聖』以下」及「三重説見前章」以爲識别。《集説》連上下文書者，石氏舊也；其此章「吕曰」條末「此通下章下同」，及「道其不行」章之「同下章」，與「自用」章之「通下章寡過矣乎以上」，《輯略》加也，故《集説》無之。《輯略》加者，元當小注，今并石氏加者亦小注，又以「同上章」三字無大字可附，特大書之，皆失舊也。以此參考，元書必是三十九章，今宜以「道其不行矣夫」八字并入上章。友芝按：此校實爲審密。惟思《輯略》小注五處并一例，似不得遽以《集説》無者遂謂非石氏之舊，或衛氏録漏。且作兩章，理原一貫，今未遽依改，存其説於此。

【校勘記】

〔一〕「唯」，中華書局一九八三年版《四書章句集注·中庸章句》作「惟」。按：古籍惟、唯、維通用，《尚書》多作「惟」，《詩經》作「維」，《左傳》作「唯」。

〔二〕「宏璧」，《尚書·顧命》作「弘璧」，蓋避清高宗弘曆諱改。

〔三〕《禮記·問喪》「入門」下有「而」字。

〔四〕「矣」，文淵閣四庫全書本《中庸輯略》作「也」。

〔五〕「祝」，《二程遺書》卷第十八作「化」。

〔六〕「恁他」，宋人著述多作「恁地」。

〔七〕「大」通「太」。古人太字多不加點，如「大極」、「大初」之類，後人加點以別大小之大，遂分而爲二。

〔八〕「者」，按上下文義，當爲「著」字。

〔九〕「該偏」，按文義當作「該遍」。

〔一〇〕「學」，《中庸》經文作「説」。

〔一一〕「天下」，《周易·繫辭上傳》作「天地」。

〔一二〕「易立」，《周易·繫辭上傳》作「而易行」。

〔一三〕「尚絅」，《詩經·國風·衛風·碩人》《鄭風·丰》皆作「褧衣」。

〔一四〕「奏」，《詩經·商頌·列祖》作「鬷」。「鬷」通「奏」。

〔一五〕「特」，按文義當爲「待」字。

〔一六〕「常」，《周易·家人》作「恒」，蓋避宋真宗趙恒諱改。

附 答鄭子尹商補《中庸集解》刻板書

書來，謂友芝誤讀南軒語，致牽《輯略》章題爲《集解》章題，誠然。

南軒語自以足下讀從元晦講訂爲句，分章去取皆有條次爲句者爲是。向以講訂分章斷句，自不得不摭《輯略》爲講訂之據。栽荆插棘，自塞徑途。雖亦覺與本序齟齬，而不敢輒改。讀書人如此昏昏，可笑之甚。乃今昭然發蒙於石氏之章，非朱子之章，欣謝欣謝！

已撰就後序，備言疑悟之故，乞更點定修板，擬於章題三十三處，一概削去，而以《輯略》所加題注。改入校語中，以存《輯略》之本。新校雖石氏書，而處處兼及《輯略》，則此三十三題校語，自不應闕，且雙行細書，又不與本書相亂，似校足下所謂「削去留空行」，與「補成墨行」二者爲清整。三十三處，惟一章、十二章、二十一章、三十三章四處兼有總注。一章削去章題并按語得三行，且前鄰行可借半行，恰容雙行校入；但補處太寬則易落，當易一板。十二章處補一全行即容校語。二十一章處須兩行始容校語，而止空一行，雖可擠寫數字，而又逼邊，補全行不穩，當易一板。於中間程子解中以五、六行多寫一字，即讓出一行矣。三十三章處餘二行，逼邊，當易一板。又校附注語尚餘十許字，又有卷尾書題校人，當增一板。餘即以書後序。後序當二板，入尾更增一板耳。其餘二十九處，惟十七章當於校題處補一釘，又補一全行校分卷，餘皆補七八字釘子即得。

元序、跋中撤去七、八二板，第五、六二板亦當易之。第五板序後所空七行，即以《答石子重第一書》雙行附注，得六行，末行接寫婺源板本跋題。其第六板恰容二跋，總計易板五，撤板二，增板二，補長短釘三十一，亦無甚大費也。

唯來諭謂「子曰：道其不行矣夫」直補在「鮮能知味也」下爲一章，以合吕、游、侯三家之説，鄙意猶未敢從。《集解》分章既不同朱子，《集説》録《集解》分四十章，《輯略》删《集解》亦四十章，舍此别無他據。足下以爲三十九章，謂此二章《輯略》，第嫌與吕、游不合，故以通下章同上章者著明之。《集説》此篇亦主朱子，故承《輯略》。衛氏又引林、郭、晏、顧諸家，亦聯二章爲説，故知非《集解》本然。

校勘固亦精審。然本書「回之爲人章」，吕氏通上章爲説；「愚而好自用章」，吕氏又通下章爲説。本書并《輯略》亦著明其故，豈得亦合彼四章爲二？其他通二章爲説者非一。朱子序既言分章因衆説，又云去取不失當，則安知「道之不行章」，《集解》非專取吕氏首條及楊氏説？觀《輯略》於吕氏後條别加「吕曰」，列楊氏後，乃總以游氏。《集説》亦以游氏次楊後，都非本書吕、游、楊之舊次。蓋所以别專説一章者居前，通説下章者居後。唯《集説》又誤置吕氏後條合前條，并失去通下章同上章之注，遂不了了耳。

意此兩注，若以「回之爲人，愚而好自用」兩處例之，抑或石氏之舊。若迻楊氏諸説升吕氏次條前，吕氏次條依《輯略》别加「吕曰」，補通下章同上章之注，即自可通，且石氏解二條者，其次條皆題「一本云」以别其前後解，其首時有此章字者，乃後解居前；其題「一本云」者，乃前解居後。此因兩置，故但分題「吕曰」。而後條獨有此章字，則其前條即是一本。衛氏特見兩置非例，遂迻後條改又回併前條下，形迹顯然可見，亦何得遂斷《集解》之必合二章爲一？《輯略》、《集説》并依《集解》，又何緣斷此二章爲《集説》依《輯略》也。故今覆勘石書，但取足下之説附後序後，而不徑依削改，恐猶有百一之誤也。所附説當自取，此雖改定過，故與彼時似不契。

友芝既審去《集解》章題，後取《輯略》細勘，其三十三題、四總注，亦疑非朱子之舊。《輯略》既與《章句》并行，則已復。《輯略》不與《章句》并行，則亦與本序抵迕。意朱子之本，但依石書删去煩亂，編次一如舊式，絶不增入一語，以可否自在《或問》。章注備於《章句》，曾是朱子而爲此綴流也，或門人所爲，朱子未及審定？抑或後來《章句》通行，而《輯略》不著？單刊者見是朱子之書，何以都無一語，遂以《章句》題注羼入，又每章于朱子分節置注處悉加圈隔之，而不計其不合邪？足下但謂既是朱子删定，即爲朱子之書，加以題注不妨者，猶調停之見也。惜今日無元本可見，見者皆淺人增損之本。友芝校《集解》，於有無章題，依違莫適，眩首亂心，亦今《輯略》本詒之。故亦見其意於後序中，未審有當與否。唯更裁酌之，不具。

道光己酉大雪後一日。友芝白。

（録自上海圖書館藏莫友芝信函手稿）

附録

朱子撰《知南康軍石君墓誌銘》

吾友石君子重，諱𡨋，其先世爲會稽新昌右族。曾大父諱某，不仕。大父諱某，避庚子之亂，始居台州臨海縣，後以遺逸召，授右迪功郎以没。父諱某，贈朝奉郎。母安人朱氏，太宜人陳氏。君幼端慤，警悟不群，年十二，即自知刻意爲學，晝夜不怠。年十八，擢進士第，丁外艱，服除，授左迪功郎、郴州桂陽縣主簿。會故參知政事李安簡公謫居郡下，性嚴重，不輕許可，一見君，深器重之，授館其家，日與論説前言往行，勵以致遠之業。常語人曰：「吾閲人多矣，未有石君比者。」秩滿，循從事郎，調泉州同安縣丞。天旱民饑，縣白府，請得蠲歲租如故事。太守怒，檄君杖主吏。君移書太守曰：「杖一吏，細事耳，然其所繫則大。民今皇皇無以爲命，縱不能救，忍復箝其口乎？」守怒未已，遣幕府官按驗，至則希守意，以爲不當蠲。君争益力，部使者聞之，因以其事諉君。君既行視，歸即揭牓喻民，蠲之十九，然後言府；且急召鄉吏閉廨中，使鄉爲一榜，户列所蠲與其當輸之數，既成，立授里胥，使走揭於其所。於是上官不得變其説，鄉吏無所逞其奸，邑人便之。改宣教郎，知常州武進縣事。民訟有數年不决者，君一訊立辨，雖奸民健猾者亦皆驚服，愧謝而去。它邑滯訟，多請屬君以決。郡守欲爲寓客治第，而屬役於縣，其費且數十萬。君不可，曰：「吾爲天子牧民，豈爲若人治第者耶？且浚吾民之膏血以媚人，吾不忍也！」守怒，欲中以法，掇拾亡所得。會君有親嫌，法當兩易，君不顧，求罷徑歸。民數千人詣郡請留君，不可，則相與伺守出，遮道號訴，至有褫其襜帷者，守不能禁。君因更調南劍州尤溪縣，待次，家食三年，雖貧不戚也。至官，吏以財匱請借民租，君不答，但日治税籍，凡民逃絶而田入見户者，與鬻産而不能更其籍者，皆正之；又謹視其出内之際，要爲簡易以便民，而吏不得以容其奸；關市之征，亦損其數。於是官無苛擾，農商得職，租入以時，力役有序，至有争先爲里正者。縣故窮僻，學校久廢，士寡見聞，不知所以爲學。君至，即命其友古田林用中來掌教事，而選邑子願學者充弟子員。始教之日，親率佐史宿賓客往臨之，因爲陳説聖賢教學，凡以爲修己治人之資，而非如今之所謂者，聞者皆動心焉。自是五日一往，伐鼓升堂，問諸生進業次第，相與反復，以求義理至當之歸。員外諸生數十，或異邦之人，皆裹糧來就學。君視故學宫爲不稱，乃廣其規模，新其棟宇，市書萬卷，買田數百畝以充入之。既成，爲考古制，舉鄉飲酒禮以落之。於是士始知學，而民俗亦變。君又摭其舊俗之不美者數事，爲文以訓飭之，民皆傳寫誦習焉。遠鄉有據險自豪、不輸租賦數十年，日與比鄉爲仇敵者，君爲榜以喻之，即斂手聽命，輸賦解仇，復與齊民齒。民王某者有刑罪，具獄上，府吏以邀求不厭，欲致之死。君争之，不聽，則請自對獄，與吏辯，代民死，民乃得免。歲大疫，多治藥劑，分遣醫者散之村落，自爲詩以勸之，賴以活者甚衆。及代去，民或畫象祠之。監察御史陳公舉善聞其賢，薦之朝，而君自從吏部選，授福建路安撫司幹辦公事以去。會丞相史公再入，薦一時名士數人，君復與焉。有旨召對，君辭不獲，乃入見。首陳人君之道與天同方，天心至公，故人君之心不可以有一毫之私，因歷引時事以質之。言甚剴切，上皆然之。差監登聞檢院，未幾，除將作監主簿，尋改太常。居頃之，有所不樂，因謁告歸省，請得奉祠終養。除知南康軍事，將行而遭内艱。未終制，有詔舉材堪刺舉者，吏部尚書鄭公丙以君對，然君已不及聞矣。其卒以淳熙九年六月乙丑，享年五十有五，積官至朝散郎。君爲人外和内剛，平居恂恂如不能言者，而遇事立斷，毅然有不可犯之色。事繼母承順不違，兄弟之間怡怡如也。族黨有貧不能自活者，買田捐金以振業之，教其子與己子等，嫁孤女多得所歸；道遇棄子，募人母之，月有給焉。其爲政，一主於愛民，而憂國之心又甚切，於賢材之用舍、政令之得失，一有所聞，憂喜之誠，形於言色，至或累日不解。然自處甚約，自律甚嚴，在州縣未嘗屈意上官，在朝廷未嘗造請當路。繇疏賤一旦見天子，盡言竭忠，未嘗少爲迂回避就之計。其爲學，自聘君朝奉時已傳其業，後更從舅氏太子詹事陳公良翰受書焉。聞人之善，必手記而心慕之，其人可見，雖少賤僻遠不憚。其與予游，相好尤篤也。晚名其燕居之室曰「克齋」，讀書其間，没身不懈，後生執業就正者，皆賴君知所鄉，而君未嘗少自足也，此其志豈可量哉！予前年守南康，朝廷以君與予善，除以爲代；予亦日夜望君至，冀得用疲甿學子爲寄，而君不果來。當年奉使浙東，聞新剡饑民轉入台境甚衆，亟以屬君，君即慨然以爲己任，其得免於饑凍捐瘠而歸者，蓋數百人然。其後，予以事至台，則已不及見君而哭其殯矣，嗚呼悲夫！君之配朱氏、劉氏、李氏，皆贈安人，姜氏封安人。子男四人，繼微、繼喻、繼善、繼周。女五人，長適范籍，次許嫁商月卿，餘尚幼。君爲文明白徑切，似其爲人，然非有故未嘗作。今有文集十卷藏於家，所集《周易》、《大學》、《中庸》解又數十卷，傳學者。繼微等將以十二月庚申葬君龍谷山雲溪先塋之側，使來請銘。時予已病，歸卧故山，念不得往而祖君之行也，乃叙其事而銘之。其詞曰：

予悲斯人之病而莫與瘳也，悼斯學之孤而莫與儔也，又哀君之有志而久不讎也。時若可俟，而君不留也。龍谷之城，雲溪之宅，詔彼茫茫，不在斯刻。《文集》九十二。

按：《朱子文集》與子重往來文字甚衆，其七十七卷載爲子重撰《克齋記》，略云：「克」、「復」之云，「雖若各爲一事，其實天理、人欲相爲消長，故克己者乃所以復禮，而非克己之外又别有復禮之功也。今子重擇于斯言，而獨以『克』名其室，則其于所以求仁，又可謂知其要矣。」又八十四[一]有答子重書十二篇，皆論學往復之語，其首篇已附《集解序》後，其二篇云：「所論仁之體用甚當，以此意推之，古今聖賢之意歷歷可見，無一不合者。但其用力，則不過克己之私，而私之難克亦已甚矣。竊願與長者各盡力於斯。」其末篇載子重來書云：「仁者，心有知覺，謂知覺爲仁則不可，知覺却屬智也。理一而分殊，愛有差等，殊與差等品節之，却屬禮，施之無不得宜，却屬義。義也，禮也，智也，皆仁也。惟仁可以包夫三者，然所以得名，各有界分。須索分別，不然混雜爲一，孰爲仁？孰爲義？孰爲智？」朱子答曰：「仁字之説甚善，要之，須將仁、義、禮、智作一處看，交相參照，方見疆界分明；而疆界分明之中却自有貫通總攝處，乃是所謂仁包四者之實也。近年學者專説仁字，而於三者不復致思，所以含胡溟涬，動以仁包四者爲言，而實不識其所以包四者之果何物也。今得尊兄精思明辨如此，學者益有賴矣，幸甚！」餘不具録。又《文集》四有《石子重見示詩留別次韻爲謝三絶句》，又七十七載《南劍州尤溪縣學記》，八十五載《南劍州尤溪縣學明倫堂銘》及崇德、廣業、居仁、由義四齋銘，皆爲子重作，又八十一有《跋張敬夫爲石子重作傳心閣銘》，并附其目於此。

《宋史·藝文志》

《中庸集解》二卷。朱熹序。

石塾《中庸集解》二卷。

按：二書本一書，史誤析之，又訛「𡋯」爲「塾」。

朱熹《中庸輯略》二卷。

陳振孫《書録解題》

《中庸集解》二卷。會稽石𡋯《通考》引作「墪」。子重集録周敦頤、程顥、程頤、張載、吕大臨、謝良佐、游酢、楊時、侯仲良、尹焞凡十家之説，晦翁爲之序。

《中庸輯略》一「一」當作「二」。卷。朱熹既爲《章句》，復取石子重所集解删其繁亂，名以《輯略》。其取舍之意，則《或問》詳之。

趙希弁《讀書附志》

《中庸輯略》二卷。晦翁先生既定著《章句》於經文之下，又述平時問答所疑以爲《或問》；又述《輯略》兩卷，蓋集伊洛諸儒之説也。希弁所藏兩本，嶽麓書院精舍及白鹿洞書院所刊者。

衛湜《禮記集説》

《中庸》一篇，會稽石氏《集解》。自濂溪先生而下凡十家，朱文公嘗爲之序，已而自著《章句》，以十家之説删成《輯略》，别著《或問》，以開曉後學。然十家之説，《輯略》所不敢取者，朱氏或問疏其失，僅指摘三數言，後學或未深解。今以石氏本增入，庶幾覽者可以參繹其旨意。

黄震《黄氏日抄》

《中庸》，子思所作，實得聖門之親傳，非漢儒所集其他記禮比也。然至唐李翺始爲之説，至本朝周濂溪始得其要，至二程先生、張横渠、吕氏、游氏、楊氏、侯氏、謝氏、尹氏，始各推衍其義，自是爲集解者〔二〕。會稽石𡼏集濂溪以下十人之説，晦庵先生因其《集解》删成《輯略》，别爲《章句》，以總其歸，又爲《或問》，以明所以去取之意，已無餘藴矣。

趙順孫《中庸纂疏》

黄氏曰《中庸》自是難看，石氏所集諸家説尤亂雜，未易曉，須是胸中有權衡尺度，方始看得分明。今驟取而讀之，精神已先爲所亂，却不若子細將《章句》研究，令十分通曉，俟首尾該貫後，却取而觀之可也。

王應麟《玉海》

朱文公熹淳熙十六年三月戊申序《中庸章句》，有《或問》，又有《輯略》。

馬端臨《文獻通考》

《中庸集解》二卷。引陳振孫説。

詹道傳《中庸纂箋》

會稽石子重名𡼏，有《中庸集解》一篇，則周子、二程子、張子、司馬温公、王安石、謝上蔡、吕與叔、游定夫、楊龜山、侯仲良凡十家之説，朱子嘗序其書，復删定更名《輯略》。

趙悳《中庸箋義》

《中庸序》云石氏之所輯録者，即會稽石氏名敦「敦」訛字。字子重。十家之説，則濂溪周子、河南程子、延平楊氏名時字中立龜山先生、藍田吕氏與叔、横渠張氏、建安游氏定夫、涑水司馬氏、上蔡謝氏顯道、河東侯氏仲良、荆公王介甫此十家也。若二程子之説，或明道，或伊川，則《輯略》皆有分注可考。

景星《中庸集説啓蒙》

石氏會稽人，名墪，「堅」、「墪」之訛。字子重，有《中庸集解》，引周子、二程子、張子、司馬温公、王安石、謝上蔡、吕與叔、游定夫、楊龜山、侯仲良凡十家之説，朱子嘗序其書，更名《輯略》。

按：上三書數石氏所集，并遺尹氏而誤增温公、荆公。

《明一統志》

石𡼖，新昌人，有《大學中庸輯略》行世。

謝鐸《赤城續志》

《中庸輯略》，臨海石子重著，今亡。

唐順之《中庸輯略》

《中庸輯略》凡二卷。初，宋儒新昌石𡼖子重采兩程先生語，與其高第弟子游、楊、謝、侯諸家之説《中庸》者，爲《集解》凡幾卷，朱子因而芟之爲《輯略》。其後朱子既自采兩程先生語入《章句》中，其於諸家，則又著爲《或問》以辨之。自《章句》、《或問》行，而《輯略》、《集解》兩書因以不著於世。友人御史新昌吕信卿宿有志於古人之學，且謂子重其鄉人也，因購求此兩書，而余以所藏宋板《輯略》本授之。已而吕子巡按江南，則屬武進李令板焉，而《集解》則不可復見矣。序曰：蓋古之亂吾道者，常在乎六經孔氏之外；而後之亂吾道者，常在乎六經孔氏之中。昔者世教衰而方術競出，陰陽、老、墨、名、法嘗與儒并立而爲六家，爲九流，其道不相爲謀，而相與時爲盛衰；佛最晚出，其説最盛，至與吾儒并立而爲儒佛，然其不相謀而相盛衰也，則亦與六家、九流同。夫彼之各駕其説，而其盛也，至與儒亢，而六、而九、而二也，斯亦悖矣。雖然，其不相爲謀也，則是不得相亂也。嗚呼！六經孔氏之教所以别於六家、九流與佛，而豈知其後也，六家、九流與佛之説竄入於六經孔氏之中，而莫之辨也。説《易》者以陰陽，或以《老》、《莊》，是六經孔氏中有陰陽家、有老家矣。説《春秋》者以法律，説《禮》者以形名數度，是六經孔氏中有名家、有法家矣。説《論語》者以《尚同》之與《兼愛》、《尚賢》、《明鬼》，是六經孔氏中有墨家矣。性不可以善惡言，其作用是性之説乎？心不可以死生言，其真心常住之説乎？是六經孔氏中有佛家矣。六家、九流與佛之與吾六經孔氏并也，是門外之戈也。六家、九流與佛之説竄入於六經孔氏之中而莫之辨也，是室中之戈也。雖然，六家、九流之竄於吾六經孔氏也，其爲説也粗，而其爲道也小，猶易辨也；佛之竄於吾六經孔氏也，則其爲道也宏以闊，而其爲説也益精以密，儒者曰體用一原，佛者曰體用一原，儒者曰顯微無間，佛者曰顯微無間，其孰從而辨之？嗟乎！六經孔氏之旨，與伊洛之所以講於六經孔氏之旨者，固具在也；苟有得乎其旨，而超然自信乎吾之所謂一原、無間者，自信乎吾之所謂一原、無間者，而後彼之所謂一原、無間者可識矣。儒者於喜怒哀樂之發，未嘗不欲其順而達之；其順而達之也，至於天地萬物，皆吾喜怒哀樂之所融貫，而後一原、無間者可識也。佛者於喜怒哀樂之發，未嘗不欲其逆而銷之，其逆而銷之也，至於天地萬物，泊然無一喜怒哀樂之交，而後一原、無間者可識也。其機常主於逆，故其所謂旋聞反見，與其不住色聲香觸，乃在於聞見色聲香觸之外。其機常主於順，故其所謂不睹不聞，與其無聲無臭者，乃即在於睹聞聲臭之中。是以雖其求之於内者窮深極微，幾與吾聖人不異，而其天機之順與逆，有必不可得而强同者。子程子曰「聖人本天，釋氏本心」，又曰善學者却於「已發之際觀之」，是《中庸》之旨，而百家之所不能駕其説，群儒之所不能亂其真也。彼游、楊、謝、侯諸家之説，其未免於疵矣乎？吾弗敢知。然而醇者大矣，其未能不浸淫於老與佛乎？吾弗敢知。然而師門之緒言蓋多矣，學者精擇之而已矣，則是書其遂可廢乎？是信卿所爲刻以待學者之意也。嘉靖乙巳八月朔旦。

朱彝尊《經義考》

石氏螯《中庸集解》二卷，存。陳耆卿曰：石螯字子重，其祖自會稽徙臨海，中紹興十五年進士，補迪功郎，歷將作監、太常寺主簿，終朝散郎。按克齋先生《中庸輯略》，《宋志》作《中庸集解》，朱子《章句》實本之。《章句》行而石氏之書流傳日寡，此謝嗚治《赤城續志》謂其已亡也。近其裔孫佩玉始刻之新昌家塾。

朱子《中庸輯略》二卷，存。

【校勘記】

〔一〕「八十四」，《集解序》後按語作「四十二」。查《朱子文集》，答子重書十二篇在四十二卷。

〔二〕《黄氏日抄》「者」下有「凡三家」三字。

附録二　莫友芝傳記文獻選編

梁光華　張霽點校

點校説明

貴州省博物館藏有一本珍貴的《鄭莫黎三先生事實徵輯》，係一九三七年遵義趙愷刊刻之石印本。趙愷係鄭珍、莫友芝嫡傳弟子之再傳後人，又曾任《續遵義府志》主纂，熟知鄭莫黎生平掌故。他在《鄭莫黎三先生事實徵輯・弁言》中説：「海内君子稱鄭莫黎三先生久矣。……去年民政廳廳長曹君纕衡有保護三先生墳墓并祭掃之令，定以每年鄭先生生日，舊曆三月初十日。由地方官親往致祭。適本區行政督察專員兼縣長劉君静盦下車伊始，景仰同深。時生日已過，於後月補行之。既至，禮儀周備，感及氓庶。……劉君屬纂三先生事實，以便景仰。是以稡其傳誌等編，俾仰慕三先生者易得覘其梗概云。丁丑二月遵義趙愷謹識。」這本《鄭莫黎三先生事實徵輯》收録鄭氏十八篇、莫氏十四篇、黎氏九篇生平傳誌事實文獻，對於全面了解研究鄭莫黎三先生很有幫助。

今據貴州省博物館所藏《鄭莫黎三先生事實徵輯》内「莫先生事實」部分點校，命名爲「莫友芝傳記文獻選編」，以供廣大讀者專家研讀使用。

梁光華　張　霽

二〇一六年九月於黔南民族師範學院

目録

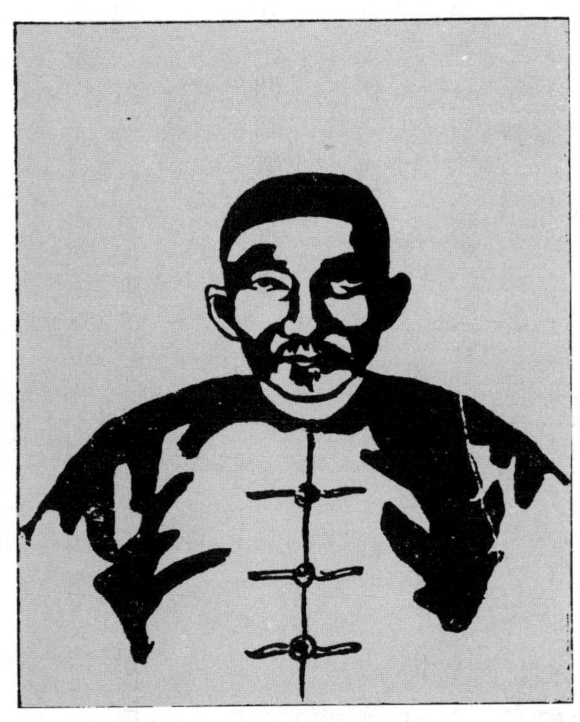

莫徵君遺像

莫徵君子偲先生像贊

鏗鏗郘亭，名滿宇内。豈知志學，寄籍遵義。齠齡有聞，詔之父兄。經義訓詁，吾道斯敬。詩文金石，箸作紛論。隸耽漢魏，篆揖斯冰。奉兹遺像，私淑沈沈。景懷風度，山高海深。

後學趙愷敬贊

國史館文苑列傳莫徵君傳

莫友芝字子偲，與儔子。道光十一年舉人。咸豐八年截取知縣，且選官，意所不樂，棄去。同治初，中外大臣密薦學問之士十有四人，詔徵十四人往，友芝其一也。朋好争勸出山，一辭謝不就。友芝少承先訓，會通漢、宋兩學，於《倉》《雅》故訓，六書名物制度，靡不探討，旁及金石、目録家之説。工書。遇人無貴賤，一接以和，而中故介然有以自守。黔自有明開文獻，乃稍有可述。與儔有《貴州置省以來建學記》，以見黔文學興起之所由。友芝又搜採黔人詩歌，斷自明代，成《黔詩紀略》三十三卷。同治十年卒，年六十有一。所爲書有《遵義府志》四十八卷，《聲韻考略》四卷，《過庭碎録》十二卷，《郘亭詩鈔》六卷，《樗繭譜注》一卷，《唐寫本説文木部箋異》一卷。其編訂未竟者，尚有詩八卷，《郘亭文》、《影山詞》、《郘亭經説》、《古刻鈔》、《書畫經眼録》、《宋元舊本書經眼録》、《舊本未見書經眼録》、《資治通鑑索隱》、《梁石記》各若干卷。

莫徵君子偲墓誌銘 張裕釗撰

子偲，姓莫氏，字友芝，自號郘亭，晚號眲叟。世居江南之上元。明宏治中，其遠祖曰先者，從征貴州都匀苗，遂留居都匀。至高祖雲衢，又遷獨山，自是爲獨山州人。曾祖嘉能，祖强，州學生，皆以君考貴，贈如其官。考與儔，嘉慶乙未進士、翰林院庶吉士，改官爲四川鹽源縣知縣，再改官爲貴州遵義府學教授，曾文正公表其墓曰教授莫君者也。教授故名進士，日以樸學倡其徒，教其子弟。子偲獨一意自刻厲，追其志而從之。當是時，遵義鄭子尹珍亦從教授君遊，與子偲相劘以許、鄭之學，積五六年，所詣益邃。黔中官師徒友交口推轂莫子偲、鄭子尹，而兩人名遂冠西南。子偲之學，於《倉》《雅》故訓，六經名物制度，靡不探討，旁及金石、目録家之説，尤究極其奧賾，疏導源流，辨析正僞，無銖寸差失。所爲詩及雜文，皆出於人人，而於詩，治之益深且久。又工真、行、隸、篆書，求者肩相摩於門。子偲癯貌玉立，居常好游覽，善談論。遇人無貴賤愚智，一接以和。暇日，相與商較古今，評騭術業，高下正論，詼嘲間作，窮朝昏不倦。自通州大邑，至於山陬嶺海，公卿鉅人、學士大夫，咸推子偲，以爲不可及。下逮武夫小吏、閭巷學徒，語君名字，無不知。及其他嘗與君晤，無不得其意以去者。然君雖樂易，而中故介然有以自守。自道光辛卯舉於鄉，其後連歲走京師，朝士貴人争欲與之交，然君必慎擇其可。有權貴介君求書，辭不應。某相國欲招致授子弟，婉謝之。既屢試禮部，不得志，以咸豐八年截取知縣。且選官，顧君意所不樂，棄去不復顧。以其年六月出都門，從胡文忠於太湖。明年，復從曾文正公安慶[一]。越四年，又從至金陵。胡文忠、曾文正公，皆君嘗所與游，舊知君者也。及今合肥相國李公巡撫江蘇，請州縣吏於朝，而是時，中外大臣嘗密薦學問之士十有四人，詔徵十四人往，君其一也。於是文正公暨李相國及諸朋好争要君出仕，敦勸甚至，君一辭謝不就，攜妻子居金陵，時獨出往來於江淮吴越之交。子偲既好游，而東南故多佳山水，又儒彦勝流往往而聚，迺日從諸人士飲酒談詠，所至忘歸。同治七年冬，余與子偲自金陵偕送文正公邗上，返過維揚，登焦山，道丹徒，至吴門，竝舟行累月，日日接膝談，語十事而合者七八。余尋別子偲，赴杭州。明年，復來吴，與子偲益買舟，遍覽靈巖、石樓、石壁之勝，觀梅於鄧尉。越日，來至天平山，謀且上其巔。子偲苦足力乏，坐寺中待余。余乃獨從一小童攀藤葛，淩怪石，陟絶頂，以望太湖。既下，子偲迎余而笑，相詫以爲極一時之樂。距今忽忽四五年，日月夢想，屢欲尋舊遊，不復果，而子偲則且卒矣。子偲之卒，以同治十年九月辛丑，春秋六十有一。生平所爲書曰《黔詩紀略》三十三卷，《遵義府志》四十八卷，《聲韻考略》四卷，《過庭碎録》十二卷，《郘亭詩鈔》六卷，《樗繭譜注》二卷[二]，《唐本説文木部箋異》一卷。其編訂未竟者，尚有詩八卷，《郘亭文》、《影山詞》、《郘亭經説》、《古刻鈔》[三]、《書畫經眼録》、《宋元舊本書經眼録》、《舊本未見書經眼録》、《資治通鑑索隱》、《梁石記》各若干卷，藏於家。配夏孺人，子彝孫，附貢生，先一歲卒；繩孫，兩淮候補鹽大使。女二人，孫一人，尚幼。子偲兄弟九人，多有名於時。子偲既卒，其季弟祥芝官江寧知縣者，請假於大府，以十一年二月，與繩孫載其柩歸於貴州。卜六月壬申，葬於遵義縣東八十里青田山先塋之次。且行，徵銘於余。余與子偲故相得也，既踰月，爲之銘而歸之。其辭曰：

嗚呼子偲！迹半天下，名從之馳。卒歸於故邱，無所不慊矣，其又何悲！

莫徵君别傳 黎庶昌撰

徵君諱友芝，姓莫氏，字子偲，别號郘亭，晚又稱眲叟，貴州獨山州人。父與儔，以翰林院庶吉士再改官爲遵義府學教授。君從來居遵義。爲人默然湛深，與吾里鄭徵君子尹珍同志友善，篤治許、鄭之學。因子尹以交余從兄伯庸兆勛。三人者，至莫逆也。君家貧嗜古，喜聚珍本書，得多與東南藏弆家等，讀之恒徹旦暮不息，寢食并廢。身通《倉》《雅》故訓，六藝名物制度，旁及金石、目録家言。治詩尤精，又工真行篆隸書。久之，名重西南，學者交推鄭、莫。中道光辛卯鄉試舉人。丁未會試，公車報罷，與曾文正公國藩邂逅於琉璃廠書肆。始未相知也，偶舉論漢學門户，文正大驚，叩姓名，曰：「黔中固有此宿學耶？」即過語國子監學正劉椒雲傳瑩，爲置酒虎坊橋，造榻定交而去。咸豐十年，君以截取知縣，候選在都。是時，端華、肅順方擅權，欲收召天下知名士，藉助聲譽，介人來求君書，不應；又招致授讀子弟，亦辭謝之。居無何，且選官。睹東南寇亂，不樂，一日棄去。往客太湖胡文忠林翼所，爲校刻《讀史兵略》。胡公卒，又從曾文正公安慶。黔亂，益無所歸，述影山草堂以見志。影山草堂者，君所居獨山舊廬也。自是，客文正者踰十年。江南底定，寓妻子金陵，遍游江淮吳越間，盡交魁儒豪彦。與南匯張嘯山文虎、江寧汪梅村士鐸、儀徵劉伯山毓崧、海寧唐端甫仁壽、武昌張廉卿裕釗、江山劉彦清履芬數輩尤篤，其名益高。所至求書者，屣履逢迎。同治四年，今大學（士）江蘇巡撫李公鴻章請州縣吏於朝，君嘗與子尹爲祁文端公雋藻密薦，有詔徵用，君卒不就。同治十年，往求文宗、文匯兩閣書於揚州裏下河。九月辛丑，至興化，病卒，縣令甘紹盤視其喪，年六十有一。君弟祥芝方官江寧知縣，請解任，返葬君遵義青田，與先隴相近。文正善其所爲，曰：「世不行此久矣！」君生平志存文獻，思爲黔之一書，潤色邊裔，道光中與子尹同譔《遵義府志》，博采漢唐以來圖書、地志、荒經、野史，披榛剔陋，援證精確，體例矜嚴，成書四十八卷，時論以配《水經注》、《華陽國志》。又綜明代黔人詩歌，因詩存人，因人考事，翔實典要，爲《黔詩紀略》三十三卷。貴州文獻始爛然可述。居金陵，得唐寫本《説文》木部百八十八文，君自謂「此吾西州漆書也」，以舉正嚴、段二家校注，譔《箋異》一卷，文正公爲校刻以行。又嘗至句容山中，搜討梁碑，躬自監拓，惟恐一字見遺，譔《梁石記》一卷，其覈如此。别著之書，有《聲韻考略》四卷，《過庭碎録》十二卷，《樗繭譜注》一卷，《郘亭詩鈔》六卷，《郘亭遺詩》八卷，《郘亭遺文》八卷，《宋元舊本書經眼録》三卷，附録三卷。編訂未竟者，有《郘亭經説》、《影山詞》、《書畫經眼録》、《舊本未見書經眼録》、《資治通鑑索隱》各若干卷。配夏孺人。子二：彝孫、繩孫。彝孫，附貢生，先殁。繩孫，知府銜兩淮候補監掣同知〔四〕。

黎庶昌曰：徵君於余，妻兄也。光緒中，議續修《國史》，擬君入《文苑傳》，公論定矣。然事蹟獨據張裕釗所爲墓志，尚有遺軼未盡者，故别爲之傳云。

黔詩紀略後編莫徵君傳貴筑陳田撰

先生字子偲，一字郘亭，獨山人，貞定先生與儔子，舉道光辛卯鄉試。侍父宦遵義，與舉人鄭徵君子尹同志講學，博綜淹貫，當世稱爲「鄭莫」。子尹精三禮、小學，著述皆有專書。子偲博通，不名一家。子尹上春官不第，以校官株守鄉里。子偲出與當代鉅人遊，於都門書肆識湘鄉曾相國，與訂交。壽陽祁相國亦折節倡和。遊道甚廣，何願船光澤、粤西王儕鶴、楚北張廉卿、王子壽，皆上下議論。子尹爲一世通人，晚歲足不出窮山，海内知有鄭君者，子偲力也。屢試不第，曾相國招入。幕中人才霧集，時湘中袁雪廬講藏書，蜀中李梅生好書畫，子偲力不及二人，故習好搜羅舊籍，穿穴貫串，宋刻元鈔，過目皆有著録。咸同間，浙中邵位西好講板片，所批《四庫簡明目録》爲廠賈傳鈔，購書與售書者矜爲祕籍，子偲亦有《四庫》批本，與邵書埒。又好談碑版，漢人隸刻多有跋尾，嘗集漢碑頭刻篆百餘通，所作篆書多從此出，於當代名家别構一體，爲時所重。尤長於詩，早歲刻意二謝，中間希蹤韋、柳，晚乃蒼勁古秀，由宋人以遠希杜陵。與鄭徵君略同，所不及者，天才學力有區别耳。二人刻集，互相論定。子偲序徵君《巢經巢集》云：「子尹平生著述，經訓第一，文筆第二，歌詩第三，而惟詩爲易見才，將恐他日流傳，轉壓兩端耳。」余謂經訓誠爲徵君絶業，以詩文而論，詩定在文上。《全集》具在，豈惟冠絶一時，直推倒一世豪傑耳。子偲與徵君共修《遵義府志》，徵君有《播雅》，子偲有明一代《黔詩紀略》，二人志事略同。同治癸亥，以知縣起家，不赴。所著有《郘亭詩鈔》六卷，《遺詩》八卷，《遺文》八卷，《聲韻考略》四卷，《過庭碎録》十二卷，《樗繭譜注》一卷〔五〕，《郘亭經説》、《古刻鈔》、《書畫經眼録》、《宋元舊本書經眼録》、《舊本未見書經眼録》、《資治通鑑索隱》、《梁石記》各若干卷。

續遵義府志流賢列傳莫徵君傳

莫徵君字子偲，號郘亭，一號紫泉，晚號眲叟，獨山州人。父與儔，以翰林院庶吉士再改官爲遵義府學教授，以樸學爲教於郡，前《志》宦蹟有傳。徵君從來遵義，爲人沉默宏深，與邑人鄭徵君子尹同志爲友，切劘學行，終身不衰，同攻許、鄭之學，兼百家詩文雜氏，無不相砥錯而致力焉。徵君家貧嗜古，喜聚珍本書，得多與東南藏弆家等，讀之恒徹旦暮不息，寢食并廢。身通《倉》《雅》故訓，六藝名物制度，旁及金石、目録家言。治詩尤工，於東野、后山極似。久之，名重西南，學者交推鄭、莫。中道光丁卯鄉試舉人。數赴禮部試，不售。丁未會試，與曾文正公國藩邂逅琉璃廠書肆，偶舉論漢學門户，初不相識也，文正大驚，叩姓名曰：「黔中固有此宿學耶！」爲置酒虎坊橋，造榻定交而去。咸豐十年，徵君以截取知縣候選在都。是時，端華、肅順方擅權，欲收召天下知名士，藉助聲譽，有謂之者曰：「若一謁鄭王，何患不得美缺？」且速謝之。介人來求書，不應。然欲致之益切，因延授讀子弟。時已將選官，遂棄之出京。往客太湖胡文忠林翼所，爲校刻《讀史兵略》。文忠卒，又從曾文正安慶。黔亂，益無所歸，述《影山草堂本末》以見志。自是客文正者踰十年。江南底定，寓妻子於金陵，遍遊江淮、吴越間，盡交其魁儒碩彦，其名益高。所至求書，屣履逢迎。同治四年，中外大臣密薦綴學之士十有四人於朝，遂下詔徵聘，徵君其一也，卒不就。同治十年，往求文宗、文匯兩閣書於揚州裏下河，九月十四日，興化舟中病卒，春秋六十有一。生嘉慶辛未五月初三日，歸葬青田山。譔著之書，曰《黔詩紀略》三十三卷，《遵義府志》四十八卷，《聲韻考略》四卷，《韻學源流》一卷，《過庭碎録》十二卷，《棠陰雜志》一卷，《郘亭詩鈔》六卷，《樗繭譜注》一卷，《唐寫本説文木部箋異》一卷，《郘亭遺文》八卷，《郘亭遺詩》八卷，《宋元舊本書經眼録》三卷，附録二卷。編訂未竟者，有《郘亭經説》、《影山詞》、《書畫經眼録》、《舊本未見書經眼録》、《資治通鑑索隱》各若干卷。據黎庶昌《傳》。子偲之學，於《倉》《雅》故訓，六經名物制度，靡所不探討，旁及金石目録之説，尤究極其奥賾，疏導源流，辨析正僞，無銖寸差失。所爲詩及雜文，皆出於人人，而於詩，治之益深且久。又工真行篆隸，求者肩相摩於門。子偲體度温醇，居常好遊覽，喜談論，與人商較古今，評騭術業，高下正論，詼嘲間作，窮朝昏不倦。張裕釗傳志。子偲詩，如秋宵警鶴，漢苑鳴蜩，風露凄清，知爲不食人間煙火者；又如五丁開山，斧鑿鑿崖，絶無一平土，真可藥袁、蔣之性靈，起鍾、譚之廢疾。《汪梅村集·郘亭詩跋》徵君真行篆隸，藴藉樸茂，極書家之能事也。《蒓齋偶筆》。

清授文林郎先兄郘亭先生行述

莫祥芝

於戲！祥芝何以述吾兄郘亭先生哉！祥芝兄弟九人，存者凡四，惟先生與偕在外，今不幸長逝，將先生之學行卓越缺八字不彰於魁耆碩艾之前原文缺八字有不與俱逝者缺十一字。謹案：先生姓莫氏，缺八字寄居遵義後，别號郘亭。先世居江南上元縣，前明宏治間，有諱先者從征都勾苗，遂留守焉。始居都勾城外之薛家堡，三傳而至如爵府君，官游擊。又傳即高祖雲衢府君，遷居獨山州城北三十里兔場街，自是爲獨山州人。曾祖諱嘉能，貤贈文林郎、翰林院庶吉士，妣氏吴、氏周，并貤贈孺人。祖考諱强，附學生，敕封文林郎、翰林院庶吉士，妣氏蕭、氏邱，并敕贈孺人，氏張，敕封孺人。考諱與儔，嘉慶戊午科舉人，己未科進士，翰林院庶吉士，四川鹽源縣知縣，遵義府學教授、文林郎。今相國湘鄉曾公嘗表其墓曰教授莫君者也。妣氏唐，敕封孺人，氏李，例封孺人，先生所自出也。祥芝長兄希芝；次未名；次芳芝，增廣生；次秀芝，皆先生之兄，亦皆先先生卒。又次庭芝，道光己酉拔貢，今官思南府教授；又次瑶芝，又次生芝，附學生，先卒；次即祥芝，於先生皆弟。先生行第五。生時，教授君方就養家居，大母張太孺人聞聲，喜曰：「是非常兒，吾家得此亢宗子矣！」能言聰穎絶倫，七八歲爲韻語，文采可誦。教授府君同年友夏輔堂先生鴻時過而異之，謂他日必以文章名世，以女妻之。道光癸未，隨教授府君之官遵義，年方十三，已岸然異人。丙戌，補州學弟子員，文名藉甚。中式辛卯恩科舉人，同考官吴蘭雪先生嵩梁極賞之。其時，先後學使許滇生先生乃普、胡芸閣先生達源，皆歎許以爲國器。壬辰春，娶孺人夏氏。教授府君令置科舉業，而肆力於許、鄭之學，旁及列史、諸子百家、詩、古文。詩極博甄微，寒暑晝夜，窮力搜討，積五六年，手鈔成帙者，累一二尺許。當是時，遵義鄭子尹學博珍，教授府君學官弟子之高足也，與先生爲同志，益以樸學相砥礪，由是遐邇知名。道光中，黔中言學者，人以鄭、莫兩君并稱焉。屢試春官，每報罷歸，教授府君必叩其所得，絶不以得失爲意，謂之曰：「若輩寂寂守牖下，不以此時縱遊名山川，遍交海内英儒俊彦以自廣，恐終成固陋耳。」戊戌，平公翰守遵義，延聘與鄭學博同纂郡志，迄辛丑，書成，考覈援引稱精博，時論韙之，謂志乘之鉅觀，爲自來黔中所未有。中丞賀公長齡欲以其書上之朝廷，以奬績學。教授府君執不可，遂已。是年秋，教授府君卒。明年春，李太孺人卒。遵遺命，寓居遵義，治喪營葬，一矯流俗，莫不準禮，士林稱之，至今多則效焉。教授府君在遵義，士類多從學者，至是，先生繼主郡城講席，舊日從學者咸師事先生惟謹。甲辰除喪，以餘事爲詩篇，與鄭學博及遵義黎伯容別駕兆勳相倡和，一時知名之士聞風嚮往，黔中言風雅，自此稱盛。丁未，試春官，獲訂交湘鄉公及漢陽劉茮雲博士傳瑩。歸而仍主郡城講席。先生教人崇篤學，去浮靡，從學者言考據，言義理，言詩古文辭，悉各就其性之所近，不拘拘焉以門户相强，故人益樂親之。石氏《中庸釋》爲朱子《中庸輯略》所本，世無傳書，爲抄出，考訂刊行，言學家取之。權鄂撫方伯唐公樹義致政里居，念黔中文字散佚罕傳，欲採有明暨國朝人詩篇，會萃成書，於是以明代屬先生，以國朝屬黎別駕。其書因詩存人，因人徵事，山川故實，搜採繁富，實爲黔中一大掌故。會亂，別駕所纂次悉亡佚，今存先生所輯有明一代《黔詩紀略》三十二卷〔六〕。甲寅，桐梓土匪楊瀊喜將圍郡城，城中紛紛遷避，十室九空，先生講舍在郭外，急入城，走告郡守邑令嚴守備，且登陴爲倡，謂衆曰：「是賊不足畏，出城者翻恐不免耳。」城圍五月，先生讀書其中，若無事然。圍解，出城遇賊者益歎服先生之定識爲不可及云。戊午冬，以截取赴部。己未，就試春官，王少鶴先生拯分校，得先生卷，驚爲宿儒，薦之，不售；揚於壽陽相國祁公，亟延見，傾服逾常。居京師年餘，一時名卿鉅公、四方綴學多聞之士，莫不引重，争與訂交，而先生自守，顧益嚴。某相國延請教授弟子讀，辭不赴。權貴某托求書，直不應。旋引見，得旨以知縣用。庚申，選缺有日矣，而先生意漠如也。適旅費告乏，歎曰：「吾不官而不决然耶！」祥芝隨湘鄉公軍，權懷寧令，遂於六月假措資出都，十一月至皖相見。鄂撫胡文忠公駐軍太湖，所編《讀史兵略》刊成，明年春，延先生至鄂，爲之校正。六月事畢，旋謁湘鄉公東流戎幕，自白曰：「幕府人材鱗萃，自愧迂疏，不克效萬一之用，苟得依公爲閒客，免饑寒，於願足矣。」適大軍克復安慶，遂從東下，湘鄉爲給薪水之資，命屬官之能學者師之。壬戌冬，長子彝孫自遵義避白號之亂，奉夏孺人來安慶。甲子六月，金陵克復。九月，攜家至金陵。先是，今協揆合肥李公撫江蘇，請員朝廷，揀中外大臣所密薦學問之士十有四人，持旨發交以知縣補用，先生與焉。至是，湘鄉、合肥兩公咸欲官先生，同時交遊多勸駕者，先生曰：「當庚申出都時，已絶意仕進。今就一官，不相矛盾耶！且初至戎幕時，業白所志於湘鄉公矣。」遂婉辭之，兩公亦不之强也。至是，置家金陵，將壹意遊覽。乙丑，觀潮浙江，又謁湘鄉公於徐州戎幕。後連歲往來蘇、滬間。在蘇，前中丞丁公日昌延校訂所刻官書，繼乃遍歷上元、丹陽諸縣，搜訪蕭梁碑十餘種，手自考訂，撰《梁石記》。己巳冬，權鄂撫何公璟、學使張公之洞仿浙中詁經精舍規制，於鄂城創建文昌書院，書來延主講席，適合肥公以全楚總制奉命征黔，復書來招并叩黔事。庚午春，先生至鄂，合肥公亦諄諄以講席相屬，先生以精力就衰，辭講席，陳黔事而返。權都轉龐公際雲、今都轉方公濬頤在揚州開局刻書，并延先生爲主校刊。今年秋將至揚州書局，爲蘇、常之遊，因攜所復校未竟《隋書》，將於舟中蕆事，聞下河完善區多故藏，繞道訪之。至興化，感風寒，得汗不已，以同治十年歲辛未九月十四日未時卒於舟次。其生以嘉慶十六年辛未五月初三日午時，春秋六十有一。先生秉性真慤，言笑不苟，事親能先得意旨。年二十後，軀體倍强，惟以覃精已甚，未及三十，鬚髮中白。然未遘危痾，間感寒疾，不喜服藥，但危坐讀書，所患亦遂已。平居及舟車往來，一卷在手，四十年無輟日。自得疾至不起四五日間，雖支體委頓，而神明如故。屬纊之先，猶取所攜《隋書》及《黔詩》底本，繙閲數事，并自書病狀示醫者。非禀賦異人者，有是耶？寓居遵義時，圖書而外無長物，率諸弟怡怡然讀書一室，所得館穀常不贍，粗糲菜根，歷十餘年，晏如也。平生好收藏，每見精本書及秦漢隋唐金石刻本，必購之，故所在陳編纍纍，几榻幾無虚處。尤善書，篆隸楷行皆能，力追古人，而運以己意，足迹所至，人争求之，得者以爲幸。近年，自謂楷書更有心得云。所著書已成者有《樗繭譜注》一卷，《過庭碎録》十二卷，《聲韻考略》四卷，《黔詩紀略》三十三卷，《唐本説文木部箋異》一卷。未編訂者，有《郘亭雜記》、《郘亭金石書畫經眼録》、《資治通鑑索隱》、《梁石記》若干卷。其詩自甲辰迄辛亥所作，經鄭學博爲之删定成六卷，已刊行，壬子迄今存者，曾有意再删爲六卷刊之而未逮。其古文若干篇，詩餘若干闋，自謂非當行，雅不欲存。配夏孺人。子男二：長彝孫，附貢生，軍功保候選訓導，先一年卒；次繩孫，兩淮候補鹽大使。女二：長聘儒士張其□，將嫁卒；次適分部候補主事馬柄常。孫男一，小農；孫女一，并幼。權停柩金陵城外莫愁湖上，以俟歸葬。於戲！先生生平、文章、品誼卓卓可傳，祥芝不學，不能備狀先生造詣之所到以彷彿其萬一，幸同時通人與先生交深且久者，平日悉有論定，因所次家世及所知先生生平大概，乞銘於當代宗工，以志不朽。同懷第九弟祥芝謹述。

黔故頌莫徵君一首

黎庶昌撰

毋斂獨山，漢縣所際。道真淵源，邈緜勿替。崛起莫君，博聞强識。犇書滿家，鱗鱗毳毳。目録金石，專門極藝。叩誰某沿革，如與遊肆。向、歆、洪、婁，仿佛并世。詩至袁、蔣，風流道弊。洗藥性靈，陳、黄鼓吹。分篆高、騫，冰、斯雄睨。牢籠黔故，潤色荒裔。文獻在人，小大未墜。公車就徵，抗志不仕。毅勇十年，客之殊異。優遊江左，名滿四裔。没祀於鄉，亞鄭君之次。

鄭徵君作邵亭詩序

段成之云：「詩非待序而傳也。」余謂作者先非待詩以傳。杜、韓諸公苟無詩，其高風峻節，照耀百世，自若也；而復有詩，有詩而復莫踰其美，非其人之爲邪？故竊以爲古人之詩非可學而能也，學其詩當自學其人始，誠似其人之所學所志，則性情、抱負、才識、氣象、行事皆其人，所語言者，獨奚爲而不是？即不似猶似也。

獨山莫君子偲之爲詩，殆近余所云者歟！當子偲侍貞定先生，來吾郡校官時，年才十二，已岸然鄙夷俗學，以爲不足爲。甫弱冠，舉於鄉，連試春官皆罷，遂决意求通會漢、宋兩學。久之，貞定與太孺人先後卒，子偲以貧也，畢屯夕於郡。率諸弟讀書僦宅中，歲藉塾脩以相生養，蔍衣淡齏，時時不繼。室人每問壁交謫，乃方埋頭醮朱墨，互校參考，或拄頰撚管，垂目以思，如不聞。及有捻書籍求售，則不問囊有無一錢，必不令他往。故入其室，陳編蠹簡，鱗鱗叢叢，幾無隙地，祕册之富，南中罕有其匹。而其讀書，謹守大師家法，不稍越尺寸。余每舉形聲、訓詁，或一二説異許、鄭處似之，遽雖無以詰詰，意顧不善也。以子偲爲人若此，則其制境之耿狷，求志之專精，用心之謹細，非似古人之苦行力學者歟？其形於聲，發於言而爲詩，即不學東野、后山，欲不似之不得也。雖然，孟於韓、陳於蘇，猶禎之去纁，僅一染耳。子偲方强仕，學日宏日邃，靡底極。余烏知今之東野、后山，不旋化爲退之、子瞻者邪？自子偲來吾鄉，即兄視余，今又姻也。交三十年，知獨深。其詩自道光以下八年者，余爲删次以存，故論其所已至者，以爲序。咸豐壬子九日，遵義鄭珍。

莫郘亭徵君誄并序

蕭光遠

君莫氏，諱友芝，字子偲，别號郘亭，獨山州人，庶常猶人先生第五子。先生官遵義教授，一稟國朝大師家法。君辛卯中式後，令置科舉，而肆力於古，聚書甲吾郡，著述喜搜地方故實，表章前人。自《遵郡志》四十八卷，有明《黔詩紀略》三十二卷外，如周漁璜、謝君采詩集，皆爲考訂刊布，石子重《中庸集解》久佚，君讀《戴記》，檢衛氏説，考校鐫板。志高尚，頗不諧俗。予聞其率諸弟讀書，能咬菜根，竊慕之。一日，遊白田偕歸，偶遲，城門閉，同坐門下，縱言及漢、宋兩家之學，君笑謂：「自有此門，曾有人深夜講學否？」勸著書，謂吾輩不偶於時，著述立言庶幾不朽。時予方注《易》就，宿唐塾，出稿商量，此爲訂交之始，時道光己亥也。君旋卜居碧雲峰下，望衡對宇，往來遂密。《易注》偏旁、諧聲，補救實多。甲寅亂後，三書院聚雲麓。同李儀軒三人未嘗一日離。倡詩會，執騷壇牛耳。朋友之樂，於斯爲盛。自戊午，君北上，不復相見，於今十五年矣。君寓都時，爲祁相國所深賞，名重京師。出遊江南，注《唐本説文箋異》，寄示。知過浙江觀潮，遊姑蘇，腰脚尚健。往年爲予作鹿山堂牓署，令子彝孫方附書索予近著，焉知不壽。君與予同抱西河之痛，而君年才六秩晉一，亦遂捐館，嗚呼惜哉！當遊江南，大臣密荐，特旨以州縣用。胡文忠延校《讀史兵略》，曾滌相、李協揆咸欲官之，不受，翻然縱遊名勝，搜訪故藏，如蕭梁碑之類，有得輒手記之。十年流覽，幾遍江湖，假令本文學爲政事，固自易易，而始終高尚。嗚呼，此其所以爲郘亭耶！君與鄭子尹學博齊名儒林，子尹少予二歲，君少予七歲，而皆早作，知交零落，四顧寂寥。次子繩孫，令九弟祥芝江寧令，以喪自金陵歸，六弟庭芝思南府學教授，同扶柩至遵義東里，葬猶人先生之墓側。予老病，不及望柩傾觴，奉讀行述，焚香而誄之，辭曰：

汝南許氏，五經無雙。授尹道真，教開我邦。名父得傳，祠創三賢。漢學師承，益覩淵源。何以繼志？著述爲事。西南文獻，賴君勿替。不入吏朝，晚節彌高。氣吞江湖，亦足以豪。有弟能官，有子克家。君誠無憾，我又何嗟？人生聞道，何必百歲。所圖不朽，故不貴人之所貴。

莫徵君青田山記 續遵義府志

青田山，在遵義府城東八十里，距鄭徵君望山堂三里，以江中山可田而名也。山憑岸疊起，數峰肥腴槃扈，松柏蒼葱下蔭，牢江幽韻常足。莫教授猶人先生墓在中峰，徵君墓在左峰，青田墓廬在山前，此後即爲守冢者所居。莫徵君自叙樂安江諸勝蹟云：樂安江，即《元和志》「夷牢水」，經遵義治東八十里，巖壑幽曲，林木蒼蔚，至鎖江橋泝而北，至枏坪，可十餘里，尤據其勝，中間據橋三里，爲黎伯庸秀才藏詩塢。上三里，度藻米溪，爲鄭子尹學博望山堂。又三里，爲吾青田墓廬，皆瀕岸東云云。蓋徵君父猶人先生以翰林官遵義教授卒於任，未嘗歸葬，即卜近鄭徵君之子午山曰青田山者葬之，爲築廬焉。故徵君弟庭芝詩集名《青田山廬詩稿》，亦示不忘之意也。又徵君幼時居獨山讀書，有影山草堂，取「竹外山猶影」之句以爲名，後燬於賊。嗣於郡居、於青田，皆謚「影山」之名。自記云：「友芝昔者久僑暫居，必寓斯名，以存先澤。」在郡購碧雲山麓及樂安江青田廬，皆以「影山」名之。

莫徵君自題二十六景：枬坪　崖音潭　老人泉　青田山　梛葉洲　烏柏村　西柏堬　水牛山　我山瀨　龍尾潭　松崖　梅屺　東柏堬　七泉　藻米溪　磨子堉　垚灣　雙漁洲　琴洲　大車田　桂岡　青山　禹門山　月浦　采卷潭　鎖江橋　詩見《郘亭詩鈔》。

致鄭徵君書 時在安慶

子尹長兄親家侍右：去臘中，忽十一月二十六日諭旨，以我兄及友芝等檢發江蘇知縣。此時此旨馳到山中，想犍鼈問蝯鶴皆驚也。吾曹索莫荒巖，久無意於用世，不知都中何鉅公浪以虛名，上瀆天聽，遂趣召而起之。蓋不知其頽唐已甚，不任鞭策，然亦可想朝廷清明，破除資格，大是中興氣象。吾曹即垂老，但未即死，必能復覩嘉、道盛時，則甚幸也。唯出處之際，大是難言。以不嫁老女忽而强之適人，須是心腸、面目、舉止，色色妝點改換一番，安有不鑿枘者？頗以鄙情陳之湘鄉使相，不肯十分相苦。憶戊午歲北征，我兄贈行詩云：「林卧已云晚，問君何所之？不堪離別意，豈是宦遊時。」知君之不欲出，堅於友芝。然鄉里亂後，極不聊生，株守空山，顑頷何已！即宦情消盡，亦何妨藉作江湖散遊，一攄磊落懷抱。皖中，海内豪儁趨湘鄉公如登龍門，幹濟之才、樸學之士、詩文之雄，下及一技、一藝之專精獨到，殆十百計，友芝一一得與欵接，私謂不若髯之絶倫。湘鄉公極思一見我兄，意此番庶幾一來，且屬致聲相促。書到，如有遊興，望即輕裝指渝，買舟東下，不過端午前後，可以聚手。官不官在兄自決，決不至捉將去斷送頭皮也。此間軍事，自去歲克九洑洲以清長江，其後又收蘇州，又殲苗沛霖，隨處有破竹之勢。金陵合圍已久，毛賊已十分窮慼，其城時月可下。兄肯早來，當能及見成功，亦大快事。客中老小及蒓齋俱平安，煩一告之兩家。早晚舍祥弟自皖南來，當遣人還，此不一一。甲子歲上元，弟友芝叩頭。

祭莫徵君文

汪士鐸

遏矣牂柯，風雲莽蒼。篤生君子，温文無雙。蹡蹡九鳳，引吭朝陽。一鳳高翥，音中歸昌。志學之始，曳矜上庠。哲匠校藝，五物舉鄉。董賈雖才，命不公卿。班荆贈縞，并時儁良。歸擁皋比，敷教烏江。琢玉於璞，俾爲圭璋。湛絲於秫，稗成朱黄。彼髶之士，壹志景行。載贄銓部，再辭不狼。潢池扇波，日月韜光。九二之見，于田于京。瞻烏所止，隨雁南翔。桓桓相公，載旆荆揚。既克皖城，三吴允荒。東采杞梓，南掇蘭茳。遂登龍門，鼓瑟承筐。惟君於詩，邁宋規唐。如五丁斧，鑿險磅硠。如七襄機，織錦縹纕。洗箏琶耳，奏匏笙簧。惟君於書，奴隸王羊。以東都樸，發北朝光。顔柳謝質，虞蔣亢衡。碑版之餘，箕胄聚張。惟君緝雅，於黔之邦。山川能説，故實以詳。女悲士嘻，幽闡微彰。明三百年，不湮風霜。惟君訪古，揚墨蕭梁。蒲颿竹笥，吴楚徐方。賢侯倒屣，勝流傾觴。求書海陵，勿殲高明。桐君有藥，海客無香。寒燈孤艇，旅櫬徽裳。烟埋筆冢，風冷詩囊。郘亭云邈，魂返塗長。石頭巍巍，郴洲泱泱。今月舊雨，從君常徉。乘風化鶴，歆此椒漿。嗚呼哀哉，尚饗！

祭莫徵君墓文代

維丙子閏三月初十日，貴州第五區行政督察專員劉千俊，謹以羊、豕、羞饌、清酒、香楮，致祭於莫徵君子偲之墓前，爲文以告之曰：

嶓矣先生，賓師一世。降生獨山，寓居遵義。上承名父，下資良朋。學行交成，鄭莫并稱。學奉㳂長，經訓是質。詩掃粃糠，后山山谷。金石名家，校讐分疏。劉班與儔，經眼成書。牂柯國故，賴之彰表。邦志纂成，華陽同寶。書踮北朝，篆劫冰斯。行比圭璋，天人之姿。懷珍抱瓌，不爲世用。名動人君，曾胡交重。客彼江南，上帝用賓。歸葬青田，得獻藻蘋。樂安之里，千古兩墓。鞠躬拜掃，用敦予素。尚饗！

擬公祭莫先生文

惟先生邃志於古，寄居是邦。遊遍公卿，承筐是將。精研訓詁，經學以昌。詩糅古調，邁宋規唐。略藝劉班，碑碣蕭梁。兼搜博採，著述多方。爲教於家，德遍烏江。立品於身，不附豪强。匪文矩範，後學康莊。今值暮春，祀事孔明。殽羞既薦，來格來嘗。尚饗！

謹案莫先生事蹟，於各傳志誄辭，已卒見其生平矣。其品學高邁，不趨權貴，遨遊江淮，公卿倒屣，較之鄭先生株守窮山，困憊荒寨，已自不殊。其卒也，停柩莫愁湖，湘鄉公親往致弔，輓聯云：「當年虎市橋頭，書肆訂交，早欽宿學；今日莫愁湖上，酒樽和淚，來吊詩人。」時隨從之司道守令，何暇百員，皆捧香步行往吊，亦極一時哀輓之榮也。及柩返金陵，其第九弟祥芝解江寧縣印，護喪歸葬，第六弟庭芝解思南府教官任，爲之迎迓。沿途之名流，如楊彝珍性農、王闓運壬秋、蕭光遠吉堂，以詩辭悲輓者，亦不乏人。與鄭先生之卒，野寇强梁，僅於血迹獢光中伺隙而渴葬者，又相異矣。至葬之青田山，以壬申六月十九日申時，窆於貞定先生墳左峰下。拜臺墓碣，皆極精樸。其後嗣雖在申滬，猶斤斤焉謀刻其遺書。守墓者，爲其姪孫行，尚能致謹照拂，不生轇轕。比黎蓴齋先生亦生平極膺鄭徵君者，爲之立墓碑，請廟祀，撰行狀表志，并選曾湘鄉文成《續古文辭類纂》三編，其尊崇鄭先生者，可謂至矣。而黎先生之墓，近在江右漁塘，對岸相望，亦能保護，無敢犯者。惟鄭先生之子午山，人事顛倒，摧殘至不可言。竊以始之鄭莫交稱，而鄭徵君龍蛇相遇，馬鬣成封，樵採莫禁，狐鼠不驅，觸犯憑陵，如不可已。嘗讀湘鄉致莫徵君書，有云：「足下與鄭先生，遊六合之奇，覽之於一匊，舉千秋之業，信之於寸心。」推重雖至極，惟惜卒未東行以攄懷抱，真大憾事也。然今者掃墓之祭，又因午山以及青田，并漁塘亦不落寞。斯其爲學問道德之報，抑天之不喪斯文，乃悉當人心之所期，將藉此以慰地下之靈？而又信平素敬謹之私，不至虛耗。且卜樂安山水，將自玆草木增榮，不致黯黯，而蜚馳名勝，固不僅一己之愉快者爾。丁丑二月，遵義趙愷謹識。

【校勘記】

〔一〕此句《郘亭遺詩》所附張裕釗《徵君莫子偲墓誌銘》作「復從曾文正公於皖」。

〔二〕二卷：《郘亭遺詩》附附張裕釗《徵君莫子偲墓誌銘》作「一卷」。

〔三〕「古」字原脱《郘亭遺詩》所附張裕釗《徵君莫子偲墓誌銘》作「《古刻鈔》」，據補。

〔四〕監：張裕釗《徵君莫子偲墓誌銘》作「鹽」，是。此形近而誤。

〔五〕清宣統三年京師刻本《黔詩紀略後編》卷二十同文此下有「《唐寫本説文木部箋異》一卷」。

〔六〕實爲三十三卷。

附録三　莫友芝年譜簡編

梁光華
梁　茜
編

莫友芝年譜簡編

清嘉慶十六年辛未（一八一一年），一歲

莫子偲五月初三日午時生於貴州省都勻府獨山州（今獨山縣）兔場上街家中。莫祥芝《清授文林郎先兄郘亭先生行述》記云：「太母張太孺人聞聲喜而言曰：『是非常兒，吾家得此亢宗子矣！』」

清嘉慶十八年甲戌（一八一三年），三歲

莫友芝《影山草堂本末》云：「周三年能識字，先君授之《毛詩》、《尚書》、《儀禮》、《戴記》。……三兄補諸生……先君有不暇，則三兄授之。」

清嘉慶二十二年丁丑（一八一七年），七歲

七、八歲懂韻語，能詩，文采可誦。七歲時以謝玄暉「竹外山猶影」之詩句，請求以「影山」爲其讀書堂之名，父允之。「影山草堂」得名從此始。

八月十七日，六弟庭芝（字芷升）出生。

清道光元年辛巳（一八二一年），十一歲

三兄方芝三月辭世，年僅二十七歲。其父鄉試同年友夏鴻時時到莫府慰問，見少年子偲正誦《尚書》，便舉成語命其屬對，稱夏公意，即許季女夏芙衣妻之。并謂：「此子日後必以文章名世。」

清道光二年至十三年，以朱紅、墨色、雌黄三色筆圈點批注康熙年間宋犖版《施注蘇詩》十大册。這是少年青年莫子偲先生一生治學的起點，所圈點批校之《施注蘇詩》成爲子偲治學留存於世的第一個手稿本，今藏於遵義李連昌先生家中。

清道光三年癸未（一八二三年），十三歲

隨父赴任遵義府學教授，日夜聆聽，耳濡目染，親得真傳，學問大進。是年子偲六妹出生。

清道光六年丙戌（一八二六年），十六歲

初春從遵義回故鄉獨山，得補州學弟子員（秀才），文名初起。是年胡秉均任遵義縣教諭，命其子胡長新從子偲學。子偲後爲胡長新命字曰子何。

清道光七年丁亥（一八二七年），十七歲

子偲九弟祥芝（字善徵）出生於遵義學署。

清道光八年戊子（一八二八年），十八歲

鄭珍鄉試未中，拜莫與儔爲師，與子偲同志爲學始於斯。

清道光十年辛卯（一八三一年），二十一歲

八月，赴貴陽鄉試，中舉。主考官爲賈禎，同考官爲吴嵩梁，薦卷房師爲胡達源（胡林翼父）。子偲中舉，聲名遠播。莫祥芝《清授文林郎先兄郘亭先生行述》記云：「中試辛卯科舉人，同考官吴蘭雪先生嵩梁極賞之。其先後學使許滇生先生乃普、胡芸閣先生達源，嘆許以爲國器。」

是年貴陽鄉試鄭珍落榜。

清道光十二年壬辰（一八三二年），二十二歲

春，未赴京參加恩科會試，於遵義娶夏鴻時季女芙衣爲妻。婚後出游，夫妻游覽至揚州，并擬北上，赴來年會試。

清道光十三年癸巳（一八三三年），二十三歲

正月，與辛卯同年友王益三自揚州同赴春官會試，落第而歸遵義。在京師，子偲以二千錢買得《呂氏家塾讀詩記》宋刻殘本，《郘亭雜文叕餘録》有記。

清道光十五年乙未（一八三五年），二十五歲

夏，爲鄭珍《樗繭譜》作《注》。冬月，赴貴陽獲取兵部火牌，進京赴次年恩科春試。

九月，爲鄭珍《兩漢金石記》作跋。

清道光十六年丙申（一八三六年），二十六歲

三月，於京師會試落第，寫有《出都雜詩八首》。

十一月，爲《復古篇》作跋。

清道光十七年丁酉（一八三七年），二十七歲

八月十五日，子偲妹夫黎庶昌出生。

所撰《〈樗繭譜〉注》七月刊行。十二月，與鄭珍結伴赴京師明年春闈會試。

清道光十八年戊戌（一八三八年），二十八歲

三月，會試榜發，與鄭珍雙雙落第而歸遵義。莫祥芝《清授文林郎先兄郘亭先生行述》記云：「屢試春官，每報罷。歸，教授府君必叩其所得，絶不以得失爲意，謂之曰：『若輩寂寂守牖下，不以此時縱游名山川、遍交海内英儒俊彦以自廣，恐終成固陋耳。』」

十月，遵義知府平翰聘鄭珍主撰《遵義府志》，子偲佐鄭，共入來青閣，前後三年修撰《遵義府志》。修志期間，子偲兼作遵義培英書院講席。與鄭珍同游禹門寺作禹門摩崖文字，載入《貴州通志》。

清道光二十年庚子（一八四〇年），三十歲

參與修撰《遵義府志》外，并兼培英書院講席。

三月，長子庚兒出生於遵義；十一月殤於麻哈外公家。子偲有詩文哀之。

五月爲鄭珍母親撰作《鄭母黎孺人暮誌銘》。

清道光二十一年辛丑（一八四一年），三十一歲

七月二十二日，父與儔卒於遵義府學教授任上，享年七十九歲。貧而不能歸葬獨山，葬於遵義青田山。莫與儔，字猶人，門人私謚「貞定先生」。

冬月，鄭珍、莫子偲同撰之《遵義府志》四十八卷刊刻面世。

清道光二十二年壬寅（一八四二年），三十二歲

正月三十日，母李孺人逝世。葬府城東郊七里五英岡，子偲與諸弟守喪墓側。

二月初九日，次子莫彝孫出生於遵義；爲悼母喪，命子之名初爲「哀孫」。

清道光二十三年癸卯（一八四三年），三十三歲

服喪守墓中，二月代遵義縣令甘雨施作《學宫圖考序》；九月作《一切經音義寫本序》和《答萬錦之全心書》等。

清道光二十四年甲辰（一八四四年），三十四歲

除服，主講遵義啓秀書院，作《示啓秀諸生》詩和《讀書堂箴附説四條》文，集中體現其教育思想。又撰《甲辰家規》治家。

三月二十四日，三子莫繩孫出生於遵義。

清道光二十五年乙巳（一八四五年），三十五歲

春作《後義倉行》（去歲作《義倉行甲辰歲作》），表其對民生疾苦之關注。《郘亭詩鈔》未收

是二詩。

十一月，赴麻哈州高梘堡拜望岳父夏鴻時，留作詩文數篇。

清道光二十六年丙午（一八四六年），三十六歲

正月，辭别岳父家人返回遵義。

五月，爲黎兆勛作《葑煙亭詞草序》。

冬月，作《述别五首》詩，入京師會試。

清道光二十七年丁未（一八四七年），三十七歲

是次會試又名落孫山。於北京琉璃廠書肆不期而遇翰林院侍講學士曾國藩。曾氏欽佩其漢學學問，驚嘆「不意黔中竟有此宿學耶！」經國子監學正劉傳瑩設宴虎坊橋，曾、莫訂結金蘭之友。有詩《春官報罷，國子學正劉椒雲傳瑩招同曾滌生學士國藩小飲虎坊橋寓宅，歌以爲别》，曾國藩有詩《送莫友芝》。

清道光二十八年戊申（一八四八年），三十八歲

正月十五後至五月，子偲妻夏芙衣赴麻哈娘家省親。年末，幼子紹孫殀殤。

子偲是年有數十首抒寫遵義風光景色的詩詞文章。

道光二十九年己酉（一八四九年），三十九歲

宋代經學家石𡼏所著《中庸集解》亡佚，子偲從茫如烟海文獻中逐條逐句輯録復原。五月，撰《中庸集解序》；十一月又撰成《〈中庸集解〉後序》，終以獨山莫氏影山草堂據宋衛正叔本校刊《中庸集解》面世，使石書得以流傳。

道光三十年庚戌（一八五〇年），四十歲

受遵義知府佛春聘主湘川書院講席。

秋冬間營建新居於遵義城西碧雲山麓，亦名曰「影山草堂」。

撰成《韻學源流》教授生徒。

咸豐元年辛亥（一八五一年），四十一歲

二月初，八弟生芝病逝於遵義，撰詩文祭奠之。

七月，爲明代貴州詩人謝三秀《雪鴻堂詩蒐逸》作《序》。十一月，代遵義知府佛春作《遵義府知府題名碑記》、《豐樂橋記》。

咸豐二年壬子（一八五二年），四十二歲

二月初，奔麻哈岳母喪，携子彝孫同往。十一日過貴陽，拜會唐樹義，商定編撰《黔詩紀略》事宜；首次結識翁同書。

五月於遵義爲鄭珍《巢經巢詩鈔》作序，并云：「論吾子生平著述，經訓第一，文筆第二，歌詩第三。而惟詩爲易見才，將恐他日流傳，轉壓兩端耳。」此論爲後世所欽佩。

九月，子偲《郘亭詩鈔》六卷刊刻面世，鄭珍爲之《序》。

秋赴京師禮部會試，兼候大挑。中途于十一月赴麻哈祭奠岳父；後行至澧州順林驛遇太

平天國戰事，北上道阻，不能前往而返。

咸豐三年癸丑（一八五三年），四十三歲

三月下旬，奔獨山長兄希芝之喪。

五月初三日，在麻哈高梘岳父家過四十三歲生日。返回遵義仍主講湘川書院。

九月爲鄭珍《播雅》作《序》，爲蕭光遠《周易屬辭》作《序》。

咸豐四年甲寅（一八五四年），四十四歲

二月，子偲子彝孫年十二，鄭珍以三女蕢于許之。自是，子偲與鄭珍結爲親家。

四月初八日，子偲七妹嫁給黎庶昌。

八月，楊龍喜事起；九月圍攻遵義縣長達四月。子偲於遵義城中目睹戰亂過程，寫下數十首記事詩，載入《郘亭遺詩》，堪稱史詩。

咸豐五年乙卯（一八五五年），四十五歲

正月，將去歲戰亂中幸存之詩文稿進行整理歸順，今國家圖書館藏莫友芝手稿《郘亭詩文稿書跋》，及臺北「國家圖書館」藏其子莫繩孫鈔《郘亭雜文燹餘録》稿本均有記録；其後繼續收集整理《黔詩紀略》文稿。

七月，由貴陽返回獨山探親，道阻平州司而返回貴陽，與鄭珍、黄彭年等好友相聚。

十月，暫住貴陽，唐炯以家藏珍貴書畫請賞鑒題跋。冬末返回遵義。

咸豐六年丙辰（一八五六年），四十六歲

甲寅遵義戰亂，湘川、培英兩書院毁於燹火，生員全部歸集啓秀書院。遵義令顧崑陽禮聘子偲爲啓秀書院主講。

八月，得獨山侄兒遠猷書信，知悉去歲獨山、都匀等戰亂情況，獨山兔場老家影山草堂及其藏書付之一炬，四兄秀芝不幸亡故，乃賦《自省南往獨山，道不通，且一歲始得猶子遠猷來書，知州人以社團自保，城尚無恙，却寄示一百韻》詩，詩見《郘亭遺詩》卷三。

咸豐七年丁巳（一八五七年），四十七歲

是年應聘貴陽知府劉書年家塾塾師，得識貴西道于胡魯承齡。

七月二十二日，爲家父《稟稿》手書作跋記，今藏臺北「國家圖書館」。

咸豐八年戊午（一八五八年），四十八歲

繼續在劉書年家作塾師。

春節由貴陽返回遵義過節，喜知九弟祥芝獲補湖南縣丞，題《送舍弟祥芝之湖南需次縣丞》四首詩以贈別。

秋月，欲赴京師應來春會試，薦鄭珍爲劉府塾師。鄭珍十月到職施教，子偲辭歸遵義備考。

十一月鄭珍《説文逸字》三卷刻成，子偲爲作《説文逸字後序》。

十二月，六弟庭芝應聘威寧承齡家塾師，子偲有信與六弟。

十二月初二日，携子繩孫北上京師應考，并等候截取知縣。

咸豐九年己未（一八五九年），四十九歲

二月中旬携子至京；三月入闈應會試。同考官王拯得卷，推許過度，總裁趙蓉舫反而不允，遂落第。

四月初二日，依例入朝引見，奉旨以知縣候用。子偲於京城等候補缺。其間得與祁雋藻、許乃普、許宗衡、劉熙載、方宗誠、尹耕雲、何紹基、陳壽祺、陳昌綸、蔡毓春、王闓運、王軒、李壽蓉、李榕、李汝鈞、彭嘉玉、翁同龢、高心夔、高夢漢、明溥、黄淳熙、黄雲鵠、羅汝懷、林鴻年、龍汝霖、劉達善、馮志昕、潘增綬、吴懷珍、鄧輔綸、鄧繹、唐啓蔭、嚴咸、易佩紳、楊傳第、張之洞、張世準、張金鏞、周成、李鴻裔、劉銓福、許振禕等晚清名流詩酒酬唱往來，豪情逸韻互答。

夏秋間，兩次致信曾國藩。曾氏十一月二十一日作《莫猶人墓表》，二十三日致信子偲，稱贊子偲「西南儒宗，殆無他屬，欽企不可言喻。」。

子偲在京候補選缺無具體時日，與名流俊彦詩酒往來，又携子繩孫在京，生計無着落，只能在年末出京投奔老友趙州知州陳鍾祥。陳氏熱情相待。

咸豐十年庚申（一八六〇年），五十歲

在陳鍾祥官署過春節，莫氏爲陳鍾祥《依隱齋詩集》和《香草詞》各作序一篇，收入《郘亭遺文》卷二。

三月，携子返回北京赴恩科會試。命運多舛，依舊下第。數度會試，無一如願，仕進已絶；候補選缺遥遥無期，生活衣食無計，無奈只得出京南下。《翁同龢日記》七月初十日：「作詩送莫子偲，子偲將挈其子赴曾公幕府。」翁氏爲子偲出京餞行。

張裕釗《徵君莫子偲墓誌銘》云：「（子偲）既屢試禮部不得志，以咸豐八年截取知縣。且選官，顧君意所不樂，棄去不復顧。」

七月十四日至十七日，子偲父子小住保定黄彭年府。八月中旬至彰德府與楊峴相識相交。九月中下旬，與宿友黎兆勳於武昌相見敘舊。十月下旬抵九弟祥芝懷寧縣令所，兄弟相晤，縱談家國世事，悲喜交并，大被同眠，天明不能成寐。

十二月，致信胡林翼、曾國藩。

除夕，應安徽望江令周景濂之邀前往度歲。

咸豐十一年辛酉（一八六一年），五十一歲

正月二十日，入太湖湖北巡撫胡林翼官署。胡林翼通過但培良留子偲勷助筆墨，子偲自言才性鈍拙，婉言辭之。二十九日胡林翼請子偲到武昌爲校《讀史兵略》，允之。三月十四日，到武昌撫署多桂園勘校胡著《讀史兵略》，至五月二十九日校畢，凡七十餘日。六月初四日，以《讀史兵略》校本呈胡林翼審核。

六月二十四日，晨别胡林翼，汪梅岑、張裕釗諸友前來送别。七月三日，於雙流行營謁見兩江總督欽差曾國藩。是日《曾國藩日記》云：「午刻清理文件。莫子偲來，久談二時許，即在此便飯。子偲名友芝，貴州獨山人，道光廿七年在京城相遇於書肆，旋與劉椒雲相友善。自此一别十五年，中間通書問一二次而已。因其弟祥芝在此，渠來省親，因得再晤。學問淹博，操作不苟，畏友也。」

曾氏留子偲幕中，命姚慕庭等幕僚向子偲請業。九月初四日，食後見曾國藩，共悼嘆胡林翼八月之亡。曾氏爲子偲謀書院職，以荒落婉辭。九月廿日，陳心泉遣人送來安徽廬陽書院關訂，云係曾欽差之意。子偲不再推辭，遥領廬陽書院山長薪俸，實爲曾府校勘詩文古籍之事。

十月二十日，爲曾國藩篆書《六先生象贊》四紙及集《天發神讖》句云：「文章有神，日月與

炳；天人合發，江海咸歸」。今收入《莫友芝真行隸篆墨蹟》書中。十月二十四日，曾氏命黎福疇、劉墀給莫繩孫送來薪水八兩銀，繩孫爲篆關防印也。

子偲入曾幕，曾國藩招宴，子偲時時與焉。作《雜感》詩，譴責西方列强「群怪窺我隙，萬里血浩浩。」

十二月初三日，初識丁日昌。

十二月十三日，在《日記》中評論：「皖人多耳食重鄧完白書，至於一字一金，亦宋玉東鄰之美耳。」

十二月二十二日，探視慰問曾國藩病。

同治元年壬戌（一八六二年），五十二歲

正月初十，與曾國藩議論歐、趙、洪、盧以來金石書。

正月十五日，與曾國藩等人同登樓聽樂觀燈火，三更乃還。

正月十七日，曾氏官升協辦大學士，子偲賀之。

正月至五月，在曾國藩支持莫子偲收書、購書，評鑒古書；會訪曾幕諸幕僚文彥，如魚得水。

五月十三日，曾國藩命子偲審閲幕府考試委員卷子，十四日閲畢呈繳。七月初四，又幫曾氏閲看前月課委員經解各卷。八月五日，子偲閲定課卷擬批，晚繳去，冠首者程鴻詔進士。閏八月二十五日，子偲謁曾國藩，呈二詩，慫恿刊刻曾氏昔鈔文目，曾氏不允，許刻《史記》震澤本及《通鑑目録》及《韓文》、《莊子》。《曾國藩日記》：「過莫子偲，渠勸我刻《通鑒目録》，補胡刻之未備，允之。」

九月初一日，校畢淮南黄旅刊本《元次山集》。按，該書今藏上海圖書館。

十月十八日，子彝孫奉母及孀、弟、妹由遵義至安慶，雖歷百險，至此無恙，子偲甚喜。十二月二十六日，子偲率家人移居新租屋李八街。

是年子偲在湘鄉曾公安慶幕府中，十分暢快，且與家人在此相聚，更爲稱心；遥領廬陽書院山長薪俸而無需到職視事，在江南各地收書、購書、鑒書、刻書、交友、收穫頗豐。

同治二年癸亥（一八六三年），五十三歲

正月，獲張廉臣所贈唐寫本《説文解字》木部殘卷。

二月初三日，致信六弟庭芝，言數月漸覺衰頽，告誡兒輩須要養天性，勿輕薄，勿紛華，勿懶惰；僅藉遥領廬陽山長乾修，大難支吾。又要六弟從家中所留底稿，將《黔詩紀略》稿封寄筱亭

而至此。

三月十九日，作《唐寫本説文木部箋異引》。三月三十日，《曾國藩日記》云：「莫子偲來久坐。渠新得唐人寫本《説文》，僅木部下半一百八十文，自作校勘記，比較孫刻大徐本、祁刻小徐本，異同甚多，佳處不可勝數，大喜，以爲天下之至寶也。」

四月十六日，撰成《唐寫本説文解字木部箋異》一卷。

五月初七日，將《唐寫本説文解字木部殘卷》重寫本交呈曾國藩。是日《曾國藩日記》云：「余與同至内銀錢所，囑爲之精刻。」

十月二十七日，致信九弟祥芝云：「彝兒娶媳，都不受賀。」

冬十月撰作《影山草堂本末》，述其家世生平。

十二月初九日，曾國藩爲《唐寫本説文解字木部箋異》一書題簽。又欲題詩未就，直到次年八月初九日方作成《題莫子偲仿唐寫本説文解字木部箋異》詩。子偲有《湘鄉相公命刊〈唐寫本説文解字殘帙箋異〉，且許爲題詩，歌以呈謝》、《湘鄉爵相惠題唐寫本〈説文〉卷子，次韻奉答》二詩爲謝。

十二月十五日，《曾國藩日記》云：「是日接部文，將鄭珍、莫友芝、鄧瑶、趙烈文、成果道、向師棣等十餘人發往江蘇，以知縣用，因中外臣工先後保奏也。」

同治三年甲子(一八六四年),五十四歲

正月十五上元日,致信鄭子尹,一表不應詔受任江蘇知縣意,二請子尹買舟前來曾幕施展才幹。

張裕釗《徵君莫子偲墓誌銘》云:「及今合肥相國李公巡撫江蘇,請州縣吏於朝,而是時中外大臣嘗密薦學問之士十有四人。詔徵十四人往,君其一也。於是文正公暨李相國及諸朋好争要君出仕,敦勸甚至,君一辭謝不就。」

黎庶昌《莫徵君别傳》云:「今大學士江蘇巡撫李公鴻章請州縣吏於朝。君嘗與子尹爲祁文端公雋藻密薦。有詔徵用,君卒不就。」

三月,馮志沂赴安徽廬州知府視事;子偲未能與之同赴廬州任其書院山長實職,有詩送馮。

四月,子偲《唐寫本説文解字木部箋異》刊刻面世。劉毓崧作《識語》,張文虎作《附識》,方宗誠作《跋》,子彝孫作《謹述》。

十月初九日,《郘亭日記》云:「午謁湘鄉公呈次韻詩,索明日飲,笑不肯許。謂當尋公子劼剛索,必不能不聽客之所爲,公笑而不答,蓋微示領意也。因乞遥領山長奉老已不足以資朝夕,

當有實授，且乞資結草堂於鍾阜，皆蒙許可。」至是，子偲家人在曾國藩資助下，方在南京南門大街有了住所，於十二月二十日，入住新居。

十月二十六日，王闓運爲子偲作《影山草堂圖銘并序》，今存貴州省博物館。

十一月二十一日，《郘亭日記》記録十一月于金陵市中所收書籍，收穫頗豐。

同治四年乙丑（一八六五年），五十五歲

正月初五日，妹夫黎庶昌故鄉來人，因而得知遵義親友情況。得悉鄭珍、黎兆勛已作古人，哀痛不已。

正月二十一日，奉曾國藩手札，命往揚州、鎮江一帶搜求乾隆間頒存文匯、文宗兩閣《四庫全書》失散零星之本，恭藏以待補繕。三月初四日，謁曾氏，爲言殘書過半者當酌，最好得《史》、《漢》、《韓文》，本朝諸老經説遇精本當爲購以來，士禮居、抱經堂所刊書及秦敦父刊《法言》亦然。

三月初九日，登舟往揚州、鎮江訪書，曾氏更囑尋《五禮通考》初印精本。

三月十四日，泊鎮江金山，尋訪得知文宗閣經藏被焚一空，今佛藏存而《四庫》盡毁，甚可惜。泊金山、焦山，訪郭景純墓碑及其他金石碑刻，攜子彝孫同往。

三月十六日至下旬，揚州訪書。

四月前往泰州、如皋、通州、任家港、常熟、蘇州等地收訪文匯閣遺書。四月三十日泊上海東門外，登岸訪丁日昌多日，得閲丁氏所收豐富文籍古書，謂其宋本《儀禮鄭注》爲丁氏藏書之冠。

五月十四日致信曾國藩，匯報訪書事宜。

五月十九日在上海，訪郁松年多日，郁松年惠贈宜稼堂若干藏書。子偲寶之，并箋記，見《宋元舊本書經眼録》手稿。

五月二十九日，子偲受馮焌光之邀往觀外虹口鐵廠西洋製造機器。

閏五月初五，丁日昌命莫彝孫擔任江南機器製造總局出納。

閏五月十一日，得曾國藩復函，言鎮、揚兩閣《四庫》書既遭炬，倉猝間無從究，只好徐徐圖之。

閏五月十七日返還金陵，此番訪書外出凡百有七日。

何紹基四月初六爲丁日昌母八十四壽作《絜園記》以賀，閏五月末子偲在何《記》上作《跋》。

六月十八日，移家金陵坊口大街。是日接曾國藩信。

七月初六日，繩孫舉一男，命曰「小農」，取爲國供耘耔之意。

七月十七日，前往六合看望六弟祥芝。八月初二日，祥芝得子，名曰莫棠。初六日，別六弟返回金陵。

八月十二日、二十七日，兩次謁訪李鴻章。九月初七辭别李鴻章前往徐州拜謁曾國藩。十月二十一日，曾國藩爲子偲書《莫猶人墓表》。二十八日，曾氏書「影山草堂」小横幅，子偲日後榜於《影山草堂圖》卷首。是日辭登返途。子偲此次徐州之行，共呈二詩于曾氏。十二月十二日，入揚州，謁丁日昌。次日丁氏邀看其考試委員。丁氏有贈，不許却。十二月二十四日，返回金陵。吊張慶安，晤馬恩溥，拜李鴻章。

同治五年丙寅（一八六六年），五十六歲

正月初十，馬恩溥爲其子柄常聘子偲小女璀，納幣問庚，莫、馬二家爲此忙碌操辦至五月十八日，李鴻裔贈子偲嫁女資費。李文澤贈嫁妝八件。賀緒蕃贈嫁妝等物。

三月十七日，《郘亭日記》云：「奉李宫保（即李鴻章）委查蘇省各官書。」

四月初三日，《郘亭詩鈔》同治丙寅江寧三山客舍修補本刻成，補收黄統《序》、翁同書《序》，咸豐壬子本鄭珍《序》排於第三。新增莫彝孫《謹識》，與咸豐壬子本有所增補。

五月二十九日，龐際雲以其差船送子偲往江南訪書。《郘亭日記》五月二十六、二十九日記云：「謁（李）宫保辭行。」「同治五年五月將爲江南諸郡游，續完采訪兩閣全書公幹，兼查核各儒學各書院官書兵後有無存留。」六月、七月、八月在上海、太倉、崑山、常熟、蘇州、吴江、無錫、常

州、丹陽、鎮江、揚州、六合等各地訪書、收書，鑒定書畫，會友、題跋。八月幾望，自上海泛舟至松江，將所收訪之書草裝爲五大箱存於機器製造局，待寄金陵。

八月十五日，致信李鴻章，匯報六月以來查看、訪收書籍情况。

十月初一日，泊六合縣看望九弟祥芝、七弟瑶芝諸親友。初四日返回金陵寓所，繼續會友，收訪書。

同治六年丁卯（一八六七年），五十七歲

正月初六日，于金陵致信丁日昌。

十五日，致信曾國藩、李鴻章，匯報訪、收書情况。

二月二十日，爲丁日昌篆書六紙，次日過丁宅觀其宋本書。三十日，受丁日昌約往丁宅候曾國藩，又觀丁書。

三月初一日，在丁日昌宅謁曾氏，并呈所收《臨川集》。

五月十四日，曾氏過子偲寓所觀看所收善本書，且惠贈新刊五經四子五七言古近體詩。子偲以明本《杜詩千家注》回報。

六月初四日，謁曾氏，向瞿秉淵借觀《恬裕齋書目》，言曾氏宋元舊本甚夥，亂後東南文籍散

亡，當爲藏家甲乙也。

六月十二日，彝孫妻方氏病逝，年僅二十四歲。

七月二十二日，由莫繩孫雙鈎的曾國藩手書《莫與儔墓表》木版刻成，子偲作識語。

七月二十九日，《郘亭日記》云：「謁辭湘鄉相公，將以來月初二登舟往浙江。相公謂凡他史、名集，舊本、初印，得其一足矣。唯《説文》、《通鑒》、《史記》、《漢書》、《莊子》、《韓文》、《文選》有善刻善印，不妨多收異本。此七書真與《十三經》比重也。」八月初一日，桂嵩慶派船送子偲往浙江訪書，特言嘉興南之烏鎮有舊書肆。

九月二十二日，訪書中移住江蘇巡撫丁日昌官署，丁邀子偲爲其持静齋校檢藏書，編寫書目。從九月二十四日至十月初五，在丁氏持静齋校檢藏書。初六日隨丁氏往上海。廿四日還蘇州，與闊别八年之久的張之洞相見，作竟日之談。廿八日返還丁日昌持静齋。十一月廿八日方返回金陵，丁以其舢板護行。

十二月六日，于金陵訪張文虎；二十一日，張文虎、李善蘭、唐仁壽到子偲寓所拜訪，唐氏借閲《讀史記十表》。

同治七年戊辰(一八六八年),五十八歲

正月,在金陵寓所與家人過春節,爲曾國藩所藏金元舊本《漢書》題鑒。又校檢《四庫全書簡明目録》等書。

二十一日,由金陵啓程前往蘇州,應丁日昌之聘,擔任江蘇書局總校。二月初四日,丁日昌命畢長慶、汪夢萱等書局司事、書局委員來相見。書局新開,事務繁多,二月、三月、四月至閏四月初,子偲主要辦理書局事務,校刊《太玄經范注》、《國語補音》、《黄詩外集》、《山谷全集》、《左傳讀本》、《通鑒胡刻》、《曹子建集》等書。

閏四月初七日,從曾國藩遊木瀆、上海等地。

閏四月十九日,回蘇州書局理局務。

五月初十日,由蘇州返回金陵,丁日昌托其帶三箱書給曾劼剛。

五月三十日,督裝《四庫全書提要》、《唐六典》、《臨川集》等書。是日婿馬柄常病故。

六月初七日致信丁日昌,言局工正專力刻丁氏《牧令書》事,并建議購買胡果泉所刊《資治通鑒》板,以便書局刻書,可以省時省工。

七月二十七日,往棲霞訪拓蕭梁碑。

八月初二致信丁日昌，言中秋前不能回到蘇州書局；并詳言《持静齋書目》編寫體例：「依《四庫全書總目》（經、史、子、集四部爲部類），每類各依時代；每部下，其收入《四庫提要》者，但以《四庫》著録。《四庫存目》分注中有宋元舊本書及宋鈔善本，則於分注下疏記數語以明之；其《四庫》未收者，但分注刊寫字，其中有未傳秘本，則各系以解題。」

八月十一日，携拓工往拓蕭梁石碑。八月二十四日以新拓梁碑四種、唐碑一種呈樣於湘鄉曾國藩。九月續拓梁碑。

十一月初四日，與張廉卿送曾國藩赴任直隸總督。其後莫、張二人同游淮陽，登焦山，道丹徒還至吴門蘇州。

十二月，主持蘇州書局刻印之《資治通鑒》竣工。

同治八年己巳（一八六九年），五十九歲

正月初二日，蘇州書局諸君皆來團拜。

正月二十三日至二十七日，與張廉卿游鄧尉賞梅，二十七日晚返回書局。

二月初五日，致信何璟中丞閣下，商言蘇局、鄂局合作刻印《資治通鑒》諸書事宜。

二月十四日，謁丁日昌，呈繳丁氏屬編《持静齋書目》手稿，并議書局購紙諸事宜。

二月二十八日，完成《持静齋藏書記要序》。

三月初八日，《郘亭日記》云：「《持静齋藏書記要》二卷編成，作字寄馬雨農、潘伯寅，并持謁中丞，留晚飯乃出。」

三月二十日，返金陵，途行及陵口鎮，登陸拓梁文帝石碑，二十九日還金陵寓所。

四月初三日，得何璟信，采納子偲之勸，言湖北《通鑒》之刻已停工矣。

六月二十四日抵達蘇州書局理事。

十月，子彝孫再婚，子偲九月二十五日買舟返金陵，十月十一日抵金陵。後改婚期至明年正月十六日。

十二月初十日，《郘亭日記》云：「作書致江蘇丁中丞，辭明年書局總校之館。」至此，丁、莫有隙。

同治九年庚午（一八七〇年），六十歲

正月十六日，莫彝孫娶馮蓮溪之女，子偲操辦。

正月三十日，《郘亭日記》云：「得合肥協相李公（鴻章）書，言鄂中新開文昌書院，……擬招郘亭主講其書院。……郘亭不敢應也。」

二月初二日，龐際雲信至，欲聘子偲爲揚州書局總校。初六覆信，言三月乃得至揚州應聘。

二月十九日，完成《上李中堂(鴻章)書》。

三月初七日于武昌謁見李鴻章，面呈《上李中堂書》(後載入《郘亭遺文》卷五)；且辭新建文昌書院主講，舉薦張廉卿代之。

四月初一日，返回金陵寓所，方悉子彝孫已于三月十五日病逝。白髮父送黑髮子，傷哉。

五月初九日，於金陵赴任揚州書局總校。履職至八月初，時時有老年喪子之痛，其《日記》及其與友人書信頗多流露。

八月初六，返回金陵寓所。

九月十三日至十六日，至吴看望妹夫黎庶昌。二十一日過蘇州書局，議買諸書若干種，并招二拓手偕行，拓曲阿梁石。

九月二十八日，入揚州書局，撰作《梁建陵闕》拓本題記。

閏十月中旬，先獲景鑑泉贈《漢無鹽太守劉曜碑》拓片，復得潘祖蔭寄西漢《麃孝禹碑》拓本，十日間兩獲漢刻，快不可言，爲之題記。

從是年六月至歲末，整理六弟庭芝從貴州寄來的《黔詩紀略》書稿，編定卷一至卷十五《謝君采(下)》。

同治十年辛未（一八七一年），六十一歲

正月初七日，赴曾國藩招飲，言當刊《十三經注疏》。

二月二十五日，致信黄彭年，言《黔詩紀略》校妥一卷刻一卷，入夏上版，期一匝一歲成功。

三月初十日，從金陵返回揚州書局。《郘亭日記》言：「《隋書》版修整未畢，《全唐文》已得廿許卷，今爵督相（湘鄉曾公）欲停《唐文》刻《經疏》，而都轉（龐公省三）意則兩工并興也。」

四月二十八日，返還金陵寓所探望妻病。

七月，手書《陸機文賦》，此爲子偲楷書絶筆，上有其侄莫棠跋語。

七月初七日，爲平翰所書之《金剛經》作《跋》。

八月初八日，曾國藩招飲於莫愁湖，子偲爲莫愁湖勝棋樓撰書楹聯云：「勝固喜敗亦可喜，人言愁我始欲愁。」此爲子偲先生絶筆聯。時張文虎同在。一月後子偲靈堂設于莫愁湖，張文虎《舒藝室詩存》有詩懷之曰：「一月不相見，竟成千古哀。向時觴咏處，今日哭君來。風雪寒孤館，湖山闇望台。言愁愁便至，讖句孰能猜。君撰勝棋樓聯云：勝固喜敗亦可喜，人言愁我始欲愁。」

八月十七日，子偲從金陵登舟之揚州書局，爲方濬頤之父方蓮舫《啖蔗軒詩存》作《序》。此爲子偲先生絶筆《序》。

九月十四日未時，卒於揚州興化縣里下河舟中。

莫祥芝《先兄郘亭先生行述》云：「今年秋，將至揚州書局，爲蘇、常之游，因攜所復校未竟《隋書》，將于舟中藏事；聞下河完善區多故藏，繞道訪之。至興化，感風寒，得汗不已，以同治十歲辛未九月十四日未時卒於舟次。……自得疾至不起，四、五日間，雖肢體委頓，而神明如故。屬纊之先，猶取所攜帶《隋書》及《黔詩》底本翻閱數事，并自書病狀示醫者。」莫繩孫于《黔詩紀略》卷首題記云：「辛未九月，始略整定第三至二十一諸卷，他卷尚待審定，而先君遽逝。」

縣令甘紹盤聞之即視其喪，移殯金陵莫愁湖。聞子偲之喪，其生前親友，門生故舊，仕宦賢達，社會名流紛紛前來吊唁，絡繹不絶。馬恩溥吊唁挽聯云：「義理訓詁詞章，惟君三有之，嘉道以來推宿學；蘭交梓誼葭情，如吾兩人者，死生異路絶餘悲。」曾國藩親臨祭奠，手書挽聯云：「京華一見便傾心，當年虎市橋頭，書市訂交，早欽宿學；江表十年常聚首，今日莫愁湖上，酒樽和淚，來吊詩人。」張裕釗《徵君莫子偲墓誌銘》：「嗚呼子偲，迹半天下，名從之馳。」

遵義光緒恩貢趙愷《鄭莫黎三先生事實徵輯按語》云：「及柩返金陵，其第九弟祥芝解江寧縣印，護喪歸葬；第六弟庭芝解思南府教官任，爲之迎迓。沿途之名流，如楊彝珍性農、王闓運壬秋、蕭光遠吉堂，以詩辭悲挽回者，亦不乏人。」

附：江表十年莫子偲詩歌唱和、文化交往部分人士名録

曾國藩　胡林翼　李鴻章　丁日昌　馬恩溥　祁雋藻　翁同龢　張之洞　潘際雲
潘祖蔭　馮桂芬　馬新貽　曾國荃　曾國葆　曾紀澤　方濬頤　張文虎　張裕釗
郁松年　彭玉麟　周娛階　魏申先　朱元吉　劉　介　周景濂　馮元霆　但培良
李鴻裔　尹耕雲　包　誠　朱榮椿　郭嵩燾　翁同書　王　拯　汪士鐸　高心夔
李　榕　方宗誠　劉毓崧　汪梅岑　李作士　劉曾撰　蔡　鍔　劉熙載　姚濬昌
李士芬　程桓生　歐陽兆熊　梅啓照　穆其琛　周　成　潘兆奎　趙烈文　胡萬本
張廉正　何秋濤　何雲錦　王闓運　何　璟　劉荸農　許振禕　陳　艾　黄壯齋
何紹基　薛福成　周杏農　陳　澧　高均儒　黄彭年　唐　炯　李蹇臣　李宗羲
楊　峴　繆祐孫　俞　樾　孫衣言　金安清　吴　雲　吴大澂　鄧傳密　唐仁壽
吴大廷　景其濬　劉履芬　張　瑛